JN418129

모든 역경을 이겨낸 사람

조지 워싱턴 카버

땅콩박사

모든 역경을 이겨낸 사람
조지 워싱턴 카버

땅콩박사

로렌스 엘리엇 지음 · **곽안전, 민경식** 옮김 · **김경희** 그림

대한기독교서회

개정완역판
땅콩박사
모든 역경을 이겨낸 사람 조지 워싱턴 카버

1970년 6월 10일 초 판 1쇄
1993년 4월 20일 개정1판 1쇄
2008년 4월 25일 개정2판 1쇄
2021년 5월 15일 개정2판 11쇄

지은이/로렌스 엘리엇
옮긴이/곽안전 · 민경식
그린이/김경희
펴낸이/서진한
펴낸곳/대한기독교서회
편집책임/권오인 · 이혜자

등록/1967년 8월 26일 제1967-000002호
주소/서울시 강남구 테헤란로 103길 14(삼성동)
전화/편집 553－0873～4 영업 553－0870～7
팩스/편집 3453－1639 영업 555－7721
e-mail/cls1890@chol.com
edit1890@chol.com
http://www.clsk.org

책번호/1722
ISBN 978－89－511－1025－2 03990

GEORGE WASHINGTON CARVER: The Man Who Overcame

by Lawrence Elliott
tr. by Allen D. Clark, Min Kyung Sik

The Christian Literature Society of Korea, Seoul
Printed in Korea

*책값은 뒤표지에 있습니다.

| 감사의 글 |

사실 카버 박사의 전기(傳記)는 그를 기억하고 있는 수많은 사람들의 회고를 수집한 것이라고 할 수 있다. 그분들 모두에게 깊은 감사를 전한다.

특히 1964년 봄에 연구차 터스키기 대학에 머물 때 모든 지원을 아끼지 않으신 총장 루터 포스터 박사께, 그리고 그곳 생활을 잘 안내해주신 벨튼 부인께 감사드린다. 터스키기 대학의 교수 및 직원들도 나에게 너무나 많은 시간을 할애해주었고, 그들이 기억하고 있는 갖가지 이야기를 들려주었다. 터스키기 대학의 카버 재단 이사장이신 메이슨 박사께도 감사한다. 또한 존스 부인, 로클레어, 먼디 박사, 램지, 스콧, 웨그너, 웹, 웰치 씨 등에게도 감사를 드린다.

그 밖에 이 책을 쓰는 데 도움을 주신 분들은 다음과 같다. 카버 박사에게 음악학을 가르쳤던 더슨, 카버 박사의 노년기에 박식한 여행 동반자였던 애보트, 또한 카버 박사가 생전에 매우 아끼던 조교 커티스 등이다. 특히 커티스는 다른 곳에서는 도저히 구경조차 할 수 없는 귀한 자료들을 많이 제공해주었다.

미주리 주 다이아몬드 지방에 위치한 조지 워싱턴 카버 국립기념관의 역사학자 풀러는 모세스 카버 가족과 조지 카버의 유년시절에 대한 자세한 연구 결과를 나누어주었다. 카버 박사의 말년에 터스키기 학교의 학교장이었으며 현재 펠프스-스톡스 재단의 이사장인 패터슨 박사는 위대한 과학자 카버 박사에 대한 기억과 그에게서 받은 갖가지 인상을 자상하게 일러주었다. 체널트 박사는 조교로서 카버 박사를 돕던 시기를 회상하며 그 시절에 대해 이야기해 주었는데, 그 시기는 바로 카버 박사가 터스키기 대학의 치료실에서 수백 명의 소아마비 환자들을 치료하던 때였다. 아이오와 주 심프슨 대학 영문학부의 잭슨은 카버 박사의 학창시절과 밀홀랜드, 에타 버드와의 교우 관계에 대해 장문의 편지를 보내주었다. 이 모든 분께 감사드린다.

트루먼 전 대통령, 프리먼 농림부장관, 얼마 전에 돌아가신 윌리스는 내가 궁금해하던 것들에 대하여 매우 친절하게 답해주셨다. 이분들께도 진심으로 감사를 드린다.

마지막으로, 그리고 전통대로, 나의 아내에게 감사하지 않을 수 없는데, 아내는 이 원고를 타자해주었고, 갖가지 실수를 지적하였으며, 나의 아이디어를 평가하였을 뿐만 아니라, 많은 불평을 참아내며 다독여주었다. 물심양면으로 지원해준 아내의 도움이 없었다면 이 책은 완성되지 못하였을 것이다.

1966년 3월 28일
뉴욕 바빌론에서
로렌스 엘리엇

| 추천의 글 |

나는 카버 박사의 생애 마지막 14년 동안 함께 일할 수 있는 귀한 특권을 누렸는데, 이 특별한 기회로 인해 그의 이런저런 모습을 곁에서 지켜볼 수 있었다. 뛰어난 지성과 폭넓은 지식이 그의 영감과 도전의 원천이기에 충분했던 것만큼이나, 그의 겸손한 인품과 검소한 삶의 자세는 사람들의 호감을 사기에 충분했다. 이것이 바로 카버라는 사람에 대한 인상이다. 그는 자신이 발견한 수많은 것들로 말미암아 유명해졌으며, 또한 과학이라는 학문을 실생활에 활용하여 인류 사회에 도움을 주는 일에 헌신함으로써 유명해졌다. 그의 삶은 영성가로서, 예술가로서, 과학자로서 완벽한 조화를 이루었다.

로렌스 엘리엇이 쓴 『땅콩박사—모든 역경을 이겨낸 사람 조지 워싱턴 카버』는 그 어떤 책보다도 카버 박사의 삶을 잘 그려내고 있다. 이 작품은 참 흥겹고 재미있다. 병든 어린아이의 몸에서 깜빡이며 꺼져가는 작은 불꽃과도 같은 그의 천재성을 드러내며, 또한 그 불꽃이 다양한 경험을 통해서 휘황찬란한 큰 빛으로 성장하는 과정을 잘 묘사한다. 여기서 다양한 경험이란 보람을 주는 긍정적인 요소뿐만 아니라, 낙심하게 하는 부정적인 것까지도 포함한다. 그렇지만 그 부정적인 것도 카버 박사의 불굴의 의지를 꺾지는 못하였다.

이 책은 카버 박사의 성공 비결이 세 가지 요소가 잘 조화되었기 때문이라고 밝힌다. 그것은 첫째, 카버 박사의 타고난 재능이고, 둘째, 끊임없는 그리고 점점 늘어나는 연구를 위한 시간 투자이며, 셋째는 갖가지 과업을 포기할 줄 모르는 열심이다. 그는 깨어 있는 시간 내내 오로지 연구에만 몰두하였다.

카버 박사는 인종을 초월하여 온 인류에게 기본적으로 필요한 것들을 생산하기 위하여 전 생애를 바쳤으며, 지역사회의 삶의 질을 향상시키기 위해 모든 활용 가능한 자연 자원을 탐구하였다. 자연 자원을 성공적으로 연구함으로써 터스키기 대학은 지역뿐만 아니라 나라를 대표하는 공동체가 되었고, 결국 최고라는 찬사를 받게 되었다. 이러한 찬사는 실내에서 이루어지는 수업으로는 도저히 얻을 수 없는 것이다.

저자 로렌스 엘리엇은 인격과 재능이 매우 다른 두 사람, 부커 워싱턴과 조지 워싱턴 카버가 인류의 가난을 없애기 위하여 헌신하는 일에 어느 정도로까지 공통된 만남의 장을 마련할 수 있었는지를 잘 보여준다. 구체적으로 말하면, 카버 박사의 작업은 부커 워싱턴의 철학을 실용적으로 성취한 것이라고 할 수 있다. 이 책은 인류에 봉사하고 자아를 실현하는 데 인종의 장벽을 넘어서려는 인간의 능력을 이해하고자 하는 사람들에게 매우 값진 교훈을 줄 것이다. 더욱이 카버 박사의 이야기는 교육의 참된 의미를 새롭게 정의할 것이다.

터스키기 대학 3대 학장
프레더릭 패터슨

차 례

GEORGE WASHINGTON CARVER:
The Man Who Overcame

남부를 해방시킨 노예

내가 헤집고 올라온 그 높이로 나를 재지 말고,

내가 헤쳐나 온 그 깊이로 나를 재주십시오.

_프레더릭 더글라스

어떤 사람들은 이 사람을 역사상 가장 훌륭한 미국인이라고 평하기도 한다. 어느 누구도 식물 안에 간직되어 있는 마법과도 같은 신비한 화학작용의 비밀을 이 사람만큼 알지 못하였으며, 아무도 그 비밀을 인간의 실생활에 잘 적용하는 방법을 이 사람만큼 알지 못하였다. 그는 온갖 낡은 실험 도구로 꽉 찬 실험실에서 연구하였다. 녹슨 냄비와 대충 만든 비커로 이런저런 물질의 분자들을 분해하고, 그것들을 새로운 방식으로 융합시켜서, 새로운 식료품과 의약품과 건축자재를 만들어냈다.

그는 천연 점토를 빻아서 색소를 만들고, 손수 그림을 그렸다. 그가 그린 그림들이 어찌나 아름다웠던지 여러 화랑과 박물관에서는 그림을 팔라고 그에게 간곡히 청하기도 하였다. 그러나 그는 그 청을 다 물리치고 자신의 그림을 친구들에게 나누어주었는데, 이 그림들은 오늘날까지도 디트로이트, 시카고, 앨라배마 주의 터스키기 등지의 허름한 집 벽에 걸려 있다. 그는 또 땅콩을 가지고 파이를 만들고, 잡초를 가지고 샐러드를 만들었는데, 일류 호텔에서조차 그의 요리법이 이용되었다. 변변한 피아노 교육도 받지 못했지만 그는 피아노 연주자로 콘서트를 열었고, 자신이 몸담고 있는 작고 초라한 대학의 재정난을 해소하기 위하여 전국으로 연주 여행을 다니기도 했다. 몇 해 뒤에는 연봉 10만 달러에 에디슨과 함께 일하지 않겠느냐는 제안을 받았으나, 두 번 생각할 여지도 없이 일언지하에 거절하였다. 그는 너무 바빠서 결혼할 시간조차 없다고 말하곤 했지만, 어떤 사람이 꽃씨를 보내달라고 편지라도 쓰면 어떻게 해서든 시간을 내어 꽃씨를 구해 보냈으며, 어느 집 앞을 지나다가 그 집 정원의 장미가 시들어보이면 가던 길을 멈추고 집주인을 불러 왜 그 꽃이 시들었는지를 일러주곤 하였다.

캘빈 쿨리지 대통령과 프랭클린 루스벨트 대통령도 그를 찾아왔으며, 어디서나 만날 수 있는 평범한 사람들뿐만 아니라, 여러 외국 정부도 그의 자문을 받고자 하였다. 헨리 월리스, 헨리 포드, 간디 등은 그의 친구들이었다.

그러나 그러는 동안에도 수많은 장벽이 그의 앞을 가로막고 있었다.

아마도 이 세상의 어느 누구도 그만큼 불행하게 태어나지는 않았을 것이다. 그는 어머니도, 아버지도 알지 못했으며, 심지어는 자기가 어느 해에 태어나 처음으로 햇빛을 보았는지조차 알지 못했다. 그는 합법적인 노예제도를 종결시킨 처참한 남북전쟁의 초기에 검둥이 노예로 태어났다. 태어날 때부터 몸이 매우 허약하였으며, 상태는 점점 악화되어 마치 포대기에 싸인 채 죽은 것처럼 보였다. 그런데 자연의 법칙에 따르면 꼭 죽었을 법한 그가 신기하게도 죽지 않고 살아남았다. 그러나 그 삶은 인간다운 삶이 아니었다. 노예들은 매일매일 자신들이 개, 돼지나 마찬가지라는 생각을 주입당했으며, 어떨 때에는 심지어 개, 돼지만도 못하게 취급당했다. 이 때문에 많은 사람들은 노예였던 그도 자라면서 한을 품고, 정신적으로 뒤틀리고, 병들 수밖에 없었을 것이라고 생각할 것이다. 그렇지만 그는 결코 그렇게 자라지 않았다. 그는 평생 왜곡된 현실에 맞서 싸웠다. 그러나 현실을 왜곡하는 사람들에 대하여 원한을 품지는 않았다. 비록 그가 바라보는 바깥세계가 항상 밝지는 않았지만, 세상에는 언제나 희망이라는 것이 있었다.

그가 학업을 마쳤을 때는 이미 서른이 훌쩍 넘은 나이였다. 그는 미국 중서부 변방에 있는 마을을 돌아다니면서 흑인을 받아주는 학교가 있으면, 그곳에서 일을 하고 그 대가로 수업을 받을 정도로 배우는 데 열심이었다. 청년 시절에는 길바닥이 집이었으며, 추위와 배고픔을 벗삼아 지낼 수밖에 없었다. 그러나 그는 결코 멈추지 않았으며, 끊임없이 배우려고 노력하였다. 드디어, 주체할 수 없는 그의 창조적 재능의 불꽃이 빛을 발하기 시작했고, 결국은 찬란하게 빛나는 불덩어리로 활활 타오르게 되었다.

그가 발견한 것들은 목화 재배라는 고된 노역과 가난으로부터 남부의 노동자들을 해방시켰다. 그는 척박하고 황량한 수백만 에이커의 땅을 개간하였고, 그 땅에 씨를 뿌리면 무럭무럭 자랄 만한 새로운 품종의 곡물을 찾아내었다. 그렇게 되자 예전엔 그와 식사도 같이 하지 않으려던 사람들뿐만 아니라, 그에게 전혀 예의를 갖추지 않던 사람들마저 그의 재능으로 큰 돈을 벌 수 있게 되었고, 이에 만족하였다.

그는 전에 남부연방에 속해 있던 지역의 가난한 사람들에게 빛을 밝혀주었고, 그들의 자녀들에게는 희망을 안겨주었다. 비록 백인들의 세상에서 흑인들에게 가해진 모욕과 냉대에 대하여 한마디 언급도 하지 않았지만, 언젠가는 그가, 백인과 흑인이 평화롭게 살며, 평등하게 살고 또 서로 도우며 함께 살아가는 날을 앞당기는 데 가장 큰 역할을 했다는 사실이 밝혀질 것이다.

이 사람은 누구인가? 그가 바로 조지 워싱턴 카버이다. 그는 자신이 살아 숨쉬는 매순간 세상을 조금이라도 더 부요하게, 더 건전하게, 더 멋지게 만들고자 하는 구체적인 목표를 세웠고, 이를 위하여 부단히 애썼다. 이것은 온 인류를 위한 일로, 흑인과 백인과 황인과 홍인 모두를 위한 목표였다. 그가 세상을 떠나자 세상 모든 사람이 한없이 슬퍼하였다.

말 한 필의 몸값

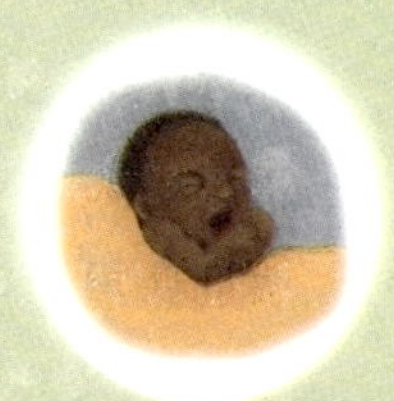

마…마님 자…장미를 햇볕이 잘 드는 곳으로

오…옮겨 심었어요.

자…장미는 햇볕을 조…좋아하거든요.

_조지 카버

참으로

혼란스러운 시대였다. 남북전쟁으로 말미암아 온 국토는 극도로 황폐해졌고, 특히 미주리 주의 농부들과 주민들에게는 국가의 모든 고통이 자신들이 살고 있는 주에만 집중된 것처럼 여겨졌다. 그들은 거친 땅을 경작하기 위해서 거의가 한두 명쯤 노예를 갖고 있었다. 그러나 그들은 노예해방을 주장하는 링컨 대통령과 북부연합군을, 투표를 통해 지지했다. 그러나 지금 그들의 평원은 남부의 것도, 그렇다고 북부의 것도 아니었으며, 농장은 싸움터가 돼버렸다. 연방 소속의 자유파인 캔자스 주의 게릴라들과 남부연합 소속의 분리파인 아칸소 주의 게릴라들이 끊임없이 충돌하고 격돌하면서 이 두 주와 경계가 맞닿아 있는 미주리 주의 변방을 피로 물들여놓았다. 게릴라들과 도둑들은 말을 타고 이곳을 드나들면서 약탈과 살생을 일삼았다. 그들은 밤을 타고 쳐들어와 닥치는 대로 전답과 가옥과 곳간에 불을 질렀는데, 그것이 누구의 것인지에는 관심조차 없었다. 오로지 가축을 훔치고 노예를 납치하는 일에만 몰두하였다. 그리고 납치한 노예들을 남쪽으로 끌고 가서 전쟁통에 물가가 극도로 치솟은 루이지애나 주와 텍사스 주의 노예시장에 내다 팔았다.

이즈음 미주리 주의 다이아몬드 그로브 정착지 근방의 오자크 고원에 모세스 카버라는 사람이 살고 있었는데, 그는 폭도들의 온갖 위협에 시달리고 있었다. 어느 해 겨울 늦은 밤, 복면한 폭도들이 난데없이 농가로 달려오더니 모세스를 붙잡아 그의 손목을 쇠줄로 묶어 호두나무에 매달고는 채찍질을 하였다. 그리고 화로에서 활활 타고 있는 시뻘건 숯을 꺼내어 그의 맨발을 지졌다. 그의 아내 수잔은 남편의 고통을 더는 바라볼 수 없어 울며 몸부림쳤지만, 폭도들의 억센 손아귀에서 벗어날 수가 없었다. 수잔은 그저 절망으로 울며 신음할 뿐이었다. 그 고통을 어찌 말로 다 표현하랴! 폭도들은 연신 소리쳤다.

"이 위선자, 양키놈아! 돈은 어디에 감췄어? 검둥이놈들은 또 어디에 있는 거야? 이놈, 빨리 말하지 못하겠어!"

고문이 너무나 고통스러운 나머지 입을 열 법도 했지만, 굳게 다문 모세스의 입에서는 어떤 소리도 새어나오지 않았다. 그가 가진 재산이라고 해보았자 실상 얼마 되지도 않았다. 그러나 그는 그것을 얻기 위해 오랜 세월을 피땀으로 노력하지 않으면 안 되었다. 그는 마음을 단단히 고쳐먹었다. 비록 죽는 한이 있더라도 남부에서 온 이 악당들에게 굴복하지 않으리라! 그때 마침 모세스의 말들이 놀라서 말발굽소리를 냈고, 폭도들은 그 소리가 보안관들이 몰려오는 소리인 줄로 착각하여, 빈 헛간에 미친듯이 총질을 해대곤 말을 몰아 어둠 속으로 사라져버렸다.

수잔은 호두나무에 매달려 있는 남편을 풀어 내려놓았다. 그러고는 소리 없이 흐느끼며, 숯불에 데여 만신창이가 된 남편의 발바닥을 플랜틴 약초 잎으로 감싸주었다. 긴 침묵이 흘렀다. 무슨 말을 할 수 있으랴! 한참 만에 모세스가 수잔에게 말을 건넸다. 우유 저장창고 밑 지하동굴 속에 숨어 있는 여종 메리와 그녀의 어린아이들을 데려오라는 것이었다. 모세스는 홀로 통나무집에 앉아 긴 한숨만 내쉬었다. 활활 타오르는 곳간의 불길이 자기 집에 단 하나밖에 없는 창문 유리에 비춰 마치 춤을 추는 것처럼 보였다. 이 모두가 대체 무슨 미친 짓이란 말인가. 그는 이제껏 참으로 열심히 일했다. 모진 바람과 심한 가뭄에 대항해 싸웠을 뿐만 아니라, 서부 개척자로서 겪을 수밖에 없는 외로움에도 굴복하지 않았다. 그런데 난데없이 폭도들이 쳐들어와서 평생 수고하여 이룬 것들을 물거품으로 만들어놓다니! 그것도 사람이라는 자들이, 자기와 똑같이 생긴 사람이라는 자들이 어떻게 그럴 수 있단 말인가! 이 일을 겪기 전까지는 상상조차 할 수 없는 일이었다.

그러나 모세스 카버는 이번 일이 결코 재난의 끝이 아니라는 것을 뼛속 깊이 느낄 수 있었다. 밤중에 검은 복면을 하고 나타난 불한당들은 반드시 또 찾아올 것이다.

모세스 카버는 다소 마른 듯한 체구에 까칠한 수염이 난 중년의 건실한 남자였다. 부리부리하고 흉터가 난 그의 얼굴에서는 얼핏 보아도 힘이 느껴졌다. 그의 모습은 거의 150년 전, 영국을 떠나 자유의 땅을 찾아 신대륙으로 건너온 조상들의 모습을 떠올리게 했다. 조상들은 세대와 세대를 거듭하면서 미개척지인 대륙의 서부로 진출했다.

모세스는 1812년 오하이오 주에서 태어났는데, 그가 태어날 때만 해도 그곳은 서쪽의 최전방이었다. 스무 살이 되자 그는 조상들이 하던 대로 서쪽으로 더 전진하여 일리노이 주까지 나아갔다. 그는 일리노이 주에서 수잔 블루 양을 만나 결혼하였고, 강을 따라 미주리 주로 이주하여 정착하였다. 그들은 평원을 지나 오자크 고원 기슭에 이르렀는데, 그곳에는 작은 호두나무 숲과 푸른 목초지가 펼쳐져 있었다. 모세스와 수잔은 아칸소 주 경계선 부근에 있는 160에이커의 땅을 자작농장으로 허가받아 경작하였다. 그곳에서의 삶은 참으로 참혹했다. 겨울에는 산을 타고 살을 에는 듯한 찬바람이 불어왔으며, 여름에는 찌는 듯한 더위를 피할 길이 없었다. 그들은 여자 아이를 하나 낳았는데 며칠 되지 않아 그만 죽고 말았다. 그러고는 다시 아이가 생기지 않았다.

그러나 모세스 카버는 그러한 시련에 굴복할 사람이 아니었다. 그는 거친 땅과 모진 바람과 뜨거운 태양에 맞서 싸웠다. 튼튼한 집을 지었고, 수잔의 도움을 받으며 땅을 개간했다. 전에는 황무지였던 그곳이 이제는 멋진 농장이 되었다. 말도 여러 마리 길렀다. 모두 품종이 우수한 말들이었다. 그래서 그곳에 정착하기 위해 멀리서 이주해온 사람들은 모세스 카버야말로 뉴턴 카운티 전체에서 가장 부지런하고 가장 대단한 사람이라고 말하였다.

그런데 그에게는 조금 이상하다고 할 만한 구석이 있었다. 한 가지 예를 들자면, 그는 교회에 다니지도 않으면서 다이아몬드 그로브 지역민들을 위하여 자기 땅 한 필을 공동묘지로 기증하였으며, 그 묘지의 봉헌예배에도 참석하였다. 또한 노예제도를 비도덕적이고 죄악 된 일이라고 신랄하게 비판하면서도, 자신은 여자 노예 하나를 사들였다.

그러나 아무도, 심지어는 그의 아내인 수잔까지도, 그가 돈을 주고 사람을 샀다는 죄책감 때문에 고뇌하고 있다는 사실을 알지 못했다. 다른 농부들은 밭에서 일할 노예들을 몇 명씩이나 두었지만, 모세스만큼은 그런 노예를 두지 않았다. 그는 모든 일을 스스로 했다. 물론 어쩌다가 떠돌아다니는 사람을 고용하기도 했지만, 그런 것 외에는 소소한 일부터 힘든 일까지 모든 일을 혼자 힘으로 해냈다. 때문에 그는 늘 밖에 나가 일하지 않을 수 없었다. 일하느라 정신이 없는 모세스에게는 큰 문제가 되지 않았지만, 그의 아내 수잔은 외로움을 견딜 수가 없었다. 그래서 수잔은 집안 허드렛일도 도와주고, 또 모세스가 들에 나가 일하는 동안 자신의 말동무가 되어줄 그런 여자 아이를 하나 구해달라고 졸랐다. 그래서 6년 전에 모세스는 그의 이웃인 그랜트 씨에게서 700달러를 주고 메리를 사왔다. 당시 메리는 13살 난 착하고 영리한 소녀였는데, 일하면서 늘 노래를 흥얼거릴 정도로 명랑했다. 메리는 모세스의 집에 잘 적응했고, 금세 한 가족이나 다름없게 되었다. 메리가 아이들을 낳자, 그 아이들도 모세스 집안의 식구가 되었다. 살아 있는 동안 말이다. 메리의 아이들 가운데 두 아이가 갓난아기 때 죽었는데, 그들 모두는 수잔의 아이가 묻혀 있는 바로 그 산기슭 자락에 함께 묻혔다. 모세스는 이처럼 메리에게 더없이 잘해주었지만, 양심의 가책을 씻을 길이 없었다. 어차피 노예는 노예 아닌가. 그가 그토록 괴로워한 것은 한 사람을 샀든, 백 사람을 샀든, 결국은 마찬가지라고 생각했기 때문이리라.

지금, 살을 에는 듯한 이 추운 겨울밤에, 모세스는 두 가지 일로 몹시 괴로워하고 있다. 오늘밤 쳐들어온 침략자들은 분명히 다시 올 것이다. 그것은 불을 보듯 뻔한 일이다. 그런데 만일, 만일 그들이 꿀벌통 밑에 숨겨둔 돈을 찾아내기라도 한다면 어쩔 것인가, 그것이 한 가지 걱정이었다. 다른 걱정은 그들이 와서 메리를 데리고 가 노예로 팔아버린다면 어쩔 것인가, 하는 것이었다. 만약 그렇게 된다면 아마도 모세스는 평생 메리에 대한 죄책감을 짊어지고 살아가야 할 것이다.

메리는 자기를 낳아준 어머니가 어떠한 사람이었는지조차 알지 못했다. 메리는 다른 흑인들과 마찬가지로, 어떤 인간적인 애정이나 도움을 받지 못하고 자라났다. 지금 메리는 갓 태어난 아기를 가슴에 끌어안고, 한 칸짜리 허름한 판잣집에 앉아 있다. 그곳은 메리가 자기 아이들을 데리고 사는 집이다. 메리의 품에 안긴 갓난아기는 쉴 새 없이 몸을 덜덜 떨면서, 신음하며 콜록거렸다. 메리는 자기가 그 아이를 꼭 안지 않으면, 꼭 안은 채 자신의 목숨을 떼어내어 그 아이에게 넣어주십사고 하나님께 기도하지 않으면, 그 아이의 목숨이 금방이라도 끊어질 것 같은 생각이 들었다.

메리는 의자에 앉아 몸을 살살 흔들면서, 어린 짐과 네 살짜리 멜리사를 부드러운 눈길로 바라보며 나지막이 자장가를 불렀다. 그러나 아이들은 어두운 동굴 속에서 쪼그리고 앉아 있는 동안 느낀 그 공포에서 헤어나오지 못하고, 말똥말똥 눈을 뜬 채 침대에 누워 있었다.

"얘들아, 이제 그만 눈을 감고 자렴."

메리는 아이들을 재우려고 하였다. 그러나 아이들은 여전히 눈을 동그랗게 뜨고는 타오르는 불길을 바라보았다. 메리는 아이들을 하나씩 토닥여주었다. 품에 안긴 갓난아기는 숨이 막힐 정도로 메리의 품속으로 깊숙이 파고들었다.

메리는 그 나이 또래의 사람들보다 훨씬 더 나이가 들어 보이고, 힘도 없어 보였지만, 그만큼 노련해보이기도 했다. 오늘밤 일로 메리는 자기와 같은 흑인들이 영원히 고통을 짊어질 운명이라는 것을 알게 되었다. 그리고 자신의 슬픔이 아직도 끝나지 않았다는 사실이 두려웠다. 그는 이미 두 아이를 저 세상으로 보냈다. 그런데 지금 품에 안고 있는 또 한 아이가 자신의 품에서 생명을 토해내며 죽어가는 것이 아닌가. 메리에게도 참으로 좋은 남편이 있었다. 그런데 아이가 태어난 지 두 달이 되기도 전인 첫눈이 오던 날, 남편이 일하던 그랜트 씨의 농장에서 남편이 죽었다는 비보가 날아들었다.

"댁의 남편 자일즈가 통나무를 운반하고 있었어요."

소식을 전하러 온 이들이 눈을 밑으로 깐 채 말했다.

"그런데 갑자기 소가 날뛰더니, 자일즈가 떨어졌어요. 그러고는 그만 통나무에 깔려서……."

무엇인가 더 많은 말이 오갔다. 소식을 전하러 온 사람들이 한참을 더 말했으니 말이다. 그러나 메리에게는 아무 소리도 들리지 않았다. 남편이 죽었는데, 다른 것이 다 무슨 상관이란 말인가! 메리는 죽은 남편에 대해 한동안 생각해보았다. 그들은 같이 살지는 못했지만 남편은 시간만 나면 그랜트 씨의 농장에서 메리가 살던 허름한 판잣집을 찾아왔다. 그때마다 둘은 함께 문 앞 계단에 걸터앉아 오순도순 이야기를 나누었는데, 그때는 밤이 이렇게 어둡지 않았다. 남편이 곁에 있을 때에는 이렇게 절망적이지 않았다.

메리는 큰 농장에서 살던 어린 시절을 회상해보았다. 농장에는 큰 벽돌집이 있었고 그 뒤에는 판자촌이 있었는데, 한여름 밤에 노예들은 그곳에 모여 제각기 땅바닥에 흩어져 앉아 자신들의 희망 아닌 희망을 슬피 노래하였다. 그것은 절망이었다. 그러나 메리는 그들이 동경하는 그 어떤 것이라든지,

그들이 느끼는 뿌리 깊은 슬픔을 이해하지 못했다. 단지 어린 마음에 그들이 행복하지 않다는 것을 불쌍히 여길 뿐이었다. 그러나 이제는 메리도 그들을 이해할 수 있었다. 카버 부부가 아무리 잘해준다고 한들 메리는 흑인 노예일 뿐이었다. 메리 역시 노예가 받게 되는 저주를 피할 수 없었던 것이다.

갓난아기는 몹시 떨고 있었다. 숨이 끊길 것처럼 심하게 기침을 해댔다. 메리가 약초를 꿀에 개어 아기의 입 안으로 밀어넣자 아기는 약을 제대로 삼키지도 못하고 구역질을 했다. 아기는 다시 거칠게 숨을 쉬기 시작했다.

그렇다. 메리의 슬픔은 정말 끝이 없을 것 같았다. 복면을 한 폭도들은 다시 올 것이며 끝내는 자기를 붙잡아갈 것이다. 그것이 당장이든 아니면 조금 더 뒤이든…….

그들은 오고야 말았다. 크리스마스를 한 주일 앞둔, 살을 에는 겨울바람이 세차게도 불던 날 밤이었다. 모세스 카버는 잠이 들었는데, 마치 꿈속에서 들리는 것처럼 어디선가 아득히 말발굽소리가 들렸다. 그것은 다이아몬드 그로브 지역으로부터 얼어붙은 길 위를 내달리는 말발굽소리였다. 모세스는 침대에서 벌떡 일어나서 수잔에게 빨리 동굴 속에 가서 숨으라고 소리를 질렀다. 그는 숯불에 데여 아직까지도 물집이 남아 있는 다리를 절룩거리며 메리의 판잣집을 향해 달려가면서 외쳤다.

“메리, 빨리 일어나! 그놈들이 오고 있어!”

모세스는 메리가 살고 있는 판잣집 문을 확 열어젖혔다. 말을 탄 폭도들은 아직 농장으로 들이닥치지 않았다. 대략 시간을 계산해보니 아직 시간이 있었다. 그래, 아직 시간이 있어! 그런데 메리는 아무 소리도 듣지 못한 듯이, 아무것도 모른다는 듯이, 그저 어딘지도 모르는 먼 곳을 바라보며, 사그라지는 등잔불 옆에 멍하니 서 있는 것이 아닌가! 메리는 병든 아기를 품에 꼭 안고 있었으며, 큰아이 멜리사는 메리의 치맛자락에 매달려 있었다. 모세스는 소리쳤다.

"메리! 제발 나와, 좀 움직이란 말이야. 폭도들이 금방 들이닥친다니까!"

드디어 메리가 움직이기 시작하는 것처럼 보였다. 메리는 도망가기 전에 마지막으로 무엇인가를 찾으려는 듯이 주위를 훑어보았다. 모세스는 침대에서 자고 있는 짐을 번쩍 들어올려 둘러업고는 멜리사의 손을 잡으려고 하였다. 그러나 멜리사는 한바탕 소동에 겁먹은 나머지 메리의 다리 사이로 얼굴을 파묻기에 바빴다. 하는 수 없이 모세스는 문 쪽으로 가면서 말했다.

"그럼 메리가 멜리사를 데리고 나와! 내 뒤에 바짝 붙어 따라와야 해."

매서운 바람이 판잣집 안으로 세차게 불어닥쳤다. 메리는 필사적으로 무엇인가를 찾으려고 방 안을 두리번거렸다. 병든 아기를 감쌀 무엇인가가 필요했다. 그래, 담요! 그러는 동안 폭도들의 말발굽소리가 메리의 귀에 점점 더 가까이 들려

갓난아기는 몹시 떨고 있었다.
숨이 끊길 것처럼 심하게 기침을 해댔다.
메리가 약초를 꿀에 개어 아기의 입 안으로 밀어넣자
아기는 약을 제대로 삼키지도 못하고 구역질을 했다.
아기는 다시 거칠게 숨을 쉬기 시작했다.

왔다. 메리는 두서없이 방 구석구석을 마구 뒤져보았지만, 아기를 덮을 만한 담요를 찾을 수 없었다. 결국 복면을 한 폭도들이 들이닥쳤다. 그들은 메리의 판잣집으로 뛰어올라와 메리가 안고 있던 아기를 빼앗았다. 그리고 메리를 벽 쪽으로 내동댕이치고는 그녀의 손목을 뒤에서 묶어, 말 위에 태운 다음 어깨 위에 목도리를 둘러주었다. 메리는 갑작스런 추위에 소스라치게 놀라 바들바들 떨면서 그들에게 애걸하였다.

"우리 제발 아기를 무엇으로 좀 덮어주세요."

폭도들은 메리의 애걸은 들은 척도 하지 않았다. 차가운 밤공기를 가르는 그들의 거친 숨소리만이 밤하늘에 메아리칠 뿐이었다. 그들은 서둘러 말에 올라타고는 채찍질하여 어둔 밤길을 내달렸다.

"놈들이 기어코 메리를 잡아갔군."

점점 멀어지는 말발굽소리를 듣고 모세스는 수잔에게 속삭였다.

"하지만 놈들이 이곳을 습격한 목적을 이루지 못한 이상 쉽사리 가지는 않을 거야."

수잔은 메리의 어린 아들 짐을 두 팔로 부둥켜안고 어두운 동굴 속에서 허공에 대고 흐느끼며 울부짖었다.

"메리, 메리!"

모세스는 눈을 지그시 감고 목메어 기도하였다.

"주님, 용서하여 주옵소서."

날이 밝자 모세스는 경주용 말을 끌고 벤틀리라는 사람을 찾아 다이아몬드 그로브를 향해 길을 나섰다. 간밤을 뜬눈으로 지새며 생각한 끝에, 아직은 메리를 되찾아올 기회가 있다는 생각이 들었다. 존 벤틀리는 스스로를 연방주의자라고 자처하고 다니지만, 소문에 따르면 한때 남부의 게릴라들과 어울려 다녔다고 한다. 그러니 벤틀리 자신이나 그를 따르는 무리 가운데 하나가 어디로 가면 남부에서 온 그 폭도들을 따라잡을 수 있는지를 알지 않겠는가. 지금, 모세스 카버는 찬바람을 맞으며 잡화 상점 앞의 나무로 된 보도에 서서 벤틀리와 이야기를 나누고 있다. 모세스는 단도직입적으로 말했다.

"벤틀리 씨, 폭도들이 우리 집 메리와 메리의 두 아이들을 데리고 갔소. 지난밤에 말이오. 당신 일에 간섭하고 싶진 않지만 놈들이 어디로 갔는지 당신은 알 수 있지 않겠소? 사례는 후히 하리다. 자, 여기 페이서라는 말을 끌고가시오. 보다시피 내 말 가운데 가장 훌륭한 말이오. 이놈을 끌고가서 메리의 몸값으로 치르고 메리를 도로 찾아다 주시오."

벤틀리는 주걱턱을 쓰다듬으며 물었다.

"그러면 내게는 어떻게 사례하겠소?"

"메리만 찾아다 준다면 40에이커의 땅을 주겠소."

모세스는 선뜻 대답했다.

이리하여 흥정은 성사되었고, 정오가 되기도 전에 벤틀리는 남쪽을 향해 길을 떠났다. 그때부터 카버 부부에게는 한 시간이 수십 시간이나 되는 것처럼 느껴졌다. 호두가 바람에 날려 탁탁 땅에 부딪혀 떨어지는 소리는 마치 벤틀리가 달려오는 말발굽소리 같았다. 세차게 부는 한겨울 바람에 수풀이 수그러드는 모습은 마치 추위에 웅크린 채 집으로 돌아오는 메리처럼 보이기도 했다. 밤이 되면, 카버 부부는 불을 쬐며 묵묵히 앉아 있었고, 그들 바로 옆에서 두 살 난 짐이 방바닥에 앉아 놀았다. 아무 말도 할 수 없었다. 물론 아무 일도 할 수 없었다. 그저 메리가 돌아오기만을 기다릴 뿐이었다.

닷새를 기다렸다. 그동안 크리스마스가 지나갔다. 이번 크리스마스는 쓸쓸하기만 했지 하나도 흥겹지 않았다. 모세스는 아칸소 주 어느 술집에 있을지도 모를 벤틀리의 모습을 상상하기 시작했다. 위스키를 죽 들이키고는 그 주걱턱을 쓸어내리는 모습, 자신을 비웃으며 껄껄거리는 모습이 떠올랐다. 그는 아마도 '북쪽에서 굴러온 어수룩한 양키놈, 어쩌면 그렇게 쉽게 300달러짜리 명마를 건네주었을까! 아니 공짜로 준 것이나 다름없지. 그래, 공짜로 말이야. 자기 계집종을 데려간 폭도떼를 뒤쫓아가서 그 계집을 데려오라고? 바보 같은 생각이지.'라고 비웃고 있을지도 모를 일이었다. 그런데 엿새째 되던 날 늦은 오후, 차가운 비바람을 뚫고 모세스의 농장으로 다가오는 인기척이 들렸다. 모세스는 문을 박차며 달려나갔고, 수잔도 모세스를 밀치며 뛰어나갔다. 벤틀리였다. 그런데 그는 혼자였고, 자기 말을 타고 왔다. 모세스가 메리의 몸값으로 치르라고 건네준 말은 뒤에 끌고 왔다.

카버 부부는 꼼짝도 하지 못하고 묵묵히 벤틀리만을 쳐다보고 있었다. 벤틀리는 천천히 말에서 내리더니 빗물을 뚝

뚝 흘리며 집 안으로 뚜벅뚜벅 걸어 들어갔다. 그는 코트 속에서 축축하고 더러운 보따리 하나를 꺼내어 두 손으로 카버 부부에게 건네주려고 하였다. 그러나 부부는 거기에 손도 대려고 하지 않았다. 벤틀리가 나지막이 말했다.

"이것이 내가 얻은 것의 전부요. 이 녀석이 살았는지 죽었는지는 나도 모르겠소."

"아기군요."

수잔이 소리치며 그 지저분한 포대기를 와락 잡아챘다.

"여보, 아기예요."

수잔은 넝마를 풀어헤치고는, 다 죽어가는 갓난아기의 검은 얼굴을 들여다보면서 속삭였다. 바로 메리의 아이였다. 아기의 입술과 눈꺼풀은 시퍼렇게 물들어 있었다. 아기는 마치 둥지에서 죽은 참새 새끼처럼 수잔의 품에 축 처져 꼼짝도 하지 않았다. 수잔은 아기를 난롯가로 데리고 가서 무릎을 꿇고 앉아 아기가 입고 있던 젖은 누더기를 벗긴 뒤 불을 쬐어주며, 앙상하게 마른 가슴을 따뜻하게 문질렀다. 모세스가 따끈하게 데운 우유에 설탕을 약간 넣어 가져오라고 했다. 수잔은 시퍼렇게 질린 아기의 입술에 우유를 한 숟가락 넣으려고 하였으나, 우유는 아기의 턱을 타고 흘러내렸다. 아기가 우유를 먹지 못하는 것이었다. 그러자 수잔의 표정이 굳어졌고, 얼굴이 하얗게 질려버렸다. 아기는 숨을 끊었다 쉬었다를 반복하더니, 미약하나마 소리를 내어 울기 시작했다. 그러더니 입술에 묻어 있던 우유를 빨아 먹고, 더 달라는 듯이 입술을 쪽쪽

"아기가 아직 살아 있어요. 드디어 깨어났어요!"

수잔의 눈에는 어느새 눈물이 고였다.

존 벤틀리는 아무 말도 못하고, 서서 그 광경을 바라보았다.

병든 검둥이 하나에게 어쩌면 저리 지극정성일까, 도저히 이해할 수 없었다.

빨기 시작했다.

"아기가 아직 살아 있어요. 드디어 깨어났어요!"

수잔의 눈에는 어느새 눈물이 고였다.

존 벤틀리는 아무 말도 못하고, 서서 그 광경을 바라보았다. 병든 검둥이 하나에게 어쩌면 저리 지극정성일까, 도저히 이해할 수 없었다. 그는 낮은 목소리로 조용히 말했다.

"그 검둥이 여자 일은 안됐소. 놈들을 쫓아갈 수가 있어야지……."

그는 숨을 헐떡거리는 갓난아기를 손가락으로 가리키다 머리를 흔들며 말했다.

"저 녀석만 데려왔으니 전에 당신이 약속한 땅을 받을 수는 없소."

모세스는 화로 옆에서 벌어지는 광경을 차마 눈뜨고 볼 수 없었다. 아기는 생명의 끝자락을 놓치지 않으려고 애썼고, 수잔은 어떻게든 그 아기에게 조금이라도 더 힘을 주고자 정성을 쏟았다. 수잔은 시퍼렇게 질린 아기의 입술 위에 우유 방울을 조심스럽게 떨어뜨려서 먹였다. 아기가 심한 기침으로 경련을 일으킬 때도 끈질기게 기다렸다. "아가, 이제 우유 마시자. 우리 아가 착하지!" 하며 달래기도 했다.

"그러면 말을 가지고 가시오. 수고하였소. 어쨌든 이 아이를 데리고 오지 않았소."

모세스가 벤틀리에게 말하자, 벤틀리는 고개를 끄덕였다. 모세스는 한마디 더 물어보았다.

"그놈들이 어디로 갔는지 아시오?"

"남쪽이죠. 남쪽으로 한참 내려갔을 거요. 아칸소 주 거의 중간까지 내려갔지만 놈들은 나보다 하룻길이나 앞서 있었소. 아마도 미시시피 주로 계속 달아나고 있을 거요."

벤틀리는 자신이 산속에서 길을 잃었던 일과, 처음에는 메리가 죽었다는 소문을 들었는데 나중에 북쪽으로 진군하던 군사들에게 팔려갔다는 소문을 들었다는 얘기를 전했다.

"그렇지만 내 생각에 메리는 여전히 그 폭도들에게 붙잡혀 있을 거요. 아마도 놈들은 강의 하류 쪽에서 그 여자와 아이를 내다팔 것 같소."

"그렇다면 이 아이, 이 사내아이는 어떻게 된 거요? 어디서……?"

모세스가 의아스러운 듯이 물었다.

"아, 그 아이 말이요? 폭도들이 달아나다가 콘웨이를 지나는데 여자들이 모여 있기에 그냥 던져주고 갔다는 거요. 하기야 그 아이는 한 푼의 가치도 없지 않겠소."

이 아기의 이름이 바로 조지였다. 정확히 말하자면, 카버 씨 소유의 조지. 태어나서 처음 몇 해 동안은 그저 목숨을 부지하기 위해 몸부림친 기간이었다고 할 수 있다.

워낙 허약하고 비실비실하게 태어난 조지는 어린 시절 걸리지 않은 병이 없을 정도였다. 그뿐이랴! 어떤 병이든 걸리기만 하면, 죽음의 문턱을 넘나들었다. 그렇지만 수잔의 헌신적인 간호로, 조지는 피할 수 없을 것만 같던 그의 어두운 운명을 이겨냈다. 조지의 야윈 몸에서는 도저히 기대할 수 없는 그러한 신비로운 강인함이 한몫하였다. 하루종일 나오는 기침으로 성대 조직이 손상되어 그의 목소리는 마치 놀란 참새가 짹짹거리는 소리 같았다. 또한 아픈 기억 때문에—어쩌면 이것은 메리를 괴롭히던 것과 같은 인종차별에 대한 공포일 수도 있다—하여간 쓰라린 기억의 충격 때문에 혀가 굳어버려 가엾게도 말을 더듬게 되었다. 조지는 만 세 살이 되어서야 다른 사람의 도움 없이 거실 바닥을 지나다닐 수 있었다. 방 이쪽에서 저쪽으로 건너가는 일이 조지에게는 큰 모험이었다. 온몸의 힘이 고갈되어 헐떡거렸지만 그것을 해냈을 때는 승리의 기쁨을 맛보았을 것이다. 그는 죽지 않았다. 이것이야말로 모든 것 가운데 가장 큰 승리가 아니겠는가!

전쟁이 끝났다. 불탄 곳간들이 다시 세워졌고, 밭에는 씨를 뿌릴 수 있게 되었다. 봄 햇살을 받자 뿌린 씨앗들이 푸른 싹으로 돋아올랐다.

"너희들은 이제 자유란다. 모든 노예가 다 자유인이 된 거야. 이제 너희들은 어디라도 너희가 원하는 곳으로 갈 수 있단다."

모세스가 조지와 조지의 형인 짐을 앉혀놓고 말했다. 조지는 무슨 말인지 전혀 알아듣지 못하는 눈치였고, 짐은 이를 드러내며 씩 웃을 뿐이었다.

"나와 수잔 아줌마는 너희들이 전처럼 이곳에서 살기를 바란단다. 그렇지만 꼭 그래야 하는 것이 아니라는 것만큼은 명심하여라. 이제 더 이상 노예 같은 것은 없거든."

짐은 고개를 끄덕였고, 그것이 그날 나눈 대화의 전부였다. 그날 밤 짐과 조지는 매일 그랬던 것처럼 오두막의 다락으로 기어올라가 옥수수 껍질로 만든 침대에 누웠다. 모세스 아저씨가 그날 밤에 한 말이 무엇인지, 자유롭게 된다는 것이 무슨 뜻인지를 조지가 깨달을 때까지는 긴 세월이 흘렀다. 하지만 짐은 끝내 그 뜻을 깨닫지 못하였다.

짐은 튼튼하게 자라 양털을 깎을 정도가 되었다. 또 건초를 만들거나 젖을 짜는 일을 도울 수 있게 되었다. 어느덧 나이가 예순이 된 모세스는 든든한 청년이 자기 곁에서 농장 일을 돕는 것이 여간 뿌듯하지 않았다. 그러나 조지는 여전히 병마와 싸워야 했고, 부엌에서 멀리 벗어나는 법이 없었다. 조지의 몸은 하나도 볼품이 없었다. 눈은 얼굴에 비해 지나치게 컸고, 팔다리는 갈대처럼 가늘었다. 그는 하루종일 수잔을 따라다니며 청소하며 설거지하는 모습을 흉내 내었다. 어느 날 아침, 수잔은 조지의 손에 빗자루를 들려주면서 말했다.

"진짜로 쓸어야지, 그렇게 흉내만 내서야 무슨 소용이 있겠니?"

조지는 열심히 쓰레질을 하였다. 마치 무아지경에 빠진 것처럼 쓰레질하다가, 수잔과 눈이 마주치면 씩 웃기도 하였다. 몇 달이 흐르자 조지는 다른 집안일까지 도맡아 하게 되었고, 빨래, 설거지, 심지어 요리까지 하였다. 그는 이 모든 일을 성실하게 해나갔다. 일하면서 구슬픈 곡조를 흥얼거리는 버릇도 있었는데, 수잔은 그것을 들으면서 메리에 대한 아픈 기억을 떠올렸다. 가끔씩 수잔이 정원에 나가거나 우물가에 갈 경우, 조지는 아무도 자기 노래를 듣지 않을 것이라는 생각에 스스로 노래가사를 만들고 그 노래를 가냘픈 고음으로 불렀다. 그렇게 노래할 때만큼은 결코 말을 더듬지 않았다.

서부 개척지의 농장에서는 모든 것을 자급자족해야 했기 때문에 할 일이 너무나도 많았다. 필요한 것을 얻기 위해서 자기 땅 밖으로 나가는 것은 엄두조차 낼 수 없었다. 그래서 조지는 수잔이 양털로 실을 뽑아내는 것과 옷 재료로 쓰기 위해 천을 만드는 것을 눈여겨보았다. 조지는 이내 능숙하게 기계를 조작하여 실도 뽑고 옷감도 짤 줄 알게 되었다. 그는 가죽을 무두질하는 법을 배웠고, 신발을 짓고 돼지고기를 절이는 법도 배웠다. 야채는 심고, 가꾸고, 또 오래 보관하기 위해 양철통에 넣어 밀봉해야 했다. 양초와 비누도 직접 만들어야 했고, 온갖 양념 역시 직접 만들어야 했다. 혹시 누가 아프기라도 할까봐 약초뿌리도 캐야 했다. 수잔은 그것으로 약을 조제했다. 농장에서는 쓸모없어 버리는 것이 아무것도 없었다. 시장에서는 설탕과 커피 같은 것만 사왔다. 이 시절에 경험한 검소한 생활과 모든 자원을 이용하는 버릇은 조지의 삶에 직접적인 영향을 주었다.

그의 호기심은 끝이 없었고, 무엇이든 배우고자 하는 열의가 대단했다. 또한 집안일을 하는 것에 대해 여자들이나 하는 일이라고 생각하거나 부끄러워하지도 않았다. 누군가가 해야 할 일이며, 오히려 자신의 빠른 손놀림과 긍정적인 사고방식으로 그것을 잘할 수 있다고 생각했다. 그가 하기 싫어하는 일이란 거의 없었다. 어느 봄날 오후, 조지는 수잔이 뜨개질하는 것을 보고 있다가 입을 열었다.

"아…아줌마, 저…저도 그…그거 할 수 있어요."

조지는 뜰에서 주운 칠면조 깃과 벙어리장갑을 푼 털실을 가지고 수잔 옆에 앉아 어깨너머로 뜨개질하는 법을 배웠다. 여름에는 코바늘로 자수를 놓을 정도가 되었다. 수잔이 굉장히 어려운 퀼트 작업을 할 때에도, 조지에게 전체적인 패턴만 알려주면 둘이 공동작업을 하는 데 전혀 문제가 되지 않았다. 둘은 서로 반대편에서 시작해서, 손에 잡히는 대로 천조각을 붙여나갔지만, 전혀 어색하지 않았다. 작업이 끝난 뒤에 수잔이 모세스에게 조지가 작업한 쪽과 자신이 한 쪽을 구분해보라고 해도, 그럴 수 없을 정도였다. 모세스도 조지의 솜씨를 은근히 감탄해 마지않았다. 언젠가 모세스는 작업할 때 신는 신발 때문에 몇 주 동안이나 고생을 한 적이 있다.

"난 구두 고치는 데는 정말 소질이 없는 것 같군."

모세스는 지겨워 죽겠다는 듯이 불평했다. 도저히 작업화를 고칠 수 없게 되자, 안창의 뒤꿈치 부분을 잘라내버렸다. 그래도 잘 맞지 않아 여전히 뒤뚱거리며 다녀야 했고, 밤마다 엄청난 물집을 터뜨리며 툴툴거렸다. 어느 날 저녁, 조지는 말도 하지 않고 그 신발을 가져다가 완전히 뜯어서는 뒤축을

그의 호기심은 끝이 없었고,
무엇이든 배우고자 하는 열의가 대단했다.
또한 집안일을 하는 것에 대해 여자들이나 하는 일이라고
생각하거나 부끄러워하지도 않았다.
어느 봄날 오후,
조지는 수잔이 뜨개질하는 것을 보고 있다가 입을 열었다.
"아…아줌마, 저… 저도 그… 그거 할 수 있어요."

새로 만들고 안창을 기웠는데, 그것이 어찌나 감쪽같았는지 그것이 전에 해진 것이었는지조차 알 수 없을 정도였다.

"모…모세스 아저씨, 이…이거 한번 시…신어보세요."

신발은 완벽하게 꼭 맞았고, 모세스는 이 신발로 인해 두 번 다시 고생하지 않아도 되었다.

백발의 할머니가 된 수잔과 어린 흑인 소년 조지는 황혼이 질 무렵이면 모세스와 짐이 밭일에서 돌아오기를 기다리면서 종종 빗물받이 통 옆에 있는 벤치에 앉아 뜨개질을 하였다. 조지는 뜨개질을 하면서도 모든 것이 궁금하기만 했다. 해가 언덕 너머로 져서 어디로 가는지, 왜 비가 오는 것인지, 왜 문 앞에 핀 장미는 노란데, 창가에 핀 장미는 빨간지……. 가끔씩 수잔은 조지의 어머니에 대한 이야기를 들려주었고, 그럴 때마다 조지는 귀를 쫑긋 세우고 가만히 들었다.

"네 엄마는 아주 영리했단다. 너처럼 말이야. 네 엄마는 글을 읽지는 못했지만, 모든 것을 외워버렸지. 요리책도 한번 보기만 하면, 다시는 들춰볼 필요가 없었거든."

한번은 조지가 언젠가는 엄마가 다시 돌아오지 않을까 하고 물어보았는데, 수잔은 아마도 돌아오지 못할 것이라고 대답해주었다.

또다시 봄이 왔다. 조지는 숲속에 놀러가는 일에 푹 빠졌다. 그 숲에는 자연의 신비로움으로 가득 찬, 자기만 아는 빈터가 있었다. 가만히 앉아서 자연의 모습을 보고 그 소리를 듣는 것만으로도 황홀하였다. 조지는 나무껍질을 뜯어내고 나무에 구멍을 뚫어 그 안에서 삐죽삐죽 기어나오는 벌레를 자세히 들여다보았다. 야생화를 관찰하기도 했는데, 어떤 것들은 햇빛을 좋아하고, 어떤 것들은 그늘을 좋아한다는 것을 알게 되었다. 개구리가 개골개골 우는 소리와 새들이 아름답게 재잘거리는 소리를 유심히 듣기도 하였다. 그러면서 조지는 마음속에서 어떤 강렬한 욕구가 솟구쳐오르는 것을 느낄 수 있었다. 그것은 마법과도 같은 거대한 자연세계를 이해하고 싶다는 욕구였으며, 자연현상을 하나하나 알고 싶다는 욕구였다. 밤에 기어다니는 것들은 왜 햇빛을 피하는 걸까? 어째서 백합은 햇빛이 없으면 죽어버리는 걸까? 똑같이 생긴 뿌리에서 어쩌면 그렇게도 다양한 형형색색의 꽃들이 나오는 걸까? 콩깍지가 열릴 때, 거기에 나 있는 하얗고 부드러운 솜털은 어떻게 되는 걸까? 조지는 손으로 땅의 온기를 느끼는 것을 무척이나 좋아했다. 그래서 훗날 자신의 어린 시절을 회상하며 이렇게 말했다.

"아이들에게 '옷에 흙 묻히지 마라.'고 말하는 사람들은 아이들을 죽이는 꼴이다. 바로 진흙 속에 생명이 있지 않은가!"

아무리 어둑어둑해도 조지는 숲이 무섭지 않았다. 모세스의 오두막보다도 숲속의 빈터가 더 편하게 느껴졌다. 조지는 몇 시간씩이나 쭈그리고 앉아 고사리를 관찰하며, 겨우내 쌓인 낙엽을 뚫고 올라오는 고사리의 생명력에 감탄하기도 하였다. 온갖 고사리와 꽃과 덩굴이 그의 가장 좋은 장난감이자 친구였다. 조지는 이것들을 가지고 놀았고, 말을 걸기도 하였다. 또 전에 알지 못하던 식물을 발견하기라도 하면, 기뻐서 어쩔 줄을 몰랐다. 조지는 수잔이 집 안에 심어놓은 화초와도 자연스럽게 가까워졌다. 그는 화초에 물을 주고, 시든 잎을 따주었다. 하루는 형 집이 문 앞에 핀 노란 장미를 보살피고 있는 조지를 보며 물었다.

"너 꽃 가지고 뭐하는 거냐?"

"으…응, 얘들하고 사랑에 빠졌어."

조지가 순진하게 대답했다.

조지의 손길이 닿는 꽃은 하나같이 잘 자랐고, 풀도 시드는 법이 없었다. 한번은 프레드 베인햄 부인이 놀러왔는데, 자기네 집에 핀 장미가 수잔의 집 장미만큼 탐스럽게 피지 않는다고 한숨을 짓자, 수잔은 조지에게 한번 방문해보도록 하겠다고 약속했다.

"이게 모두 조지의 작품이지요. 조지는 꽃을 키우는 데는 마법사 같아요."

그래서 조지는 어느 여름 날, 모세스 영토의 경계선을 넘어 들판을 지나 멀리, 한때 그랜트 씨의 소유였던 베인햄 씨의 땅으로 들어갔다. 그곳은 조지의 부모가 살던 땅이었다. 조지는 엄마와 아빠가 이 땅을 밟으며 돌아다니던 모습을 상상해보려고 애썼지만, 그 모습이 도무지 떠오르지 않았다. 그러는 동안 어느새 커다란 빨간 벽돌 건물 앞에 다다랐다. 조지는 우뚝 솟은 웅장한 모습을 보면서 건물 주위를 한 바퀴 돌아보았다. 한낮의 열기만이 내리쬘 뿐, 정적만이 흘렀다. 조지는 낯선 땅에 홀로 남겨진 것 같은 느낌을 받았다. 세상에 조지와 그 높은 건물만이 있는 듯하였다. 아, 장미, 장미도 있었다. 장미 정원은 바로 건물의 북동쪽에 있었는데, 조지는 그 장미 정원을 보자마자 왜 장미가 제대로 잘 자라지 않는지를 알아챘다. 그곳은 이른 아침에만 잠시 햇볕이 드는 장소였다. 한 시간 남짓, 그는 콧노래를 흥얼거리면서 장미를 옮겨 심고, 물도 주었다. 일을 마치고 조지는 베인햄 부인을 찾으려고 뒷문을 열고 집 안으로 들어갔다.

정원과 마찬가지로 부엌도 깔끔하지는 않았다. 그렇지만 집은 근사하고 매력적이었다. 조지는 자기도 모르게 식당과 홀을 지나갔다. 집 안은 숨쉴 수조차 없을 정도로 고요했다. 벽은 깨끗하게 칠이 되어 있었고, 가구는 윤이 났다. 응접실에 들어서는 순간 조지의 눈앞에는 황홀한 광경이 펼쳐졌다. 응접실 벽에 많은 그림이 걸려 있었는데, 숲을 그린 풍경화와 꽃을 그린 정물화들이었다. 그 그림들은 너무 아름다워 심지어는 조지를 내려다보는 수염 난 노인 그림조차 아름다워, 보였다. 조지는 그림 하나하나를 자세히 살펴보았다. 마치 모든 선과 색을 다 외우기라도 하려는 것처럼 그렇게 뚫어지게 보느라고 조지는 베인햄 부인이 다가오는 소리도 듣지 못하였다. 베인햄 부인이 바로 뒤까지 와서 입을 열었다.

"조지, 그 그림들이 마음에 드니?"

조지는 깜짝 놀라 몸을 홱 돌리고는 도망갈 듯한 자세를 취하였다. 그러나 베인햄 부인은 그를 보며 빙그레 미소를 지었다. 조지가 더듬거리며 말했다.

"저…저기요……."

"우리 집 장미를 봐주러 왔지?"

그제서야 조지는 안심하고 말했다.

"마…마님, 자…장미를 햇볕이 잘 드는 곳으로 오…옮겨 심었어요. 자…장미는 햇볕을 조…좋아하거든요."

"조지, 고마워서 어쩌지! 이거 수고비니까 받아둬!"

베인햄 부인은 조지의 손에 5센트짜리 동전 한 닢을 쥐여 주었고, 조지는 방을 나오면서 손을 꼭 움켜쥐었다. 그러나 집으로 돌아오는 길에 조지의 머리 속을 가득 채운 것은 동전도 아니고 장미도 아니었다. 조지는 마음속으로 여전히 그 그림들을 감상하고 있었다. 그날 저녁, 조지는 블루베리 비슷한 열매에서 검은 즙을 짜내서, 평평한 돌 위에 손가락 끝으로 동그라미를 그렸다. 그 이후로 조지는 평생 그림을 그렸다. 쇳조각으로 바위 위에 사람 얼굴을 새겨넣기도 하고, 땅에 그림 그릴 만한 곳이라도 있으면 꽃 그림을 그리기도 했다.

그러는 동안 베인햄 부인의 장미가 잘 자라서 꽃이 활짝 피었다. 이 맘씨 좋은 부인은 가는 곳마다 침이 마르도록 조지를 칭찬하였다. 그러자 다른 이웃들도 조지를 찾아와 도움을 구하였다. '조지, 우리 집 베고니아가 죽어가. 도대체 왜 그런 거지?' '조지, 우리 집 장미에 반점이 생겼어. 뭐가 잘못된 건가?' 그럴 때면, 조지는 장미에 생긴 진드기를 잡아주기도 하고, 베고니아에 물을 흠뻑 주고 짚으로 뿌리를 덮어주기도 하였다. 언젠가 조지는 수잔에게 이렇게 말하였다.

"사… 사람들은 꽃을 쳐…쳐다만 보지, 보…보살펴주지는 않아요. 잘 보…보살펴주면 저처럼 뭐가 잘못된 건지 자… 잘 알 텐데요."

어떤 화초나 나무가 살아날 가망이 희박해보이면, 조지는 그것을 뽑아다가 숲속에 있는 자신만의 비밀 장소로 가져가서, 뿌리를 깨끗하게 털어준 다음 숲속의 기름진 흙에 옮겨 심었다. 그리고 정성껏 돌보아서 완전히 살아나도록 하였다. 그래서 사람들은 조지를 '식물 의사'라고 불렀다. 카버 씨 집에 있는 조지라는 소년이 땅에서 자라나는 것이라면 무엇이든, 어떤 병도 고칠 수 있다고 널리 소문이 났다.

조지는 피튜니아 꽃이 너무 기름진 땅에서는 잘 자라지 못한다는 것을 알아냈다. 모래를 섞어주었더니 오히려 죽어가던 꽃들이 살아났다. 어떤 식물은 많은 음식물을 소화해내지 못한다는 것도 알게 되었다. 그것은 자기가 수잔이 만들어준 과자를 지나치게 많이 먹을 때 배탈이 나는 것과 마찬가지였다. 그 후 조지는 옥토와 모래와 점토를 다양한 비율로 섞고, 각각의 상태에서 어떤 식물이 잘 자라는지를 실험하였다. 그는 나무뿌리를 먹으며 기생하는 구더기와 벌레들이 어떤 것인지를 밝혀냈을 뿐만 아니라, 그것들을 없애기도 하였다. 그해 여름, 모세스는 자신이 가장 아끼는 사과나무가 점점 시들어가자 안달이 났다. 그것을 본 조지는 사과나무를 타고 올라가, 나뭇가지들을 하나하나 꼼꼼하게 살펴보고는, 결국

나방 애벌레가 득실득실한 가지 하나를 발견했다.

"모⋯ 모세스 아저씨, 저⋯ 저 나뭇가지를 자⋯ 잘라내 버리세요. 그러면 나무가 나을 거예요."

역시나 조지의 말이 맞았다. 모세스는 경탄을 금치 못하고 수잔에게 말하였다.

"저 녀석은 모르는 게 없군."

그러나 사실 조지는 모르는 것이 너무나도 많았다. 왜 벌은 특별히 클로버를 좋아하는가? 왜 어떤 식물은 봄에 꽃이 피고, 어떤 것은 여름에 피며, 어떤 것은 아예 꽃이 피지 않는가? 어떻게 그렇게도 작은 씨앗에서 8피트나 되는 해바라기가 나오는 것인가? 자연의 신비를 탐구하기에 낮 시간은 너무 짧았다. 그래서 조지는 화로 옆 방구석으로 투구벌레와 담배벌레와 도마뱀 등을 가져와서는 화로에서 나오는 빛으로 그것들을 관찰하였다. 그것들은 조지의 보물이었으며, 씨앗과 꽃과 나뭇잎도 그러하였다.

"밖에다 내놔야지. 이런 것들을 집 안으로 가지고 들어오면 어떡하니? 얼른 싹 치워라."

수잔의 잔소리가 끊이지 않았다. 이렇게 꾸지람을 들을 때면, 조지는 시무룩해져서 자기 보물을 밖으로 내다놓을 수밖에 없었다. 그렇지만 하루 이틀이 지나면 언제 그랬냐는 듯이 개구리나 송충이를 가지고 들어왔다.

어느 가을이었다. 조지는 키 큰 덩굴식물 몇 줄기를 부엌으로 가지고 들어왔다. 불룩해진 깍지가 열리는 것을 관찰할 속

셈이었다. 물론 다시 한 번 집 안을 더럽히면 회초리를 맞을 줄 알라는 수잔의 경고를 잘 알고 있었지만 말이다. 어느 날 늦은 오후였다. 부엌의 화덕에는 젤리가 끓고 있었고, 신선한 버터 한 통이 완성되어 우유저장고로 가져가기 직전이었다. 조지는 밖에 있었는데, 갑자기 부엌에서 비명소리가 들렸다. 조지는 부엌으로 뛰어 들어갔다. 수잔이 너무 놀라 꼼짝도 하지 못하고 뻣뻣하게 굳어 있었다. 부엌은 그야말로 하얀 솜털 천지였다. 자연의 법칙에 따라 덩굴식물의 깍지가 벌어지면서 그 속에서 수없이 많은 하얀 씨앗들이 튀어나왔는데, 그것들이 창밖에서 불어온 바람에 날려 온 집안으로 퍼진 것이다. 특히나 부엌에 있던 젤리나 버터를 담아놓은 들통은 말이 아니었다. 그 광경을 본 조지는 놀라지 않을 수 없었다.

수잔은 정신을 차리자마자 큰 소리로 모세스를 불러댔고, 부엌에 들어선 모세스는 올빼미처럼 눈을 동그랗게 떴다. 수잔이 모세스에게 말했다.

"여보, 이 아이를 헛간으로 데려가세요. 당장이요."

노인이 된 모세스와 소년은 헛간으로 내려갔다. 혼나러 가면서도 조지는 자기가 일으킨 그 사건으로 인해 여전히 흥분이 가시지 않아 떠들어댔다.

"아··· 아저씨도 깍지가 벌어지는 것을 보···보셨어야 했는데···안타깝네요."

헛간에서 조지는 엉덩이를 열 대나 맞고 나서, 다시 말하였다.

"아… 아저씨도 그… 그걸 보셨어야 했는데……."

모세스는 결국 머리를 저으며 말했다.

"오냐, 아저씨도 그 광경을 보았으면 좋았을 걸 그랬구나."

두 사람은 난장판이 된 집을 청소할 생각에 고개를 돌려 집 쪽을 올려다보았다.

조지가 사는 곳에서 약 1마일 정도 떨어진 로커스트 그로브라는 곳에 그 지역의 예배당으로 사용되는 방 한 칸짜리 오두막이 있었다. 주일 아침마다 예배를 인도하기 위해 멀리 네오쇼 또는 조플린에서 목사님이 왔다. 그 예배당은 주중에는 학교로 사용되었는데 조지는 가끔 여기까지 걸어와서 문 앞 계단에 앉아 선생님이 책 읽는 것을 진지하게 듣기도 하고, 아이들이 학과를 복창하는 것과 수학 문제 푸는 것을 어깨너머로 보기도 하였다.

그러던 어느 날, 조지는 그 교실 문 너머에서 갑자기 새로운 세계가 자신을 향해 손짓하는 것을 느꼈다. 그 세계는 조지가 전에는 한번도 꾸어보지 못한 꿈으로 가득하였다. 그 세계가 보여주는 희망찬 약속이 너무도 찬란해서 자신이 그 모든 것을 전부 움켜쥐지 못할까봐 숨이 막힐 지경이었다. 무엇인가 새로운 것을 배운다는 것, 글자를 읽을 수 있다는 것, 여태껏 품어온 '왜' 그리고 '어떻게'라는 수많은 질문에 대한 해답을 얻는다는 것…….

조지는 쉬지도 않고 집까지 뛰어왔다. 그러고는 밭에서 일하는 모세스에게 달려가 헐떡거리며 말하였다.

"아… 아저씨, 저 언제 학교에 가게 되나요? 하… 학교 갈 나이가 되지 않았나요? 저… 저도 학교에 보내주세요."

모세스는 이마의 땀을 닦아내며 푸른 하늘을 올려다보고는 도대체 어떻게 말해주어야 하나 난감하였다. 도대체 무슨 말로 이 아이의 꿈을 짓밟는단 말인가? 배우려는 욕구로 가득한 아이에게 어떻게 학교에 갈 수 없다고 말할 수 있겠는가? 노예들에게 자유가 주어졌지만, 또 미주리 주 법도 "흑인들에게 하나님 이외의 주인은 없다."라고 분명히 선언하고 있지만, 조지가 로커스트 그로브 학교에 들어갈 방법은 없었다. 그곳은 백인 아이들이 다니는 학교였던 것이다.

"아… 아저씨, 저 내…내일부터 학교 다닐 수 있나요?"

조지가 애원하자, 모세스 카버는 결심한 듯 조지의 어깨를 잡고는 내일 당장 학교에 갈 수는 없다고 잘라 말했다.

"그 학교에는 유색인종 아이들이 다닐 수 없단다."

"유…유색인종이요?"

조지는 유색인종이라는 모세스의 말을 반복하였다. 물론 조지는 자기가 유색인종이라는 것을 알고 있었다. 거울을 보고 자기가 흑인이라는 것을 이미 잘 알고 있었던 것이다. 그렇지만 전에는, 자기 얼굴 색깔이나 손 색깔이 수잔 아줌마보다 조금 더 검다 뿐이지, 그 이상의 의미는 없다고 생각했다. 마치 붉은 장미가 노란 장미보다 조금 더 검지만 둘 다 장미인 것처럼 말이다. 그렇지만 지금, 조지에게 갑자기 현

기증이 몰려왔다. 사람은 꽃과 다르다는 것을 처음으로 깨닫게 된 것이다. 흑인보다 백인이 낫다는 생각을 처음으로 하게 된 것이다. 무엇에 한 대 얻어맞은 것처럼 조지는 머릿속이 멍해졌다. 조지는 자기도 모르게 자신만이 알고 있는 숲속의 빈터로 가서 숨었다. 어린 마음에 날벼락이 떨어진 셈이다. 조지는 자기가 알고 있는 옳다는 것과 그르다는 것을 가려내보려고 애쓰면서, 이 충격적인 현실 앞에서 버둥거렸다. 그가 확고하게 믿는 자연세계에서는 그런 차별이 없었다. 태양은 모든 식물에 빛을 골고루 비추어주고, 비도 골고루 뿌려준다. 식물이 어떤 색인지는 전혀 문제가 되지 않는다. 이것이 바로 진실이며, 이것이 바로 옳은 일이다. 그런데 사람들, 더군다나 어른들이 어떻게 이런 터무니없는 실수를 저지를 수 있단 말인가? 아무리 생각해도 답을 얻을 수 없었다. 조지는 얼굴을 땅에 묻고 울었다. 두려움과 불길한 예감에 사로잡혀 마냥 울었다. 그렇지만 자기의 꿈을 결코 버리지는 않으리라 단단히 각오하였다.

수잔은 궤짝 속에서 일리노이 주에서부터 가져온 파란색의 낡은 알파벳 책을 꺼내 조지에게 이름 쓰는 법을 가르쳐주었다. 몇 주가 안 돼서 조지는 그 책을 죄다 외워버렸다. 이제 조지는 어떤 단어든 읽을 수 있게 되었다. 물론 어떤 단어는 그 뜻을 모르고 그저 읽기만 할 뿐이었지만 말이다. 모세스는 간단한 계산과 쓰는 법을 가르쳤다. 그래서 조지는 혼자서 자기 이름을 쓸 줄도 알게 되었다. 몇 시간 동안 잡지를 들여다보면서 자기가 알고 있는 낱말을 찾아 읽기도 하고, 손으로 글자를 짚어가며 더듬더듬 문장을 읽어 그 뜻을 이해하기도 하였다.

하루는 학교에 다니고 싶다는 생각을 버리지 못하고, 로커스트 그로브 학교로 달려갔다. 조지는 문 앞 계단에 앉아서 자기가 마치 교실 안 책상 앞에 앉아 있는 상상에 빠졌다. 그 날 배운 내용을 큰 소리로 외우는 목소리가 들릴 때, 그것이 마치 자기 목소리인 양 상상했다. 그러나 그것으로는 충분하지 않았다. 아니, 결코 충분할 수 없었다.

가끔씩 맑게 갠 아침이면 모세스는 잔돈 몇 푼을 주고는 짐과 조지를 네오쇼에 보냈다. 네오쇼는 군청소재지였는데, 조지에게는 그곳이 세상에서 가장 분주한 곳처럼 보였다. 마주치는 사람마다 낯선 사람이었고, 그 가운데는 자기와 같이 검은 사람도 있었다. 하여간 조지는 그곳을 쏘다니는 것을 별로 좋아하지 않았다. 집으로 돌아가고 싶은 생각뿐이었다.

어느 날 조지와 짐은 헤어지면서 해가 저물어 교회의 종탑에 걸릴 즈음 마을의 북쪽 끝에서 만나기로 하였다. 조지는 뜨개질에 쓸 코바늘을 찾으러 나섰다. 코바늘을 산 다음 이리저리 길을 걷고 있는데, 자기도 모르게 나무로 만든 허름한 오두막집에 다다랐다. 흑인 아이들이 그 안으로 몰려 들어갔다. 그곳은 아이들을 가르치는 학교였다. 마지막 아이가 들어간 다음에 문이 닫히자 이내 귀에 익숙한 소리가 들려왔다. 아이들이 학과 내용을 큰 소리로 암송하는 것이었다. 그런데 이번에는 흑인 아이들이 아닌가! 아, 여기가 흑인 학교구나!

조지는 날다시피 하여 형을 만나러 갔다. 자기가 발견한 것을 얼른 말하고 싶어 죽을 지경이었다. 형을 만나서 정신없이 말하는데, 형이 고개를 가로저으며 조지의 말을 끊었다.

"조지, 좀 천천히 말해봐. 도대체 무슨 말인지 하나도 알아들을 수 없잖아. 재잘거리는 소리밖에 안 들려."

"어…어…어쩔 수가 어…없어. 너…너…무 그…그…급해."

"아니, 그래도 좀 천천히 말해봐. 자, 숨 좀 쉬고……."

그제서야 조지는 숨을 고르더니 형을 보고 다시 말했다.

"네오쇼에 하…학교가 있어. 흐…흑인 아이들을 가르치는 하… 학교 말이야. 나… 나도 그 학교에 다니고 싶어."

둘은 해가 저물 즈음 먼지가 풀풀 나는 시골길을 따라 걸었다. 그 둘은 형제라고는 믿을 수 없을 만큼 서로 달랐다. 하나는 키가 크고 건장하였으며, 다른 하나는 마르고 작고 약했다. 짐은 동생 조지를 도무지 이해할 수 없었다. 알파벳 공부에 열중하는 이유도 이해할 수 없었다. 그뿐 아니라 꽃 같은 것을 가지고 무엇을 하려는 것인지도 이해가 되지 않았다. 그렇지만 두 형제는 그 누구보다도 가까웠다. 그들의 우애에 이런 차이점들은 전혀 문제가 되지 않았다. 하지만 지금 이 순간, 짐은 조지 때문에 이만저만 걱정이 아니었다. 짐의 생각에도 이 문제는 매우 중요하고 가치 있는 것처럼 보였다. 그렇지만 머릿속에서는 아무 말도 떠오르지 않았다. 묵묵히 걸어가다가 이윽고 짐이 말문을 열었다.

"그럼, 너 어디서 살 거야?"

"글쎄."

화가 난 짐은 걸음을 멈추더니 소리쳤다.

"뭐라고? 그게 도대체 무슨 말이야? 우리가 얼마나 좋은 집에 사는지 몰라? 넌 수잔 아줌마 책으로도 글을 배우고 있잖아!"

"더…더 많이 배우고 싶단 말이야."

조지의 목소리는 가냘프고 약했지만, 그 말에는 강한 의지가 담겨 있었다.

"채…책을 쓸 만큼 많이 배울 거야. 배…배우고 싶은 것도 너무 많고……."

짐은 조지를 한참이나 물끄러미 쳐다보았다. 그러다가 둘은 다시 길을 걷기 시작했다. 짐은 '이거 말려도 소용이 없겠군.'하고 생각했다. 도무지 조지의 속마음을 알 수가 없었다. 짐이 아는 단 한 가지는, 조지는 한다고 하면 기어코 해내고야 만다는 것이었다. 모세스 카버도 그 정도는 알고 있었다. 그래서 조지가 모세스에게 네오쇼에 있는 흑인 학교에 다니겠다고 말할 때, 조용히 말했다.

"더 이상 너를 막을 수 없구나. 아니, 막을 수 있다고 해도 이젠 그러고 싶지 않구나. 그렇지만 조지, 너 어떻게 살아갈 거니? 어디서 먹고 자고 할 거냐?"

소년은 가냘픈 어깨를 으쓱해 보이고는 수염이 난 모세스를 쳐다보았다. 그 눈에는 자신감이 가득했다. 조지의 대답에도 자신감이 배어 있었다.

"저…저요…요…요리도 하…하…할 수 이…있고요, 처…청소도 하…할 수 이…있고요……."

"애야, 천천히 말하거라."

"부…불도 지…지필 수 있고요……."

모세스는 진지하게 고개를 끄덕이며, 조지의 머리에 손을 얹었다. 이제 모든 것이 결정된 것이나 다름없었다. 수잔은 먹을거리를 조금 만들어주었다. 구운 옥수수 빵에 집에서 절인 고기를 넣어 만든 샌드위치였다.

어느 가을 아침, 카버 씨 일가는 모두 슬픔에 빠져 아무 말도 하지 못하였다. 수잔과 모세스와 짐은 현관 앞에 서서 가냘픈 소년 조지가 대문을 빠져나가 거친 세상으로 나아가는 모습을 물끄러미 바라보기만 하였다. 조지는 그동안 모아놓은 돈 몇 푼과 깨끗한 옷 한 벌을 보따리에 싸서 어깨에 둘러메고 집을 나섰다. 저 멀리 지평선에서야 끝이 날 것처럼 보이는 죽 뻗은 그 길 위에 선 조지의 모습이 그렇게 외로워 보일 수 없었다. 그 길의 끝은 거대한 하늘 반대편에 있는, 보일 듯 말 듯한 작은 점처럼 보일 뿐이었다. 이때가 1875년이었고 조지는 열 네 살쯤 되었다.

작은 장미

그 소년은 말하길, 왜 우박과 눈이 내리는지,

또 과연 사람이 꽃씨를 조작하여 꽃잎 색깔을 바꿀 수 있는지를

알고 싶어서 네오쇼에 왔다고 했다. 상상해보라!

그래서 나는 네오쇼에서 그것을 알아낼 수 없을 테고,

조플린에서도 마찬가지일거라고 대답했다.

아마 캔자스에 가도 그런것을 알 수 없을 것이라고 대답하였다.

그렇지만 나는 그가 이 모든것을 알아낼 것이라는 사실을 알고 있었다.

그것이 어디에서건 간에.

__마리아 와킨스

네오쇼라는 마을은 미주리 주가 남부연합에 속해 있을 당시에 이 주의 수도이기도 했다. 전쟁중에는 연방군과 반군이 이곳에서 치열하게 전투를 벌였으며, 그 바람에 재판소가 불타고 시민들도 큰 재난을 당했다. 폭동으로 파괴되었던 이 작은 마을은 그 후 10여 년이 지나서야 비로소 제대로 복구되기 시작했다. 네오쇼에는 큰 광산이 세 개 있었는데 그 가운데 하나가 다시 가동되었고, 제분공장이 새로 세워지기도 하였다. 노예해방사무국도 들어섰는데, 마을을 재건하는 동안 이 사무국의 건설 대

행업자는 부패한 짓을 많이 하였으나, 400만 명이나 되는 해방된 노예들을 위한 빛나는 업적도 남겼다. 어찌됐든 이 사무국은 곧 다른 곳으로 이전되었다. 이제 네오쇼의 특징이라면 흑인 아이들을 가르치는 링컨 학교가 있다는 것뿐이었다.

뜨거운 태양과 같은 자신의 원대한 꿈을 안고 집을 떠난 조지는 다 쓰러져가는 허름한 판잣집 앞에서 한참을 서 있었다. 안은 텅 비어 있었고, 문은 자물쇠로 잠겨 있었다. 이미 해가 교회 종탑 밑으로 떨어진 지 오래였다. 갑자기 온 세상이 어두워졌다. 조지는 무섭고 외롭다는 생각이 들었다. 자신이 지금 여기에 있다는 사실에 관심을 가져줄 사람은 이 마을에 아무도 없었다. 더군다나 조지를 돌보아줄 사람은 기대할 수도 없었다. 조지는 귀에 익은 밤벌레소리를 듣자 집 생각이 간절해졌다. 지금쯤 모두들 따뜻한 불가에 둘러앉아 있겠지. 물론 저녁도 배불리 먹고, 설거지도 다 하고, 한가로이 앉아 불을 쬐면서 풀벌레 우는 소리를 감상하고 있을 것이다.

이제 나는 무엇을 해야 하나? 어디로 가야 하나? 지금 자신이 가지고 있는 것이라고는 꿈밖에 없었다. 그렇지만 그 꿈이 낯선 곳에서의 첫날 밤에 자기를 지켜줄 수 있을지 불안하였다.

조지는 학교 주위를 빙빙 돌기 시작했다. 가끔씩 들려오는 발소리에도 깜짝깜짝 놀랐다. 배가 고프기도 하고 무섭기도 하고, 전에 한번도 느껴보지 못한 그런 철저한 외로움에 휩싸였다. 조지는 담을 넘어 어두컴컴한 헛간으로 들어갔다. 갑자기 피곤이 몰려오면서 다리가 아팠다. 다락으로 올라가는 문을 발견하자 그는 기어올라가 건초더미에 몸을 파묻었다. 따뜻한 기운이 감돌며 코에 익은 말 냄새가 났다. 마구간이었다. 눈은 이내 칠흑 같은 어둠에 익숙해졌다. 조지는 마지막 빵조각을 먹고는 자리에 누웠다. 수잔이 뜨개질하는 모습과 짐이 화로에 마지막 장작을 넣는 모습이 눈에 선했다. 그러다가 조지는 스르르 잠이 들었다.

조지는 추위와 긴장감으로 잠에서 깨어나, 엉금엉금 기어서 다락을 내려왔다. 사방에 아침 안개가 자욱하여 앞뒤를 분간하기도 어려웠다. 조지는 우선 학교로 내달렸다. 뛰어가면서 옷에 붙은 풀을 풀풀 털어냈다. 그런데 학교 문은 여전히 잠겨 있는 것이 아닌가! 조지는 아무 생각도 없이 어제 잤던 그 마구간으로 돌아왔다. 무엇보다도 배가 고파 견디기 힘들었다. 담 옆의 해바라기를 본 조지는 해바라기 씨를 따서 장작더미 위에 주저앉아 까먹기 시작했다. 그때까지만 해도 조지는 마구간 맞은편에 작은 집이 있는 것을 알아차리지 못했다. 이내 강단 있게 생긴 흑인 아줌마 한 사람이 뒷문으로 나왔다. 장작더미 위에 쪼그리고 앉아 있는 조지를 본 그 아줌마가 물었다.

"얘야, 너 여기서 뭐하는 거니?"

조지가 얼떨결에 말했다.

"저…그…그냥 앉아 있어요."

"그야 나도 알지!"

그 아줌마는 손을 허리춤에 올려놓고 조지를 물끄러미 쳐다보았다. 조지는 벌떡 일어나 침을 두 번이나 꼴깍 삼켰다. 그러고 나서야 무엇인가 말을 할 수 있었다.

"하… 학교 문이 여…여…열리는 것을 기…기다리고 있었어요."

"그렇다면 한참이나 기다려야겠구나. 오늘이 토요일 아니냐!"

"토…토요일이요? 저…저…저는……."

"얘, 잡아먹지는 않을 테니 걱정 마라. 네 가족은 다 어디 있는 게냐?"

"다… 다이아몬드 그로브에요. 모…모세스 카버 씨 댁에 살고 있었고요. …그리고……."

"그러면 학교에 다니려고 여기 왔다는 게냐?"

"네, 아주머니."

"배 안 고파?"

"고파요!"

조지는 그때서야 이 아줌마의 말투는 퉁명스럽지만, 눈빛이 부드러운 것으로 보아 마음만은 따뜻한 사람이라는 것을 알아차렸다.

"저기 있는 펌프에 가서 몸을 깨끗이 씻고 안으로 들어오너라."

아줌마는 장작 몇 개를 집어 들더니 집 안으로 들어갔다.

조지는 잠시 아줌마의 뒷모습을 보다가 펌프 있는 곳으로 뛰어가서 손과 얼굴을 벅벅 씻었다. 머뭇거리며 뒷문을 두드렸을 때 이미 맛있는 비스킷 냄새가 코를 진동했다. 다음 순간, 조지는 주위를 아랑곳하지도 않고 따뜻한 김이 모락모락 피어오르는 과자에 시럽을 마구 뿌려대며 며칠 굶은 사람처럼 정신없이 먹어댔다.

이렇게 하여 조지는 마리아 와킨스 부인의 집에 발을 들여놓게 되었다. 마리아 와킨스는 빨래 일도 하고 산파 노릇도 하며 살아가는 사람이었다. 갈 곳 없는 사람을 만나기라도 하면 자기 일처럼 정성껏 돌보아줄 정도로 마음씨가 곱고 인정도 많았다. 그러나 몇 해 전에 마리아는 무뚝뚝한 얼굴로 살아가는 법을 배우게 되었다. 이렇게 살지 않으면, 매번, 조지처럼 가련하고 배고픈 사람을 볼 때마다 펑펑 울어댔을 것이다. 마리아의 남편 앤드루는 근면한 막일꾼이었다. 이들에게는 자식이 없었다. 그렇지만 마리아는 자기가 산파 일을 하면서 받은 아이들을 백인이든 흑인이든 '자기 자식들'로 여겼다. 그 아이들이 결혼하고 또 가정을 이룬 후에도 마찬가지였다. 훗날 마리아의 '자식들'이 마리아를 위해 잔치를 열어주었는데, 마을의 반이나 되는 사람들이 그녀의 자식들이었다.

그날 조지는 마리아가 옷을 수북하게 쌓아놓고 빨래하는 것을 오전 내내 초조한 눈길로 바라보았다. 점심식사를 하러 마리아의 남편이 돌아왔을 때, 조지는 더 불안해졌다. 두 사람이 순간순간 조지 쪽을 흘끗 쳐다보면서 무엇인가 속닥거렸기 때문이다. 이윽고 마리아가 조지에게 다가와서 말을 건냈다.

"너 우리 집에서 같이 살래? 집안일 좀 거들 수 있지?"

"그…그럼요, 아주머니. 지…집안일 거들고말고요."

조지는 간절히, 아니 필사적으로 대답했다.

"저…저 일 잘해요. 저 나쁜 사람도 아니에요. 처…청소도 하고 부…불도 지피고, 그리고……."

조지는 잠시 말을 멈추더니, 침을 꿀꺽 삼키고는 말을 이었다.

"그…근데, 하… 학교는 다닐 수 있는 건가요?"

"물론이지."

마리아가 말을 이었다.

"학교 다니러 여기까지 온 거잖니! 안 그래?"

머리가 희끗희끗한 앤드루가 조지를 쳐다보고 웃으며 말하였다.

"이제 나를 앤디 아저씨라고 부르고, 저분을 마리아 아줌마라고 불러라. 환영한다. 이제 너는 우리 아이나 다름없다."

"고…고맙습니다. 두 분께 너…너무 고맙습니다."

그 말을 마치자마자 조지는 뒤돌아섰다. 눈에 눈물이 가득 고였기 때문이다.

그날 밤, 마리아는 조지에게 잠자리를 만들어주려고 단칸짜리 방 한구석에 커튼을 쳐주었다. 조지는 다시 한 번 감사의 표시를 하고 싶었다.

"어…얼떨결에 아줌마 집 헛간에 들어온 걸 보면, 저…전

진짜 운이 좋아요."

마리아는 잠시 하던 일을 멈추고 또렷하게 말하였다.

"운이라니, 그건 아니란다. 하나님께서 너를 우리 집 마당으로 인도하신 거지. 하나님께서 너를 위하여 예비하신 일이 있단다. 하나님께서는 앤드루 아저씨와 내가 너를 돕기를 바라셔."

"네, 아주머니. 잘 알겠어요."

조지는 나지막하게 속삭였다.

조지는 지금까지 우리 삶을 주관하시는 하나님이 계시다는 것을 막연하게 생각만 했지, 그것에 대한 확신은 없었다. 이제 조지는 그러한 믿음을 확고히 할 수 있는 곳으로 왔다. 마리아의 순박하고 단순한 믿음에 따르면, 하나님은 어디에나 계시는 분이다. 그분은 그분의 자녀 된 각 사람 하나하나를 위하여 계획을 갖고 계시며, 결코 어떤 일도 우연히 일어나지 않는다. 이 믿음은 곧 조지의 확고한 신앙이 되었다. 마리아에게는 하나님에 대한 확고한 신앙 이외에도 두 가지 삶의 철칙이 더 있었는데, 바로 청결함과 근면함이었다. 조지는 이 세 가지 원칙을 마리아에게서 배웠다. 마리아의 오두막집은 깔끔하게 정돈되어 있었다. 마룻바닥에는 낡은 깔개가 깔려 있었고, 바닥을 얼마나 닦았는지 마루가 닳아서 번들번들하였다. 향신료와 소나무향이 물씬 풍기는 집이었다. 뒷문으로는 깔끔하게 정돈된 마당이 보였다. 작업대 위에는 빨래통과 빨판이 가지런히 정돈되어 있었다. 이것이 바로 마리아의 생활 밑천이었다.

수십 년이 지난 뒤 조지가 눈을 감고 마리아의 모습을 회상할 때면, 늘 빨래하는 모습이 떠올랐다. 김이 모락모락 나는 빨래통 너머로 장단에 맞추어 경쾌하게, 그리고 부지런히, 그리고 끊임없이 위아래로 살짝살짝 움직이는 그 모습이.

토요일에 조지는 마루를 쓸고, 접시를 닦고, 땔감을 날랐다. 일요일에는 깨끗한 옷을 차려입고 와킨스 부부와 함께 아프리카 감리교회에 갔다. 처음에는 조금 서먹했다. 이전까지 조지는 교회라는 건물 안에서 도대체 어떤 일이 벌어지는지 알지 못했다. 모세스의 영향이었겠지만, 조지는 사악한 주술 같은 것이 교회에서 일어나지 않을까 염려되었다. 어쩌면 사람을 제물로 바치는 인신제사가 일어날지도 모를 일이었다.

그렇지만 이 작은 공동체가 찬송을 부를 때, 조지의 마음에 응어리진 두려움이 자신도 모르게 풀어졌다. 기븐스 목사님이 하나님의 자녀 된 모든 사람, 희망을 찾아 그 삐걱거리는 낡고 허름한 건물에 모여 있는 모든 사람에게 쏟으시는 하나님의 사랑과 관심에 대하여 설교 말씀을 전하기 시작하자, 조지는 마치 태양이 그 뜨거운 온기를 모아다가 자기 위에 한껏 뿌려주는 것처럼 마음이 뜨거워지는 것을 느꼈다. 조지는 복받쳐오르는 그 무엇 때문에 울고 싶었다. 그 무엇이란 바로 기쁨이었다. 조지는 이후로 와킨스 부부와 함께 교회에 갈 때마다 이러한 기쁨을 느꼈다. 물론 죽어서 하나님 나라에 들어갈 때도 조지는 이러한 기쁨을 맛보았을 것이다.

조지는 갖가지 악조건에도 불구하고
선생님 말씀을 하나라도 놓치지 않으려고
열심히 귀를 기울였다.

월요일 아침, 조지가 학교에 가려고 문을 나서자, 마리아가 뒷문에서 소리쳤다.

"조지, 앞으로는 너를 카버 씨네 사는 조지라고 하지 말거라! 넌 자유인이야. 듣고 있어? 너는 이제부터 조지 카버라고 해라."

"네, 아줌마."

새 이름이 어색했지만, 조지는 학교에서 마리아가 가르쳐 준 대로 자기를 소개하였다. 스티븐 프로스트 선생님은 젊고 덤벙거리는 흑인이었다. 조지는 선생님과 반 아이들에게 자기를 소개하고 나서 뒤쪽에 있는 의자에 가서 앉았다.

거의 75명이나 되는 아이들이 조그만 교실에 모여 공부하였으니, 더 이상 좁을 수는 없었다. 어떤 아이들은 조지보다 작았고, 어떤 아이들은 어른처럼 키가 컸다. 조지는 갖가지 악조건에도 불구하고 선생님 말씀을 하나라도 놓치지 않으려고 열심히 귀를 기울였다. 교실은 하루종일 웅성거렸고, 아이들의 기침소리가 끊이지 않았다. 누군가가 다리라도 꼬거나 자리를 살짝 이동하기만 해도 그 주변에 앉은 다른 아이들이 모두 움직여야 할 정도였다. 교실 안 공기는 금방 탁해졌다. 너무나도 많은 아이들이 너무나도 좁은 공간에서 함께 활동하고 숨쉬기 때문에 고약한 냄새마저 났다. 차가운 겨울바람이 벽의 갈라진 틈을 파고들어왔고, 장작을 때는 난로 바로 옆에 앉은 아이들 몇명을 제외하고는 모든 아이가 하루종일 외투를 입고 장갑을 끼고도 추위에 떨어야 했다.

그러나 조지에게는 이런 것들이 전혀 문제가 되지 않았다. 학교에 다니지 않는가! 조지에게는 자기 책이 생겼다. 첫 단계 읽기 책이었다. 그리고 글씨 쓰기를 연습할 수 있는 석판 조각도 생겼다. 첫날 점심시간에 조지는 자기가 받은 것들을 마리아에게 자랑해보이려고 담을 넘어가 문을 박차고 집으로 뛰어들어갔다. 그리고 점심을 꿀떡꿀떡 삼키고는 다시 학교 운동장을 가로질러 교실 앞으로 뛰어갔다. 프로스트 선생님이 종을 쳐서 아이들에게 교실로 들어오라고 하기 오래 전부터 조지는 정문 앞에서 수업이 시작되기를 기다렸다.

조지에게는 그날 시간이 그렇게 빨리 갈 수 없었다. 물론 다른 날도 그랬다. 조지는 학교에 가지 않는 날에도 읽기 책을 손에서 떼지 않았다. 설거지를 할 때에도 그랬고, 마리아가 빨래하는 것을 도울 때도 그랬다. 가끔씩 친구들이 운동장에서 술래잡기나 숨바꼭질 놀이를 하자고 조지를 꼬였는데, 그럴 때마다 조지는 거의 예외없이 넘어져 무르팍이 까지고 창피를 당하였다. 부끄러움을 많이 타는 성격인데다 소리 지르며 뛰어다니는 것을 좋아하지 않았기에 조지는 언제나 조용한 구석에 앉아 석판에 그림 그리는 일에 열중했다. 그러면서 학교 종이 울리기를 기다렸다.

조지 카버의 일생에 걸쳐 이런 일이 무수히 반복되어 결국은 그의 생활방식이 되어버렸다. 고독은 그의 운명이었나 보다. 그가 가장 행복한 순간은 혼자서 연구에 몰입할 때였다.

한번은 마리아가 다림질하는 것을 가르쳐주었다.

"한눈팔지 말고 다림질에 정신을 집중해라. 손님 옷을 대충 다리면 안 되는 거야."

그러나 조지가 다림질을 할 때에는, 산처럼 쌓인 다림질감 옆에 늘 읽기 책이 펼쳐져 있었다. 책을 읽으면서 마지막 손수건 한 장까지 느긋하게 다렸던 것이다.

11월 중순의 어느 날, 조지는 윗마을에 갔다가 날이 어두워질 때까지 어느 여성용 옷가게 앞을 떠나지 못하였다. 아름다운 드레스의 소매와 깃에 복잡한 무늬가 수놓인 것을 꼼꼼하게 살펴보고 있었던 것이다. 조지는 집으로 돌아와 마리아에게 옷가게에서 본 것과 똑같은 무늬의 수를 선물할 생각으로 아무도 모르게 밤마다 수를 놓았다. 크리스마스 날 아침, 조지가 그것을 마리아에게 주었을 때, 마리아는 두 눈이 휘둥그레져서 묻지 않을 수 없었다.

"이거 네가 한 거니? 너 혼자?"

그러더니 눈시울을 붉혔다.

"고맙구나."

마리아는 잠시 머뭇거리더니, 조지를 꼭 끌어안고는 나지막이 말을 이었다.

"얘야, 정말 고마워!"

마리아는 조지에게 가죽 표지로 된 성경책을 크리스마스 선물로 주었는데, 그 성경책은 너무나 많이 읽어서 이미 너덜너덜해져 있었다. 조지는 그 성경을 하도 열심히 읽어서,

일 년도 안 돼 창세기와 시편과 잠언과 복음서의 많은 구절들을 외워버렸다. 그 이후에도 조지는 마리아에게서 받은 성경을 매일매일 읽었다. 죽는 날까지도 읽었으니, 그 성경책을 평생 손에서 놓지 않았다고 해도 과언이 아니다.

그해 겨울 조지는 세 번이나 감기에 걸려서 학교에 가지 못했다. 조지는 무엇보다도 학교에서 가르치는 것을 배울 수 없다는 사실에 가슴이 아팠다. 그럴 때마다 마리아는 조지의 슬픔을 가시게 하려고 예전에 자신이 노예로 살던 당시의 이야기를 들려주었다. 마리아는 아주 큰 농장에서 살았다. 그곳에서 마리아와 함께 지내던 흑인들 가운데 오직 한 사람, 리비라고 하는 여자만이 글을 읽을 줄 알았다. 그렇지만 리비는 이 사실을 주인에게 숨겨야만 했다. 노예라는 신분을 잊고 주제넘은 특별한 기술을 습득한 사람들은 저 멀리 노예시장으로 팔려가기 십상이기 때문이었다. 그래서 리비는 비밀리에 다른 노예들 몇 명에게 글을 가르쳤는데, 그때 마리아도 글을 읽을 수 있게 되었다고 한다. 당시 마리아는 30대였다.

하루 저녁은 마리아가 조지에게 이런 말을 해주었다.

"조지, 전에 말한 리비 아줌마 기억나지? 너도 그래야 한단다. 배울 수 있는 만큼 최선을 다해 배우고, 그리고 리비 아줌마처럼 네가 배운 것을 우리 동족에게 가르치거라. 이제 넓은 세상으로 나아가 네 꿈을 펼치렴. 우리 동족들은 너무 배우지 못했잖니!"

조지는 마리아의 말을 마음속에 새겨들었다. 처음부터 조지는 마리아를, 편히 쉴 만한 그늘을 만들어주는 커다란 나무로 생각하였다. 강인하고 시원시원하고 또 마음을 터놓고 지낼 수 있는 그런 사람으로 생각한 것이다. 그래서 조지는 마리아의 집에 있을 수 있는 한, 또 무엇인가 배울 수 있는 한 마리아의 집을 떠난다는 생각을 해본 적이 없었다. 그러나 조지는 이듬해 봄이 되자 프로스트 선생님께 더는 배울 것이 없게 될 거라는 느낌을 받기 시작했다. 가르치는 내용도 충분하지 않았고, 진도도 너무 느려 조지와 같이 학업에 열의가 있는 아이들은 안달이 날 정도였다. 조지는 자신이 질문을 하면 선생님이 곤혹스러워한다는 것을 잘 알고 있었다. 모르는 것을 대답해주지 못하는 것은 어느 정도 이해할 수 있었지만, 정작 조지를 참을 수 없게 하는 것은 선생님의 태도였다.

"네 분수를 알아야지!"

선생님은 매번 이런 말로 꾸짖으면서, 아직도 버리지 못한 노예근성과 편협한 가치관을 은연중에 학생들에게 심어주었다. 조지는 본능적으로, 그러나 잠잠히 이에 반발했다. 조지는 결코 자신을 속이지 않았으며, 현실을 분명히 알았다. 그렇다. 조지의 피부색은 조지에겐 분명 족쇄나 마찬가지였다.

그러나 조지는 발버둥쳐서라도 그것을 풀어버리겠다고 다짐했다. 만일 그것이 불가능하다면, 그 족쇄를 찬 채로 의연하게 살아가겠다고 생각했다. 그가 있어야 할 곳은 그늘진 곳이 아니라 양지바른 곳이었고, 그는 거기에 도달하기를 간절히 원했다.

그해 5월에 형 짐이 자기도 네오쇼에서 살겠다고 왔다. 어느 날 오후, 조지가 장작더미에 앉아 책을 읽고 있는데, 어디선가 귀에 익은 목소리가 들렸다.

"이봐, 꼬마야! 왜 비가 오는지 알아냈어?"

형이었다. 형이 담장 너머로 이빨을 드러내고 씩 웃는 것이 아닌가!

"형!"

조지가 반가워 소리를 질렀다. 그는 장작더미에서 폴짝 뛰어내리려다 그만 땅바닥으로 굴러떨어졌다. 형을 본 조지는 가슴이 벅차 헉헉거리며 더듬더듬 말을 이었다.

"혀…형, 내…내가 여…여…여기 있는 줄 어…어…어떻게…어떻게……?"

짐은 웃으면서 장난치듯 말했다.

"워워, 이제 그만 일어나시지! 그런데 너, 공부하러 간다는 놈이 아직도 또박또박 말하는 걸 배우지 못한 거야?"

너무 반가워 소리를 지르며 서로를 툭툭 치는데, 마리아가 소란스러운 음성에 놀라 문밖으로 나왔다. 조지가 마리아에게 자랑스럽다는 듯이 소개했다.

"우… 우리 혀…형이에요."

마리아는 짐을 주의 깊게 살피고는 조지에게 말했다.

"네 형은 너의 두 배만 하구나!"

이어 짐에게 물었다.

"얘, 너 살 곳은 마련한 거니?"

"네, 윌슨 씨 댁에서 살게 되었어요. 그게 어디냐면……."

"윌슨 씨 댁이 어딘지는 나도 안단다. 그 집에 가면 행실에 특별히 신경 써야 할 게야. 무슨 말인지 알지? 그분들 참 좋은 사람들이란다."

짐이 대답하였다.

"네, 잘 알았습니다."

"저녁때가 다 된 것 같구나. 너도 오늘 저녁은 우리 집에서 같이 먹자꾸나."

마리아가 안으로 들어가자 두 형제는 다시 한 번 얼싸안고 춤을 추더니, 담장 위로 올라가 자리를 잡고 앉아 이야기를 나누었다. 조지는 모세스 아저씨와 수잔 아줌마가 어떻게 지내고 계신지 궁금했다. 또 형이 갑자기 왜 네오쇼로 왔는지도 궁금했다. 짐은 겨우내 고민한 이야기를 들려주었다. 짐도 공부를 한번 해보겠다고 작정한 모양이었다. 짐이 장난기 있게 조지를 찌르며 말했다.

"네 생각에 공부하는 것이 무지무지 중요하다면, 그런 거겠지. 그런 거지? 참, 그런데 너 공부 좀 하니까 씨앗과 꽃에 대해 궁금하던 것이 다 풀렸니?"

조지는 눈을 돌려 학교 건물과 어둑어둑한 하늘을 보면서 대답했다.

"아니, 아직."

그렇지만 곧 형을 쳐다보며 자신 있게 말을 이었다.

"그…그렇지만 나 이제 이…읽을 줄도 알고, 쓸 줄도 알아. 혀…형도 아마 곧 할 수 있을 거야."

그러나 일이 계획대로 되지는 않았다. 짐은 공부할 팔자가 아니었다. 학교를 다닌 지 얼마 되지 않아 짐은 미장일을 배우기 위해 학업을 포기했다. 조지는 실망스러웠다. 그래도 소심한 성격의 조지와는 달리 짐은 매우 사교적이어서 네오쇼의 흑인 사회에 잘 적응했으며, 더없이 행복하게 살았다.

한편, 조지는 마을에서 허드렛일을 하며 번 푼돈을 꼬박꼬박 저축하고 있었다. 한번은 슬레이터 씨 일가가 세인트루이스에 잠시 다녀오는 동안 그 집을 봐주었데, 매일 저녁 조지는 자기가 얼마나 많은 일을 했는지 마리아에게 시시콜콜 이야기하였다. 칸막이 문을 고친 일, 램프를 반짝반짝 닦아놓은 일, 벽난로에 있던 재를 싹 치운 일 등을 끊임없이 말하였다. 드디어 마리아가 짧은 말로 조지를 타일렀다.

"조지, 아직도 네가 얼마나 많은 일을 했는지 아무도 관심이 없다는 것을 깨닫지 못하겠니? 나도 그렇고 슬레이터 부인도 마찬가지야. 중요한 것은 네가 얼마나 많은 일을 했느냐가 아니라, 네가 그 일을 얼마나 잘 했느냐란다."

또다시 겨울이 왔다. 조지는 코를 훌쩍거리며, 하루종일 기침을 해댔다. 학교 다니는 것도 지루해져서 며칠씩 결석하기도 했는데, 이제 그런 것쯤은 문제도 되지 않았다. 이미 오래 전에 프로스트 선생님에게서 배울 수 있는 것은 다 배워버렸다. 지금 문제가 되는 것은 건강이었다. 조지는 자기가 평생 골골거리는 것이 하나님의 뜻이라고는 믿을 수 없었다. 혹시나 자기도 다른 곳으로 가게 되면, 그러니까 시들어가는 꽃을 환경이 좋은 곳으로 옮겨 심으면 다시 살아나는 것처럼, 자기도 그렇게 병에서도 낫고 더 잘 자라지 않을까 생각하였다. 어디엔가는 자기가 다닐 만한 그런 학교도 있을 것이다. 또한 자기가 궁금해하는 그 모든 수수께끼의 정답이 어딘가 먼 곳에서 자기를 기다리고 있을지도 모를 일이었다. 조지가 해야 할 일이란 그것을 찾아나서는 것이었다.

그해 12월, 조지는 아랫동네에 사는 스미스 씨 식구들이 75마일쯤 떨어진 캔자스 주 포트 스코트라는 곳으로 이사한다는 말을 들었다. 그곳이 살기에 적당한 곳인가? '프리 캔자스.'(free Kansas) 그 이름처럼 한때 캔자스 주는 자유롭다는 수식어가 앞에 붙었다. 남북전쟁 당시 캔자스 주가 연방 소속의 자유파에 속했기 때문에 붙여진 이름이었다. 어쨌든 조지에게 이 이름은 좋은 인상을 주었다. 자유라면 인종차별이 없는 평등과 기회의 균등을 상징하지 않는가! 자신이 궁금해하는 것들에 대한 해답을 그곳, 광활한 서부에서 찾을 수 있을까? 조지는 며칠 동안을 고민하였다. 아직 어린 나이인지라 두렵다는 생각이 들기도 했고, 반면에 배우고 깨우치고자 하는 열렬한 욕망을 억누를 수도 없었다. 고민 끝에 조지는 용기를 내어 스미스 씨 집 문을 두드렸다.

조지는 스미스 씨에게 혹시 자기를 포트 스코트로 데리고 가줄 수 있는지 물어보았다. 물론 문제도 일으키지 않을 것이며, 먹을 것도 싸가지고 가고, 가는 동안에는 노새를 돌보는 일을 돕겠다고 했다. 스미스 씨 부부는 조지의 부탁을 들어주었다.

조지가 네오쇼를 떠나기 전, 조지와 짐은 며칠을 바쁘게 지냈다. 둘은 한껏 멋을 내고 기념사진을 찍었다. 멋쟁이 옷을 걸쳤지만, 옷이 너무 커서 헐렁거렸다. 그렇지만 사진 속 두 형제의 표정만큼은 그렇게 엄숙하고 진지할 수 없었다. 둘은 카버 씨 부부에게 작별인사를 하려고 꽁꽁 얼어붙은 땅을 터벅터벅 걸어 다이아몬드 그로브까지 다녀오기도 했다. 조지는 1876년 12월 22일자로 프로스트 선생님에게 우수학점 성적표를 받았다.

이듬해 1월 몹시도 추운 어느 날 아침, 조지 카버는 달랑 작은 보따리 하나를, 침대틀과 그릇, 접시 같은 부엌용기 등으로 아수라장이 된 스미스 씨의 마차 위에 올려놓고, 짐과 네오쇼에서 지금껏 자신을 돌보아준 와킨스 부부에게 인사를 하려고 뒤돌아섰다. 조지는 열여섯 살이나 되었지만, 옷을 귀까지 푹 뒤집어써서인지 어린아이처럼 보였다. 물론 작고 허약한 몸 때문에 그렇게 보였을지도 모른다. 조그맣고 긴 얼굴에 까만 눈동자가 초롱초롱 빛났다. 마리아는 조지의 눈에서

둘은 한껏 멋을 내고 기념사진을 찍었다.
멋쟁이 옷을 걸쳤지만, 옷이 너무 커서 헐렁거렸다.
그렇지만 사진 속 두 형제의 표정만큼은
그렇게 엄숙하고 진지할 수 없었다.

굳은 결의와 용기를 볼 수 있었다. 그것은 마리아가 처음 조지를 보았을 때는 없던 것이었다.

마리아는 조용히 기도하였다.

"주님, 저 아이를 좋은 학교로 인도하여 주십시오. 조지가 정말 훌륭한 선생님을 만날 수 있도록 해주십시오. 주님, 저 아이는 알고 싶은 것이 너무나도 많습니다."

"얼른 올라타거라!"

스미스 씨는 얼큰한 남부 사투리로 소리쳤다. 노새들이 천천히 움직이기 시작했다.

긴 여행이었다. 길은 서쪽으로 오자크 산맥을 굽이치고, 북쪽으로는 넓고 광활한 평원 위를 뻗어나갔다. 노새들이 지치기라도 하면, 조지와 스미스 씨 가족은 번갈아서 걸었다. 살을 에는 듯한 겨울바람이 그들의 얼굴을 세차게 내리쳤으며, 가끔씩은 눈보라가 불어닥쳐 온 천지가 하얀 눈으로 뒤덮인 길을 헤매야 했다. 밤에는 모닥불을 피워놓고 옹기종기 모여 추위로 마비된 손을 녹이고, 대충 허기를 때운 뒤에는 덜덜 떨며 새우잠에 곯아떨어졌다. 나흘째 되는 날, 이윽고 마차는 말마톤 강가에 이르렀고, 이내 포트 스코트에 도착하였다. 자갈이 깔린 가장 번화한 큰 길에 이르러 조지는 마차에서 내렸다. 그는 보따리를 받아 들고는 꼼짝 않고 서서 스미스 씨 가족이 떠나는 뒷모습을 쳐다보았다. 마차는 저 멀리 길모퉁이를 돌아 사라졌다. 이제 조지는 다시 혼자가 되었다.

스미스 씨 가족과 헤어진 조지가 넋을 잃고 길 한복판에 서 있는데 갑자기 어디선가 말이 쏜살같이 달려왔다. 정말 위험한 순간이었다. 말을 탄 사람이 조지를 덮치지 않으려고 고삐를 힘껏 잡아당긴 덕분에 겨우 사고를 피할 수 있었다. 불쌍한 조지가 실컷 욕을 얻어먹은 것은 말할 나위도 없다. 조지는 비틀거리며 길가로 물러나서는 정처없이 걸었다. 걷다보니 역마차 역에 위치한 큰 여인숙까지 오게 되었다. 많은 사람들이 조지 곁을 스쳐 지나갔지만, 모두들 정신없이 바빠 보였다. 조지는 용기를 내어 혹시 일자리를 구할 만한 곳이 있는지 한 흑인 여자에게 물어보았다. 그런데 그 여자는 못 볼 것을 보기라도 한 것처럼 "앗!" 소리를 지르더니 조지를 지나쳐버렸다.

조지는 길거리를 헤매고 다녔다. 이 상점 앞에 쭈그리고 앉아 있다가는 도망치듯 다른 상점 앞으로 자리 옮기기를 반복하였다. 한참을 그저 여기저기 돌아다니기만 했다. 지금 같은 처지에서는 남의 물건에 손댈 수도 있겠다는, 한 줌의 두려운 생각도 들었다. 황량한 겨울 하늘이 어둑해지고서야 조지는 겨우 용기를 내어 이집 저집을 기웃거리며 기어들어가는 목소리로, 혹시 청소나 불 때는 일 같은 허드렛일을 할 사람이 필요한지를 물어보았다. 어떤 사람들은 따뜻한 말로 조지의 처지를 안타까워하면서 일자리가 없다고 했지만, 어떤 사람들은 조지를 본척만척하며 대답도 없이 문을 쾅 닫아버렸다. 드디어 어떤 사람이 길 건너에 사는 페인이라는 부인이 일을 도와줄 사람을 구한다고 친절하게 일러주었다.

큰 집이었다. 건물은 깨끗한 하얀색이었으며, 울타리로 쳐진 짙은 색 관목은 깔끔하게 정리되어 있었다. 조지는 문을 두드렸다. 되도록이면 크게 보이려고 몸을 쭉 펴고 발뒤꿈치도 살짝 들었다. 그러고는 문이 열릴 때 말을 더듬지 않으려고 할 말을 속으로 연습하였다. 이윽고 문이 열리고 키가 큰 검은 머리의 부인이 나타났다. 단정한 모습이었다.

"저, 집안일 도와줄 사람을 구…구…구한다는 말을 듣고 왔는데요."

조지는 길거리에서 들었다는 듯이 손으로 대충 저 멀리 길을 가리키며 말하였다. 페인 부인은 상냥하게 대답했다.

"우리는 여자 아이를 찾는데……."

그러면서도 문을 닫지는 않았다.

"저 처…청소도 잘하고요, 설거지도 잘해요. 그…그리고…그리고…뭐든 할 수 있어요."

그러자 페인 부인이 못 믿겠다는 듯이 조지를 훑어보고는 다시 물었다.

"그럼, 요리도 할 줄 아니?"

"그…그럼요, 아주머니. 제…제가 할 수 있는 요리가요…음……."

"추운데 거기 서 있지 말고 안으로 들어오너라."

집 안으로 들어오니 따뜻한 기운이 느껴졌다. 부엌에는 조지를 환영하는 듯 아궁이에 불이 피어오르고 있었다. 고기 굽는 냄새가 코를 찌르자, 조지는 그만 배고픔과 피로가 한꺼번에 몰려와 정신이 몽롱해졌다. 그래서 벽에 기대기라도 할까 봐, 그러면 안 된다고 굳게 마음먹었다. 조지는 정신을 바짝 차리고는 끝없이 이어지는 페인 부인의 질문 공세에 응하였다. 다행히 페인 부인이 못 알아들을 정도로 더듬거리지도 않았다. 페인 부인은 조지에게 이름이 무엇인지, 고향은 어디인지, 어떻게 하여 집안일을 배우게 되었는지, 그런 일을 얼마나 하였는지, 이런저런 것들을 물어보았다. 그러더니 갑자기 일어나면서 말했다.

"좋아, 그럼 지금부터 해보자. 저녁 준비를 해보렴. 지금 고기 굽는 냄새가 나지? 오늘 저녁에는 그 고기를 먹을 거야. 그리고 푸딩과 비스킷을 더 준비하렴. 필요한 재료는 다 찬장에 있을 거다. 아, 그리고 애플파이하고 커피도 부탁해. 참, 커피 잘 타렴. 바깥주인이 커피 맛에 까다롭거든. 저녁식사 시간은 정확히 6시야."

부인은 그 말만을 남기고는 휙 돌아 부엌을 나섰다. 페인 부인 뒤로 부엌문이 앞뒤로 흔들리고 있었고, 그 앞에는 조지가 무엇을 어떻게 해야 할지 몰라 망연자실하여 가만히 서 있었다. 그저 사라지는 페인 부인의 뒷모습만을 쳐다볼 뿐이었다. 조지가 거짓말을 하려고 한 것은 아니었다. 그렇다. 조지는 요리를 할 줄 알았다. 다만 이런 종류의 요리가 아니었을 뿐이다. 마리아 아줌마 대신 양배추 같은 채소나 달걀을 삶아보기도 했고, 베이컨을 튀겨보기도 했다. 그런데 비스킷이니 푸딩이니 파이니, 이것들은 다 무엇이란 말인가! 그뿐 아니라 페인 부인 집에 있는 이글이글 타오르는 조리용 화로며, 선반 위에 있는 번쩍번쩍한 도구며 식기도 너무 어색하였다. 이제 무엇을 어떻게 해야 한단 말인가?

별 수 없었다. 조지는 겉옷을 벗어 벽에 걸고, 수돗가에 가서 손을 깨끗이 씻었다. 건물 안에 수도가 있는 것도 난생 처음 보는 것이었다. 조지는 찬장을 열고 밀가루와 감자, 커피를 꺼내놓았지만, 그것으로 무엇을 해야 할지 몰라 그저 쳐다보고만 있었다. 그냥 솔직히 말하고 용서를 빌까, 아니면 밥이 되든 죽이 되든 그냥 한번 해볼까 망설이고 있는데, 페인 부인이 다시 부엌으로 들어왔다. 페인 부인은 아무것도 하지 않는 조지를 쳐다보았다.

"조지……."

"예, 아주머니."

얼떨결에 대답은 했지만 조지는 더는 할 말이 생각나지 않았다. 둘은 서로 얼굴만 쳐다볼 뿐이었다. 조지는 숨을 죽였다. 머리가 어질어질했다. 페인 부인이 먼저 입을 열었다.

"아까 요리 할 줄 안다고 하지 않았……."

순간적으로 조지는 기지를 발휘했다.

"아주머니, 말씀하시는데 끼어들어 죄송합니다. 처…처음부터 실수하고 싶지 않거든요. 첫 식

사 준비지만, 아주머니 이…입맛에 꼭 맞게 요리하고 싶습니다. 어…어떤 식으로 요리하는 걸 좋아하시는지 직접 한번 보여주실 수 있나요?"

"음……."

페인 부인은 잠시 망설이더니 쾌히 대답하였다.

"그래, 좋아. 비스킷 먼저 시작해보자. 밀가루를 두 컵 넣고, 베이킹파우더는 이 정도 넣으면 돼. 그리고……."

조지는 페인 부인이 요리하는 것을 꼼꼼히 관찰하였다. 무엇이든 배우는 것이라면 일가견이 있는 조지는 페인 부인의 말을 하나도 놓치지 않고 기억하였다. 또 재료를 섞고 거품을 내고 국자 뜨는 과정을 몰래 손으로 흉내 내기도 하였다. 비스킷을 굽는 동안 조지는 비스킷 조리법을 머리 속에 잘 간직하고는 푸딩 만드는 법에 열중하였다. 푸딩은 정말 들어보지도 못한 음식이었다. 페인 부인은 파이 만드는 법도 가르쳐 주었는데, 사과와 계피가 많이 들어가야 맛있다고 했다. 또 커피는 티스푼 여섯 숟가락에, 주전자에 물은 반을 넘지 않을 정도가 돼야 가장 맛있다고 설명했다.

페인 부인은 모든 것을 한 번씩 보여준 다음에 부엌에서 나갔다. 부엌에 혼자 남은 조지는 음식을 만들면서 혼잣말로 재료의 비율을 여러 번 중얼거렸다. 혹시 실수라도 할까봐 조리용 화로와 풍로와 오븐을 춤추듯 정신없이 왔다 갔다 하면서 음식 만드는 일에 집중했다. 바깥주인이 집에 들어왔을 때, 기적적으로 저녁식사 준비가 끝났다. 바깥주인이라는 사람은 살집이 있고 다정해보였다. 조지는 혹시 있을지도 모를 음식 불평을 엿들어보려고 부엌에서 식당과 통하는 문에 귀를 바싹 갖다댔다. 그러나 불평 같은 것은 한마디도 없었다. 조지가 해낸 것이다!

얼마 지나지 않아 조지는 비스킷 반죽에 달걀 하나를 더 넣어 맛을 풍부하게 할 줄도 알게 되었고, 고기를 구울 때는 월계수 잎사귀를 조금 올려놓아 향을 낼 줄도 알게 되었다. 또한 갖가지 상상력을 동원하여 음식을 더 맛있게 만들어냈다. 조지는 요리를 제대로 배우기 시작한 지 채 한 달도 되지 않아 감리교회에서 개최한 빵과 비스킷 굽기 대회에서 우승하기도 했다. 매일 저녁 다섯 시쯤이면 이웃에 사는 부인들이 한두 명씩은 놀러왔는데, 그들은 페인 부인과 이야기를 나누면서도, 부엌에서 음식을 만드는 조지에게서 한시도 눈을 떼지 못했다. 물론 그들은 부엌에서 나가려고도 하지 않았다. 어느 날 저녁식사 중에 페인 씨는 집안이 울릴 만큼 쩌렁쩌렁한 목소리로 아내에게 이렇게 말했다.

"여보, 축하해. 당신은 세상에서 제일가는 요리사를 얻은 거야! 보물단지라니까!"

이는 조지에게 최고의 찬사가 아니겠는가!

조지는 일을 마치고 부엌까지 깨끗하게 치우고 난 다음 가끔씩 뒤편 계단 아래 있는 자기의 작은 방에 누워 페인 부인이 피아노 치는 것을 들었다. 음악은 이전에 자기가 한번도 읽어보지 못한 책들이 무엇인가 가르쳐주는 것처럼 들렸다.

이전에는 미처 생각해보지도 못한 그러한 질문들을 던져주는 것 같았다. 조지는 귓가에 맴도는 멜로디를 읊으면서 잠이 들기도 했는데, 그럴 때마다 마음속 깊은 곳에서 솟구치는 갈급함 같은 것이 느껴졌다. 그렇다. 조지는 요리사가 되려고 멀리 포트 스코트까지 온 것이 아니었다. 요리하는 것은 돈을 벌어 살아가기 위한 수단이다. 굶주림과 추위를 모면하기 위한 것이지, 학업을 대신할 만한 것은 아니었다. 주변의 칭찬이나 상 받는 것에 만족하여 배움의 길을 포기할 수는 없는 일이었다. 조지는 서둘러야 했다.

조지는 일하면서 번 돈을 푼푼이 모아 이듬해 이른 봄 페인 씨 집을 떠나, 시가지 광장에 있는 벽돌로 지어진 학교에 입학했다. 학교에는 길게 뻗은 복도도 많이 있었고, 물론 교실도 많았다. 새로 구입한 책을 들고 이리저리 헤맬 때면, 조지는 모든 시선이 자기에게 집중되는 것 같은 어색한 느낌이 들었다. 새 구두에서는 찍찍 소리가 났고, 새로 산 바지는 앙상한 엉덩이를 타고 흘러내리는 것 같았다. 그렇지만 일단 교실에 들어서면, 공부하는 일을 빼고는 아무것도 보이지도, 들리지도 않았다. 조지는 네오쇼에서 학교 다닐 때 프로스트 선생님이 한번도 가르쳐준 적이 없는 지리학과 수학을 힘들게 배웠다. 그러나 읽기와 쓰기는 잘해서, 여기서도 다른 학생들의 관심과 부러움을 샀다. 특히 자연과학에 대한 조지의 지식에 다들 놀라워하였다. 조지는 돌이며 꽃이며 씨앗이며 모르는 것이 없었고, 심지어는 선생님이 대답하지 못하는 그런 질문도 하였다.

조지는 역마차 역 근처에 처소를 마련했다. 허름한 판잣집이었는데, 집세는 일주일에 1달러였다. 조지는 먹는 것에도 일주일에 1달러 이상을 쓰지 않았으며, 다른 것에는 한 푼도 쓰지 않았다. 낮에는 하루종일 공부만 했다. 밤에도 희미한 촛불 하나를 켜놓고 손에 잡히는 것이라면 책이든, 전단지이든, 날짜가 지난 신문이든, 잡지이든 가리지 않고 읽어댔다. 날씨가 괜찮은 일요일이면 숲으로 가곤 했다. 마음을 추스르거나 새로운 힘을 얻고 싶을 때면 숲에 가서 그림을 그렸다. 조지는 자작나무라든지, 사람을 무서워하지 않고 단지 호기심 가득한 눈으로 바라보는 토끼라든지, 봄에 갓 피어난 야생화 등을 그렸는데, 이것들이야말로 조지가 세상에서 가장 좋아하는 것들이었다. 그렇게도 검소하게 살았건만, 여름이 되자 모아둔 돈이 거의 다 떨어지고, 조지는 또다시 일을 하지 않으면 안 되었다. 이번에는 윌더하우스라는 호텔에서 일자리를 구했다. 시트와 베갯잇을 빠는 일이었다. 키가 작아 큰 빨래통이 버거웠지만, 조지는 그래도 최선을 다해서 열심히 일했다. 나중에는 역마차를 타고 캔자스 시에서 오는 목축업자들과 상인들의 옷을 받아서 빨고 다림질하였다. 9월이 되자 학교에 돌아가서 공부할 수 있을 만큼 돈을 벌게 되었다.

학비를 마련하기 위해 이렇게 몇 주씩 일하는 것도 일상생활이 되어버렸다. 그렇지만 조지는 일해야 한다는 것을 귀찮아하거나 힘들어하지 않았다. 일하기 때문에 배울 수도 있다고 생각하면, 이 정도의 일쯤은 문제도 되지 않았다. 조지는 종종 외롭다는 생각을 했다. 조지는 학급의 다른 학생들보다 나이가 많아서인지 학생들과 잘 어울리지 못했다. 또 대부분의 학생들이 백인이었기 때문에 혼자 동떨어진 세계에 사는 것처럼 느껴지기도 했고, 가끔은 두렵기도 했다. 캔자스 주는 이미 오래 전부터 연방에 속하여 노예해방을 받아들였지만, 포트 스코트라는 곳은 여전히 남부에 우호적이라 전운이 감돌았을 뿐만 아니라 인종 문제가 자주 불거졌다. 한번은 조지가 상점의 진열장 안에 전시된 그림을 구경하고 있는데, 백인 두 사람이 조지에게 다가서더니 시비를 걸었다.

"야, 임마! 너 그 책 어디서 났어?"

"네, 학교에서 샀는데요."

그러자 한 사람이 조지를 비웃으며 같이 있던 다른 사람에게 말했다.

"이봐, 피터, 저 놈 하는 말 들었어? 학교에서 샀다는데?"

그러자 다른 사람이 인상을 쓰며 조지에게 호통 치듯 쏘아댔다.

"아니, 언제부터 검둥이들이 학교에 다녔다는 거지? 틀림없이 저 놈이 책을 훔쳤을 거야."

이럴 땐 도망치는 것이 상책이었다. 조지는 이 두 사람이 방심하는 사이에 도망칠 수 있다고 생각했다. 그러나 무엇인가, 어떤 것이 조지를 붙잡았다. 조지는 상점 진열장 쪽에 등을 대고 백인들을 향해 얼굴을 돌렸다. 앞으로 닥칠 일을 차분한 마음으로 받아들이겠다는 태세였다. 조지는 아무런 잘못도 한 적이 없기 때문에 도망치고 싶지 않았다. 이러한 당당한 태도가 책보다 더 소중했다.

"그 책 이리 내놔!"

"이 책은 제 것입니다."

그들은 조지가 생각한 것보다 더 재빨랐다. 한 사람이 주먹을 꽉 쥐더니 조지의 얼굴을 힘껏 때렸다. 한 대 얻어맞은 조지가 바닥에 쓰러져 꿈틀거리며 정신을 못 차리자, 다른 사람이 냅다 조지의 손에 들려 있던 책을 빼앗았다. 그러고는 아무 일도 없었던 것처럼 유유히 길을 따라 걸어갔다. 지나가는 사람들이 많았지만, 아무도 그들을 말리지 않았다. 아니, 어느 누구도 말 한마디 하지 않았다.

조지는 한참 동안이나 뒷골목을 헤매고 다녔다. 지금 여기가 어디인지는 전혀 상관이 없었다. 앞으로 어떻게 해야 좋을지만을 골똘히 생각했다. 조지는 새로 책을 살 돈이 없어 학교로 돌아갈 수도 없었다. 그날 밤 악몽을 꾸었는데, 그것이 며칠 이어지며 조지를 괴롭혔다. 결국 조지는 잠시 학업을 중단하고 어떤 흑인이 경영하는 대장간에서 일하게 되었다. 마구간을 청소하고 새로 편자를 박은 말을 주인에게 데려다주는 일이었다. 조지는 그곳에서 일하면서 다른 사람들과 어울리지도 않고, 필요한 말 이외에는 거의 입도 열지 않았다. 그러던 어느 날 조지는 끔찍한 사건을 목격하게 되었는데, 그 일로 인해 안 그래도 상처받은 조지의 마음은 더욱 비통해질 수밖에 없었다.

어느 날 오후였다. 대장간으로 돌아오는 길에 조지는 한 무리의 군중이 나무로 만든 유치장으로 몰려드는 것을 보았다. 그들이 질러대는 아우성에 조지는 갑자기 불길한 느낌이 들었다. 조지는 길 건너 멀리 떨어진 곳에서 그림자에 몸을 숨기고 꼼짝달싹도 하지 못하고 있었다. 도망치고 싶었으나 발이 말을 듣지 않았다. 몇몇 사람들은 광장 한가운데에 화톳불을 피우고 있었고, 다른 사람들은 유치장 문을 때려부수고 있었다. 그들이 큰 소리로 외쳤다.

"그놈을 끌어내라!"

"죽여라!"

눈에 핏발이 선 사람들은 문을 깨부수고 안으로 들어갔다. 웅성거리는 소리가 더 커졌다. 그 소리는 피의 복수를 부르는 소리였다. 이내 흑인 하나가 군중의 발 앞에 내동댕이쳐졌다. 그는 겁을 먹고 싹싹 빌며 애원하고 있었다. 남자들은 이성을 잃고 욕설을 퍼부으며 그를 때리고 발로 찼다. 구경 나온 여자들은 아이들을 높이 들어올려 그 흑인이 증오와 격정의 제물이 되는 광경을 보여주었다. 죄수는 소리쳤다.

"살려주세요. 살려주세요."

"입 닥쳐! 이 검둥이놈!"

그들은 이 죄수에 대해 스스로 형을 집행하려고 했다. 이 폭력으로 얼룩진 과정은 죄수를 기소하고 심문하고 평결하는 그들만의 방법이었다. 그들은 피를 흘리며 애걸하는 죄수의 몸에 기름을 붓고는 광장으로 끌고 와서 활활 타오르는 불속에 망설임 없이 던져버렸다. 조지는 그 죄수가 똑바로 서보려고 불속에서 한두 차례 버둥거리는 것을 보았다. 그러나 몸이 금세 불길에 휩싸이더니, 이내 절망적인 표정으로 쓰러지고 말았다. 더 이상 움직임은 보이지 않았다.

밤새 조지는 그 죄수의 절망적인 표정이 눈에 선하였다. 살려달라고 외치는 그 불쌍한 목소리가 귓전을 떠나지 않았다. 조지는 살이 타는 냄새를 떨쳐버리고 싶었지만, 그럴 수 없었다. 그날 밤 조지는 한숨도 자지 못하고 공포에 휩싸여 바들바들 떨었다. 먼동이 트기도 훨씬 전에, 조지는 주섬주섬 자기 물건을 싸가지고는 포트 스코트를 영영 떠나버렸다.

훗날, 조지 카버는 이 시기의 삶에 대하여 이렇게 기록하였다.

"햇빛이 철저하게 어둠에 묻혀 있었다. 물론 이 어둠은 의지가지없는 고아를 잡아먹으려는 자들이 쳐놓은 것이었다."

흑인이라는 이유로 로커스트 그로브에서 학교에 다니지 못한 일이 조지에게 흑인으로서 살아가는 것이 얼마나 힘든 일인가를 막연히 가르쳐주었다면, 포트 스코트에서 목격한 그 끔찍한 사건은 이 위험의 실체를 구체적으로 드러내주었다고 할 수 있다. 오랫동안 이 엄연한 현실이 조지의 마음을 괴롭혔다. 이제 조지는, 다른 사람들은 시원하게 뚫린 고속도로를 따라 자신의 미래를 향해 나아갈 수 있는 것에 반해, 자신은 좁은 골목길에서 운명을 개척해나가야 한다는 것을 깨달았다. 또한 쓰라린 현실을 탓하거나 그것을 구실로 삼고 핑계 댄다면, 자신의 존재는 언제든지 영영 잊혀질 것이라는 사실도 깨달았다. 자신이 이 세상에서 사라져도 아무도 걱정하지 않을 것이다. 아니, 그것을 알아차리는 사람도 없을 것이다. 조지는 자신이 만일 인생의 양지바른 곳에 도달한다면, 그것은 기적이라는 것도 깨달았다. 그렇지만 조지는 할 수 있는 만큼 열심히 앞으로 나아가고 있었다.

10년 동안 조지는 서부 지역을 여기저기 옮겨다녔다. 허드렛일을 하면서 가까운 학교에 다녔다. 학교에서 더는 배울 것이 없을 때까지 그곳에 머물다가 또 다른 학교를 찾아 길을 떠나곤 했다. 한 곳에서 한 학년을 마치는 일도 드물었다. 조지가 어디를 가든지 항상 쫓아다니는 세 가지 걱정거리가 있었다. 바로 잠자리를 해결하는 문제, 먹을거리를 해결하는 문제, 그리고 학비를 충당하는 문제였다. 조지는 살아가기 위해서 남의 집에 들어가 밥 짓는 일도 하고, 세탁일도 하고, 땔감을 만들기도 하고, 정원을 가꾸기도 하고, 양탄자 빠는 일도 하고, 시궁창 파는 일도 하고, 과일 따는 일도 하고, 못 박는 일도 하고, 화장실 청소도 하고, 울타리에 칠하는 일도 하는 등 할 수 있는 일은 뭐든지 했다.

9월의 어느 날, 조지는 어느 큰 밀밭을 지나다가 네 필의 말이 끄는 밀 베는 기계가 황금색 들판에서 밀을 추수하는 것을 보게 되었다. 기계가 밀을 베고 나면, 뒤따라가던 농부가 떨어진 밀을 한아름 모아 솜씨 좋게 밀단을 묶었다. 조지는 자기도 모르게 이 농부의 몸짓을 따라하기 시작했다. 어느새 조지는 밀밭 한복판 농부 곁에 서 있었다. 농부는 갑자기 나타난 이 비쩍 마른 소년을 이상하다는 듯이 힐끔 쳐다보다가, 이 소년이 밀단을 능숙하게 묶는 것을, 넋을 잃고 바라보았다. 하루가 지나기도 전에 조지는 새로운 기술을 완전하게 몸에 익혔고, 추수철 내내 이 농가 저 농가에 고용되어 추수하는 일을 도왔다. 조지는 초가을 마지막 땡볕 아래서 하루종일 윙윙 소리를 내는 기계를 뒤좇으며 즐겁게 단을 묶었다.

조지는 한 곳에 오래 머물지 않고 계속 돌아다녔다. 서쪽으로는 거의 콜로라도 주의 덴버 가까이까지 갔다가, 다시 남쪽으로 이동하여 캔자스 주로 돌아왔다. 캔자스 주에서는 파올라, 올레이스, 미니애폴리스를 두루 지났으며, 이어 동쪽으로 움직여 아이오와 주의 여러 마을을 지나갔다. 따라서 조지는 언제나 낯선 사람들 틈바구니에서 살아갈 수밖에 없었다. 올해 자신이 7학년 과정을 마쳐야 한다는 것 이외에는 모든 것이 불확실했다. 이런 와중에도 조지는 형과 연락이 끊기지 않도록 애썼다. 그렇지만 조지가 편지를 주고받을 만큼 한 곳에 충분히 머물러 있지 않았기 때문에 그것이 쉽지만은 않았다. 가끔 조지는 낮잠을 자다가 멀리 떨어져 있는 어느 판잣집에서 어머니와 누나를 만나는 꿈을 꾸기도 했다. 어떤 지역에서는 흑인을 거의 보지 못하는 경우도 있었다.

어느새 조지는 키가 6피트나 되었다. 제대로 먹지도 못하면서 끊임없이 힘든 노동을 감당해야 했기 때문에 조지는 키만 컸지, 체격은 볼품이 없었다. 비쩍 여위었을 뿐만 아니라, 허리도 조금 굽었다. 이제는 거의 말을 더듬지 않았지만, 목소리는 여전히 여자 아이같이 가는 고음이었다. 조지는 먼지 나는 험한 길을 걸을 때면 신발이 닳지 않게 하려고 신발을 목에 걸고 다니기도 하였다.

아이오와 주의 뉴턴에 있을 때 조지는 온실에서 일했다. 매일매일 화초와 함께 지낼 수 있다는 사실에 그는 무척이나 좋아했다. 그런데 하루는 주인 아들이 '저 검둥이'가 자기 주머니칼을 훔쳤다고 억지를 부려서, 그곳을 떠날 수밖에 없었다. 한번은 성처럼 큰 대저택의 담 너머로, 연못가에 눈부시게 아름다운 장미 화단이 있는 것을 보고는, 정원 관리사에게 들어가서 그림을 좀 그려도 되는지를 물어보았다. 관리사의 허락을 받고 들어가서 장미를 그리고 있는데, 몇몇 아이들이 와서는 그가 허락도 없이 사유지에 들어왔다고 시비를 걸며, 그림을 빼앗아 찢어버리고는 그를 연못에 빠뜨렸다. 조지는 물에 빠져 죽지 않으려고 필사적으로 허우적거렸는데, 아이들은 발버둥치는 그의 모습을 보고 깔깔거리며 웃어댔다.

어느 여름, 조지는 철도건설사에서 요리사 보조로 일하기도 했다. 로키 산맥 기슭에서 이주노동자들 틈에 끼어 뉴멕시코 주까지 이동해가면서 과실을 따 먹은 적도 있었다. 하루종일, 태양은 끝없이 펼쳐진 광활한 땅에 뜨겁게 내리쬐는 불덩어리 같았다. 그러나 저녁이 되면 바람이 불어 시원하였고, 조지는 감사한 마음으로 곤히 잠들 수 있었다.

조지는 사막을 걷다가 전에는 한 번도 본 적이 없는 식물을 보게 되었다. 그 식물은 메마른 모래에 뿌리를 내렸으며, 키가 크고, 빳빳한 털과 바늘 같은 가시로 뒤덮여 있었다. 꽃도 피어 있었는데 색은 엷고 윤기가 흘렀다. 조지는 꼬깃꼬깃 구겨진 종이에 그 식물을 정성껏 그렸다. 유카 글로리오사(Yucca gloriosa)라는 커다란 선인장을 그린 이 그림으로 조지는

떠돌아다니던 중 조지는 어디에선가 낡은 아코디언을 하나 샀다.
그는 대단한 인내력을 발휘하여,
그 악기를 연주하는 법을 혼자 배웠다.
뇌리를 떠나지 않는 후렴구를 회상하면서 아코디언 연주를 연습했는데,
그 곡은 바로 페인 부인의 집에서 살 때 계단 밑 좁은 방에 흘러들어 오던
페인 부인의 피아노 연주곡이었다.

약 15년 후에 시카고에서 열린 세계 컬럼비아 전람회에서 상을 타기도 하였다.

조지는 어디에서 살든지 먼동이 트기 전에 일어나 혼자 조용히 하나님의 정원에 가서 그날 비추는 첫 햇살을 받으며 숲과 언덕을 감상했다. 특별히 찾는 것은 없었다. 단지 자라거나 움직이거나 또는 존재하는 모든 것에 도취될 뿐이었다. 조지는 가장 아름다운 색은 자연의 색이라고 생각했다. 그는 숲 속의 옥토에서 검은 색소를 발견했으며, 점토지대에서 붉은 색을 찾아낼 수 있었다. 눈부실 정도로 찬란한 파란색은 푸른 언덕을 능가할 만한 것이 없었다. 흙에서 이러한 색소를 추출해낼 수 있다면, 인간이 이전에 만들어낸 그 어떤 물감보다도 화려한 물감을 만들어낼 수 있을 것이라고 조지는 생각했다.

이렇게 떠돌아다니던 중 조지는 어디에선가 낡은 아코디언을 하나 샀다. 그는 대단한 인내력을 발휘하여, 그 악기를 연주하는 법을 혼자 배웠다. 뇌리를 떠나지 않는 후렴구를 회상하면서 아코디언 연주를 연습했는데, 그 곡은 바로 페인 부인의 집에서 살 때 계단 밑 좁은 방에 흘러들어오던 페인 부인의 피아노 연주곡이었다. 조지는 그 선율을 아코디언으로 재창조하여 "하늘 병거 내려오네" 또는 "내 주를 가까이하게 함은" 같은 찬송을 더욱 구슬프고 힘있게 연주하였다. 조지는 무정하고 냉혹하게 보이는 이 세계에도 아름다움과 선함이 있다고 확신하였다. 하나님께서는 결코 당신의 자녀들을 버리지 않으신다는 확신도 얻게 되었다. 조지는 앞으로 계속

전진해나가야 한다는 것과 끊임없이 노력해야 한다는 것과 쉬지 말고 기도해야 한다는 것을 깨달았다. 그렇게 하면 언젠가는, 언젠가는…….

캔자스 주의 올레이스에서 조지는 어느 이발사와 함께 행복하게 살았다. 조지는 학교에서 공부를 마치고 난 후에 잔심부름을 하기로 했다. 조지는 열심히 공부하여 6학년을 마치고 7학년이 되었는데 갑자기 이발사 가족이 다른 곳으로 이사를 가는 바람에 나이가 지긋한 흑인 부부인 크리스토퍼 시머와 그의 아내 루시 시머와 함께 살게 됐다. 이 두 사람은 조지의 일생에 막대한 영향을 끼쳤다.

루시도 마리아 와킨스처럼 빨래하는 일을 했지만, 그녀는 특별히 옷을 장식하는 데 남다른 기술을 가지고 있었다. 남성용 셔츠에 풀을 먹여 빳빳하고 번쩍번쩍 윤이 나게 하는 일, 잘못되기 쉬운 옷감으로 만들어진 여성용 옷과 레이스에 주름을 잡거나 자수 놓는 일 등을 얼마나 꼼꼼하게 했는지, 옷 하나를 다림질하는 데도 반나절이나 걸렸다. 루시는 자유인이 되기 전에는 버지니아 주 출신의 가정에 속한 노예였다. 루시의 주인은 교양도 있고 예절도 바른 사람이었다고 한다. 아직 제대로 개척되지 않은 지역인 캔자스 주에서 명문가임을 구체적으로 표현해주는 것은 남성용 와이셔츠 앞에 붙이는 장식이나 여성용 드레스였는데, 루시는 이것을 손질하는 일을 사랑의 수고라고 생각했고, 함께 산 지 한참이 지난 뒤에야 조지가 이 일을 돕도록 했다. 조지가 처음으로 다림질을 했을 때, 여성용 속치마를 다리게 되었는데 너무 딱딱하지도, 너무 흐물거리지도 않게, 매우 훌륭하게 다려놓았다. 루시는 마지못해 조지를 칭찬했다.

"이 정도면 쓸 만은 하군!"

다음날 루시는 조지에게 여성용 드레스를 다리게 했는데, 혹시 실수나 하지 않을까 걱정되어 조지가 그 옷을 다리는 내내 어깨너머로 조지의 모습을 살폈다.

크리스토퍼는 종교심이 강한 사람이었다. 그는 매주 일요일마다 오전과 오후에 장로교회에 가서 예배를 드렸다. 조지가 교회에 같이 갈 때면, 말로 표현하지는 않았지만 매우 좋아하였다. 크리스토퍼는 매일 저녁마다 집 한구석에 앉아, 조지가 해진 가죽 성경을 읽어주는 것을 기쁘고 감사한 마음으로 들었으며, 그때마다 조지가 자기 집에 오게 된 것이야말로 미처 입 밖으로 내지도 못한 자신의 기도를 하나님께서 응답해주신 것이라고 생각했다. 이때 조지는 장로교인이 되어 평생토록 신앙생활을 했다. 후에 조지 카버는 미소를 지으며 이렇게 회고했다.

"적어도 그 교회에서 사람들이 나를 쫓아낸다는 말을 듣지는 못했거든요."

사실 조지는 교파에 별 의미를 두지는 않았다. 어느 교파의 교회든지 문이 열려 있기만 하면 들어가 예배를 드렸다.

1880년에 시머 가족은 캔자스 주의 미니애폴리스로 이사하였다. 그곳은 솔로몬 강변 골짜기에 있는 자그마한, 그렇지만 점점 발전하고 있는 분주한 마을이었다. 그곳에서 조지는 적당한 고등학교에 들어갈 기회를 얻었다. 시머 가족은 방 두 칸짜리 판잣집을 얻었는데, 벽 쪽의 판자들이 듬성듬성 이어져 그 틈으로 바람이 숭숭 들어오는 것을 조지가 즉석에서 틈마개를 대어 막았다. 조지는 집 전체를 흰색으로 깨끗하게 칠한 뒤에 멋진 글씨체로 '좋은 세탁소'라는 간판을 내걸었다.

학교는 튼튼하게 지어진 새 건물이었다. 1학년부터 8학년까지는 세 교실에서 나누어 수업하고, 9학년부터 시작되는 고등학교 과정은 나머지 한 교실에서 이루어졌기 때문에 고등학교 교실은 늘 북적북적하였다. 그러나 어찌됐든 고등학교였다. 조지는 매일 아침 마치 자기가 고등학생인 것처럼 고등교육의 전당인 그 네 번째 교실을 향해 걸어가다가 마지막 순간에 발길을 돌려 자기가 속한 7학년 교실로 돌아오곤 했다. 조지는 자기가 벌써 스무 살이 넘었지만, 고등학교에 들어가기 위해서는 아직 1년 과정이 더 남아 있다는 것을 잘 알고 있었다. 그러나 조지에게는 분명하고 영원한 꿈이 있었기에 그 무엇도 조지를 낙담시키지 못했다. 하염없이 흘러가는 세월도 조지의 꿈을 꺾지 못했고, 유달리 크고 비쩍 말라서 다른 학생들이 이상한 눈으로 쳐다보는 것도 문제가 되지 않았다.

세탁소를 연 지 얼마 되지도 않아서 루시는 구름처럼 밀려드는 세탁물을 감당할 수 없게 되었다. 루시의 솜씨가 입소

문을 타자, 젊은 멋쟁이 신사들이 예장용 와이셔츠를 맡기려고 몰려들었고, 또 성공한 농장주와 사업가의 아내들은 값진 드레스를 가지고 찾아왔다. 세탁물이 너무 많아져서, 전 같으면 하루 이틀이면 끝날 일감이 이제는 일주일 치가 넘도록 쌓여 있었다. 그래서 루시는 조지에게도 세탁업을 시작하도록 격려했고, 이로 인해 조지는 처음으로 자기 사업을 시작하게 되었다.

조지는 사람들이 많이 다니는 번화가에서 조금 떨어진 골짜기에 부엌이 딸린 단칸방을 얻어 세탁소를 차렸다. 조지의 가게에 가려면 널빤지로 만든 다리를 여럿 건너고 또 징검다리도 건너야 했지만, 손님들은 끝없이 줄을 이어가며 언덕 밑에 있는 조지의 가게를 찾아왔다. '조지 카버 세탁소'는 시작부터 성공을 거두었다.

그즈음 조지에게도 친구들이 생기기 시작했다. 처음에는 그저 놀기 위해 서로 어울렸는데, 반 친구들은 점차 조지가 엄청난 양의 지식을 가지고 있다는 것을 알고는 감탄하게 되었으며, 나중에는 조지가 그들에게 수학과 자연과학을 가르치게 되자 조지에게 감사한 마음을 갖게 되었다. 반 친구들은 학교가 끝나는 오후에 조지의 집이 있는 골짜기로 몰려가곤 하였는데, 조지가 그린 그림이나 수집해놓은 돌과 압화(壓花)를 보고는 경탄해 마지않았다. 조지는 친구들에게 자기가 여기저기 떠돌던 이야기를 들려주기도 하고, 책을 펴놓은 채 다림질을 하면서 책을 읽어주기도 했다. 고등학교로 진학한 조지는 똑똑하지만 결코 잘난 체하는 법이 없어서 인기투표에서 가장 인기 있는 학생으로 뽑히기도 하였다.

학생들이 행진을 할 때는, 조지가 아코디언을 메고 선두에 서서 행진을 이끌었다. 그는 용기를 내어 힘차게 행진하여 나아갔다. 한 걸음 한 걸음 뗄 때마다 조지의 몸을 친친 감싼 긴 검은 외투의 끝이 신발 위를 세차게 내리쳤다. 그의 손은 아코디언 건반 위를 춤추듯 움직였다. 금요일 밤 모임에서도 아코디언을 연주하였는데, 친구들은 이런저런 노래들을 신청하기에 바빴다.

"조지, '양키 두들'이란 노래 부탁해!"

"'오래 전에' 좀 연주해봐!"

조지는 그 지역의 극단에 입단하여 활동하기도 했다. 그는 호리호리한 체격 때문에 대개 여자 역할을 맡았는데, 높은 음색과 타고난 연기 재능이 어우러져 제법 그럴듯했다.

이즈음 조지 카버는 워싱턴이라는 중간 이름을 갖게 되었다. 미니애폴리스에 조지 카버라는 이름을 가진 사람이 또 한 사람 있었는데, 이 때문에 가끔 조지에게 와야 할 편지가 제대로 오지 않았다. 결국 조지는 중간 이름으로 쓸 만한 머리글자 하나를 고르기로 하였다. 이렇게 하여 무작위로 고른 것이 'W'였고, 나중에 누군가가 농담으로 'W'라면 워싱턴이 아니겠느냐고 물었을 때, 조지는 씩 웃으면서 "그럴지도 모르지."라고 대답했던 것이다. 그렇지만 그는 자기 이름을 서명할 때, 한번도 '조지 워싱턴 카버'라고 쓴 일이 없었다. 언제나

'조지 W. 카버' 아니면 그냥 '조지 카버'였다. 노년에도 마찬가지였다. 그렇게 유명해지고 존경받는 인물이 되었지만, 조지는 중간 이름을 거의 사용하지 않았다. 사람들은 그를 조지 워싱턴 카버라는 이름으로 가장 빈번하게 불렀지만 말이다. 그가 중간 이름을 사용하는 것을 꺼린 이유는 무엇보다도 중간 이름을 사용하는 것이 허영심을 드러내는 것처럼 느껴졌기 때문이다.

고등학교 졸업반이던 해 겨울, 조지는 마리아로부터 슬픈 소식이 담긴 짤막한 편지 한 통을 받았다. 형 짐이 지난여름 천연두에 걸려 죽었으며 미주리 주의 세네카라는 곳에 묻혔다는 것이다. 좀더 일찍 소식을 전했어야 했지만, 자신도 이제야 소식을 접하게 되어 늦게나마 전한다는 내용이었다. 편지의 마지막에 사랑의 인사를 하는 것도 잊지 않았다.

조지는 한참 동안을 아무 말도 하지 못하고 앉아 있었다. 한 손에는 편지가, 다른 한 손에는 형과 7년 전에 네오쇼에서 함께 찍은 사진이 들려 있었다. 그 사진 속에서 나름으로 한껏 멋을 낸 두 촌뜨기가 근엄한 표정으로 조지를 바라보고 있었다. 각자의 꿈을 찾아나서는 사진 속의 두 소년에게서 두려움이라고는 찾아볼 수 없었다. 그런데 손도 크고 체격도 건장하던 형이, 한번도 아파본 적이 없던 형이

세상을 떠나버린 것이다. 끝내 조지의 눈에서는 눈물이 주르르 흘러내렸고, 잠시 동안이나마 더할 수 없는 외로움에 휩싸여 자포자기 상태에 빠졌다. 그렇지만 조지는 곧 정신을 가다듬었다. 지금 조지는 북받치는 슬픔 가운데서도 오히려 전보다 더욱더 꿈을 뒤좇아야 한다는 것을 깨달았다. 그것이야말로 자기 자신뿐 아니라 형을 위하는 길이었다.

조지가 뒤좇던 꿈의 별이 갑자기 환한 빛을 내면서 캔자스 주의 북동쪽에 있는 하일랜드라는 곳으로 자신을 부르는 것처럼 느껴졌다. 그래서 조지는 그곳에 있는 장로교 계통의 작은 대학에 입학원서를 냈다. 대학에서 자신의 수학 실력은 어떤지, 또 작문 실력은 어떤지를 검토하는 동안, 조지는 초조한 마음으로 여러 주를 기다려야 했다. 졸업식을 며칠 앞둔 6월의 어느 화창한 아침, 기다리던 합격통지서가 날라왔다. 조지는 매일 우체국을 찾아가 혹시 그 대학에서 무슨 편지가 오지 않았는지를 직원에게 물어보았는데, 드디어 오늘 창구에 있던 직원이 조지에게 미소를 지어 보이며 합격통지서를 전달해준 것이다. 창구를 통해 긴 편지봉투 하나가 미끄러지며 조지의 손에 쥐어졌을 때, 조지에게는 그것이 마치 하늘나라로 가는 승차권처럼 느껴졌다. 편지에는 조지의 성적이 우수하며 1885년 9월 20일에 열리는 하일랜드 대학의 가을학기 개학식에 참석하기를 바란다는 내용이 적혀 있었다. 편지의 끝에는 신학박사이면서 하일랜드 대학의 학장인 덩컨 브라운 목사의 서명이 있었다.

그날, 조지 카버는 벅차오르는 기쁨을 한 가득 가슴에 품고 학교로 갔다. 기대감과 성취감으로 어쩔 줄을 몰랐다. 대학에 갈 생각에 그해 여름 내내 조지는 흥분이 가시지 않았다. 더는 다른 곁길을 기웃거릴 필요가 없었다. 이제 그의 모든 궁금증을 풀어줄 장소인 대학에 가기만 하면 되는 것이다. 그곳에서 조지는 하나님께서 자기를 위하여 무엇을 계획하셨는지를 깨닫게 될 것이다. 그 수를 기억할 수도 없을 만큼, 또 선생님 얼굴을 다 기억할 수도 없을 만큼 학교도 많이 옮겨다녔다. 그렇게 많은 학교에서, 그렇게 많은 선생님으로부터 배운 지식을 가지고 자신이 무엇을 하기를 하나님께서 바라시는지 곧 깨닫게 될 것이다.

조지는 졸업식을 하기도 전에 미니애폴리스를 떠났다. 해야 할 일이 너무나도 많았다. 대학 입학식 날인 9월 20일 이전에 긴 여행을 해야 했다. 시머 씨 부부는 대견한 마음과 서운한 마음이 교차하는 가운데 성공을 빌어주며 조지를 떠나보냈다. 소중한 시간을 하루라도 헛되이 보내지 않기 위해 조지는 여름방학 동안에 고등학교 동창이 운영하는 상업학교에서 타자법과 속기법을 배우기로 마음먹었다. 또다시 조지는 새로운 도구로 자신을 무장한 셈이다. 새로 배운 이 두 가지 기술은 하일랜드에서뿐만 아니라 그 이후에도 조지가 운명을 개척해나가는 데 매우 유용하게 사용되었다. 조지는 남은 돈을 동전까지 톡톡 털어서 철컥거리는 볼품없는 타자기를 하나 샀다. 혹독한 더위에도 불구하고 그는 단 하나의 목적을 위해 정신을 바짝 차리고 꾸준하게 타자 연습을 했다. 그리하여 8월에 가서는 연합전보국에서 오후 6시부터 밤 12시까지 전보문을 타자하는 일을 할 수 있게 되었다.

8월 말에 조지는 기차를 타고 조플린으로 갔다. 그가 어린 시절을 보낸 추억의 장소를 찾아가는 감상적인 여행이었다. 가는 도중 세네카에 잠시 들러 형의 무덤을 찾아가 한동안 무덤 곁에 서 있었다. 나무로 된 소박한 푯말에는 "출생 1859년 사망 1883년"이라고만 쓰여 있었다. 조지는 이 짧은 문구로 파란만장하던 형의 삶이 다 표현될 수 없다고 생각했다. 아니, 이 땅 위에 살면서 그가 목표로 삼고 꿈꾸던 것들이 전혀 나타나지 않는다고 생각했다. 그의 생은 짧았지만, 어쩌면 하나님의 더 큰 계획에 포함되어 있을지도 모를 일 아닌가!

조지는 거기서 13마일 떨어진 네오쇼까지 걸어가 와킨스 씨 부부에게 인사를 드렸다. 그는 다시 카버 씨 부부를 만나기 위해 다이아몬드 그로브로 갔다. 모세스는 이미 칠순이 넘었지만, 여전히 밭일을 하고 있었다. 그렇지만 수잔은 시력도 나빠지고 건강도 많이 안 좋아져 집 밖으로는 거의 나가지 못하고 하루종일 집에서만 지냈다. 조지는 자기가 어디에 가서 무엇을 하며 어떻게 지냈는지를 이야기하였고, 두 노부부는 조용히 이야기를 들으면서도 가슴 깊이 조지를 자랑스러워했다. 수잔은 조지가 고생한 이야기를 안타까운 마음으로 듣다가, 혹시 그의 원대한 포부가 결국 좌절과 고통으로 끝나지 않을까 걱정스러워졌다.

"조지, 대학에는 꼭 가야겠니? 이미 충분히 많이 배우지 않았어?"

이에 조지가 미소를 지으며 부드럽게 대답했다.

"수잔 아줌마, 그렇지 않아요. 배움의 길은 끝이 없는 법이거든요. 저는 아직도 비가 왜 내리는지, 또 해바라기가 왜 그렇게 키가 큰지를 알아내지 못했어요."

나흘 동안 조지는 어머니가 살던 판잣집에서 지냈다. 닷새째 되던 날인 9월 20일, 조지는 남아 있는 돈을 전부 털어서 기차표를 사고는 하일랜드를 향해 북쪽으로 가는 덜컹거리는 기차에 몸을 실었다. 돈은 다 떨어졌지만, 개의치 않았다. 하일랜드에 가서 일자리를 구하면 될 일이었다. 어디서든 일자리를 구하지 못한 적은 없지 않았는가! 드디어 기차가 하일랜드 역에 도착했다. 조지가 기차에서 내리는데, 플랫폼과 기차역과 온 마을이 가을 햇살을 받아 찬란하게 빛을 발하는 것처럼 보였다. 약속의 땅 하일랜드는 조지의 열정을 그대로 반영하는 것 같았다. 조지는 붉은 벽돌로 튼튼하게 지어진 대학 건물을 향해 힘찬 발걸음을 내디뎠다.

대학 건물에 들어서기는 했지만, 조지는 학장실 앞에서 한참을 기다려야 했다. 드디어 조지는 수많은 책과 멋진 가구로 가득 찬 학장실로 들어갔다. 정적에 둘러싸인 학장실에서 조지가 어렵게 입을 열었다.

"저는 조지 W. 카버라고 합니다."

"뭐라고?"

"이 대학에 입학하러 왔습니다. 제가 받은 입학허가서를 보면……."

"뭔가 잘못되었군!"

조지는 언젠가 느꼈던 그런 냉담함이 다시 가슴에 와 닿는 것을 느꼈다. 조지는 신학박사이자 이 대학의 학장인 덩컨 브라운 목사의 표정을 살펴보았다. 그의 얼굴에는 슬픈 표정과 난처한 표정이 교차되어 있었다. 조지는 학장과 눈을 마주치려고 했으나, 학장은 눈길조차 주지 않았다. 어떤 말이든 해야 되겠는데, 무슨 말을 해야 할지 떠오르지 않았다. 조지는 아까 하려던 말을 중얼중얼 반복하였지만 끝내 말을 잇지 못했다.

"학장님께서 보내신 입학허가서에 보면…여기 입학허가서가 있는데……."

학장이 대답했다.

"입학허가서 같은 게 문제가 아닐세."

학장은 아마도 이 어색하고도 냉담한 분위기를 바꾸어보고 싶었는지도 모른다. 그렇지만 그 한 마디로 이러한 분위기가 수그러들 수는 없었다. 학장은, 자신의 개인적인 확신은 차치하고서라도 이사들이 이 대학에 흑인이 입학하는 것을 결코 허락하지 않으리라는 것을 잘 알고 있었다.

"자네는 자네가 흑인이라는 사실을 밝히지 않았네. 하일랜드 대학은 흑인 학생을 받지 않는다네."

희망에 차 있던 따뜻한 태양은 서쪽으로 기울면서 점차 그 빛을 잃어갔고, 대신 차가운 바람이 기차역에 불어닥쳐 겨울의 혹독함을 미리 맛보여주는 듯했다. 조지는 길가에 있는 벤치에 주저앉았다. 바람이 부는 것도 느끼지 못하였다. 그저 가슴이 아플 뿐이었다. 그렇게 몇 시간을 움직이지도 않고 가만히 앉아 있었다. 아무것도 보이지 않았다. 학장의 말만이 메아리처럼 귓전에 맴돌았다.

'자네는 자네가 흑인이라는 사실을 밝히지 않았네. 하일랜드 대학은 흑인 학생을 받지 않는다네.'

갑자기 조지는 자기가 부끄러워한다는 사실이 싫었다. 자신이 부끄러워할 일이라도 저질렀단 말인가? 남을 증오하는 자신의 모습도 싫어졌다. 날이 어두워지자 조지는 걱정이 되기 시작했다. 오늘밤은 어떻게 지낼 것인가? 또 앞으로 어떻게 지낼 것인가? 현실적인 문제에 직면하자 조지는 자기 자신이 싫어졌다. 이성적으로 생각하든, 감성적으로 생각하든, 이곳을 떠나는 것이 마땅하지만, 주머니에 동전 몇 닢이 없어 이곳을 떠나지 못하는 자신이 원망스러워진 것이다. 하일랜드! 자신의 꿈을 비참하게 짓밟고 자신의 영혼을 가리가리 찢어놓은 곳. 이런 하일랜드에 보금자리를 틀어야 하다니! 아무리 싫어도 지금은 이곳에 머물면서 돈을 모을 수밖에 없었다.

그런데 돈을 모은들 어디로 가야 한단 말인가? 조지를 이끌어줄 어떤 희미한 꿈이라도 남아 있는가? 조지의 꿈은 산산이 부서졌다. 돈도, 희망도 남은 것이라고는 하나도 없었다. 전에는 자기 앞에 놓여 있는 장애가 아무리 태산같이 크다고 해도 그 모든 어려움을 견뎌내며 역경을 헤쳐나갔다. 배고프고 아픈 것쯤은 문제도 아니었다. 꿈이 있는 한 그 어떤 시련도 이길 수 있었다. 그렇지만 지금 이 순간은 절망적이었다. 돌이킬 수도 없었다. 누군가가 조지의 꿈을 빼앗아버렸다. 멍하니 앉아 있던 벤치에서 힘없이 일어나는 순간, 그는 아무런 빛도, 희망도 없는 흑암을 보았다. 조지는 절망을 향해 어둠 속으로 걸어갔다.

그날 밤 조지는 어떤 헛간에서 지새고 이튿날 아침 마을 남쪽에 자리 잡고 있는 빌러 씨 가족이 운영하는 과수원에 일자리를 구하였다. 조지는 거기서 음식 만드는 일도 하고, 망가진 담장을 고치거나 과수를 손질하는 일도 했다. 다정한 빌러 씨 가족은 조지를 자기네 식구처럼 따뜻하게 대해주었다. 조지는 빌러 씨 가족과 함께 교회에 다녔으며, 친목회나 집회가 있으면 아코디언을 연주하기도 했다. 그러나 이러한 삶이 조지가 원하던 것은 아니었다. 조지는 때를 기다리고 있었다. 꿈에 다시 한 번 도전하기 위해 천천히 그리고 묵묵히 밑천을 마련하며 마음을 추스르고 있었던 것이다.

그러던 어느 날, 조지는 빌러 씨 가족이 청년 프랭크 빌러에게서 온 편지를 큰 소리로 읽는 것을 유심히 들었다. 프랭크 빌러라는 청년은 자작농장을 개척하기 위해 서부로 떠났다가 지금은 캔자스 평야에 정착하여 농장을 경영하고 있었다. 그 편지에 따르면, 8년 전에 미연방 정부가 이 지역을 정착지로 개방하여 지금 수백 명의 이주자들이 이곳을 개척하기 위해 몰려들고 있다는 것이다. 개척자들은 그곳을 '위대한 아메리카의 사막'이라고 부른다는 말도 들었다. 서부를 개척하고자 하는 의지만 있다면 누구에게나 기회가 있다는 것이다. 프랭크는 네스 카운티라는 지방의 번화가에 상점을 열었으며, 지금 이 마을은 자기 이름을 따 '빌러'라는 이름이 붙었다고 했다.

1886년, 조지는 그곳으로 떠났다. 11월 20일부로 조지는 빌러가 머무는 곳에서 남쪽으로 2마일 정도 떨어진 곳에 160에이커의 땅을 자작농장으로 등록하였다. 당시 조지는 서류에 자기 나이를 23살로 기록하였지만, 실제로는 25세가 넘었던 것으로 보인다. 미주리 주의 다이아몬드에 위치한 조지 워싱턴 카버 국립기념관의 로버트 P. 풀러는 여러 가지 증거자료를 통하여 카버 박사가 1861년 7월 12일에 태어난 것으로 추론하였다.

조지는 그곳에서 프랭크 빌러의 도움을 받아 뗏집을 지었다. 어린 뗏장을 벽돌 모양으로 길게 잘라 벽을 쌓아올리면서 층이 엇갈리도록 뗏장을 붙여나갔다. 지붕에는 통나무 마룻도리와 서까래를 얹고 그 위에 뗏장을 붙였다. 말라버린 뗏장을 손질한 다음에 회반죽을 덧칠했더니 뗏집은 따뜻하고 아늑한 보금자리가 되었다. 거기에 조지의 섬세하고 꼼꼼한 손길이 더해지자 조지의 집은 그 지역에서 손꼽히는 아름다운

집이 되었다. 새로 이주해오는 사람들은 집을 지을 때마다 가장 먼저 조지를 찾아가 도움을 청하였다.

봄에 씨앗을 뿌리기까지 특별히 해야 할 일이 없었던 조지는 겨우내 가까운 목장에서 품을 팔며 첫 겨울을 보냈는데, 그곳의 겨울은 혹독하기 짝이 없었다. 북쪽에서 강한 눈보라가 세차게 몰아쳤고, 눈이 얼마나 많이 와 쌓이는지 집에서 헛간을 가는 데도 집과 헛간 사이에 매어놓은 구명줄을 꼭 잡고 가야 했다. 여름에는 뜨거운 바람에 옥수수가 다 말라 비틀어질 정도였다. 비도 오지 않았고, 그늘이라고는 찾아볼 수 없었다. 황무지만이 끝없이 펼쳐졌다. 저 멀리 지평선 가까이에 뜸하니 서 있는 사시나무들은 사막의 황량함을 더해주었다. 독수리가 넓은 하늘을 맴돌았고, 방울뱀이 바위 위를 기어다닐 뿐이었다.

조지는 2년 가까이 세찬 눈보라가 휘몰아치는 이곳의 추위와 싸웠다. 여름에는 태양의 뜨거운 열기와 싸워야 했다. 그러나 조지는 자기 집 정원에 잔디와 꽃을 심었으며, 겨울에는 집에 잇대어 남쪽 방향으로 지은 온실에서 그 꽃들을 살려냈다. 덕분에 모든 것이 얼어붙은 추운 겨울에도 조지의 집 창가와 식탁에만은 꽃이 활짝 피었는데, 동네 사람들이 저마다 그것을 구경하려고 몰려들기도 했다. 조지는 긴긴 밤이면 뜨개질을 하거나, 여기저기서 수집한 돌이나 인디언들의 유물을 정리했다.

조지의 땅 한쪽에는 둥근 마루터기처럼 생긴 커다란 언덕

배기가 있었는데, 이를 이상하게 여긴 그는 틈틈이 이런저런 실험을 하면서 그곳의 지질을 연구해보았다. 그러나 도저히 알 길이 없었다. 한번은 프랭크 빌러에게 이런 말을 했다고 한다.

"언젠가는 저 언덕배기 밑에 무엇이 있는지 밝혀질 것입니다. 저로서는 그것을 알아낼 길이 없지만, 무엇인가 대단한 것이 있는 것만큼은 분명합니다."

'무엇인가 대단한 것'이라고 조지가 말했던 것은 50년 뒤 그 정체가 밝혀졌는데, 그것은 바로 석유였다. 오늘날까지도 이곳에서 석유가 뿜어져 나오는데, 반경 40마일 안에서는 유일한 유정이다.

세월이 약이었다. 조지가 받은 마음의 상처는 천천히 아물어가고 있었다. 조지는 다시 공부하기 시작했으며, 그림도 그리기 시작했다. 조지는 자기연민을 억제하지 못하면 그것은 헛될 뿐 아니라 결국 자기 자신을 파멸시키는 힘으로 자라게 된다는 것을 깨닫게 되었다. 물론 이러한 황무지가 모든 사람에게 어울리지 않는 것은 아니다. 그러나 조지에게 이곳은 도피처에 불과했다. 이제 그는 더는 숨어 지내고 싶지 않았다. 조지에게는 원대한 꿈이 있었지만, 지금의 처지에서 그것을 바랄 수는 없었다. 그래서 당장 무엇을 해야 할지 확신이 없었다. 그저 막연하게 동부의 어느 곳으로 돌아가서 온실이나 종묘장을 하면 어떨까 생각하였다. 그렇게 되면 적어도 자기가 아끼고 그리고 무엇보다도 잘 알고 있는 식물을 끼고 살 수 있지 않겠는가! 이즈음 조지가 지은 긴 서정시 한 편이 있는데, 이 가운데 한 연이 그의 강인한 의지를 잘 드러낸다.

오! 주저앉지도 말고 헛되이 서 있지도 마라.
누구에게나 할 일은 차고 넘치네.
다른 사람처럼 크게 성공하진 못할지라도,
적어도 한 가지 재능은 있을 터이니, 그것을 갈고 닦아라.

1888년 초여름에 조지는 자신이 일군 농장을 저당잡히고 300달러를 대출받아 동부로 떠났다. 거의 미주리 주 경계에까지 이르렀으나 그만 발길을 돌려버렸다. 대학에 가겠다고 큰소리치고 떠났는데, 빈손으로 고향에 돌아가는 것이 어쩐지 부끄러웠던 것이다. 그래서 북쪽으로 올라가 아이오와 주로 들어갔다. 조지는 크고 작은 마을을 거치는 동안에 허드렛일을 하면서 계속 올라가, 아이오와 주의 수도인 디모인에서 그리 멀지 않은 윈터세트라는 녹음이 우거진 평화로운 동네에 이르렀다. 이곳의 슐츠호텔에서 조지는 요리사로 취직했다.

어느 일요일 아침, 조지는 침례교회에 예배드리러 갔다가 존 밀홀랜드라는 의사와 그의 부인을 알게 되었다. 찬송을 부를 때 들린 조지의 맑고 높은 테너 목소리가 이 부부의 시선을 끌었던 것이다. 아마도 유일한 흑인인 조지가 백인 교인들과 조금 떨어져 외롭게 앉아 있던 것도 그들의 시선을 끄는 데 한몫하였을 것이다. 얼마 후에 성가대 지휘자인 밀홀랜드 부인은 그의 남편을 시켜 조지를 자기 집으로 초청했다. 그동안 얼마나 사람들과 어울리지 못했던가! 얼마나 다른 사람들과 이야기조차 나누지 못했던가! 조지는 그 집에 초대를 받아 가는 것이 조심스러웠지만, 다른 사람들과의 사귐이 그리워 초대에 응했다. 갈등 끝에 응하긴 했지만 조지는 평생 자신의 결정에 너무나도 감사하게 된다.

아름다운 가구와 고급스러운 양탄자로 장식된 밀홀랜드 씨의 집은 그야말로 으리으리했다. 그중에서 조지의 눈을 끄는 것은 피아노였다. 밀홀랜드 부인이 피아노를 치자, 옛 추억이 되살아나더니, 금세 조지를 휘감았다. 북받치는 감정을 이기지 못해 얼굴이 벌겋게 상기된 조지는 자신의 애절한 감정을 숨기기 위해 얼굴을 돌려야만 했다. 조지와 밀홀랜드 부부는 자리를 옮겨 서재에서 차를 마셨다. 서재의 한쪽 구석에는 이젤과 팔레트가 있었고, 그 이젤 위에 다소 생기 없어 보이는 바이올렛 그림이 그려져 있었다.

"그림 그리세요?"

그림이라는 두 번째의 공통 관심사를 발견한 조지가 반가워 묻자, 밀홀랜드 부인이 다소 쑥스러운 웃음을 지으며 대답했다.

"음, 제가 좀 해보려고 하는데, 잘 안 되는군요. 보시다시피 제가 그린 꽃이 딱딱하고 생기가 없잖아요."

"그것은요, 부인께서 너무 멀리 떨어져서 그리시기 때문이에요. 그리고 색을 좀더 진하게 쓰면 좋을 것 같아요."

조지는 그림에 대한 열정을 이기지 못해 굵은 붓을 들고 팔레트에서 물감을 찍어 바이올렛 그림을 약간 손보았다. 그랬더니 그림 속의 꽃이 살아나는 듯하였다. 그것을 본 밀홀랜드 씨가 감탄하며 말했다.

"이거, 정말 대단한데! 여보, 이 젊은이를 당신 선생님으로 모셔야겠는걸!"

밀홀랜드 부인은 조지가 고친 그림을 자꾸 돌아보았다. 그림을 보는 부인의 눈에는 이미 조지의 실력에 대한 경탄과 조지가 그림 그리는 것을 가르쳐주었으면 하는 바람으로 가득하였다. 밀홀랜드 부인은 조지에게 물었다.

"조지, 그렇게 해주겠어요?"

밀홀랜드 부인은 자리를 잡고 앉아 조지를 물끄러미 바라보면서 조지가 미처 대답하기도 전에 먼저 말을 꺼냈다.

"그림 그리는 것을 가르쳐주면, 저는 성악 레슨으로 보답하겠어요. 조지는 정말 멋진 목소리를 가지고 있더군요. 조금만 연습하면…음, 모르지요. 정말 성악가가 될지도……."

가슴이 쿵쿵 뛰었다. 조지는 혹시라도 더듬는 일이 없도록 아주 천천히 대답했다.

"그렇게 된다면, 제가 영광입니다."

그 후 조지는 일주일에 서너 번씩 밀홀랜드 씨 댁을 방문했다. 얼마 지나지 않아 조지에게는 밀홀랜드 씨 댁이 마치 자기 집처럼이나 편안하게 느껴졌다. 남의 집이 그렇게 편하게

그림을 보는 부인의 눈에는 이미
조지의 실력에 대한 경탄과 조지가 그림 그리는 것을
가르쳐주었으면 하는 바람으로 가득하였다.

느껴지는 것은 전에는 한번도 경험해보지 못한 일이었다. 노래와 그림 연습이 끝나면 조지는 피아노를 치거나 서재에 앉아 책장에서 책을 꺼내 읽었다. 또 밀홀랜드 씨의 두 아이에게 재미있는 이야기를 들려주기도 했다. 틈틈이 정원을 가꾸고 새로 꽃을 심어주기도 했다. 휴일이면 밀홀랜드 씨 가족과 함께 노래나 흥미진진한 이야기를 나누면서 저녁시간을 보냈다.

밀홀랜드 씨 가족의 따뜻하고 친절한 호의로 포트 스코트와 하일랜드에서 입은 악몽과 같은 상처가 아물었다. 조지는 다른 사람들의 증오가 아니라 자신의 무지가 자신의 적이라는 사실을 깨달았다. 또한 밀홀랜드 씨 부부 같은 사람들이 이 세상에 있는 한 자신은 결코 외톨이가 아니라는 것도 알게 되었다. 이제야 조지는 진정한 동지를 얻게 되었으며, 또한 희망을 얻게 된 것이다.

어느 일요일 저녁, 아이들이 잠자리에 든 뒤에, 밀홀랜드 씨 부부와 이야기를 나누는 도중 조지는 하일랜드 대학의 학장실에서 있었던 일을 이야기할 만한 용기를 얻게 되었다. 원대한 꿈을 품고 대학에 입학하러 갔는데, 자신의 꿈이 산산이 부서지는 그 순간을 말이다.

밀홀랜드 씨가 먼저 입을 열었다.

"조지, 자네의 장래에 대하여 아내와 함께 심각하게 고민해보았네. 자네는 세탁업자나 요리사로 평생을 보내기에는 너무나도 아깝단 말일세."

이에 조지가 대답했다.

"저도 사실은, 온실을 한번 시작해볼까 생각중입니다."

밀홀랜드 씨가 조지의 말에 끼어들었다.

"아니, 우리가 생각한 것은 조금 다르다네. 자네를 대학에 보내면 어떨까 생각하고 있었거든."

순간 침묵이 흘렀다. 조지는 하염없이 손가락을 이리저리 만지작거리더니, 이윽고 입을 열었다.

"안 그래도 한 번 그러려고 했어요."

조지는 하일랜드에 가기까지 자신이 품었던 그 원대한 꿈에 대하여 이야기했다. 물론 하일랜드 대학에서 받은 그 깊은 상처에 대해서도 말했다. 그때 입은 상처로 조지의 꿈이 산산조각이 나지 않았던가!

"이런, 딱해라."

밀홀랜드 부인은 조지의 상처를 몸소 느끼는 것처럼 깊은 한숨을 내쉬었다. 그러나 밀홀랜드 씨는 뒤로 물러서지 않았다.

"그것은 이미 오래 전 일일세. 자네, 그 일로 실망하여 인생을 자포자기하면 안 되지."

밀홀랜드 씨는 그곳에서 그리 멀지 않은 인디애놀라라는 곳에 심프슨 대학이 있다고 말해주었다. 감리교 감독인 매튜 심프슨이라는 사람이 세운 대학인데, 심프슨 감독은 에이브러햄 링컨의 친구이자, 만인이 평등하다는 사상을 강력하게 지지하는 사람이라는 것이다.

"조지, 그 대학에서는 자네를 받아줄 걸세. 당장 다음 학기부터 시작하는 것이 어떻겠는가? 한번 해볼 생각 있는가?"

조지는 눈을 감고는, 자신이 예전에 꾸던 그 꿈과 희망을 떠올려보았다. 그러고는 기어들어가는 목소리로 중얼거리듯이 말했다.

"글쎄요.…잘 모르겠어요."

조지는 밀홀랜드 부부를 바라보았다. 이 두 사람은 자신의 진정한 친구였다. 자기가 그 일을 정말 잘 해낼 수 있을지 조지는 솔직히 자신이 없었다. 따뜻한 호의를 베풀어주었을 뿐만 아니라 자신을 든든하게 지켜주는 밀홀랜드 부부를 떠나서 자신도 알지 못하는 그 꿈을 좇아 다시 한 번 외롭고 끝이 없는 그 길을 걸어갈 각오가 되어 있는지, 자신이 없었다. 조지는 방금 한 말을 되풀이했다.

"잘 모르겠어요."

그렇지만 조지는 그 꿈을 떨쳐버릴 수가 없었다. 조지는 지금 호텔 일을 그만두고 세탁소를 막 시작했을 뿐만 아니라, 농장을 담보로 대출받은 빚도 여전히 남아 있었다. 9월까지 그 빚을 다 갚을 만큼 돈을 벌 수 있을 것 같지 않다고 나지막한 소리로 자신 없이 중얼거렸다. 밀홀랜드 부인은 조지를 볼 때마다 그에게 자극을 주었다.

"조지, 이번 9월에 대학에 입학하지 않는다면, 아마 평생 대학에 가지 못할 거예요."

어느 날이었다. 조지는 옷을 다리다가, 갑자기 고개를 들어 열린 문 밖으로 보이는 파란 하늘을 쳐다보고는 굳게 결심하였다. 심프슨 대학은 백인들의 학교였다. 교수들도 모두 백인이었다. 어쩌면 또다시 마음의 상처만 받게 될지도 모른다. 그렇지만 그런 생각이 한번 도전해보겠다는 조지의 각오를 흔들 수는 없었다.

조지는 밤낮으로 일했다. 옷감을 빨고 다리는 일이 끝나면, 다른 허드렛일을 찾아 하며 닥치는 대로 돈을 벌었다. 그래서 8월 말쯤, 빚을 다 갚게 되었다. 그리고 그 다음 한 주간에도 열심히 일을 하여 심프슨 대학에 가서 얼마 동안 지낼 수 있을 만한 경비까지 마련하였다.

1890년 9월 9일 이른 새벽, 드디어 조지는 인디애놀라를 향해 길을 떠났다. 거의 30마일이나 되었으니, 걸어가기에는 상당히 먼 길이었지만, 조지에게는 문제가 되지 않았다. 그날 새벽, 해가 뜨기도 전이었지만, 조지 카버에게만큼은 하늘이 이미 환히 밝아 있었다. 아마도 어둠 속에서도 하늘을 환히 비춘 것은 그가 좇던 별이었으리라! 그의 꿈이었으리라! 그 별을 찾아내기 위해 조지는 기대에 차서 힘차게 발걸음을 내디뎠다.

일하며 공부하는 청년

조지 카버는 가끔씩 식물 탐사에 나를 데리고 다녔다.

식물이 수정하는 그 신비함을

나에게 가르쳐준 사람이 바로 그였다. …

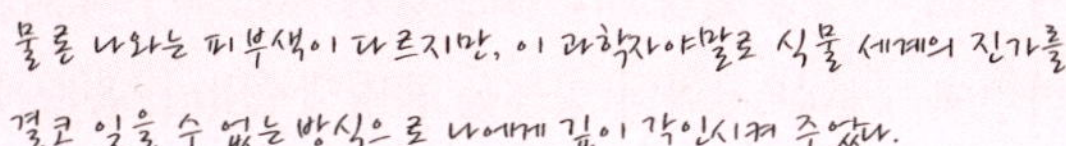

물론 나와는 피부색이 다르지만, 이 과학자야말로 식물 세계의 진가를

결코 잊을 수 없는 방식으로 나에게 깊이 각인시켜 주었다.

_헨리 A. 월리스(미국 농림부 장관, 1933－40)

어떤 교사가

이때의 조지에 대해 다음과 같은 글을 남겨 졌다. "조지 카버는 돈 한 푼 없이, 그러나 모든 것을 다 배우고야 말겠다는 불타는 열정을 품고 인디애놀라에 왔다."

이 작고 아름다운 마을을 보니 하일랜드에서 겪은 일들이 갑자기 눈앞에 어른거렸다. 붉게 물든 가로수 낙엽들이 아치형 터널을 만들어 거리를 그늘지게 하는 것이 하일랜드와 어쩌면 그리 똑같을까! 심프슨 대학 학장실에서 자신을 소개할 때, 조지의 입은 바싹 마르고 가슴은 북을 치듯이 쿵쾅거렸다. 하일랜드에서의 쓰라린 기억이 떠올랐던 것이다.

"제가 조지 카버입니다."

이 대학의 학장인 에드먼드 홈스 목사는 조지를 유심히 살펴보았다. 그 역시 조지의 검은 피부가 먼저 눈에 들어왔다. 그러나 그는 눈에 보이는 그 하찮은 피부색 속에 어떤 기개가 잠재돼 있음을 느낄 수 있었다. 그것은 바로 조지의 당찬 결의였다. 어찌되었든, 검은 피부며 당찬 결의 같은 것은 입학하는 데 큰 문제가 되지 않았다. 중요한 것은 성적표였다. 조지 카버가 학장의 책상 위에 내려놓은 성적표는 그가 이 학교에 입학하기에 충분한 자격이 있음을 증명해주었다. 홈스 학장은 조지에게 악수를 청하며 환영하였다.

"조지 군, 심프슨 대학에 온 것을 환영합니다."

그리하여 조지는 심프슨 대학 역사상 두 번째 흑인 학생이 되었다.

"고맙습니다."

물론 유감스럽게도 이러한 상황에서 고맙다는 말은 적절치 않다. 그렇지만 이 순간 조지의 심정을 이보다 더 잘 묘사할 수 있는 말이 또 어디 있겠는가!

홈스 학장은 조지에게 앉으라고 권하였다. 두 사람은 한동안 조지가 앞으로 하게 될 학업에 대해 이야기를 나누었다. 조지는 자기가 일자리를 찾아야 하며, 머무를 만한 곳이 필요하다고 말했다.

"가능하다면…세탁소를 차려볼까 하는데요……."

홈스 학장은 학교 캠퍼스 바로 옆에 판잣집이 하나 비어 있으며, 필요하다면 그곳을 사용해도 괜찮다고 말했다. 그리고 학생들이 이제부터는 세탁물을 조지에게 맡기도록 이 사실을 학생회에 주지시키겠노라고 약속도 하였다.

조지가 학장실에서 나왔을 때는 화창한 오후였다. 날씨가 마치 조지의 들뜬 마음을 아는 것 같았다. 여덟 시간이나 걸어오느라고 쌓였던 피로가 한순간에 씻은 듯이 사라졌다. 학장이 말한 판잣집을 찾아낸 조지는 즐겁게 그리고 열심히 집 안을 청소하고 짐을 정리하였다. 짐정리를 마치고 학교의 회계를 담당하는 부서에 가서 12달러를 등록금으로 지불하고 나니, 10센트가 남았다. 여전히 기분이 들뜬 조지는 필요한 물건을 좀 사야겠다고 생각하고 북쪽 광장을 향하여 힘차게 걸음을 옮겼다. 조지는 등록금 영수증을 보여주고는 빨래통과 빨래판, 다리미와 비누, 옷에 먹이는 풀 등 세탁소에 필요한 물품을 외상으로 구입했다. 얼마 남지 않은 마지막 현금으로는 쇠고기 기름과 옥수수 가루를 약간 샀다. 이제는 이것이 조지의 밑천이 되는 것이다. 위기라도 닥치면 이것으로 헤쳐 나갈 것이다.

위기는 생각보다 일찍 찾아왔다. 홈스 학장은 조지를 도와주려는 의도로 약속을 했지만, 교수라는 사람들이 늘 그렇듯, 그만 그 약속을 잊고 말았다. 그래서 새로운 세탁소가 문을 연다는 사실을 학생들에게 알리지 못했다. 하루종일 세탁소에 앉아 있어도 기다리는 손님은 하나도 오지 않았다. 나중에 조지는 밀홀랜드 부부에게 이 시기에 자신이 처한 상황에 대하여 다음과 같은 편지를 썼다.

“상당히 긴 기간 동안 기도와 쇠기름과 옥수수 가루만으로 살았는데, 나중에는 쇠기름과 옥수수 가루마저 떨어져 기도로만 살았습니다."

그러는 동안에 또 다른 시련이 다가왔다. 어원학, 영문법, 영작문, 수학 과목을 신청하고 나서 조지는 미술을 수강하고 싶어 잔뜩 기대를 품고 미술 작업실이 있는 본관 꼭대기 층까지 한숨에 계단을 뛰어올라갔다. 작업실에 들어선 조지는 먼저 버드 선생에게 자기를 소개했다. 소개를 듣자마자 버드 선생이 바로 말을 이었다.

"미안하지만, 학생은 미술 과목을 수강할 만한 실력이 없어 보이네요."

버드 선생은, 다리를 비비 꼬며 어설프게 자기 앞에 서 있는 조지의 닳아빠진 외투와 가냘픈 손목을 보고는 그렇게 대답한 것이었다. 조지는 가슴이 무너지는 것 같았다.

"그림 그리는 것은 제가 가장 자신 있는 것입니다."

조지는 필사적으로 말했다.

"한번 시켜봐 주시면 안 되겠습니까?"

작업실 안에 꽉 찬 유성물감과 테레빈 기름과 목탄 가루의 독특한 냄새가 조지를 기분 좋게 취하게 만들었다. 채광창을 통해서는 한낮의 눈부신 햇살이 작업실 안으로 쏟아져 들어와 곳곳에 널려 있는 캔버스를 비추었다. 조지에게는 빈 캔버스들이 꿋꿋하게 서서 자기가 그림 그리게 될 날을 기다리는 것처럼 느껴졌다. 이 자리에 오기까지 얼마나 고생을 했던가! 또 얼마나 먼 길을 돌아왔던가! 그런데 마지막 순간에 꿈

한낮의 눈부신 햇살이 작업실 안으로 쏟아져 들어와 곳곳에 널려 있는 캔버스를 비추었다. 조지는 빈 캔버스들이 꼿꼿하게 서서 자기가 그림 그리게 될 날을 기다리는 것처럼 느껴졌다.

에 그리던 작업실에서 그림 공부를 할 수 없다니! 조지로서는 이 사실을 받아들일 수 없었다.

미술을 가르치는 에타 버드 선생은 심프슨 대학을 갓 졸업한 젊은 여자였다. 키는 작달막했지만, 사람을 보는 눈이 예리하였다. 가끔씩 이날처럼 본능적으로 자신의 눈앞에 있는 현실을 외면해버리곤 했지만 말이다. 그녀는 여기 서 있는 학생이 실질적인 학문 분야에 전념하면서 분명히 놀라운 발전을 보이게 될 것이라는 느낌을 받았고, 그것을 충분히 알면서도 무엇인가가 여전히 자신의 발목을 잡고 있는 것 같았다. 버드 선생은 조지의 단호한 결심에 억지로 허락한다는 듯이 대답했다.

"그럼, 좋아요. 일단 시작은 하지만, 아직 완전히 허락한 것은 아니에요. 학생이 계속 그림 공부를 할 만한 재능이 있는지 두 주 동안 지켜보고 나서 결정하도록 하지요."

조지는 마음을 가라앉혔지만 조금 겁이 났는지, 며칠 내내 머리가 지끈거렸다. 정말로 예술에 소질이 없는 것이 아닐까? 지난 몇 년 동안 줄곧 그림을 잘 그린다고 스스로를 속이고 있었던 것은 아닐까? 갑자기 두 주간의 테스트 기간이 너무나도 중요하게 여겨졌다. 다른 어느 수업도 이 미술 수업만큼 소중하지 않았다. 아니, 다른 수업들을 다 합쳐도 이 미술 수업 하나와 바꿀 수 없다는 기분이 엄습했다. 어쩌면 그림이야말로 그 무엇보다도 내가 가장 하고 싶었던 일이었나 보다, 내가 이곳 심프슨 대학에 온 것은 바로 미술을 공부하기 위해서였으리라, 조지는 이렇게 생각했다. 이때 조지 카버는 예술가가 되고 싶었다.

하루하루 우울한 날이 이어졌다. 동료 학생들은 처음에는 그나마 가벼운 호기심으로 조지에게 관심을 보이더니, 어느 날부터인가 완전히 무관심해졌다. 조지는 300명에 이르는 전교생이 자기만 따돌리고는 하나같이 서로 반갑게 소리를 지르며 인사를 나누는 것 같았다. 그들은 수업 시작 전에도, 또 수업이 끝나고 나서도 자기들끼리 모여 즐겁게 떠들었다. 조지는 낮이면 눈에 보일 정도로 고적함을 느꼈으며, 밤이면 그냥 모든 것을 포기해버릴까 하는 생각에 하루도 편히 쉬지를 못했다. 조지는 자기가 그림 테스트에도 통과하지 못할 것이라는 불길한 생각이 자꾸 들었다. 버드 선생은 왜 자기 그림에 대해서 아무 말도 하지 않는 것일까? 얼마 안 되던 음식은 바닥이 났고, 빨랫감을 들고 오는 손님은 한 사람도 없었다. 총체적인 위기였다. 곧 무너질 것만 같았다.

조지는 두 주씩이나 기다릴 수 없었다. 그는 어느 날 오후 갑자기, 자신의 운명을 당장 아는 것이 낫겠다는 생각이 들어 미술 수업이 끝난 뒤 작업실 뒤쪽에 남아 있다가 버드 선생에게 조심스럽게 물어보았다.

"선생님, 제가 좀 궁금한 게 있는데…지난번에 말씀하신 거 있지요. 그러니까……."

"그러니까 미술 과목을 계속 수강할 수 있느냐는 것이지요?"

"네, 선생님."

"계속해도 괜찮을 것 같군요. 이따 오후에 회계과로 가서 화구 값을 내도록 하세요."

미술 과목을 계속 수강할 수 있다는 말에 조지는 기분이 날아갈 듯하였으나, 순식간에 새로운 고민에 휩싸이게 되었다. 풀이 죽은 조지가 기어들어가는 소리로 물었다.

"화구 값이요?"

조지의 당황스러운 표정을 알아챈 버드 선생이 조지에게 되물었다.

"조지 군, 무슨 문제라도 있는 거예요?"

조지는 버드 선생에게 자기 사정을 이야기했다. 세탁소를 차려 생활비를 마련할 계획이었다는 것과, 그 빈 판잣집에 세탁소를 열게 된 배경이라든지, 또 열흘이 지나도록 빨랫감을 들고 찾아오는 손님이 한 사람도 없어 아직 일을 시작조차 못 했다는 사실 등을 일일이 설명했다. 그러고는 시무룩해져서 말했다.

"그래서 오늘 오후에 화구 값을 낼 수가 없어요. 아니, 사실 언제 낼 수 있을지도 잘 모르겠습니다."

"음, 그렇군요."

버드 선생은 손가락으로 책상을 가볍게 두드리며 잠깐 생각에 잠기더니 이내 말을 이었다.

"좋아요. 화구 값을 내는 것은 조금 연기시켜 주지요. 내게 좋은 생각이 있으니까, 머지않아 돈도 벌게 될 거예요."

버드 선생은 확신에 차 있었다. 그리고 실제로 그렇게 되었다. 버드 선생이 팔을 걷고 나서서 우선 자기 수업을 듣는 학생들에게 조지의 세탁소를 소개하면서, 단골로 그 세탁소를 이용하도록 적극 선전해주었다. 또 그 마을에 사는 친구들을 불러모아, 전도가 유망한 학생이 있으니 무엇이든 도와줄 수 있는 만큼 도와주라고 부탁했다. 그 학생은 어떤 일이든 잘할 수 있으니 허드렛일을 맡길 일꾼이 필요하면 그를 부르라는 것과, 혹시 쓰지 않는 옷이나 세간이나 가구가 있으면 그 학생에게 주라고 말해놓았다.

그로부터 며칠 지나지 않은 어느 날 오후였다. 학교에서 돌아와 방문을 연 조지는 깜짝 놀라지 않을 수 없었다. 그는 순간적으로 집을 잘못 찾아왔다고 생각했다. 나무통과 상자 등으로 대충 만든 가구가 있던 자리에 테이블과 튼튼한 의자 두 개가 놓여 있는 것이 아닌가! 한쪽 구석에 아무렇게나 말아 놓았던 이불은 침대와 매트리스 위에 가지런히 펼쳐져 있었다. 새로 들어온 테이블 위에는 부엌살림이 있었고, 약간 낡기는 했지만 아직도 꽤 입을 만한 외투가 작업복 옆에 나란히 걸려 있었다. 부엌으로 쓰고 있는 다른 쪽 구석에는 막 구워 내 김이 모락모락 피는 빵 한 덩어리와 스튜를 해먹을 만한 쇠고기 한 덩어리가 포장되어 있었다.

조지는 이 예상치도 못한 일이 어떻게 된 것인지 직감으로 알아차렸다. 기쁨의 눈물이 눈시울을 적셨다. 한동안 아무 생각 없이 방 안을 이리저리 둘러보았다. 테이블과 외투 등 새로 들어온 물건들을 만지작거렸다. 자신을 드러내지 않고 도와주는 버드 선생의 그 착한 마음씨를 생각하며 감격에 젖어 있는데, 누군가가 문을 두드렸다.

그렇지만 조지는 여전히 자신의 감정을 주체하지 못하고 멍하니 서 있었다.

"여기 아무도 없어요?"

누군가 문을 두드리며 소리를 지르는 바람에 그는 겨우 정신이 들었다. 빨랫감을 맡기러 온 첫 손님이었다. 이제 조지의 사업이 본격적으로 시작되었다. 위기도 벗어날 수 있었다. 처마 밑에 지은 창고에 빨랫감이 수북이 쌓였다. 조지는 밤새 촛불을 켜고 빨래를 삶고 문질렀다. 새벽녘에 일어나 일을 해야 했지만 조지는 더 이상 행복할 수 없었다. 조지는 이 모든 일에 대해 고맙다는 인사를 하려고 버드 선생을 찾아갔다. 버드 선생은 자신이 한 일을 대수롭지 않게 여겼다. 오히려 그는 추운 날씨에 조지가 외투를 입지 않은 것을 꾸짖었다. 조지는 부끄러운 듯이 대답했다.

"저어, 아직 바깥 날씨가 많이 춥지 않잖아요. 그리고…사실 옷이 낡아버릴까봐……."

"말도 안 돼요."

버드 선생이 조지의 말을 끊어버렸다.

"그러다가 얼어 죽어요. 그렇게 되면 세탁소며 좋은 가구며 다 무슨 소용이 있겠어요? 당장 집으로 가서 외투를 입고 오세요."

조지는 그 말을 듣지 않을 수 없었다. "네, 선생님." 하고는 집에 가서 외투를 입고 왔다.

조지는 버드 선생의 친절한 도움에 보답하기 위해 그해 겨울 내내 일주일에 한두 시간 정도씩 짬을 내 장작을 패서 화로에 땔감이 떨어지지 않도록 해주었다. 가구를 구해서 배달해준 사람이 버드 선생의 각별한 친구인 아더 리스튼 부인이라는 사실을 알게 된 조지는 리스튼 부인에게도 감사의 표시로 작은 선물을 해야겠다고 마음먹었다. 겨울이 지나고 봄이 되어서야 조지는 적당한 선물을 생각해낼 수 있었다. 리스튼 부인이 정원 가꾸기를 매우 좋아하는 것 같아서 조지는 아무도 따라올 수 없는 꽃 가꾸기 솜씨를 발휘하여 부인의 화단을 아름답게 단장해주었다. 한쪽에는 수선화를 가득 심어 화단을 한층 더 환하게 만들었다. 그리고 꽃이 필 무렵 그 화단을 그려 리스튼 부인에게 선물로 주었다. 마음씨 착한 리스튼 부인은 그림을 보고 감탄하며 말했다.

"어쩌면 이렇게 아름답지요? 정말 너무 아름다워요. 뭐라 감사의 말씀을 드려야 할지 모르겠군요."

"아니에요. 제가 감사드려야지요. 지난해 가을에 베풀어주신 그 은혜에 너무 감사할 따름입니다."

사실이 그러했다. 조지 카버는 누구에게 신세를 지면 꼭 갚아야 한다고 생각하며 평생을 살았다. 다른 사람이 베풀어준 호의에 보답할 수 없다면, 자기를 모질게 대하거나 모르는 척 해주는 편이 차라리 마음 편했다. 다른 사람들과 함께 어울려 이 세상을 살아가려면, 또 자기가 정당하게 획득한 것을 떳떳하게 받으려면, 또한 무슨 일이든 일말의 책임감이라도 느끼는 사람이라면, 어떻게 남에게 빚만 지고 살 수 있겠는가 말이다.

조지에게도 천천히 친구들이 생기기 시작했다. 미니애폴리스에서 그랬듯이, 빨랫감을 가지고 온 학생들이 세탁소에 남아서 이 볼품없이 비쩍 마른 조지와 이야기를 나누었던 것이다. 학생들은 조지가 살아온 인생 이야기가 자기들의 삶과 차원이 달랐기 때문에 흥미진진하게 귀를 기울였다. 가끔은 조지가 빨래하면서 큰 소리로 책 읽는 것을 앉아서 듣기도 했다. 조지는 옷을 세탁하면서도 책을 옆에 펴놓고, 읽다 빨다, 다시 읽다 빨다를 반복했다. 또 가끔은 친구들과 도란도란 둘러앉아 과자를 먹으면서 이야기꽃을 피우기도 했다. 그럴 때마다 친구들은 조지에 대해 궁금한 것들을 이것저것 물어보았다.

"어쩜 그렇게 평생 학교만 찾아다니며 살 수 있었던 거야?"

"조지, 나중에 졸업하고 나면 어디로 가서 무엇을 할 생각이야?"

조지는 이 두 번째 질문에 대해서 아직 아무런 확답도 할 수 없었다. 그러나 조지는 그림을 그리면서 더없이 행복했기 때문에 가끔씩은 파리로 가서 계속 미술을 공부하는 공상의 나래를 펴기도 했다. 자기가 동경하는 세계, 평생 찾아 헤맨 질서와 아름다움의 세계를 마음속 깊이 간직하고는 그것을 구체화하여 캔버스 위에 그림으로 나타내기도 했다. 어쨌든, 이 시절 조지는 모든 것이 만족스러웠고, 목숨을 부지하기 위한 생존의 투쟁에서 승리한 것 같았다. 이제 앞으로의 성공 여부는 전적으로 자신의 손에 달려 있다고 느꼈다. 이것 이상으로 바라는 것은 욕심이라고 생각했다. 그래서 조지 카버는 나중에 이런 말을 남기기도 했다.

"인간이 된다는 것이 무엇을 의미하는지 고등학교 다니면서 처음으로 깨달았습니다. 그리고 심프슨 대학에 다니면서 나도 인간이라고 믿게 되었습니다."

비가 오나 눈이 오나, 무슨 일이 있어도 조지는 새벽마다 깡통 하나를 들고 숲속으로 산책을 나갔다. 그러다가 신기한 식물이라도 보게 되면 그 씨앗과 가지를 깡통에 넣어가지고 돌아왔는데, 그러다 보니 조지의 방은 구석구석 식물로 꽉 차지 않을 수 없었다. 온갖 자연현상이 조지의 좁은 방 안에서 다 벌어졌다. 버드 선생의 배려로 조지는 화초만큼은 화실로 옮겨놓아, 빛을 충분히 받으면서 잘 자라도록 할 수 있었다. 그때까지 조지는 주로 풍경화를 그렸는데, 이때부터는 정물화를 그리기 시작했다. 이 시절 조지가 그린 장미나 국화 그림은 마치 살아 있는 것처럼 생동감이 넘쳤고 또 아름다웠다.

언젠가 조지는 자기가 고안한 대로 접붙인 선인장 그림을 그린 일이 있었다. 버드 선생은 그 그림이 마음에 들었던지 한참 동안이나 돌려주지 않았다. 어느 날, 버드 선생이 그 그림을 되돌려주면서 조지의 앞날에 대해 단도직입적으로 물어보았다.

"조지 군의 장래희망은 무엇인가요? 특별한 계획이라도 세운 게 있나요?"

이 물음은 결과적으로 조지의 삶의 방향을 완전히 돌려놓는 결정적인 질문이 되었다. 조지는 잘 모르겠다는 듯한 몸짓을 지었다. 이 그림과 관련된 무엇인가가 자신의 삶에 큰 전환점이 될 것 같다는 느낌이 막연하게 들기는 했지만, 사실 자신은 아직 준비가 되지 않은 것 같았기 때문이다. 조지는 대답했다.

"계속 그림을 그리고 싶어요. 화가가 되고 싶은데…선생님께서 제가 화가가 될 만한 실력이 있다고 생각하신다면 화가가 되고 싶어요."

"아무렴, 실력으로 치자면 당연히 화가가 되고도 남지요. 조지 군은 대단한 재능을 가졌어요. 그렇지만 화가라는 직업으로 입에 풀칠하는 게 쉬운 일이 아닌데다가, 더군다나 조지 군은……."

버드 선생이 갑자기 말끝을 흐리자 조지가 이어받았다.

"…흑인이라는 말씀이지요?"

"현실을 똑바로 직시하는 것도 중요해요."

두 사람 사이에 한동안 무거운 침묵이 흘렀다. 조지는 어둑어둑한 화실이 비현실적인 공간처럼 느껴졌다. 꿈속을 헤매는 것 같았다. 이윽고 조지가 침묵을 깨뜨렸다.

"제 한 몸 추스르는 것쯤은 지금껏 잘해왔습니다. 그건 앞으로도 문제없고요."

"조지 군은 평생 남의 옷이나 빨고 장작이나 패면서 살고 싶어요?"

버드 선생이 조지를 바라보며 한 걸음 다가가 말을 이었다.

"조지 군, 조지 군의 그림을 우리 아버지께 보여드렸어요. 아버지는 에임즈에 있는 아이오와 농과대학 원예학 교수예요. 이미 아버지께 식물에 대한 조지 군의 재능을 말씀드렸어요. 조지 군, 아버지께서는 조지 군이 농업을 공부하면 가치 있고 보람 있는 삶을 살 수 있을 거라고 믿으세요. 그래서 에임즈에 와서 농업을 공부하기를 바라세요."

"선생님 생각은요?"

버드 선생이 조지를 똑바로 쳐다보았다. 이미 버드 선생의 두 눈에 대답이 들어 있었다.

"나도 그렇게 생각해요."

조지로서는 쉽게 결정할 수 없었지만, 어쨌든 어떤 길을 갈 것인지 선택해야만 했다. 만약에 버드 선생이 아무런 말을 하지 않았다면, 조지는 심프슨 대학에서 자기가 좋아하는 그림도 그리고 또 친구들과 재미있게 지내면서 평안하고 행복한 나날을 보냈을 것이다. 그러나 일단 말이 나온 이상, 조지도 자신의 장래를 심각하게 생각해보지 않을 수 없었다. 벌써 서른 살도 훌쩍 넘어서지 않았는가! 언제까지 학생일 수는 없는 노릇이었다!

그렇지만 다른 한편으로 생각하면, 화가가 되지 말라는 법도 없지 않은가? 그림을 한 장도 팔지 못한다 해도, 평생을 판잣집에서 남의 옷이나 빨면서 산다고 해도, 그림만 그릴 수 있다면 그런 것쯤은 문제도 아니었다. 그림 그리는 것이야말로 조지가 가장 좋아하는 것이었다.

그러던 어느 봄날, 조지가 문 앞 계단에 앉아 밤하늘에 빛나는 수많은 별들이 제각기 자기에게 주어진 궤도를 따라 움직이는 것을 보는데, 문득 와킨스 아줌마의 얼굴이 눈앞에 어른거리더니, 그녀의 음성이 귓전에 어른거렸다.

"조지, 리비 아줌마처럼 되거라. 이제 넓은 세상으로 나아가 네 꿈을 펼쳐라. 그리고 네가 배운 것을 우리 동족에게 가르치거라."

그제서야 조지는 마음을 굳게 먹고 에임즈로 가기로 결심을 하였다.

1900년대를 앞둔 약 10년이라는 기간은, 수백 년 동안 이어진 재래식 농업기술이 혁신적으로 바뀌고 또 미래에 대해 잔뜩 기대를 품게 하던 시기였다. 농업이 바야흐로 과학의 수준에 도달하려는 순간이었다. 가족 단위의 초보적인 재래식 농법에 의문을 품은 사람들이 등장하여 자연재해에 대비할 수 있는 방안을 연구했으며, 수세대에 걸쳐 한 가지 작물만을 재배한 탓에 황폐해진 토양을 개량하는 방법을 연구했다. 이런 혁명적인 연구가 가장 활발하게 진행되던 곳이 바로 인디애놀라에서 북쪽으로 50마일 정도 떨어져 있는 아이오와 주립농과대학이었다.

수백 에이커의 땅에서는 새로운 품종에 대한 갖가지 실험이 이루어졌다. 실험실에서는 토양과 식물의 성장에 관련된 해결되지 않은 많은 문제들을 풀기 위한 화학실험이 활발하게 진행되었다. 훌륭한 젊은 과학자들이 모여 연구에 연구를 거듭했는데, 이들은 과거의 전통적인 농법에도 구애받지 않았을 뿐 아니라, 그동안 재래식 농법에 익숙한 농부들이 절대 불가능하다고 여기던 생각에도 얽매이지 않고 자유롭게 자신들의 연구를 펼쳐나갔다. 이들이야말로 다음 반세기 동안 미국의 농업을 책임질 인재들이었다.

당시 아이오와 농과대학에 재직중이던 루이스 팜멜 박사는 미국에서 가장 저명한 식물학자 중 하나였다. 농과대학의 학장이자 실험실 소장이던 제임스 윌슨은 훗날 매킨리 대통령 시절 6년 간 농림부 장관을 지냈으며 그 후 26대 대통령인 시어도어 루스벨트 대통령과 27대 윌리엄 태프트 대통령 시절에도 그 자리를 유지하였다. 그의 조교이던 헨리 캔트웰 윌리스 교수는 29대 대통령인 하딩 대통령과 30대 쿨리지 대통령 시절 농림부 장관을 역임하였다. 조지 카버가 에임즈에 도착하던 1891년 5월, 겨우 걸음마를 배우던 윌리스 교수의 아들은 1932년 32대 프랭클린 루스벨트 대통령 밑에서 농림부 장관에 임명되었고, 그로부터 8년 뒤에는 미국 부통령에 당선되었다.

조지는 녹음이 짙은 대학 캠퍼스와 큰 건물들에 고무되었다. 지금까지 보아온 학교들과는 비교조차 할 수 없었다. 그런데 조지가 이 대학에 도착한 시기가 별로 좋지 않았다. 대학의 학기는 농사철에 맞추어 2월에 시작하여 11월에 끝나는데, 조지는 5월에 도착하였으니, 학기가 시작된 지도 한참이 지났고, 또 빈 방을 구할 수도 없었다.

학생들은 윌슨 교수를 '타마 짐'이라는 별명으로 불렀다. 이 별명을 들을 때 윌슨 교수는 황소처럼 씩씩거렸지만, 사실 그는 열성적이며 마음씨가 따뜻한 사람이었다. 조지가 방을 구하지 못한다는 소식을 접하자 그는 이렇게 말했다.

"그 학생을 나한테 보내시오. 내가 방을 구해보겠소."

윌슨 교수는 책상 위에 있는 서류를 주섬주섬 치우고 간이 침대와 옷장을 들여놓더니 자신은 이층으로 방을 옮겨버렸다. 그래서 한순간에 이 건물의 가장 넓은 방이 신입생 조지의 숙소가 되어버렸다. 조지는 한편으로는 깜짝 놀랐고, 다른 한편으로는 참으로 감사했다.

그러나 모든 문제가 다 해결된 것은 아니었다. 산 너머 산이라더니 조지에게 또 다른 시련이 닥쳐왔다. 피부색이 검다는 이유로 갖가지 크고 작은 문제에 직면할 때마다 조지는 품위 있고 얌전하게 대처했다. 이번에는 누군가가 조지더러 식당에서 식사를 하지 말라고 했다. 그래서 조지는 식판을 들고 지하실로 내려가 식당에서 일을 도와주는 사람이나 막일꾼들과 함께 식사를 할 수밖에 없었다. 조지는 말없이 시키는 대로 했지만, 학생들 사이의 대화나 교제에서 따돌림을 당했다는 마음의 상처를 받은 것은 분명했다. 그렇지만 조지는, 식당에서 식사하는 백인들이 자기보다 나을 것이 하나도 없다면, 자기 역시 지하에서 식사하는 일꾼들보다 나을 것이 하나도 없다는 사실로 스스로를 위로하였다.

이 문제는 그렇게 끝나는 것 같았다. 그런데 아이오와 농과대학의 교수이자 버드 선생의 아버지인 버드 교수가 인디애놀라에 있는 자기 딸에게 이 소식을 전하였다. 버드 선생에게 쓴 편지에서, 조지가 식당에서 쫓겨나 지하실에서 식사하게 되었다고 말한 것이다. 학기 중이라 버드 선생이 직접 인디애놀라로 갈 수는 없었지만, 버드 선생의 절친한 친구인 리스튼 부인은 갈 수 있었다. 일전에 조지의 딱한 처지를 안타까워하며 조지를 도와준 일이 있는 리스튼 부인은 이 문제를 해결하기 위해 직접 인디애놀라로 조지를 찾아갔다. 리스튼 부인은 급히 채비를 갖추어, 에임즈로 가는 바로 다음 열차에 몸을 실었다. 조지는 리스튼 부인의 갑작스러운 방문에 깜짝 놀랐다. 리스튼 부인이 자신을 찾아오다니, 의외의 일이 아닐 수 없었다. 하여간 리스튼 부인은 하루종일 조지와 함께 시간을 보냈는데, 학교 캠퍼스를 안내하고 또 자기네 교수들을 소개시켜주는 조지의 모습이 무척 대견스러웠다. 당연한 것이었겠지만, 저녁식사 시간이 되자 리스튼 부인은 한사코 조지와 함께 지하실에서 식사를 하겠다고 고집을 부렸다. 난처하게 된 것은 식당의 책임자였다. 그는 어쩔 줄 모르고 리스튼 부인에게 사정했다.

"사모님, 이러시면 안 됩니다. 학장님께서 아시는 날엔 어쩌겠어요? 윌슨 학장님께서……."

"조지 카버 군이 식당에서 식사를 못하게 되었을 때도 이렇게 하셨어야죠. 안 그래요?"

리스튼 부인은 상당히 기분이 상하다는 듯 단호히 말하고는, 몸을 홱 돌려 지하로 내려가면서 한 마디 던졌다.

"제가 식당에 다시 오는 날이 있을 거라는 사실, 잊지 말아주셨으면 좋겠네요."

조지는 지하실에서 함께 식사를 하던 친구들에게 리스튼 부인을 소개시켜 주었고, 그들은 다 같이 도란도란 재미있는 이야기를 나누며 화기애애한 식사 시간을 보냈다. 이튿날 아침, 조지가 아침식사를 하기 위해 식당에 왔는데, 식당측으로부터 다른 학생들과 함께 식사해주지 않겠느냐는 정중한 초대를 받았다. 식당의 여섯 번째 식탁에 조지의 자리가 마련되어 있었다.

처음부터 조지는 인기를 얻었다. 다른 학생들보다 나이도 많고 아는 것도 많아서 존경을 받았으며, 끊임없는 재치와 익살로 많은 학생들의 관심을 끌었다. 일주일도 되지 않았을 때, 조지는 식당에서 즐길 수 있는 재미있는 테이블 게임을 만들어냈는데, 이 게임은 순식간에 식당 전체에 퍼졌을 뿐 아니라, 오늘날까지도 에임즈의 전통으로 이어지고 있다고 한다. 이

조지가 아침식사를 하기 위해 식당에 왔는데,
식당측으로부터 다른 학생들과 함께 식사해주지 않겠느냐는
정중한 초대를 받았다.
식당의 여섯 번째 식탁에 조지의 자리가 마련되어 있었다.

게임은 바로, 모든 요리와 양념 종류를 학명으로 부르는 게임이었다. "소금 좀 줄래?"하고 말하는 학생은 웃음거리가 되어 버렸다. '트리티쿰 불가레'(Triticum Vulgare)라고 말해야만 빵을 얻을 수 있고, '솔라눔 투베로숨'(Solanum Tuberosum)이라는 말을 모르면 감자 구경은 다 한 것이나 마찬가지였다. 아니면, 적어도 조지 카버의 옆자리에 앉는 행운을 얻어야 무엇 하나 제대로 먹을 수 있었다. 게임을 만들어낸 조지가 게임의 심판이 되었지만, 친구들이 도움을 청하는 것을 모르는 척하고 있을 수만은 없었다.

"조지, 설탕의 분자식이 뭐였더라?"

누군가가 오트밀을 먹다가 맛이 너무 밋밋하여 설탕의 화학기호를 귓속말로 몰래 물어오면, 조지는 속삭여주었다.

"$C_{12}H_{22}O_{11}$."

그러고는 게임의 법칙을 어겼다는 죄책감에 혹시 누구한테 들키지나 않았는지 주위를 살피곤 하였다.

당시 조지가 수강 신청한 과목들을 보면 놀라지 않을 수 없다. 쏜살같이 흘러가는 시간이 아까웠는지 그는 식물학, 기하학, 화학, 동물학, 미생물학, 곤충학 등 한꺼번에 방대한 과목을 수강하였다. 가끔씩 그는 엄청난 정보력뿐만 아니라 직감적인 통찰력으로 난해한 이론을 쉽게 터득함으로써 교수들을 깜짝 놀라게 하였다. 조지는 특별히 화학에 관심을 보였는데 우리가 잘 알고 있는 평범한 물질을 분자로 분해하여 어떤 물질의 신비스러운 본질을 밝히는 것을 좋아하기 때문이었다. 이것이야말로 조지가 그토록 알고 싶어하던 '왜' 그리고 '어떻게'라는 수많은 질문에 처음으로 해답을 찾아내게 해주었다.

기하학은 예외였다. 이 과목은 학자로서의 조지에게는 최대의 취약점이었다. 선과 각에 관한 것들을 이해하기 힘들었다. 왜 첫 번째 삼각형이 두 번째 삼각형과 합동이 되는가? 그리고 그 두 삼각형이 합동인들 어쩌겠다는 것인가? 조지는 기하학에서 겨우 낙제를 면할 수 있었다. 조지는 밀홀랜드 씨 부부에게 편지를 쓰면서, 기하학을 가르치는 스탠튼 교수에 대하여 이렇게 적은 일도 있다.

"우리 학교에 스탠튼이라는 참 좋은 기하학 교수님이 계신데, 그분은 최선을 다하여 평면기하학 강의를 하십니다만, 제가 그 방면에 별 재능이 없어서인지 통 무슨 말인지 모르겠습니다."

지금껏 늘 그러했듯이, 조지는 생활비를 버느라 여전히 바빴다. 조지는 자신이 머물고 있는 건물을 관리하는 사환으로 일하기도 하고, 식당 종업원, 온실 관리인, 실험실 관리인 등으로 일하기도 했다. 그렇지만 짬짬이 시간을 내어 과외 활동도 열심히 하였다. 조지는 '웰치 에클레틱'(Welch Eclectic)이라는 문학 동호회에 가입하여 독서토론회에 열심히 참여했는데, 종종 한 문장을 다 끝내지도 못한 채 말이 중간에 끊겼다. 그렇지만 조지는 꿋꿋하게 자신의 의견을 끝까지 펼쳐나갔다. 학생들은 처음에 멀대 같은 조지가 여자 같은 목소리로 말하는 것이 재미있어서 조지의 이야기를 들었지만, 결국 그들을 사로잡은 것은 핵심만을 꼬집어 날카롭게 이야기하고 또 내용을 극적으로 묘사하는 조지의 화술이었다. 그는 발음하는 법과 노래 부르는 것을 끈기 있게 연습하여 나중에는 대학 중창단원이 되기도 하였다.

한번은 마을 노래잔치에서 노래를 했는데, 그 자리에 있던 보스턴 음악대학 교수 한 사람이 다가와 장학금을 줄 테니 자기네 학교로 오라고 제안한 적도 있었다. 조지는 이를 정중하게 거절했다. 조지에게는 미술이 그러하듯이 음악도 평생 자기가 원해서 즐기며 취미로 하는 것이지 결코 직업일 수는 없었다. 어쨌든 조지는 바로 그 순간을 자신의 기이한 목소리를 완전히 극복한 순간으로 기억했다.

어쩌다가 조지가 운동부의 코치가 된 일도 있는데, 코치가 된 지 얼마 지나지 않아 그는 내과의사 못지않게 인간해부학에 박식하게 되었다. 사실 처음부터 초보 안마사로서 조지의 가느다란 손가락은 마술을 부리는 것 같았다. 조지는 마사지를 통해 축구 선수들의 뭉친 근육을 풀어주었으며, 육상 선수들의 다리에 경련이 날 때도 금방 풀어주었다. 그래서 아이오와 대학의 졸업 앨범에 실린 조지의 사진에는 "의사"라는 표제가 붙었다. 물론 그 옆에는 "비평가들조차 비판하지 않는" 이라는 문구가 더 적혀 있다.

아이오와 농과대학이 주정부의 지원으로 운영되었기 때문에 이 학교에 다니는 남학생들은 의무적으로 캠퍼스 내의 학도 주방위군 대대에 소속되어, 푸른색 해군사관후보생 제복을 입고 교련훈련도 받고, 또 전술학 과목도 수강해야 했다. 물론 조지는 자기가 흑인이기 때문에 결코 장교가 될 수 없음을 잘 알고 있었다. 그렇지만 조지는 자원하여 학도방위군에 입대했다. 이것은 어쩌면 말없는 저항의 표현이었는지도 모른다. 무뚝뚝하고 엄하기로 소문난 에임즈 학도부대의 사령관 제임스 러시 링컨 장군이 조지의 만성적인 굽은 등을 냉정하게 지적하자, 조지는 평생 허리를 구부리고 빨래하느라 굽은 등을 반드시 고치고야 말겠다고 굳게 결심하였다. 그래서 매일 아침, 두 손은 등 뒤로 돌려 깍지를 끼고 겨드랑이 밑에는 굵은 막대기를 낀 채로 2마일 또는 그 이상 되는 거리를 걸어 굽은 등을 바로 펴게 되었다. 산속을 걷다가 표본으로 삼을 만한 귀한 식물을 발견하더라도 절대 등을 구부리지 않고, 무릎을 꿇고 앉아 살펴보았다. 그러한 노력으로 2년 뒤에는 학생으로서는 가장 높은 계급인 대위 후보생으로까지 진급하게 되었다. 제복을 입고 꼿꼿하게 서서 찍은 조지의 사진도 있다. 하지만 조지의 성공을 증명하는 진짜 증거는 링컨 장군의 찬사였다. 눈빛 하나만으로도 부대 전체를 벌벌 떨게 하는 그 사령관이 이렇게 말한 것이다.

"이 예의 바르고 유능한 후보생은 순전히 자기 자신의 결단과 꾸준한 노력으로 대위 후보생에 진급하였다. 조지 카버 대위 후보생이 더 이상 자랑스러울 수 없다."

거의 일 년 가까이 조지는 그림 그리기에서 손을 떼고 있었다. 화구를 궤짝에 넣어 잠그고는 일부러 잊고 지낸 것이다. 하지만 그것은 조지의 삶의 일부가 궤짝 안에 갇힌 것이나 다름없었다. 사실 조지가 그렇게 한 것은, 혹시라도 혼자만의 취미생활에 빠져 남들을 섬기고 봉사하며 살겠다는 자기와의 약속이 흔들리지 않을까 걱정되었기 때문이다. 그렇지만 이제 조지는 그림을 통해서도 구체적인 봉사활동을 할 수 있다는 생각이 들어, 조심스럽게 궤짝을 열고 화구를 꺼냈다. 이젤을 세우고 그림을 몇 장 그려보았다. 그리고 곧 웰치 에클레틱 문학 동호회 사무실을 장식할 각종 표지판과 그림을 그렸다. 겨울방학이 되자마자 조지는 방학 동안이나마 버드 선생에게 그림을 배우고 싶어 심프슨 대학으로 달려갔다. 물론 버드 선생은 조지를 반가이 맞아주었다. 그러나 조지에게 가르쳐줄 만한 것은 거의 없었다. 훗날 버드 선생은 이렇게 말했다.

"조지 카버는 형태에 관한 한 본능적인 감각을 가지고 있지요. 색상을 쓰는 것과 관련하여 어쩌다가 몇 가지 제안을 하긴 했지만, 어느 때부턴가는 더는 간섭하지 않았어요. 혹시 그의 천재적인 소질을 방해할까봐서지요."

조지는 그렇게 그림을 그리며 겨울방학을 보냈다. 예전에 사막을 돌아다닐 때 보았던 식물을 아련하게 떠올리면서 그리기도 했고, 또 꽃병에 꽂은 장미나 모란을 그리기도 했다. 조지는 그 당시 두 가지 경이로운 창조세계에 푹 빠져 지냈다. 하나는 그림을 그리는 창조활동이었고, 다른 하나는 창조된 이 세상의 평화로움을 알아가는 일이었다. 조지의 그림 가운데 유명한 작품 몇 점은 바로 이 시기 곧 1891년 말에서 1892년 초에 그린 것들이다.

2월이 되자 조지는 내년 겨울에도 심프슨으로 가리라는 생각을 품고 에임즈로 돌아왔다. 다시 학업과 노동으로 정신없이 바쁜 나날이 시작되었다. 그런데 조지의 빡빡한 일정으로 결국은 사고가 나고 말았다. 그해 가을 빈혈이 생긴 것이다. 조지는 자신의 일에 대해 책임감이 너무 강하기도 했고, 또 강의를 빠지거나 해야 할 일을 하지 못하면 견디지 못하는 성격이라, 신경과민에 걸리기까지 하였다. 대학 의사는 조지에게 어떤 일이 있어도 캠퍼스 밖으로 나가지 말 것을 처방하였고, 조지는 과외활동을 일체 중단할 수밖에 없었다.

일을 못하게 되니, 돈도 바닥이 나기 시작했다. 온 세상에 눈이 수북이 쌓인 어느 날, 윌슨 교수는 비참할 정도로 너덜너덜해진 조지의 신발을 보고는 얼른 지갑에서 돈을 꺼내어 조지의 손에 쥐어주었다.

"조지 군, 지금 당장 가서 새 신을 사 신게."

조지가 우물쭈물하기도 전에 윌슨 교수가 큰 소리로 말했다.

"당장, 얼른 가라니까."

아이오와 주립대학 교수협의회 모임이 크리스마스와 새해 사이에 시더 래피즈라는 곳에서 열렸다. 이때 미술전람회가 이 회의의 중요한 행사로 열리게 되었다. 버드 선생의 아버지인 버드 교수가 조지에게 작품을 출품할 것인지를 물어보자, 조지는 단호하게 말했다.

"아니오. 여행경비가 없어서 그곳까지 갈 수도 없습니다."

"아, 그래? 이 일을 어쩐다!"

그렇게 말하더니 잠시 생각에 잠겼다.

"조지 군, 우리 딸 말로는 자네가 아이오와 주에서 으뜸가는 화가라던데."

"버드 선생님이 워낙 후하시잖아요."

조지가 살며시 미소를 지으며 말을 이었다.

"저를 편애하셔서 그런 말씀을 하신 거겠지요."

조지는 시더 래피즈의 미술전람회에 자신의 작품을 출품하고 싶다는 쓸데없는 생각을 지우기 위해서 학업에만 몰두하였다.

크리스마스 다음날, 조지는 방구석에 앉아 창밖으로 눈이 내리는 것을 보고 있었다. 창가에 걸린 둥근 모양의 크리스마스 꽃장식은 지금이 크리스마스 시즌임을 알려주었지만, 조지는 아랑곳하지 않고 너덜너덜 낡아빠진 작업복을 입고 있었다. 오후에는 크리스마스 잔치로 어질러진 브래디 교수의 집을 청소하여 돈을 좀 벌어볼 참이었다. 마침 브래디 박사의 것으로 보이는 말이 끄는 썰매가 조지의 숙소 앞에 멈추어 섰고, 조지는 낡은 외투를 대충 걸치고는 급히 달려나갔다.

고삐를 잡고 있는 것은 브래디 교수가 아니라 어느 학생이었으며, 한 패거리의 학생들이 썰매에 뒤죽박죽 앉아 있었다.

더러는 비좁은 듯 썰매에 매달려 있기도 했다. 조지는 의아해하며 말했다.

"어떻게 된 거야? 난 브래디 교수님께서……."

"어서 올라타!"

고삐를 쥔 학생이 소리쳤다.

"우리가 데려다 줄 테니 어서 타기나 해!"

그들은 조지가 비집고 앉을 만한 자리를 마련해주었다. 그런데 썰매는 이내 교수들의 사택이 있는 곳을 지나쳐서 시내로 향하고 있었다. 더군다나 또 다른 학생들이 둘씩, 셋씩 짝을 지어 갑자기 길거리로 쏟아지더니 마차를 따라 뛰는 것이 아닌가!

"이게 도대체 어떻게 된 일이야? 누가 말 좀 해봐."

조지가 머뭇거리며 묻자, 누군가가 소리쳤다.

"크리스마스 기분 좀 내는 거잖아!"

그러자 다른 학생들도 맞장구치며 소리를 질러댔다. 조지가 큰 소리로 말했다.

"나 좀 내려줄래? 난 지금 해야 할 일이……."

그러나 학생들은 조지의 말에 개의치 않고 오히려 조지에게 명령하듯이 말했다.

"조지, 그냥 앉아 있어!"

"네가 지금 무엇을 해야 하는지 우리도 잘 알고 있단 말이야."

학생들은 조지의 말에 꿈쩍도 하지 않고 징글벨을 계속 불러댔다. 썰매의 속도가 줄어 조지가 뛰어내리려고 하자 학생들은 다 같이 조지를 잡아당겨 썰매에 끌어 앉혔다.

그들은 곧 어느 양복점 앞에 도착했다. 썰매가 멈추어 서자, 학생들이 소리를 질렀다.

"조지, 다 왔어. 내리자고."

"안 돼. 지금 난 낡은 작업복을 입고 있잖아. 이걸 입고 저 양복점에 어떻게 들어가."

"낡은 옷이라고? 그래, 그것 때문에 우리가 너를 여기까지 모시고 온 거잖니!"

학생들이 조지를 양복점 안으로 끌고들어갔다. 한바탕 소동을 예상한 듯이 보이는 양복점 주인은 기다렸다는 듯이 멋진 회색 양복 한 벌을 가지고 나오더니 조지에게 말을 건넸다.

"치수가 맞는지 좀 입어보도록 하세요."

학생들이 조지를 탈의실 쪽으로 밀치자 조지가 하소연하듯 말했다.

"바보 같은 짓은 이제 충분하니까, 그만 하자. 내가 이런 옷을 살 일이 없잖아."

그렇지만 조지는 어쩔 도리가 없었다. 반항해보았지만, 결국은 탈의실로 밀려들어갔다. 학생들이 달려들어 순식간에 조지의 낡은 옷을 벗기더니, 새 양복을 입혀주고는, 다들 근엄한 표정으로 양복 치수가 잘 맞는지 봐주었다. 그러고는 어리둥절하여 할 말을 잃고 마지못해 끌려다니는 조지를 탈의실에서 데리고 나와, 양복점 주인에게 적당한 모자와 와이셔츠, 넥타이, 장갑, 구두, 양말까지 주문하였다. 마지막으로 검은색 새 외투를 입혀서, 들어올 때와 마찬가지로 법석을 부리며 우르르 몰려나갔다. 조지는 학생들 틈에 끌려 썰매에 올라탔다. 도대체 무슨 영문인지 물어보았지만, 그 소리는 징글벨 노랫소리에 묻혀버렸다. 잠시 덜 시끄러운 틈을 타서 조지가 소리를 질렀다.

"애들아, 그런데 이 양복 값을 누가 치르지?"

그러나 대답 대신 들려오는 소리는 크리스마스 캐럴을 부르는 노랫소리뿐이었다.

"흰눈 사이로 썰매를 타고 달리는 기분 상쾌도 하다!"

썰매가 멈추어 섰고, 집 안으로 끌려들어갈 때까지 조지는 그곳이 윌슨 교수의 집이라는 것을 알아챌 여유도 없었다. 거실에는 윌슨 교수와 버드 교수가 씩 웃으며 서 있었다. 숙소 앞에서 학생들에게 납치되어 끌려 돌아다닌 뒤 조지는 처음으로 정중한 대접을 받았다. 그는 조심스럽게 윌슨 교수에게 말했다.

"교수님, 사실 오늘 오후에 해야 할 일이 있습니다."

"물론 그렇지. 잘 알고 있네."

"브래디 교수님 댁을 청소해드리기로 약속했습니다. 그런데 이 친구들이 저를 그만……."

"아니, 자네가 오늘 해야 할 일은 바로 시더 래피즈로 가는 걸세."

"조지, 그냥 앉아 있어!"

"네가 지금 무엇을 해야 하는지 우리도 잘 알고 있단 말이야."

학생들은 조지의 말에 꿈쩍도 하지 않고 징글벨을 계속 불러댔다.

그때 누군가가 소리쳤다.

"옳소! 옳소! 조지를 시더 래피즈로!"

그제서야 조지는 오늘 벌어진 일이 무슨 영문인지 알 수 있었다.

"아…그래서…그래서 저를 이곳으로……."

조지는 말끝을 흐리더니, 거의 들리지도 않게 혼잣말로 속삭였다. 순간적으로 침묵이 흘렀다.

"조지 군."

윌슨 교수가 침묵을 깨고 입을 열었다.

"여기 있는 우리들은 교수협의회가 주최하는 미술전람회에 우리 농과대학 대표로 자네 작품을 출품하기로 결정했네. 자, 여기 시더 래피즈로 가는 열차표를 받게. 그리고 이것도 받게. 이것은 버드 교수님이 자네 숙소에서 가져온 그림이지. 버드 교수님의 따님 의견에 따라 고른 것일세."

조지는 머뭇거리다가 얼떨결에 윌슨 교수가 내민 봉투를 받았다. 그러고는 단단히 포장된 그림을 매만지더니, 무슨 걱정이 있다는 듯 입을 열었다.

"그런데 사실 오늘 브래디 교수님……."

"걱정 말게, 브래디 교수님한테는 이미 연락을 했네. 브래디 교수님도 자네가 그곳으로 떠난다는 소식을 듣고 기뻐하더군."

"그렇지만 이 돈, 이 많은 돈을 제가 무슨 수로 갚을 수 있을지 모르겠습니다."

그 말은 진심이었다. 조지는 누구로부터든 동정을 받고 싶지는 않았다.

"자네는 그 돈을 다 갚은 것이나 마찬가지라네."

윌슨 교수는 그 큰 손을 조지의 가냘픈 어깨에 올리고는 따뜻하게 격려해주었다.

"여보게 조지 군, 자네 친구들과 교수들이 정성으로 조금씩 모은 것인데, 자네와의 우정에 비하면 너무나도 하찮은 것이지. 우리 모두는 자네를 믿는다네."

윌슨 교수는 헛기침을 하고는 말을 이었다.

"게다가 이젠 돌이키기엔 너무 늦었다네. 그냥 떠나게. 자네 그림이 벌써 작품목록에 올라가 있거든."

조지는 눈물로 눈이 자꾸 흐려져 몇 번이고 눈을 깜빡거렸다. 윌슨 교수의 손에는 다음과 같이 써 있는 소책자가 들려 있었다.

조지 카버

작품번호 25 : 장미

작품번호 43 : 모란

작품번호 99 : 유카 글로리오사

작품번호 186 : 꽃병

조지는 거기 서 있는 사람들 한 사람 한 사람을 쳐다보았다. 무슨 말이라도 하고 싶었지만 목이 메여 아무 소리도 낼 수 없었다. 얼버무리듯이 겨우 감사의 인사를 전했다.

"고맙습니다. 여러분 모두, 정말 고맙습니다."

말을 마치자마자 조지는 몸을 뒤로 홱 돌려버렸다. 그러고는 마음껏 울었다.

조지에 대한 아이오와 농과대학의 믿음은 헛되지 않았다. 시더 래피즈에 도착한 첫날부터 조지는 전람회 준비하는 일을 자진해서 도왔다. 그뿐만이 아니었다. 조지의 네 작품은 전람회에서 모두 입상하였다. 특히 작품 "유카 글로리오사"는 다음해 시카고에서 열리는 컬럼비아 세계박람회에 전시할 작품으로 선정되었다. 시카고에서도, 이 작품은 세계 각처에서 온 직업 화가들의 작품과 경쟁하면서 절찬을 받았다. 아이오와 주의 여러 신문은 조지 카버의 성공 이야기를 대대적으로 보도하였다. 그렇지만 상을 받게 된 것도, 또 갑자기 유명해진 것도, 윌슨 교수의 집에서 경험한 그 우정만큼 조지를 감격시키지는 못하였다.

1894년 조지는 대학을 졸업했다. "개량된 식물"이라는 논문 제목으로 오랫동안 꿈꾸어온 이학사 학위를 받은 것이다. 그는 거의 수석을 차지했으며, 팜멜 교수는 그를 자신이 가르친 학생 가운데 가장 똑똑하다고 여겨, 우수 졸업생으로 추천하기도 했다. 그때 에임즈의 한 화초업자가 조지를 고용하고 싶어하였다. 조지는 앞으로 어떻게 생계를 꾸려나갈 것인지 결정하지 못했으면서도, 그 제의만큼은 단호히 거절하였다.

"나는 죽은 사람들의 장례식이나 장식해줄 꽃을 가꾸기 위해 힘들게 공부한 것이 아닙니다."

리스튼 부인이 졸업식에 참석하려고 인디애놀라에서 왔다. 리스튼 부인은 버드 선생과 그곳의 학교 친구들이 보낸 카네이션 한 다발을 조지에게 건네주었는데, 조지는 어찌나 감동을 받았는지, 그 꽃다발에서 꽃 한 송이를 뽑아 옷깃에 꽂았다. 그 후로 조지는 평생토록 매일 꽃이나 잔가지나 심지어는 잡초까지도 몸에 지니고 다녔다. 무엇이든지 생명이 있어 자라나는 것 가운데 몸에 지닐 수 있을 만큼 작은 것이라면 버릇처럼 몸에 지니고 다닌 것이다.

대학 졸업장을 딴 조지가 감격에 겨워 흥분하고 있을 때, 그것을 진정시키고 앞날을 설계하도록 한 사람이 리스튼 부인이었다. 조지는 학교 실험실에 식물학 부문의 연구 조교 자리가 비어 있어서 지원한 상태였다.

"지원은 했지만 별 기대는 안 하고 있어요."

조지가 쓴웃음을 지으며 말하였다.

"훌륭한 지원자도 많고, 또 무엇보다도 아직까지 한번도 흑인이 교수진에 채용된 일이 없잖아요."

그러자 리스튼 부인이 조지에게 자신감을 주며 말했다.

"아직까지 한번도 흑인이 이 대학을 졸업한 일도 없잖아요. 나는 틀림없이 조지 군이 될 거라 믿어요."

며칠 후에 팜멜 교수가 조지를 불렀다.

"조지 군, 자네 앞으로의 계획이 무엇인가?"

팜멜 교수가 어떤 점잖은 말로 자신의 지원을 거절할까하고 생각하니, 조지는 위축되지 않을 수 없었다.

"글쎄요. 아직 잘 모르겠어요."

조지는 머뭇거리며 말을 이었다.

"그러니까, 어디 작은 학교에라도 일자리를 찾을 수 있겠지요."

"일자리를 찾는다고? 자네는 벌써 일자리가 있지 않은가?"

팜멜 교수는 큰 웃음을 지었다. 검은 수염 사이로 흰 이가 환히 드러났다.

"자네는 이미 내 조교라네. 그리고 내가 알고 싶은 것은 우리 실험실에서 무슨 일을 할 계획이냐는 것이지. 그래서 자네 계획을 물어본 것이라네. 자네, 온실을 한번 맡아볼 텐가?"

조지는 숨을 쉴 수가 없었다. 지금 이 순간, 자기 허파에서 나는 숨소리가 마치 다른 사람의 것처럼 들렸다. 팜멜 교수의 말에 머릿속이 순간적으로 혼란스럽더니, 마침내 그 말의 뜻을 이해하게 되었다. '자네, 온실을 한번 맡아볼 텐가?' 팜멜 교수의 제의에 조지는 기운차게 대답했다.

"그럼요, 교수님. 당연히 해야지요. 정말 너무너무 감사합니다."

"조지 카버 군, 우리도 자네와 함께 일하게 되어 기쁘다네. 자네 이상으로 이 일에 적합한 사람이 또 어디 있겠나?"

사실 온실을 관리하는 일은 결코 편하거나 쉬운 일이 아니었다. 그렇지만 조지는 온실에 발을 들여놓을 때마다 보람을 느꼈다. 예전에도 조지는 온실에서 일한 적이 있다. 그때는 화분에 넣을 흙 부대를 나른다든지, 깨진 화분을 치우는 일을 했다. 그런데 지금은 그런 허드렛일을 하는 일꾼이 아니었다. 당당히 온실의 책임자였다. 처음에는 이 사실이 믿기지 않았지만, 이제는 어엿한 학자라고 할 수 있게 된 것이다. 조지는 이 사실을 가슴 깊이 되새겼다.

아이오와 농과대학은 급속도로 발전했다. 윌리스 교수의 주변에는 젊고 유능한 학자들이 많이 모여들었다. 이들은 옥수수가 병충해와 가뭄에 견딜 수 있는 방법을 연구하는 데 온 힘을 기울였다. 팜멜 교수는 식물병리학에 관련된 논문을 여러 편 출판했는데, 이 가운데 두 편은 조지 카버와의 공동 연구로 작성되었다. 하여간 그의 논문들은 이 분야에서 획기적인 전환점을 이루었다. 농업이야말로 모든 학문의 기초가 되는 위대한 학문이라는 새로운 관점에서 저술된 논문들이었다. 토양과 식물과 인간이라는 세 요소의 오묘한 관계가 그 어느 때보다도 활발하게 연구되었다. 윌리스 교수는 이렇게 말하기도 했다.

"한 국가의 운명은 농경지의 흙을 어떻게 유지하느냐에 달려 있다."

조지도 이러한 학문적인 분위기에서 혼신의 힘을 다해 연구에 몰입하였다. 실험실 조교로 일하면서, 식물학의 한 분과로서 곰팡이, 호모, 버섯 따위의 성장을 다루는 균류학과 관련된 석사학위 논문을 썼다. 조지는 벌써 2만 개나 되는 표본을 수집하였으며, 그의 교배기술로 모든 종류의 과일나무와 다른 모든 식물이 세균에 대한 저항력을 갖게 되었다.

이렇게 되자, 다른 학자들도 조지의 연구 결과를 권위 있는 것으로 받아들였고, 논문을 쓰면서 조지의 글을 점점 많이 인용하기 시작하였다. 조지는 바쁜 와중에도 아이오와주 방방곡곡을 돌아다니며 농부들과 관청 직원들에게 원예학과 균류학에 대한 강의를 했는데, 청중이 기초적인 사실을 이해할 수 있도록 인상적인 도표와 그림을 사용하여 최대한 쉽게 강의하였다.

"아이오와에 살던 사람을 북극에 데려다 놓고 거기서 살라고 하면, 그 상황에 맞도록 그에게 필요한 음식과 두꺼운 옷을 줘야 합니다. 그렇지 않으면 금방 얼어죽을 거예요. 식물도 마찬가지입니다. 낯선 땅에 사과나무를 심어놓은 채 특별히 세심하게 돌보지 않는다면, 그 나무가 사과를 맺기를 기대할 수 없습니다."

다이아몬드 그로브에서 식물을 돌보던 꼬마 의사가 이제 모든 농업 지역에 큰 공헌을 하는 영향력 있는 인물이 된 것이다.

조지는 매일 아침 스컹크 강변의 진창길이나 산책로를 따라 걸으면서 제대로 자라지 못하는 식물이 있는지를 찾아보았다. 혹시 그런 식물을 발견하기라도 하면 무릎을 꿇어 눈을 가까이 대고는 왜 그 식물이 잘 자라지 못하는지를 관찰하였다. 세균에 감염이라도 되었는가? 지금까지 한번도 보지 못

사실 온실을 관리하는 일은 결코 편하거나 쉬운 일이 아니었다.
그렇지만 조지는 온실에 발을 들여놓을 때마다 보람을 느꼈다.

한 종류의 균인가? 이 때문에 때로는 구두가 진창에 빠지기도 하고, 때로는 바지가 허벅지까지 흠뻑 젖기도 했지만, 누렇게 시들어가는 식물을 관찰하거나 어떤 균에 대하여 연구할 동안은 어떤 불편함도 개의치 않았다.

어느 날, 조지가 학교에서 그리 멀지 않은 곳을 거닐며 식물을 관찰하고 있는데, 여섯 살쯤 되어 보이는 아이가 다가오더니 지금 여기서 무엇을 하느냐고 천진난만하게 물어보았다. 조지는 관찰하고 있던 수련에서 시선을 떼지 않은 채 아이에게 대답하였다.

"음…지금 이 꽃에 균이 있나 살펴보고 있는 거란다."

"균이요? 균이 뭐예요?"

조지가 허리를 펴고 일어섰다. 아이는 진지한 표정으로 조지를 바라보면서, 그의 대답을 기다리고 있었다. 조지가 천천히 대답해주었다.

"그래, 균이라는 것은 말이지, 다른 생물에 붙어사는 생물이야. 버섯 같은 거란다. 너 혹시 독버섯 본 일이 있니?"

"아 … 아니요."

"그래? 자, 그럼 이것 좀 보렴. 이것은 곰팡이라고 하는 또 다른 종류의 균이란다."

그러면서 조금 전에 관찰하던 그 수련에 피어 있는 거무스름한 곰팡이를 아이에게 보여주었다.

"이 곰팡이가 이 꽃을 갉아먹어 결국은 꽃이 병드는 것이지."

"그럼, 아저씨가 이 꽃을 낫게 해주실 건가요?"

그러자 조지가 빙그레 미소를 지으며 말하였다.

"그래, 그러려고 한단다."

이 키가 큰 과학자와 범상치 않은 회색 눈빛의 어린아이는 그 자리에서 일어나서, 학교로 되돌아오며 이야기를 나누었다. 조지가 물었다.

"넌 어디에 사니?"

"저기 언덕 위에요. 노란 집이 우리 집이에요."

"저기는 윌리스 교수님 댁 아니니?"

"예, 저는 헨리라고 해요."

이 두 사람의 우정은 이렇게 시작되었다. 이후 두 사람은 서로를 아끼고 존중하면서 반세기 동안 아름다운 우정을 가꾸어나갔다. 조지와 헨리는 틈만 나면 손을 잡고 습지와 고지로 놀러다녔다. 조지는 외적으로 드러나는 자연현상 뒤에 숨어 있는 땅의 비밀에 대해서 자상하게 설명해주었고, 어린 헨리는 그것을 잘 이해했다. 똑같이 보이는 풀도 알고 보면 다 다르다. 마치 사람이 다 다른 것처럼 말이다. 어린 헨리는 식물의 종을 구분하는 사소한 차이점까지도 빠르게 습득하였다. 조지의 영향으로 수선화를 좋아하게 되기도 했다. 훗날까지도 이 두 사람은 특이한 표본이 생기면 서로 정보를 교환하였다.

무엇이든 배우고 싶어하는 헨리에게 조지는 온실에서도 많은 것을 가르쳐주었다. 어떤 식물에서 떼어낸 수술을 조심스럽게 종류가 다른 식물의 암술에 넣어 교잡하는 법도 보여 주었다. 헨리는 조지가 노란 장미의 줄기에 세로로 홈을 내고 그 갈라진 틈 사이에 빨간 장미 줄기를 접붙이는 모습을 보다가 궁금증을 이기지 못하고 이렇게 물었다.

"그런데 접붙이기는 왜 하는 거예요?"

이 질문을 받자, 조지는 갑자기 옛 생각이 났다. 자기도 어린 시절 카버 씨 집에서 살 때, '왜' 문 앞의 장미는 노랗고, '왜' 창가의 장미는 빨간지 그토록 궁금해하지 않았던가! 조지는 어린아이가 아닌 어른에게 대답하듯이 말했다.

"음, 여러 가지 이유가 있지. 접붙이기를 하면 식물의 성장이 빨라지거든. 또 어떤 특정한 기후에서 잘 자라지 못하는 식물이라도 생존력이 강한 튼튼한 식물에 접붙이게 되면, 좋지 못한 기후 조건에서도 잘 버티게 된단다."

얼마 지나지 않아 헨리는 스스로 교잡도 해보고 접붙이기도 해보았다. 헨리는 나중에 대학에서 현미경을 사용하여 종자식물을 수분(受粉)하는 것을 연구하였다. 헨리는 먼 훗날 미국의 부통령이 된 후에, 농학을 공부하겠다는 동기를 갖게 된 이 시기를 이렇게 회고했다.

"그때 저는 어린아이에 불과했습니다. 지금 생각해보면, 카버 박사님께서 제 식물학 지식을 지나치게 칭찬하신 것이 분명합니다. 물론 좋은 의도를 갖고 그러셨다는 것도 확신합니다. 하여간 카버 박사님의 열정과 신념이 제 안에 숨어 있던 식물학에 대한 천성적인 관심을 불러일으켜서, 결국 제가 농학을 공부하는 계기가 되었던 것입니다. 어쨌든 제가 이 분야에서 잘 해낼 수 있으리라는 용기를 주셨거든요. 흔히 어린 아이들을 칭찬하면 좋은 영향을 주듯이, 박사님의 칭찬이 제겐 큰 격려가 되었습니다."

조지는 소년 시절의 헨리가 가장 믿고 따르는 사람이었다. 그는 조지에게서 많은 영향을 받았는데, 그 결과 "헨리는 나무 바닥에서도 옥수수를 재배할 수 있다."라고 사람들이 말할 정도였다. 그는 새로운 힘과 아이디어가 끊임없이 솟아나는 사람이라는 평을 받았다. 오늘날도 미국 중서부의 쭉 뻗은 고속도로를 달리다 보면, 헨리 월리스가 연구하여 개발한 개량종 옥수수가 심한 바람을 맞으면서도 우뚝 솟아 끝없이 펼쳐져 있는 것을 볼 수 있다.

헨리는 조지가 눈을 감는 그날까지 평생토록 가까이 지냈다. 그들은 농업과 관련된 문제뿐만 아니라 인권 또는 인류와 관련된 문제까지 허심탄회하게 논의하면서 깊은 우정을 가꾸어나갔다.

1896년, 조지는 농학 및 식물세균학 분야에서 석사학위를 받았다. 더없이 만족스러웠다. 너무 좋아서 그저 망연히 행복감에 도취되어 있기도 했다. 그렇지만 아이오와에서 석사학위를 받은 것으로 해야 할 일을 다 했다고 할 수 있을까? 조지는 분명 흑인이었다. 전국적으로 수백만 명의 흑인들이 인간다운 삶을 살지 못하고, 굶주림 가운데서 쥐구멍에 볕 들 날만을 하염없이 기다리고 있었다. 과연 자신은 한 사람의 인간으로서 그들에게 최선을 다하여 봉사하였는가? 자기가 온갖 어려움을 이겨내며 힘들게 배운 지식을 그들에게 나누어 주면서 그들과 하나가 된 적이 있는가? 조지는 낮에는 홀로 숲속을 거닐며, 밤에는 끝없이 펼쳐진 밤하늘을 바라보며, 마리아 아줌마가 얘기해준 리비라는 노예에 대해 생각하였다. 리비라고 하는 노예는 목숨을 걸고 다른 동료 노예들에게 글을 가르쳤다. 또한 그는 어려운 시절 자신을 마치 친아들처럼 돌보아준 마리아 아줌마를 떠올렸다. 마리아 아줌마도 "네가 배운 것을 우리 동족에게 가르치거라."는 말을 하면서 자신을 세상으로 내보내지 않았던가!

물론 하나님께서 조지를 위해 예비하신 길이 있을 것이다. 그리고 때가 되면 하나님께서 조지에게 해야 할 일을 일러주실 것이다. 조지는 미래에 대한 생각으로 머리가 아팠다. 그러나 어떤 신비한 길이 자신의 미래에 펼쳐질 것 같은 느낌이 들기도 하였다.

바로 이 무렵이었다. 조지가 있는 곳에서 약 800마일 떨어진 앨라배마의 어느 마을에 부커 워싱턴이라는 사람이 흑인들을 위한 배움터를 운영하고 있었다. 그는 깜빡거리며 꺼져가는 희망의 불빛을 살리려고 혼자 고군분투하고 있었다. 함께 일할 사람도 없었고, 재정적으로도 어려웠지만, 그에게는 불타는 사명감이 있었다. 그는, 누구든 굳은 의지가 있고 또 그 의지를 이루기 위하여 부단히 노력만 한다면, 아무리 비천한 상황에 처한 흑인일지라도 무지와 가난이라는 어려운 환경에서 일으켜 세워, 결국은 그 구렁텅이에서 헤어나오게 할 수 있다는 확신에 차 있었다. 그는 흑인 사회의 대변자로 인정받는 사람이었는데, 하루하루 온갖 난관에 직면하여 투쟁해야 하는 그런 처지였다.

부커 워싱턴은 이런 글을 남기기도 했다.

"흑인들은 어떻게 밭을 갈고, 어떻게 씨를 뿌리며, 또 어떻게 추수하는지 알지 못한다. 나 역시 이러한 일에 익숙하지 않다. 나는 다만 그들에게 읽고 쓰는 법을 가르칠 수 있다. 또한 벽돌을 잘 굽고 물길을 잘 내는 방법을 가르쳐서, 제방을 쌓도록 할 수는 있다. 그렇지만 내가 그들에게 먹을거리를 줄 수는 없다. 그러니 그들은 굶주릴 수밖에 없다."

부커 워싱턴이 세운 학교에 다니는 학생 수는 전체 흑인 수에 비하면 소수에 불과하였다. 그의 손길이 미치는 것을 꿈조차 꿀 수 없는 흑인들이 대다수였으며, 그들은 철저하게 방치되어 있었던 셈이다. 부커 워싱턴은 가장 시급한 일이 학생들에게 작물을 심고 거두는 방법을 가르칠 만한 사람을 구하는 일이라고 생각하였다. 그러던 참에, 그는 어디에선가 조지에 관한 이야기를 듣게 되었다. 아이오와 주립 농과대학에 유능한 흑인 농학자 한 사람이 있다는 소식을 접하고는, 1896년 4

월 1일자로 편지 한 통을 써 보냈다.

"저는 선생님께 돈이나 지위나 명예를 드릴 수는 없습니다. 아마 돈이나 지위는 이미 갖고 계시리라 생각합니다. 선생님의 신분으로 보아 명예도 곧 얻게 되실 것입니다. 제가 감히 부탁드리고 싶은 것은 돈이나 지위나 명예 같은 것에 얽매이지 말아 달라는 것입니다. 그 대신에 제가 선생님께 드릴 수 있는 것은 노동입니다. 아마 힘든 노동이 될 것입니다. 그것은 바로 가난하여 인간답게 살지 못하는 버림받은 흑인들을 인간답게 살도록 하는 일입니다."

그로부터 나흘이 지난 어느 날 아침, 후리후리하게 키가 큰 젊은이가 초봄의 따뜻한 햇살을 받으며 그 편지를 읽고 있었다. 그가 바로 조지 카버였다. 편지를 읽는 그의 눈은 확고한 결심에 차 있었다. 마침 아이오와 주의 시골 들판은 풍성한 수확을 약속이나 한듯 사방에서 파릇파릇한 싹이 돋아나고 있었다. 조지는 피가 끓고 있음을 느꼈다. 가슴이 쿵쿵 뛰었다. 하나님께서 자신에게 예비해놓으신 그 길을 이제 보여주신 것이다.

터스키기 흑인학교

카버 선생, 선생께서 쓰실 사무실은 서류상으로만 있습니다.
또 실험실도 없어요. 모든 실험은 머릿속에서 해야 할 것입니다.

__부커 워싱턴

부커 탈리아페로

워싱턴은 버지니아 주 프랭클린 카운티의 버로즈라는 마을에서 어느 대농장에 속한 노예의 신분으로 태어났다. 때는 확실하지 않지만, 대략 1856년경이었을 것이다. 그의 어머니는 대저택의 요리사여서 매주 일요일이면 세 자녀에게 줄 약간의 당밀을 집으로 가지고 올 수 있었다. 워싱턴의 집은 노예들이 살고 있는 지역에 있었는데, 흙바닥에 창문도 없는 5평 남짓한 판잣집이었다. 매일매일 옥수수 빵에 돼지비계만 먹던 부커에게 일주일에 한 번씩 달콤한 당밀을 먹는 것은 가슴 터질 듯한 기쁨이었다.

가끔씩 그는 어머니가 일하는 대저택으로 불려가서 식탁 위의 파리를 쫓는 일을 했는데, 무슨 일이든 곧잘 하여 노예로서 비싼 가격이 매겨졌다. 당시 그 지방 법정에 남아 있는 기록에는 그의 가격이 400달러로 책정되어 있었다. 그가 아버지에 대해서 아는 것이라고는, 그리 멀지 않은 농장에서 일하던 백인이라는 사실뿐이었다. 남북전쟁이 끝나고 노예들이 해방되었을 때 그는 채 열 살도 되지 않았다. 워싱턴은 어느 육군 장교가 큰 흰색 건물에서 흑인들을 모아놓고 무엇인가 읽던 장면을 기억한다. 지붕을 괴는 큰 기둥이 나란히 버티고 있는 베란다에서 장교가 노예해방 선언문이라는 것을 낭독하는 장면이었다.

"이제 여러분은 자유의 몸이오!"

장교가 선포하자, 워싱턴의 어머니가 몸을 굽혀 아들에게 키스를 하였는데, 부커는 어머니의 눈물이 자기 볼에 흐르는 것을 느낄 수 있었다. 그날은 다들 신나게 노래하고 즐거운 비명을 지르며 밤늦게까지 법석을 떨었다.

그러나 기쁨에 취한 것도 잠시, 마치 흰 뭉게구름이 갑작스레 험악한 먹구름이 된 것처럼, 흑인들은 현실적인 걱정에 휩싸이게 되었다. 그들은 이제 서로에게 도움을 청하는 신세가 되었다. 그러나 그들의 애처로운 처지를 해결해줄 사람은 없었다. 이제 어떻게 살아야 하는가? 어디서 먹을거리를 구할 것인가? 입을 옷은 어쩌고, 살 집은 어떻게 구할 것인가? 나이 든 사람들은 누가 돌볼 것인가? 이제 어디로 가야 하는가? 그러한 질문들에 대해 아무도 대답해주지 않았다. 이때의 상황에 대하여 부커 워싱턴은 훗날 이런 기록을 남겼다.

"이는 마치 열 살이나 열두 살 정도 된 아이를 세상으로 내보내면서 독립하라고 하는 것과 다름없었다. 해방된 지 채 몇 시간도 흐르지 않았을 때, 흑인들은 당장 해결해야 할 큰 문제에 봉착한 것이다. 이 문제를 해결하기 위하여 앵글로색슨족은 수백 년에 걸쳐 몸부림치지 않았던가!"

흑인 지도자들 가운데 거의 유일하게 부커 워싱턴만이 노예해방 자체의 허점을 인식하였다. 노예들이 해방되었다고 하나, 실은 어떤 문제도 해결되지 않았다는 사실을 깨달은 것이다. 400만 명의 흑인들은 낯선 자유라는 것을 얻었다. 그렇지만 돈도 없이, 집도 없이, 직업도 없이, 투표권도 없이 그 자유가 무슨 의미가 있다는 말인가? 자유의 몸이라고 선포되었다지만, 도대체 무엇을 위한 자유인가? 한때 자신들의 주인이던 사람들과 겨루기 위한 자유인가? 흑인들의 야망으로 미국의 남부가 파괴되었고, 따라서 남부의 파괴를 흑인들 탓으로 돌리는 그런 백인 우월주의자들과 생존경쟁을 하여 이기기 위한 자유인가?

첫 시작부터 무엇인가 대단히 잘못되었다. 이것을 바로잡기 위해서는 앞으로 100년은 족히 걸릴 것이다. 게다가 그 길에는 온갖 함정과 기만이 널려 있을 것이다. 깊은 구렁텅이의 가장 밑바닥에서 새로 시작해야 한다는 사실을 아는 사람도 몇 명에 지나지 않았다. 바로 이 사실을 깨달은 이들을 위하여 부커 워싱턴은 자신의 생애를 바쳤다. 어쨌거나 새로 얻은 그 육체적인 자유의 의미가 퇴색되지 않도록, 전에는 배움이라는 것을 전혀 경험해보지도 못한 흑인들에게 공부를 가르치고, 그들에게 진취적인 기상을 심어주고 기회를 열어주려고 온갖 애를 다 썼다.

노예의 신분에서 '영예의 전당'에 오르기까지 부커 워싱턴의 믿을 수 없는 긴 여정은 1865년에 시작되었다고 할 수 있다. 워싱턴이 아직 어렸을 때, 그의 가족은 산을 넘어 웨스트버지니아 주의 캐너하 벨리로 들어갔다. 가족들은 노새가 끄는 삐걱거리는 마차를 번갈아 타긴 했지만, 워싱턴은 거의 옆에서 종종걸음을 치며 날마다 수십 마일씩 걸어갔다. 찰스턴에서 멀지 않은 말덴이라는 작은 마을에서 어머니의 새 남편, 곧 부커의 새아버지가 기다리고 있다가 이들을 맞이하였다. 당시 아홉 살이던 부커는 이곳에 도착하자마자 형과 함께 새아버지가 보낸 소금 공장에서 일하게 되었다. 워싱턴은 그 공장에서 7년 동안 힘들게 일하였다. 소금을 삽으로 퍼서 자루에 포장하는 일도 했고, 어두컴컴한 지하 갱도의 맨 밑바닥까지 내려가서 석탄을 가루로 만드는 일도 했다. 그러면서도 배우고자 하는 열의가 남달라, 여기저기서 어깨너머로 글을 배워 그럭저럭 기초적인 수준에서 읽고 쓸 수는 있게 되었다.

그런데 그가 책이나 신문에서 읽고 또 귀동냥하여 들은 이야기를 종합해보면, 흑인종이란 하나님의 피조물 가운데 가장 미천하고 희망도 없는 존재라는 것이었다. 그래서 당시를 회상하며 부커 워싱턴이 이런 글을 남길 수밖에 없었는지도 모른다.

"처음에 저는 멀리 땅 끝까지 도망치고 싶었습니다. 그래서 흑인들과의 인연을 끊고 아무도 나를 알지 못하는 그런 곳에서 되는대로 살고 싶기도 했습니다."

그러나 한때의 이러한 방황은 결국 그를 흑인들에게 더욱 가까이 가게 하는 계기가 되었다.

"저는 굳게 결심하였습니다. 흑인들도 똑같은 인간으로 존중받아야 한다는 것을 세상 사람들에게 증명하는 일에 제 일생을 바칠 것입니다. 세상 사람들은 흑인들을 제대로 이해해야 하며, 그들의 가능성을 존중해야 합니다."

부커 워싱턴은 1872년, 노퍽이라는 도시 근처에 햄프턴이라는 흑인학교가 있다는 말을 듣고는, 자신의 원대한 포부를 실현하기 위해 배움의 길을 찾아나섰다. 그는 마차를 얻어 타거나 터벅터벅 걸으면서, 버지니아 주를 가로질러 500마일이나 떨어진 햄프턴 학교를 찾아갔다. 당시 남북전쟁의 상흔이 가시지도 않은 데다가, 미합중국으로의 재통합 문제로 갈라져 있던 버지니아 주는 흑인에 대해 여전히 적개심에 불타고 있었다. 워싱턴은 생활비를 벌기 위해 건물을 관리하는 일을 도왔다. 그 와중에서도 열심히 공부하여 1875년에는 졸업을 할 수 있게 되었고, 졸업 후 워싱턴은 말덴으로 돌아와 그곳의 흑인학교에서 교사 생활을 했는데, 아침 8시에 시작하여 밤 10시가 되어서야 수업이 끝났다. 낮에는 아이들을 가르치고, 밤에는 어른들을 가르치면서, 읽기와 쓰기 과목 외에도 목욕하고, 머리를 빗고, 이를 닦는 등 위생의 중요성에 대해서도 가르쳤다.

4년 뒤, 워싱턴은 모교인 햄프턴 학교로 자리를 옮겨 가르치는 일을 계속하였다. 그러던 중 1881년 5월, 당시 햄프턴 학교의 교장이던 사무엘 암스트롱 장군에게 급박한 요청이 들어왔다. 그 급박한 요청은 앨라배마 주의 흑인 지역 깊숙한 곳에 위치한 터스키기라는 지역의 주민들이 보낸 것으로 주 의회가 그곳에 흑인들을 위한 사범학교를 세울 것을 허가하였으니 지금 당장 그 일을 추진하고 또 학생들을 가르칠 수 있는 백인을 한 명 보내달라는 것이었다. 이에 암스트롱 장군은, 그런 사업에 적합한 백인 교사를 보내줄 처지는 안 되지만, 자격과 능력에서 그 자리에 안성맞춤인 흑인 교사 한 사람을 추천할 수 있다고 답장을 하였다. 그의 이름이 바로 부커 워싱턴이었다. 사흘 후 일요일, 예배당에서 저녁예배를 드리고 있는데, 배달부가 암스트롱 장군에게 전보를 들고 왔다. 그 내용은 이러하였다.

"부커 워싱턴이 우리에게 딱 맞는 사람 같습니다. 그를 빨리 보내주십시오."

당시 터스키기는 백인 1,000명, 흑인 1,000명이 사는 작은 마을이었다. 그러니 흑백갈등이 첨예하게 드러나지 않을 수 없었다. 남북전쟁의 피해를 크게 받지 않은 마을이기 때문에, 백인 지주들은 우아하게 태평을 누리던 옛 시절을 그리워하고 있었고, 백인 소작인들은 경쟁자가 되어버린 흑인들이 아니꼬울 수밖에 없었다. 또한 정치인들은 남북전쟁 후 미합중국의 재통합이라는 혼란의 틈바구니에서도 자신들의 지위를 잃어버리지 않으려고 갖가지 궁리를 다 하였다. 어찌됐든 이런 과정에서 흑인들은 투표권을 얻게 되었는데, 이전의 남부 연방 소속 장교였으며 당시 주 의회의 의원 후보자이던 포스터라는 사람이 한때 흑인노예이던 루이스 애덤스에게 이런 자문을 구하였다고 한다.

"내가 어떻게 하면 당신네 흑인들의 지지를 받을 수 있겠소?"

애덤스는 아버지가 백인이어서, 일찍이 기초교육을 받은 덕에 지금은 숙련된 금속 기술공이 되어 터스키기 흑인 사회의 지도자로 활동하고 있었다. 애덤스는 교육이야말로 현실적으로 필요한 것이고 또 중요한 것이라고 생각하고 있던 차에 이런 질문을 받게 되자 주저하지 않고 대답했다. 만약에 당신이 주 의회에 들어가서 터스키기 지역에 흑인들을 가르칠 만한 학교를 세우는 일에 힘쓰겠다는 공약만 하면 있는 힘껏 당신을 돕겠노라고.

두 사람 사이에 타협은 성사되었고, 육군 대장이던 포스터는 당당히 주 상원의원에 당선되었다. 포스터 의원은 약속대로 교직원의 봉급을 충당할 2,000달러의 예산에 해당하는 법안을 상정하고, 흑인 교사를 양성할 사범학교 설립인가 심의를 통과시켰다. 물론 반대도 심하였다. 심지어는 포스터 의원을 고소하는 사람도 있었다. 포스터 의원의 정치 생명은 매우 짧았다. 지역구 주민들 가운데 백인들은 흑인들의 계몽을 두려워한 나머지, 포스터 의원을 '친흑인주의자'로 낙인 찍고 그를 공직에서 몰아냈다. 그들은 "당신이 검둥이들을 교육시키면, 그러면 막노동은 누가 하겠소?"라면서 포스터 의원을 비난했다. 그러나 1881년 2월 12일, 법안은 통과되어 법률적인 효력을 얻게 되었고, 이에 따라 교사를 모집하게 되었던 것이다.

부커 워싱턴은 그해 6월에 터스키기에 도착하고 일단 애덤스의 집에 짐을 풀었다. 그 학교라는 건물은 지붕의 무게도 견디지 못하고 금방이라도 쓰러질 듯 엉성했다. 그곳은 한때 감리교 감독파의 교회였다고 한다. 바로 옆에 있는 또 하나의 건물은 한층 더 열악한 판잣집이었다. 책도 없었으며, 칠판으로 쓸 석판 하나 없었다. 그뿐만이 아니었다. 심지어는 책상도 없었고, 학생도 하나 없었다. 워싱턴이 오기 바로 직전에 백인 교사가 한 명 왔었는데, 그 형편없는 교육시설에 놀랐을 뿐만 아니라, 자신이 해야 할 일이 무엇인지를 듣고는 그냥 도망가버렸다고 한다.

워싱턴 역시 그 백인 교사만큼이나 기가 막혔다. 그렇지만 그는 그것으로 물러날 사람이 아니었다. 그는 불굴의 의지와 기개가 있는 사람이었다. 그는 도저히 넘어설 수 없는 것처럼 보이는 난관 앞에 서기라도 하면, 그 문제와 정면으로 맞서 싸우겠다는 기백으로 실제로 자신이 가지고 있던 능력보다 더 큰 힘을 발휘하였다. 워싱턴은 도착한 지 이틀 만에 노새 한 마리와 마차를 빌려서는 뽀얗게 먼지 나는 길을 따라 무작정 몰았다. 자신이 이 지역의 흑인들을 위해서 무엇을 할 수 있을지를 알아보고, 또 그들이 원하는 것이 과연 무엇인지도 알아볼 요량이었다. 또한 그들에게 관심을 갖고 있는 교사가 그들 속에 함께 있다는 것도 알리고 싶었다. 워싱턴은 한 달이나 그 지역 구석구석 돌아다녔다. 매일 밤 다른 집에서 잠을 자면서 배우지 못해 가난에 찌든 농부들의 탄식을 귀담아 들어주고, 그들의 소박한 소망이라든지, 자녀들에게 걸고 있는 기대에 대한 정보를 수집하였다. 워싱턴은 또한 그들의 삶이 가치가 있으며 그들 스스로 충분히 가치가 있는 사람들이라는 사실을 일깨워주려고 부단히 애를 썼다. 그럴 때마다 부커 워싱턴은 비극적이고 좀내 나는 지난 역사와 싸워야만 했다. 한번은 예전에 노예로 팔려갔다던 어떤 노인을 만나서 이야기를 나누다가 이렇게 물어보았다.

"그때 몇이나 함께 있었습니까?"

"다섯이었다네."

일단 그렇게 대답하더니 이렇게 말하는 것이었다.

"나하고 내 동생하고 노새가 세 마리였지."

그것은 자신을 동물 취급하는 한심하고 안타까운 대답이었다.

이 즈음 워싱턴은 터스키기로 돌아왔다. 가야 할 길은 먼데, 해야 할 일은 태산처럼 쌓여 자기의 능력으로는 도저히 할 수 없을 것 같았다. 그렇지만 일단 일을 시작하였다. 1881년 6월 4일 무너져가는 옛 교회당 건물에서 학교가 시작되었다. 학생들은 30명 정도였는데, 대다수가 워싱턴보다도 나이가 많았다. 비가 오는 날엔 지붕으로 빗물이 새 학생 중 한 명이 워싱턴의 머리 위로 우산을 받쳐야 수업을 진행할 수 있었다. 세찬 바람이 불면, 학생들이 모두 뒤엉켜서 마룻바닥에 바싹 엎드려야만 혹시라도 생길지 모르는 돌풍의 피해를 어느 정도 막을 수 있었다. 이런 상황에서도 워싱턴은 아침마다 학생들의 복장을 점검하면서, 구두에 흙이 묻었다든가, 깃이 없는 셔츠를 입었다든가, 바지에 때가 탔다든가 하면 그 학생을 꾸짖었다. 그는 학생들에게 종종 무슨 새로운 소식이 없냐고 물었는데, 그런 질문을 받은 학생들 가운데 몇몇은 깡패들이 거리에서 벌인 주먹싸움에 대해 신나게 이야기했다. 그럴 때면, 그런 일은 잡담이지 들을 만한 소식이 아니라고 가르쳐 주고는, 그날 숙제로 주 의회에서 어떤 일이 의결되었는지를 알아오라고 하였다.

그해 연말 즈음 워싱턴은 마을 북쪽으로 1마일 정도 떨어진 곳에 버려진 농장이 하나 있는데, 500달러만 주면 그 농장을 살 수 있다는 말을 들었다. 넓이는 100에이커 정도로 이미 폐가가 된 넉 채의 건물 외에는 아무것도 없이 황량하기 짝이 없는 땅이었다. 그러고 보면 500달러도 싼 가격이 아니었다. 물론 현재로선 학생이 50명밖에 안 되지만, 워싱턴은 그의 50배에 달하는 학생들을 수용할 수 있는 사범대학을 만들려는 꿈이 있었기에 햄프턴 학교의 암스트롱 교장에게 무작정 도움을 청하는 편지를 썼다. 자기가 책임질 테니 대출을 좀 해달라는 것이었다. 암스트롱 교장의 답장과 함께 돈이 왔고,

그로부터 며칠 되지 않아 워싱턴과 학생들은 그 농장을 차지하게 되었다. 그들은 신이 나서 농장의 건물과 부엌과 마구간과 닭장 등을 고치고, 쓸고, 닦고, 칠하였다.

그 즈음 새로운 여교사가 왔다. 이름은 올리비아 데이비슨이었는데, 훗날 워싱턴과 결혼하게 된다. 올리비아는 500달러라는 큰 빚을 갚기 위한 기금을 조성하는 일에 힘썼다. 지역사회를 돌아다니며 기부금을 청하거나, 축제나 공연이나 회식 등을 열어 자금을 마련하였다. 많은 사람들이 각자의 형편에 따라 성의껏 기부금을 내어 학교를 후원하였다. 한번은 어떤 흑인 할머니가 지팡이를 짚고 절뚝거리며 워싱턴을 찾아와 "난 돈이 하나도 없어요. 그렇지만 이거라도 좀 받아주면 좋겠어요. 아이들 가르치는 일에 조금이나마 보탬이 되었으면 좋겠어요." 하고는 책상 위에 달걀 여섯 알을 내려놓는 것이었다. 이러한 열렬한 후원 덕분에, 다섯 달도 채 안 돼 빚을 모두 갚을 수 있게 되었다.

그러는 사이, 황폐하던 학교의 땅이 개간되어 곡식을 심게 되었다. 그런데 대다수의 학생들은 괭이를 들고 밭을 갈아엎는 것을 못마땅하게 생각했다. 자기들은 '교육'을 받으러 온 것이지 육체적인 노동을 하려고 온 것이 아니라고 생각했다. 그들은 공부만 하면 평생 수고와 노고를 하지 않아도 편하게 잘살 수 있으리라고 생각했던 것이다. 그들에게 학교는 노동으로부터의 도피처였던 셈이다. 그러나 교장인 워싱턴이 직접 어깨에 괭이를 걸쳐 메고 밭으로 나가 일하니, 학생들은 감히 불평조차 할 수 없었다. 이것은 노동의 존엄성에 대한 산 교육이었으며, 이러한 가르침을 토대로 터스키기 학교는 날로 성장하고 발전하였다.

그러나 이 일은 마치 끝없는 전쟁과도 같았다. 신입생들은 무엇보다도, 사람이 육체 노동을 한다고 해서 무조건 비천하게 되는 것이 아니라는 사실을 깨달아야만 했다. 그들의 부모는 평생 고역에 시달리며 살았고, 그 결과 아이들은 어렸을 때부터 찌든 가난 가운데서 자라야 했다. 그래서 학생들은 학교라는 것이 마술과 같이 자신들을 육체노동으로부터 해방시켜 줄 뿐만 아니라, 평생 편하고 쉽게 사는 방법을 가르쳐주리라는 유치한 믿음을 갖게 되었던 것이다. 그들은 은행 사무나 상업을 배우고 싶었지만 실력은 고작 손가락으로 셈을 하는 지경이었다. 심지어 대다수의 학생들은 손으로 음식을 먹었다. 그래서 워싱턴은 그들에게 목욕하는 것과 밭을 갈고 작물을 재배하는 법을 가르쳤다. 워싱턴은 학생들을 교사나 기술자나 유능한 농부로 키우고 싶었다. 학자로 만들 생각은 처음부터 없었다. 그는 터스키기 학교를 흑인 교육의 요람으로 만들고 싶었다. 여기서 배우고 졸업한 학생들이 다른 곳으로 가서 다른 사람들을 가르치고, 그 사람들이 또 다음 세대를 가르치고, 그래서 결국은 모든 사람이 학교교육의 혜택을 받게 되기를 바랐던 것이다. 그는 학생들에게 이렇게 말했다.

"여러분, 예로부터 어느 민족이든 인류에 공헌하는 민족은 결코 배척을 당하지 않았고, 앞으로도 그럴 것입니다."

학생들은 그 말을 듣고 따르지 않을 수 없었다. 어쩌면 마지못해서 들었을지도 모른다. 마치 이른 아침에 마지못해 단잠에서 깨어나듯이 학생들은 투덜거리지도 못하고 그렇게 일터로 나갔다.

학생들은 급한 대로 먼저 20에이커의 땅을 개간하고 그 땅에 농작물을 심었다. 그러고는 3층짜리 건물을 짓는 데 온 힘을 쏟아부었다. 솜씨가 서툰 학생들이 지은 건물이라 도중에 시행착오도 많았지만, 그래도 11월 말경에는 그럭저럭 사용할 정도는 되었다. 이 건물에 포터홀이란 이름이 붙여졌다. 포터홀에는 작은 예배당도 있었는데, 추수감사절에 맞추어 예배당 봉헌예배도 드릴 수 있었다. 그해 학생들은 포터홀에서 겨울을 보냈는데, 담요가 부족해서 겨울 내내 덜덜 떨며 잠을 자야 했다. 이제 학생수가 150명이 되고 교사는 4명으로 늘어, 건물 한 채가 더 필요하게 되었는데, 이번에는 벽돌 건물을 짓기로 했다. 학교 소유의 땅 한쪽 끝에 흙을 파서 벽돌을 구울 생각이었다. 일단 벽돌 가마를 만들어보았으나 생각대로 되지 않았다. 몇 번씩이나 실패를 거듭했다. 마지막으로 한 번 더 시도하기로 하고, 워싱턴 교장은 자금을 마련하기 위해 자신의 시계를 15달러에 전당포에 맡기기까지 하였다.

이런 노력으로 드디어 앨라배마홀이라고 이름 붙여진 4층짜리 튼튼한 벽돌 건물이 들어서게 되었다. 이번에는 정말 건물다운 건물이었다. 워싱턴은 끝내 시계를 도로 찾지 못했다. 그러나 이제 수백만 장의 벽돌을 구워 학교 건물을 마음껏 지을 수 있게 되었다. 또한 터스키기 마을에 필요한 건물을 지을 때에도 이곳에서 벽돌을 구웠다.

그 후 15년 동안 40채의 건물이 들어섰다. 4채를 빼고는 모두 학생들이 직접 지은 건물들이었다. 새로 들어온 학생들은 터스키기의 교육 이념을 쉽게 이해하게 되었다. 신입생이 기숙사에 들어와 자기 방문에 날카로운 칼로 이름이라도 새기려고 하면, 어느새 상급생이 성난 모습으로 나타나 칼을 빼앗고는 이렇게 말했다.

"이 문은 내가 만든 거야. 또다시 여기에 낙서하는 날엔 재미없을 줄 알아!"

벽돌을 굽고 건물을 세우는 것이 이 학교의 교과과정이 된 것처럼, 다른 학과들도 학교의 필요에 따라 만들어졌다. 예를 들어, 마차를 살 돈이 없었기 때문에 마차 바퀴를 만드는 과목이 개설되었다. 한때 양철공으로 노예생활을 하던 학생은 자신의 작업 도구를 학교로 가지고 와서는 다른 학생들에게 나이프와 포크 만드는 법 등을 직접 보여주면서 가르쳤다. 루이스 애덤스는 마차용 마구 만드는 법을 가르쳤고, 부커 워싱턴의 형인 존 워싱턴은 양봉업과 관련된 학과를 개설하였다. 학과 실습 시간에 학생들이 직접 만든 꿀은 학생들의 저녁 식탁에 올라왔다. 워싱턴은 이런 말을 하였다.

"우리 스스로 할 수 있는 일은 우리 스스로 해결합시다. 지금까지 우리는 우리가 만들 수 있는 것을 돈 주고 밖에서 사들여온 일이 결코 없습니다."

워싱턴만큼 열심히 일한 사람은 없었다. 그는 여러 과목을 가르쳤을 뿐만 아니라, 일요일 저녁이면 성경공부반을 인도했다. 그뿐만이 아니었다. 벽돌 굽는 일과 토지를 개간하는 일을 감독했고, 울타리가 기울어지면 스스로 울타리를 고쳤으며, 학교에서 필요한 물품을 확인하고, 부족한 것은 새로 주문하였다. 또한 기숙사와 주방을 수시로 검열했다. 집안일로 어려움을 겪거나, 새로운 학교생활에 잘 적응하지 못하고 고민하는 학생이 있으면, 언제든지 만나주고 상담해주었다. 어려웠던 초창기 시절 워싱턴 곁에 있으면서 그의 마부 노릇을 한 톰 캠벨의 말에 따르면, 워싱턴은 매사에 촌각을 다투어 일하였으며, 어떤 일이든 혹시 늦어지기라도 하면 매우 화를 냈다고 한다.

"가끔씩 워싱턴 교장이 출장을 갔다가 돌아오는 날, 제가 마차를 몰고 마중 나가려고 차고에 내려가보면, 그는 벌써 와서 손수 말에 올라타 고삐를 잡고는 어디론가 또 일을 하러 갔지요. 그럴 때면, 정말 제가 민망해 죽을 지경이었습니다."

그는 평생 일에 치여 살았다. 세상의 해야 할 일들을 혼자서 다 해치우려는 사람 같았다. 이 땅 위에서 자신이 살아갈 날이 며칠 남지 않았다는 그런 불길한 예감이라도 받은 사람처럼 보였다.

당시에 워싱턴은 출장을 많이 다녔다. 새로 세운 학교를 알려야 했고, 또 학교 운영을 위해 충분한 자금을 끌어들여야 했기 때문이다. 이때부터 그는 본격적으로 흑인인권운동을

벽돌을 굽고 건물을 세우는 것이 이 학교의 교과과정이 된 것처럼,
다른 학과들도 학교의 필요에 따라 만들어졌다.

시작하였다. 흑인과 백인이 서로를 더욱더 잘 이해하는 일에 뛰어든 것이다. 그로부터 얼마 되지 않아 그의 명성과 공로가 전국적으로 알려졌다. 그래서 1895년 흑인 사회의 최초의 대변인이던 프레더릭 더글라스가 세상을 뜨자, 워싱턴이 그 자리를 이어받을 수밖에 없었다. 노예였던 한 소년이 자신의 운명과 싸워 깊은 절망의 수렁에서 빠져나와 결국은 지도자가 된 셈이다. 그해 워싱턴 교장은 애틀랜타 국제면화박람회에 연사로 초청을 받아 온 국민을 놀라게 하였다.

이런 큰 박람회를 개최하게 된 이유는, 남북전쟁의 결과로 한때 폐허가 된 남부 연방 지역이 이제는 완전히 복구되었음을 세상에 널리 알리기 위한 것이었다. 미국의 남부가 다시 목화 재배의 왕좌에 앉아 북부의 상인들이나 외국의 공장들과 교역을 할 준비를 마쳤다는 것을 선포하려는 것이었다. 그렇지만 당시 보수적인 정치인들의 반대도 적지는 않았다. 그러나 흑인이 남부의 저명한 지도자들뿐만 아니라 클리블랜드 대통령과 같은 연단에 올라 연설을 하도록 허락했다는 사실은 흑인과 백인이 동등하다는 것을 세상에 공표하는 것이나 다름없었다.

워싱턴은 자신의 책임이 막중하다는 것을 뼈저리게 알고 있었다. 그가 무엇에 대해 말하느냐, 또 어떤 방식으로 말하느냐에 따라 앞으로 수년 동안, 또는 수십 년 동안의 흑인들의 운명이 결정될 것이었다. 그는 박람회에서 할 연설에 많은 시간과 노력을 투자하였다. 교직원들 앞에서 연습하기도 했는데, 그들은 모두 좋다는 반응을 보였다. 그렇지만 그의 심정은 달랐다. 그는 1895년 9월 17일 애틀랜타로 가는 기차에 오르던 심정을 이렇게 묘사했다.

"아, 교수대로 끌려가는 사람의 심정이 이렇겠구나."

수천 명의 군중이 밀려들어 방청석은 그야말로 빈틈이 없었다. 드디어 워싱턴이 연단에 나타나자 흑인들은 기쁨의 환성을 지르기 시작했으며, 백인들은 못마땅하다는 듯이 침묵을 지켰다. 『뉴욕월드』 지의 크릴맨 기자의 특보가 이때 무슨 일이 일어났는지를 잘 보여준다.

"그는 태양을 향해 그 당당한 얼굴을 돌려서는 눈 한번 깜빡이지 않고 연설을 시작하였다. 그의 모습에는 기개가 넘쳤으며 훤칠한 키에 곧게 선 모습이 마치 인디언 추장같이 늠름하였다. 넓은 이마에 코가 반듯하고 하관이 든든하였다. 강인하고 절제 있는 태도를 보였으며, 목소리는 맑고 분명하여 호소력이 있었다. 요점을 언급할 때마다 적절히 숨을 고르는 것이 인상적이었다. 얼마되지 않아 군중은 열광하기 시작하였다. 어떤 사람들은 손수건을 흔들었고, 어떤 사람들은 장대를 높이 쳐들기도 하였다. 또 모자를 높이 집어던지는 사람들도 있었다. 조지아 주 출신의 아름다운 여성들이 일어나서 갈채를 보냈다. 마치 연사가 군중들에게 마법을 건 것 같았다."

워싱턴은 연설을 하면서 바다에서 표류하는 배에 대한 비유를 들었다. 선원들은 목말라 죽을 지경에 이르렀다. 조난당한 선원들이 다른 배가 지나가는 것을 발견하자 필사적으로 신호기를 올려 물을 달라고 외쳤다. 그러자 그 배로부터 회신이 왔다.

"당신들 배에도 양동이가 있을 터이니, 당신들의 배가 서 있는 그곳에서 양동이를 밑으로 내려서 바닷물을 퍼 마시도록 하시오!"

그러나 조난당한 배의 선원들은 물을 달라는 신호만을 계속 보냈고, 그때마다 같은 회신이 돌아올 뿐이었다.

"당신이 있는 바로 그곳에서 양동이를 밑으로 내리시오!"

결국 선장은 자포자기하는 마음으로 선원들에게 양동이로 바닷물이라도 퍼올리라고 명령하였다. 그런데 물을 퍼올리자 양동이 안에는 짠 바닷물 대신 맑고 깨끗한 물이 가득 담겨 있는 것이 아닌가. 표류하던 배가 이미 아마존 강 어구에 들어와 있었던 것이다. 비유를 마친 부커 워싱턴은 거무스름한 주먹을 불끈 쥐어 높이 쳐들며 외쳤다.

"나의 동족인 흑인 여러분께 말합니다. 여러분은 혹시 흑인들의 상황이 조금 낫다는 낯선 곳으로 가서 살 생각을 하는 것은 아닙니까? 혹시 남부의 백인들과 우호관계를 맺는 것을 과소평가하는 것은 아닙니까? 남부의 백인들이야말로 우리 곁에 사는 우리의 이웃입니다. 저는 여러분께 이런 말을 드리고 싶습니다. '당신이 있는 바로 그곳에서 양동이를 밑으로 내리십시오.' 나의 동족인 흑인들에게 한 말을 이제 백인 여러분에게도 되풀이합니다. '당신이 있는 바로 그곳에서 양동이를 밑으로 내리십시오.' 그 양동이를 800만의 흑인들에게 내리시라는 말입니다. 여러분만큼 이들을 잘 아는 사람들이 또 어디 있겠습니까? 이미 오랫동안 그들의 충성심과 애착심을 시험해보지 않았습니까? 바로 이들이 여러분의 논밭을 갈고, 여러분의 숲을 개척하고, 여러분의 철도를 놓고, 여러분의 도시를 건설하지 않았습니까?"

청중은 워싱턴의 말에 전적으로 공감한다는 뜻에서 "옳소! 옳소!"를 크게 외쳤다. 그러다가 워싱턴이 활짝 편 손을 공중으로 높이 쳐들자 얼른 잠잠해졌다. 이때 워싱턴은 마지막으로 한 마디를 더 하고 연설을 마쳤는데, 이 한 마디로 청중은 모두 기립박수를 보냈으며, 새로운 세대 흑인 지도자들에 대한 비방을 손쉽게 누그러뜨릴 수 있었다.

"우리는 사회생활을 하면서 매사에 이 벌어진 손가락처럼 떨어져 있을 수 있습니다."

그러고는 다시 주먹을 불끈 쥐면서 말했는데, 그 이상 극적일 수는 없었다.

"그렇지만 서로 도움을 주며 함께 발전하기 위해서는 이 주먹처럼 매사에 하나가 되어야 할 것입니다."

상상도 하지 못할 일이었지만, 워싱턴의 5분짜리 연설은 모든 프로그램을 제치고 국제박람회를 절정의 순간으로 끌어올렸다. 전국의 모든 신문이 앞다투어 그의 연설 전문을 실었으며, 『애틀랜타 컨스티튜션』 지는 이렇게 보도하였다.

"이 사람의 연설은 미국의 도덕 혁명의 시초이다."

이 연설과 관련하여 클리블랜드 대통령은 이렇게 썼다.

"워싱턴의 연설 외에 아무런 행사가 없었다고 할지라도, 이 박람회는 개최할 만한 가치가 충분히 있었다. 그에게 연설할 기회를 주었다는 그 자체가 이 박람회의 최대 성과이다."

이 연설로 인해 부커 워싱턴은 하룻밤 사이에 미국의 유명 인사 들 틈에 당당히 합류하게 되었고, 흑인들의 당면 문제와 그들의 희망을 백인 사회에 널리 알리고 이해시킬 수 있게 되었다.

그러나 얼마 지나지 않아 워싱턴에 대한 대대적인 반대운동이 일어났다. 많은 흑인들 생각에, 워싱턴은 흑인들의 사회적 요구와 정치적 요구를 쉽게 포기하는 것 같았다. 그들은 워싱턴의 이러한 태도를 명백한 배신행위로 받아들여 워싱턴에게 별명을 붙여 백인에게 굽실거리는 비굴한 흑인이라는 뜻의 '엉클 톰'이라고 부르며 야유하였다. 강경파 흑인들은 자신들에게 부여된 권리를 찾아오는 것은 무력시위에 달렸다고 주장하였다. 그들은 만일 필요하다면 그 과정에서 피를 흘려도 좋다고 생각했다.

워싱턴은 백인이든 흑인이든 자신을 비난하는 사람들에게 직접 반응하지는 않았다. 당장 해야 할 일이 너무 많아 대꾸할 틈도 없이 늘 바빴던 것이다. 그러나 후대의 평가는 달랐다. 물론 후대에도 몇몇 사람들은 그를 여전히 '엉클 톰'이라고 부르면서 조롱하였다. 그러나 분명한 것은, 만일 흑인들이 자신들의 '권리'라고 하는 것을 찾기 위하여 1895년에 무모한 전쟁을 일으켰더라면, 1900년에는 완전히 멸종했으리라는 것이다. 왜냐하면 그때는 흑인이 아직 인간 취급을 받지 못하던 시기였기 때문이다. 그 당시에는 흑인이 과연 인간에 속하는지 아닌지가 논쟁의 쟁점이었다. 흑인들은 가난에 찌들어 살았고, 특별한 기술도 배우지 못했으며, 교육도 받지 못했다. 그들은 자신들의 정치적, 사회적 권리를 주장하면서도 그것이 무엇인지도 제대로 알지 못하였다. 아니, 그런 권리를 갑자기 준다고 해도, 그것으로 무엇을 해야 할지에 대한 어렴풋한 생각도 없었던 것이다.

부커 워싱턴은 노동력이야말로 흑인들이 가진 경쟁력 있는 상품이라고 확신하였다. 그렇다. 노동력은 흑인들이 이 세상에서 살아남기 위한 확실하고 유일한 경제적 수단이었다. 물론 워싱턴은 흑인들도 백인들과 동등한 권리를 가진다는 근본적 원칙을 부정하지는 않았다. 그는 흑인과 백인이 동등해지는 날이 반드시 올 것이라는 확고한 믿음을 가진 사람이었다. 다만 지금은, 일단 살아남는 방법을 찾아내는 것이 시급했다. 생존을 위해서 이런저런 생필품을 구입해야 하는데, 그러려면 그것과 바꿀 만한 무언가가 있어야만 하는 것이 아닌가! 일단은 육체적인 노동이라도 하여 살아남아야만 했다. 어떻게 해서든 지금 살아남아야, 언젠가 때가 되면 두뇌를 사용하여 만든 상품도 팔 날이 오지 않겠는가! 그렇게만 되면 이 세상의 어느 무엇도 그들을 역사의 뒤안길로 다시 밀어내지는 못할 것이며, 그들도 어느 인종 못지않게 인류의 역사라는 무대에 우뚝 서는 날이 올 것이다.

이렇게 해서 워싱턴은 터스키기 학교에 다니는 상대적으로 몇 안 되는 학생들뿐만 아니라 원근 각처에 사는 수천 명의 가난한 농부들과 그들의 아내들, 아이들을 위해서 자기 한 몸을 아낌없이 바치게 된 것이다. 터스키기 학교에 신설된 농학과에서는 학생들에게 최신의 농업기술을 가르쳤다. 이러한 교육은 학교 안에 국한되지 않았다. 시골 촌구석까지 찾아가, 그곳에서 적당히 재래식 농사를 짓는 가난한 농부들을 가르쳐, 겨우 한 마지기의 좁은 밭에서도 유용한 작물을 재배하도록 하였다.

1896년 10월, 터스키기 학교의 공문서에는 조지 카버가 신설된 농학과의 학과장으로 부임하게 될 것이고, 지금 그가 아이오와 주에서 터스키기로 오는 중이라고 적혀 있었다.

조지는 이전에도 어느 대학에서 교수로 초빙하겠다는 제의를 받은 일이 있었다. 그때 윌슨 교수는 이렇게 답장을 써 보냈다.

"죄송합니다. 저로서는 우리 학교 교수진에서 카버 교수를 잃고 싶지 않습니다. 저는 우리 학교 교수진을 모두 존경합니다만, 이와 상관없이 단도직입적으로 말씀드리면, 카버 교수는 우리 학교의 어느 교수에 비하더라도 전혀 손색이 없으며, 그가 관심을 갖고 있는 분야에서는 그 누구보다도 뛰어납니다. 그가 떠난다면, 우리 학교에서는 그의 자리를 메울 만한 사람이 없기 때문에, 저로서는 조지 카버를 떠나보낼 수 없습니다. 지금 드린 모든 말씀은 제가 이전에는 한번도 해본 일이 없는 그런 과한 칭찬일지도 모르겠으나, 조지 카버는 이런 말을 들을 만한 자격이 충분합니다."

그 당시에 조지는 아이오와 농과대학을 떠나지 않고 그곳에 머물렀다. 그렇지만 아이오와를 떠날 수밖에 없는 때가 곧 찾아왔다. 조지가 부커 워싱턴의 청빙을 꼭 따라야 할 하나님의 부르심으로 여겼기 때문이다. 1,500달러의 연봉을 주겠다는 터스키기 학교 측의 제의를 수락하는 편지를 쓰면서 조지는 이런 말을 하였다.

"저는 오랫동안 이러한 일을 하려고 마음먹었기에 이미 각오가 되어 있습니다. 이런 방식의 교육이야말로 흑인들에게 자유로 통하는 황금문을 열어주는 열쇠라고 생각합니다."

워싱턴에게 보내는 또 다른 편지에는 이런 말을 썼다.

"사람이라면 누구나 이 세상에 왔다가 저 세상으로 가게 마련입니다. 그렇지만 누구든지 자신이 이 세상에서 왜 살았는지에 대한 뚜렷하고 합리적인 이유를 남겨야 한다고 생각합니다. 저는 제가 터스키기에서 하게 될 일이 제 삶의 이유가 되기를 기도합니다."

조지 카버는 워싱턴의 위대한 업적에 대해 이미 잘 알고 있었고, 그의 연설에 깊은 감동을 받은 바 있다. 그해 여름 내내 그는 터스키기로 갈 준비를 하면서 이런저런 일로 워싱턴과 편지를 주고받았는데, 한번은 이런 편지를 썼다.

"시카고에서 하신 선생님의 감동적인 연설문을 읽었습니

다. 선생님의 연설문 구절구절을 읽을 때마다 저는 '아멘'하고 말하였습니다. 선생님께서는 '인종 문제'에 대한 올바른 해결책을 갖고 계시더군요."

이 두 사람만큼이나 서로 다른 인생 여정을 걸으면서 공통된 목적을 가지고 서로의 운명에 엮인 사람들도 없을 것이다.

어떤 사람은 조지의 생각을 오해하고는 그를 어떻게 하든 아이오와 대학교에 붙잡아 놓으려고 설득하는 과정에서, 터스키기 학교에서보다는 아이오와 대학교에서 돈을 더 많이 벌 수 있을 것이고, 봉급도 정기적으로 오른다는 것을 염두에 두라고 말했다. 그러나 조지는 "선생님, 저는 그런 데에는 관심이 없습니다."하고 단호히 거절하고는 마저 짐을 꾸렸다. 교수들과 학생들은 조지와의 이별을 아쉬워하며 송별회를 열어주었다. 윌슨 교수는 교수들과 학생들을 대표하여 멋진 현미경을 기념품으로 주었다. 조지는 그것을 받아들고 한참 동안이나 쳐다보았다. 조지의 눈에는 이미 눈물이 맺혀 있었고, 이런 조지의 모습을 보면서 다들 숙연해졌다. 방 안에는 무거운 침묵이 흘렀다. 드디어 조지가 침묵을 깨고 무거운 표정으로 천천히 입을 열었다.

"오늘날의 저를 만들어주신 것은 이 학교와 여러분입니다. 이 훌륭한 선물도 고맙지만, 무엇보다도 여러분의 사랑과 도움에 진심으로 감사드립니다."

10월 어느 날 아침, 조지가 터스키기로 가는 기차에 올라타고는 돌아서서 손을 흔들자 교수들과 학생들이 조지를 향해서 외쳤다.

"건투를 빕니다."

"성공하세요!"

조지가 탄 기차는 남쪽을 향해 힘차게 내달렸다. 성인이 되도록 자기를 먹여주고 키워준 중서부의 평원과 대초원을 떠나서, 이제 낯선 남녘 땅으로 가는 것이다. 그 길은 조지가 그토록 뒤좇던 꿈을 향해 가는 길이리라!

창밖에는 수확을 앞둔 풍요로운 들판이 지나가고, 남부 지방의 특유한 붉고 누런 흙으로 덮인 땅이 끝없이 펼쳐졌다. 기차가 어느새 목화밭 사이를 뚫고 지나가자, 온통 하얀 목화솜이 풀풀 어지럽게 날아다녔다. 처음에는 한 마지기 한 마지기 보이던 목화밭이, 어느 순간에는 지평선 끝까지 펼쳐져 있었다. 광활한 목화밭을 보자, 조지 카버는 비로소 자신이 앞으로 해야 할 일이 얼마나 거대하고 중요한 일인지 깨닫기 시작하였다. 이곳이 바로 '목화대왕'의 영토였다. 지금 조지의 눈앞에 펼쳐져 있는 장면이 바로 '목화대왕'의 폭정의 결과였다. 목화밭에 대해서야 여기저기서 이야기는 많이 들었다. 그렇지만 직접 보지 않고 그 실상을 실감할 수 없었다. 셀 수도 없을 만큼 많은 사람들이, 아니 온 백성이 이 어리석고 무자비한 폭군에게 충성을 다하여 이루어놓은 결과가 바로 이 목화밭이라는 놀랍고 충격적인 사실을 미처 실감하지 못한 것이다.

때는 추수철이었다. 여자든 아이든 가릴 것 없이, 누구든 손을 들어올릴 힘만 있으면 목화밭에 나가 목화솜을 땄다. 다들 커다란 자루를 허리춤에 둘러매고 허리를 구부린 채 목화를 따고 있었다. 자루는 조금씩 차갔고, 사람들은 끝없는 이랑을 따라 천천히 움직이며, 따고, 따고, 또 땄다. 옆으로 기차가 지나가자 몇몇 사람들이 잠시 허리를 펴고 기차가 지나가는 것을 물끄러미 쳐다보았다. 그들의 검은 얼굴이 보였다. 희망이라고는 조금도 찾아볼 수 없는 그런 표정이었다. 말로는 어떻게 표현할 수 없는 그런 막연한 동경의 눈길로 잠시 쳐다보더니, 다시 허리를 굽히고 목화를 따기 시작하였다. 그들이 바로 자기의 동족인 흑인들이 아닌가! 그들에 대한 동정심에 조지의 가슴이 저려왔다. 마음이 무너지는 줄 알았다. 잠시, 지금 자기가 하려는 일이 쓸데없는 일이 아닐까, 또 아무런 희망도 없는 일이 아닐까 하는 생각이 들었다. 지금 차창 밖으로 본 광경은 동쪽으로 1,000마일을 간다 한들, 아니 서쪽이나 남쪽이나 어느 쪽으로나 1,000마일을 간다 한들 다를 게 무엇이겠는가! 어디를 가나 고랑이 난 밭이 있을 테고, 볼품없는 울타리가 여기저기 쳐져 있을 테고, 가난에 지친 흑인들이 보일 것이다. 그들은 또한 하나같이 헝겊으로 기운 작업복을 입고 등에는 무거운 짐을 진 채 고된 노역에 시달리며, 생활고와 싸우고 있을 것이다.

그들이 사는 판잣집도 말이 아니었다. 굴뚝은 기울었고, 지붕은 뻥뻥 뚫려 있었다. 목화는 바로 그 판잣집 문 앞에까지 심겨 있었다. '목화대왕'의 영토 안에는 나무 한 그루, 꽃 한 송

그들의 검은 얼굴이 보였다.

희망이라고는 조금도 찾아볼 수 없는 그런 표정이었다.

말로는 어떻게 표현할 수 없는 그런 막연한 동경의 눈길로 잠시 쳐다보더니,

다시 허리를 굽히고 목화를 따기 시작하였다.

이, 채소 한 포기도 없었다. 오로지 목화만 있을 뿐이었다. 왜냐하면 목화는 현금이나 마찬가지였으며, 백인 지주들은 이러한 현금 이외에는 아무것에도 관심이 없기 때문이었다. 몇 안 되지만, 40에이커 정도쯤 되는 변두리 땅을 가진 흑인 농부들도 간혹 있었으나 이들의 경우도 마찬가지였다. 목화를 따기만 하면 파는 것은 문제도 아니었다. 백인 지주의 땅을 빌려 경작하는 흑인 소작인들도 마찬가지였다. 그들은 다른 농사를 지을 기계도 없고 심지어는 노새 한 마리도 없었기 때문에, 다른 작물을 심어도 괜찮다는 허락을 받는다 해도 목화를 심지 다른 것을 심지는 않았을 것이다. 채소나 과일에 대해서 아는 것도 없었고, 양계나 목축은 엄두도 내지 못했다. 널린 것이라고는 온통 목화뿐이었다. 목화 농사를 지어 잘 살지도 못하면서 말이다. 농사를 지어 얻은 수익으로는 소작료를 내기에도 빠듯한 경우도 많았다.

100년 동안이나 목화가 남부 지방을 지배했다. 매년 목화 농사만 짓는 바람에 해를 거듭할수록 땅은 황폐해졌고, 소출은 줄어들었다. 그래서 목화 재배 면적을 넓히지 않으면 안 되었고, 그렇게 하자니 숲을 파헤쳐 밭을 만들지 않을 수 없었다. 숲의 나무를 베어버리자 땅은 더 척박해졌다. 나무가 땅을 비바람으로부터 보호하고, 그 뿌리는 땅을 단단하게 얽매어주는데, 나무가 없으니 땅의 겉흙은 비에 씻겨나가고, 바람에 날아가버렸다. 그 결과 겉흙 속에 들어 있는 수백만 톤의 귀중한 식물성 양분이 바다로 흘러들어갔다. 다시 돌이킬 수도 없는 일이었다. 그렇지만 모든 사람의 기억에는 오로지 목화만이 최고였고, 그래서 그들은 고집스럽게 목화만 재배하였다. 그들은 점점 더 많은 나무를 베고, 그 땅에 더 많은 목화를 심었다. 나중에 조지 카버가 이 땅에 다른 작물을 키워보는 것이 어떻겠느냐고 조언했을 때 나이 많은 농부들은 콧방귀도 뀌지 않았다.

"이봐, 자네, 나도 농사일이라면 알 만큼 안다네. 수십 년 동안 목화 농사만 지었거든. 이젠 이골이 났어."

1896년 10월 8일 이른 아침, 조지는 터스키기에서 북쪽으로 3마일쯤 떨어진 체허라는 간이역에 도착했다. 조지가 내리자, 기차는 힘차게 기적을 울리며 다시 출발했다. 칙칙거리는 기차소리가 점점 멀어졌다. 기차가 간이역을 완전히 빠져나가 눈 밖으로 사라지자 조지는 덜렁 혼자 남게 되었다. 간이역에는 사람 그림자 하나 보이지 않고, 태양만이 밝고 눈부시게 내리쬐고 있었다. 조지는 마음을 가다듬으며 가방을 한쪽에 내려놓고는, 철길을 따라 어슬렁어슬렁 거닐었다. 어쩌다가 이상하게 생긴 풀이라도 보이면, 허리를 굽혀 관찰하였다. 마르고 강단 있어 보이는 체격의 조지는 땅을 보며 걸어다닐 때는 등이 약간 굽어졌다. 눈동자는 새까맣고 온화해보이고, 이마에는 주름이 잡혀 생각이 많은 사람처럼 보였다. 그는 끈을 매는 굽이 높은 구두를 신었으며, 낡은 모자에 헐렁한 회색 양복을 입고 있었다. 물론 옷깃에는 꽃 한 송이가 꽂혀 있었다. 그래서인지 도무지 농학과나 낙농학과 학과장이나 교수로 보이지 않았다. 그때 한 소년이 덜거덕거리는 마차를 몰고 기차역으로 다가왔다. 조지는 앨라배마 지역의 특이한 식물을 한아름 안고 있었다. 소년이 조지를 향해 소리쳤다.

"저기요, 철길 위에 계신 분! 혹시 이 근처에서 학교로 가는 마차를 기다리는 신사분 한 명 못 보셨어요? 이름이 카버 씨라고 하는데요."

조지가 대답하였다.

"카버라는 사람은 바로 난데……."

소년이 깜짝 놀라 눈을 둥그렇게 뜨고는 헐떡거리며 말을 이었다.

"그럼 선생님이……?"

소년은 재빨리 마차에서 내려 한쪽에 놓여 있던 조지의 옷가방을 들어올렸다.

"저…저기, 늦어서 죄송합니다. 많이 기다리셨지요? 말이 그만……."

"아니, 괜찮다. 이쪽 지방에서는 어떤 풀이 자라는지 살펴보고 있는 중이었거든."

조지가 여유 있게 대답하고는, 한아름 모은 풀 가운데 하나를 꺼내들고 소년에게 물었다.

"이게 무슨 풀인지 아니?"

소년은 늦게 온 것이 미안하여 어떻게든 조지를 도와주려고 하였다.

"그럼요, 선생님. 그건 잡초잖아요."

그러자 조지가 빙그레 미소를 지으며 대답하였다.

"그게 다야? 잡초라도 다 이름이 있고, 다들 나름으로 쓰이는 용도가 있게 마련이지."

소년은 뒤로 물러서며 뭐가 뭔지 잘 모르겠다는 듯이 건성으로 대답했다.

"아, 그런가요? 잘 알겠습니다."

그러고는 조지의 가방을 번쩍 들어 마차에 실었다. 두 사람은 마차에 올라타서 몽고메리 구도로를 따라 터스키기로 갔다. 가는 도중 한때 목화를 재배하던 황폐해진 땅과 버팀목만 남아 겨우 무너지지 않고 서 있는 오두막이 보였다.

조지는 자기가 일하게 될 학교의 모습이 보고 싶어, 마차가 언덕 높이 오르거나 모퉁이를 돌 때마다 목을 길게 빼고는 두리번거렸다. 그는 학교가 이 황량한 땅 가운데 있는 오아시스 같은 곳일 거라고 상상했다. 그곳은 조경이며 건물이 잘 정돈된, 푸른 초장과 같은 곳이리라. 조지는 그곳이 당당하게 자신의 꿈을 펼칠 수 있는 전초기지가 될 것이라고 상상했다. 물론 자신의 궁극적인 목표는 주위 사람들에게 도움을 주는 것이었다. 그러기 위해서 그는 그곳에서 힘을 재충전할 수 있을 것이며, 또한 갖가지 좋은 영감을 많이 얻을 수 있을 것이리라!

마차가 터스키기 학교 캠퍼스 안으로 들어와서 일반생활연구소 및 산업연구소 앞에 이르렀을 때까지도 조지는 자기가 이미 목적지에 와 있다는 사실을 전혀 알아차리지 못했다. 학교라고 하는 곳이 바깥세상과 다를 것이 하나도 없으니, 그럴 수밖에 없었다. 아니, 어쩌면 방금 지나쳐온 황량하고 쓸모없는 시골 들판보다도 더 열악하였다. 마차가 변변찮은 건물 앞에 멈추자 소년이 입을 열었다.

"자, 다 도착했습니다."

조지는 기가 막히기도 하고, 뭔가 잘못된 것이 아닌가 싶기도 했지만, 일단 마차에서 내렸다. 사방을 둘러보았지만 보이는 것은 온통 모래뿐이었다. 황토로 된 거친 땅에는 비가 내린 흔적으로 여기저기 도랑이 깊이 패여, 사람이나 말이 푹 빠질 것만 같았다. 조지는 마차를 몰고온 소년에게 도움을 청하려 하였으나, 소년은 이미 짐을 들고 건물 안으로 들어가고 있었다.

이곳 상황이 도대체 어느 정도 열악한지 궁금해 조지는 길을 따라 도랑 쪽으로 걸어 내려갔다. 도랑에는 발목이 묻힐 정도로 흙먼지가 쌓여 있었다. 비라도 오면 흙탕물이 강처럼 흐를 것이 뻔했다. '잔디를 밟지 마시오!'라는 푯말이 친절하게도 여기저기 꽂혀 있었으나 잔디는 고사하고 풀 한 포기 보이지 않았다. 조금 더 내려가보니, 보잘것없는 판잣집이 여러 채 있었고 간간이 큰 건물도 보였다. 그중 하나는 벽돌로 만든 것이었다. 앨라배마홀이라는 큰 건물 지붕 위로 독수리 몇 마리가 빙빙 돌다가 부엌에서 도랑으로 내던져진 음식물 찌꺼기를 먹으려고 달려들었다. 하수처리 시설이 없었던 것이다.

그때 마침 마차를 몰았던 소년이 조지에게 달려오며 큰 소리로 조지를 불렀다.

"카버 교수님!"

조지가 있는 곳까지 달려온 소년은 숨을 헐떡이며 말했다.

"카버 교수님, 워싱턴 박사님께서 기다리고 계십니다."

이 학교의 교장실도 참 소박하였다. 가구라고는 꼭 필요한 것만 군데군데 놓여 있었다. 그렇지만 워싱턴 교장의 늠름한 풍채가 방 안을 꽉 채우고도 남아, 이 방에 들어오는 손님들은 낡은 책상이라든지 카페트 하나 깔려 있지 않은 허전한 바닥을 거의 눈치 채지 못하였다. 그가 새로 전근 온 교사를 맞이하려고 일어섰을 때, 그의 뜨거운 열정으로 인해 키는 실제보다 1인치 정도 더 커 보였고, 어깨도 더 넓어 보였다. 그는 조지에게 첫 마디를 건넸다.

"우리 학교를 보니까 어떻습니까?"

조지 카버는 솔직하게 대답하였다.

"네, 할 일이 많아 보이는군요."

"네, 물론 그렇습니다. 그렇지만 이제는 우리가 이 일을 다 해낼 수 있으리라는 자신감이 생겼습니다."

워싱턴은 상체를 약간 숙여 조지에게 몸을 가까이한 채로 말을 이었다. 그의 눈은 미래에 대한 기대와 꿈으로 불타고 있었다.

"오다가 앨라배마홀을 보셨는지요? 4층짜리 벽돌 건물 말입니다. 남부 흑인들이 이런 멋진 건물을 가지게 되었다는 것이 무엇을 의미하는지 아십니까? 사실 우리 학생들 중에는 벽돌 건물이라고는 구경조차 하지 못한 사람들이 대다수예요. 그렇지만 이제 이 벽돌 건물의 주인은 바로 우리 학생들입니다. 이런 건물을 지금 하나 더 짓기 시작했습니다. 카버 선생님, 학생들은 이 학교에 들어오기 전에 헛간이나 다름없는 판잣집에서 일자무식으로 살았습니다. 그런 학생들에게 우리는 깨끗한 잠자리를 제공하고, 또 벽돌 만드는 방법을 가르칩니다. 벽돌 만드는 것을 해낼 수 있다면, 못할 것이 아무것도 없다는 것을 학생들이 깨닫도록 하기 위해서죠."

워싱턴은 앉았던 자리에서 일어서서 창밖을 바라보며 말을 이었다.

"그래요. 맞습니다. 해야 할 일이 여전히 많습니다. 그렇지만요, 이미 그 일을 시작하였으니, 반은 한 것이나 다름없지 않을까요?"

조지가 말을 이어받았다.

"정말 대단한 일을 하고 계십니다. 제가 조금이나마 보탬이 될 수 있으면 좋겠습니다."

이 일은 결코 쉽지 않을 것이다. 워싱턴은 조지가 맡게 될 학과는 아직 계획 중에 있을 뿐이라고 말하였다. 학생도 몇 안 되었다. 아직은 낙농학과로 쓸 건물도 없었다. 나무 밑에 있는 버터를 만드는 큰 통 하나가 전부였다. 그 밖에 몇 가지 간단한 작업도구와 늙은 말 한 마리가 더 있긴 했지만 말이다. 제대로 된 장비나 시설물이라고는 아예 없었다. 농학과 건물을 지을 부지는 마련해 놓았다지만, 지금으로서는 포터 홀이라는 건물에 방 하나를 빌려 쓸 수밖에 없었다. 그러나 이 방도 조지의 기숙사 겸용으로 써야 했다. 조지는 불평 없이 말했다.

"좋습니다. 이제 시작이니까, 일단은 그렇게 하도록 하지요."

"카버 선생님이 하고자 하는 일이 다 잘 되기를 하나님께 기도하겠습니다. 우리 학교에서는 선생님께서 와서 하려는 일만큼 중요한 일이 없습니다. 잘 부탁합니다."

조지는 교장실에서 나와 농학과 건물을 세우기로 계획되었다는 학교 서쪽 끝으로 걸어갔다. 농학관이 세워질 언덕 밑쪽으로는 메마르기는 하였지만 20에이커 정도의 땅이 있었다. 이 땅을 개간하여 농장을 만들 계획이었다. 그 너머에는 솔밭이 있었는데, 학생들은 이곳을 '야수의 숲'이라고 불렀다. 그도 그럴듯했다. 왜냐하면 그곳에는 30마리 정도의 굶주린 야생 멧돼지들이 먹이를 찾아 헤매고 다녔기 때문이다.

조지는 나무 그루터기에 걸터 앉아서 메마른 부지를 내려다보았다. 지금쯤 아이오와의 산 언덕은 풀로 우거지고, 들판의 곡식은 잘 익어 다들 풍성한 추수를 거두느라 정신이 없을 것이다. 또한 그곳 온실에 대한 생각을 지울 수 없었다. 멋진 실험실이며, 온갖 최신 설비며, 튼튼한 가축 떼가 자꾸 머리에 떠올랐다. 이제 이 황량한 땅을 개간해야 하는데, 자신이 가지고 있는 것이라고는 도끼 한 자루, 괭이 한 자루, 눈먼 말한 마리뿐이었다. 그렇지만 조지는 결심했다는 듯이 큰 소리로 외쳤다.

"그래, 못할 것도 없지. 이제 신세타령은 그만!"

그는 모래흙 한 줌을 쥐더니 손가락 사이를 약간 벌려 밑으로 흘려보았다. 이런 메마른 땅에는 먼저 비료부터 주어야겠다는 생각이 직감적으로 떠오르면서도, 사실은 흙을 만지면서 보다 더 큰 문제가 떠올랐다. 그것은 앞날에 대한 걱정이었다. 그렇지만 조지는 자기 자신의 신세를 한탄하는 것이 아무런 도움이 되지 않는다고 생각을 고쳤다. 그는 얼굴을 한번 살짝 찡그리고는, 선하신 하나님께서 자신을 편하고 단순하게 살게 하실 작정이었다면, 아예 처음부터 흑인으로 만들지도 않으셨을 것이라고 생각하였다.

터스키기! 어제까지만 해도 이 이름은 희망으로 가득한 말이었다. 그런데 지금은 어떤가? 붉은 노을이 지는 주위를 아무리 둘러보아도 희망이라고는 조금도 보이지 않았다. 보이는 것은 오로지 도전이나 궁핍이라는 말로만 설명될 수 있는 것들뿐이었다. 커다란 시련의 때가 기다리는 것 같았다. 그렇다고 어쩌겠는가? 이제 현실을 받아들여야 할 것이다. 길고 험한 여정 끝에 이 장소에 모여든 모든 사람과 마찬가지로, 조지 역시 당당히 받아들여야 할 현실이었다. 이들 모두는 한때 노예였다가 이제 그 구렁텅이에서 빠져나오려고 하는 것이 아닌가! 그렇다. 흑인들을 구원하는 일은 아이오와가 아니라 바로 이곳 터스키기에서 해야 할 일이었다.

조지는 기차를 타고 오는 길에 창밖으로 보았던 그 사람들의 얼굴을 떠올렸다. 그저 배를 채우고 누울 따뜻한 잠자리만이라도 얻으려고 목화솜 따는 일에 시달리는 그들의 초점 없는 눈동자가 눈에 선하였다. 흑인들의 85퍼센트 가량은 미래에 대한 아무런 희망도 없이 그저 당장 굶어죽지 않으려고 땅에 매달려 살고 있었다. 이들은 기술도 전혀 없었다. 입에 풀칠하면서 굶어죽지나 않으면 다행이었다. 그렇다. 대다수의 흑인들이 비참하게 굶주린다는 사실에 비하면, 조금 부족하다고 느끼는 그 무엇은 얼마나 사소한 것인가!

조지는 벌떡 일어섰다. 그는 여기에 머물기로 굳게 결심하였다. 하나님께서 주시는 것이 무엇이든, 그것이 얼마나 부족하든 상관없었다. 주어진 것만을 가지고서라도 최선을 다할 것이다. 갑자기 마음이 가벼워졌다. 조지는 기분이 좋아져서 자기 방으로 발길을 돌렸다. 그는 오는 길에 잡초 하나를 뽑아서 자세히 살펴보았다. 그때 먼지 나는 길 앞쪽으로 젊은이들이 서 있는 것을 보고는, 잽싸게 따라붙어 궁금한 것을 물어보았다.

"잠깐만요, 이 풀이 어떤 풀인지 아세요?"

이동학교

카버 박사님은 농사를 더 잘 지을 수 있는 방법을 소개하는 회보를 만들고 싶어하셨습니다. 그렇지만 아무리 좋은 회보라 하더라도 글을 읽지 못하는 농부들에게 그것이 무슨 소용이 있겠습니까? 그래서 박사님은 학교 안 20에이커 정도의 땅에 농부들을 가르칠 수 있는 시설을 만들었던 것입니다. 그리고 너무 멀리 살아서 이곳까지 와서 수업을 받을 수 없는 농부들도 있었는데, 박사님은 일요일 아침이면 그들을 직접 방문하여 가르치기도 하였습니다.

박사님은 "안녕하십니까? 저는 터스키기 학교에서 온 조지 카버라고 합니다."라는 말로 강의를 시작하였습니다.

_토머스 캠벨

조지 카버는

이제 박사학위를 받고 카버 박사가 되었다. 그렇지만 그는 잡초가 우거진 딸기밭을 가꾸거나 학생들이 '야수의 숲'이라고 부르는 그 솔밭에 길을 내고 흙을 다지는 등 힘든 일을 그만두지 않았다. 낡고 우중충한 스웨터를 입고 허드렛일을 하는 그의 모습은 막일꾼으로밖에 보이지 않았다. 잘 보아봤자 학칙을 어겨 벌을 받고 있는 학생의 모습이었다. 일반 화물로 짐이 도착하자, 그는 다른 짐은 풀지도 않고 현미경만을 꺼내놓았다. 자신의 방에는 소중하게 수집한 세균학 자료를 꺼내놓을 공간조차 없었던 것이다.

어느 날 아침, 카버 박사는 자기 학생들을 집합시켰다. 학생들의 모습은 오합지졸이었다. 영양실조에 걸리기라도 한 것처럼 힘도 없었고, 의욕마저 없어 보였다. 이런 학생들을 모아놓고 카버 박사는 실험실을 하나 만들어야겠다며 쓰레기 더미로 데리고 가서 빈병이든, 녹슨 냄비든, 과일단지 뚜껑이든, 냄비 손잡이든, 내버린 다리미든, 철사든, 쇳조각이든, 조금이나마 쓸 만한 것이 있으면 뭐든 주워서 한곳에 배열하게 하였다. 폐품을 재활용하여 실험실 기구로 사용할 요량이었다. 학생들은 선생님이 도대체 무슨 꿍꿍이속인지 알 길이 없었지만, 그래도 산처럼 쌓인 쓰레기 더미 위를 가벼운 마음으로 기어올랐다. 밭에 나가 땅을 파고 식물을 심는 것보다는 낫다고 생각한 것이다. 이내 학생들은 소리를 지르기 시작했다.

"카버 박사님, 이 상자 어때요?"

"선생님, 이 냄비도 쓸 만한가요?"

그럴 때마다 카버 박사가 부정적으로 대답한 적은 거의 없었다.

쓰레기 더미에서 쓸 만한 것을 다 줍자, 학생들은 학교 밖 마을로 나가 뒷골목에서 쓸 만한 물건을 찾아내기도 했다. 집집마다 문을 두드리며 혹시 버릴 고무 조각이나 낡은 주전자, 사기 항아리가 있으면 달라고 하여 잡동사니를 모아 학교로 가져왔다. 열세 명의 학생들은 눈을 동그랗게 뜨고는, 카버 박사가 튜브를 만지작거리거나 빈 병을 들어올려 살피는 것을 의아해 하며 바라보았다. 드디어 카버 박사가 자신의 행동을 이해할 수 없다는 듯이 쳐다보는 학생들의 반응을 알아차렸다. 그는 들고 있던 빈 병을 내려놓고, 학생들에게 도저히 풀 수 없을 정도로 엉킨 실뭉치를 보여주며 말하였다.

"이것은 쓸모없게 된 것이지. 버린 사람이 무지해서 말일세."

그러고는 뒤쪽 선반 위에 놓여 있던 곱게 감긴 실타래를 하나 보여주며 말하였다. 그것은 누군가 버린 엉킨 실을 풀어 다시 감아놓은 것이었다.

"이것이 바로 지능이라네. 머리를 사용하면 쓸모없어 보이는 것도 쓸 수 있게 되는 것이지."

그는 계속하여 자기 앞에 놓인 낡은 잡동사니를 가리키며 말을 이었다.

"여기 이 앞에 있는 것이 몽땅 쓰레기처럼 보이나? 그렇지만 결코 쓰레기가 아니라네. 우리가 머리를 쓰면 이것들을 훌륭하게 재활용할 수 있거든. 자, 그럼 한번 시작해볼까?"

낡은 남포등을 깨끗하게 닦고, 유리등피를 그을음으로 새까맣게 칠한 뒤에 그 위에 바늘구멍 하나를 뚫어놓았더니 현미경 반사경을 대신할 만한 훌륭한 발광기가 되었다. 잉크병에 코르크 마개를 끼우고 구멍을 뚫어 심지를 박자 훌륭한 분젠버너가 되었다. 커다란 찻잔은 약품을 빻는 막자사발로 사용하였고, 연필처럼 생긴 짧은 나무토막은 부드러운 헝겊을 감아 끝을 둥글게 만들어 절구공이로 사용하였다. 작은 빈병에는 라벨을 붙이고 화학약품을 보관하였다. 끝이 살짝 깨지거나 이가 나간 병은 절단기로 깨끗하게 잘라내고 비커나 증류기로 사용하였다. 함석 조각은 못으로 구멍을 내어 여과기를 만들었는데, 못의 크기에 따라 다양한 크기의 여과기를 만들 수 있었다. 이것만 있으면 토양 샘플을 정확하게 측량할 수 있을 것 같았다.

이것을 본 학생들은 넋이 빠졌고, 실험실을 만드는 사이에, 그들은 더 이상 조지 카버의 실력과 재치를 의심하지 않게 되었다. 이 수업만큼 가치 있는 수업도 없었을지 모른다. 훗날 이 학생들이 터스키기 학교를 졸업하고 멀리 가난한 농장으로 진출하였을 때, 그들은 장비 탓을 하지 않았다. 그들은 이미 값비싸고 정교한 기구가 성공의 필수조건이 아니라는 사실을 깨달은 것이다.

그렇다. 조지 카버는 이처럼 남들이 버린 폐품이나 쓰지 않는 물건을 가지고 남부를 재건하는 일을 시작하였다. 열세 명의 학생 농부들과 함께 시작했으니, 그가 처음으로 이런 일을 시작한 셈이다. 그는 자기가 터스키기에 있는 것은 결코 자기 자신의 이익을 위한 것이 아니라고 말한 바 있다. 물론 학교도 학교 스스로를 위해 있는 것이 아니었다. 학생들을 가르쳐 이들이 결국 가난한 흑인들을 돕도록 하는 것이 교육의 궁극적인 목표였다.

"자 여기 이 앞에 있는 것이 몽땅 쓰레기처럼 보이나?
그렇지만 결코 쓰레기가 아니라네.
우리가 머리를 쓰면 이것들을 훌륭하게 재활용할 수 있거든.
자, 그럼 한번 시작해볼까?"

조지 카버는 기회가 있을 때마다 학생들에게 이렇게 말하곤 하였다.

"자네들이 성공했는지 아닌지의 여부는 입는 옷이나 통장의 잔액으로 판가름되는 것이 아니라네. 정말 중요한 것은 자네들이 우리 동족인 흑인들에게 얼마나 봉사할 수 있는가 하는 것이지."

카버 박사는 학교 행정을 맡은 '사무실 사람들'을 조르고 졸라서 두 마리의 말이 끄는 쟁기를 사들이는 데 성공하였다. 사무실 사람들은 그런 것을 본 적도 없었고, 사실 그것이 무엇인지도 몰랐기에 처음에는 반대했으나, 그의 끈질긴 요구에 결국은 사기로 결정한 것이다. 쟁기가 도착하던 날 아침, 그는 말과 함께 직접 쟁기를 메고 학생들에게 자기를 따라오라는 몸짓을 보냈다. 몇몇 학생들은 북부에서 온 신사가 두 마리의 말 뒤에서 쟁기를 메고 있는 모습을 보고 낄낄거리려고 하였다. 이때, 실험실에서 보여준 마법과 같은 일을 생생하게 기억하는 학생들이 이들을 말렸다. 그들 가운데 어느 누구도 이때 카버 박사가 힘차게 외치던 소리를 결코 잊지 못할 것이다.

"더 깊이! 더 깊이 갈도록 하게! 보습이 흙 속에 깊숙이 박히도록 해야 좋은 흙이 올라온단 말일세!"

그는 학생들에게 우유에서 크림을 분리하여 뽑아내는 것을 가르치기 전에, 먼저 크림 분리기를 조립하고 청소하는 법을 가르쳤다. 혀가 꼬부라질 것 같은 식물의 학명을 가르치기

보다는 식물을 직접 보고 관찰하고 연구하도록 하였다.

"이제 곧 고구마에 대한 여러 가지 지식을 습득하게 될 텐데, 그 가운데 첫 번째로 배우게 될 것은 이 식물의 꽃이 나팔꽃하고 똑같이 생겼다는 사실이라네."

카버 박사는 '대충'이라는 말을 쓰지 않았고, 또 학생들에게도 그렇게 하라고 가르쳤다. 어떤 일이든 옳으면 옳은 것이고 그르면 그른 것이지, 대충 옳다는 것은 없다고 생각한 것이다. 또 충분하면 충분한 것이고, 불충분하면 불충분한 것이었다.

"다섯 피트 되는 도랑을 건너는데 '대충' 네 피트쯤 뛰고 나머지는 '대충' 흙탕물을 뒤집어쓸 생각이라면, 여기까지 오느라 힘들었겠지만, 여러분은 잘못 온 것이네."

그는 또한 행동은 안 하고 말만 앞서는 학생들을 꾸짖어 말하였다.

"그렇게 말만 많이 하지 말게. 생각이 깊은 사람은 입을 벌리고 있지 않는 법이라네."

카버 박사는, 농사야말로 삶의 가장 근원적인 것이라는 사실을 수백 번이나 강조하며, 농사일을 비하하는 사람들과 맞서 싸웠다.

"평범한 일을 비범하게 잘하는 방법을 배우게. 특히 이것을 명심해야 할 것일세. 식탁을 차리는 데 도움이 되는 것은 그게 무엇이든 아주 가치 있는 일이라는 것을 말이야."

그는 토양과 비료와 식물의 성장의 관계를 연구하는 데 심혈을 기울였다. 그는 주위 사람들에게 "땅은 그 땅속에 들어 있는 양분의 양만큼만 우리에게 되돌려줄 수 있는 법"이라고 주장하며 동물 배설물을 이용한 방법 이외에도 다양한 방법으로 땅을 비옥하게 할 수 있다는 사실을 밝혀냄으로써 사람들을 놀라게 하였다.

조지 카버의 첫 학생들 가운데 하나인 제이콥 존스는 훗날 오클라호마 주에서 변호사가 됐지만, 카버 박사와 함께하던 시절을 결코 잊지 못했다.

"카버 박사님은 인간의 두뇌에는 측량할 수도 없을 만큼 무궁무진한 능력이 있다고 말씀하셨습니다. 바로 제 두뇌가 그렇고 다른 사람의 두뇌도 마찬가지라고 하셨지요. 누구든지 원하기만 하면, 그러니까 단지 원하기만 하면 그것을 최대한 이용할 수 있는 것이라고 말입니다."

그 당시 터스키기 학교에는 여러 교수들이 있었는데 그중 파머 교수는 터스키기에서 학생들을 가르치며 여생을 보냈다. 톰 캠벨 교수는 흑인으로서는 최초로 미연방 농림부의 현장 담당 정부직원이 되었다. 샌포드 리 교수는 훗날 조지 카버에 대한 이야기를 들려주었는데, 그에 따르면 조지 카버는 닭이라든지 과일나무나 꽃에 관한 책이 아무리 좋다고 하더라도 그것들을 직접 주의 깊게 관찰하는 것만 못하다고 말하였다. 책에서는 그렇게 못하지만, 직접 부딪쳐 보고, 듣고, 만지면 하나님의 음성을 들을 수 있다는 이유에서였다.

조지 카버가 끼친 영향은 매수업뿐만 아니라, 세대에서 그 다음 세대로까지 이어졌다. 40년쯤 뒤에 조지 카버가 세운 실험실, 그러니까 터스키기 학교에 와서 일하게 된 어떤 조교가, 자기는 코넬 대학교를 졸업했지만 카버 박사의 제자라고 말할 정도였다.

1896년 20에이커의 학교 농장에서 수확한 것은 별로 실하지도 못한 목화솜 5포대와 고구마 120포대, 하루 한 컵 정도의 딸기와 세 마리의 젖소에서 짜내는 하루 6리터 정도의 우유가 전부였다. 그래서 그해의 손해액은 16달러 50센트에 이르렀다. 카버 박사는 그때 일을 생각하며 이렇게 말했다.

"사람들은 그 땅이 앨라배마에서 가장 척박한 땅이라고 말했습니다. 저 또한 그들의 말이 옳다는 것을 알고 있었습니다. 그렇지만 그 땅 말고는 다른 대안이 없었지요. 제가 할 수 있는 일이라고는 이에 실망하여 주저앉아 울고 있든가, 아니면 그 척박하다는 땅을 개간하여 비옥하게 만드는 일뿐이었습니다."

카버 박사는 워싱턴 박사에게 3년 간 농학 실험용으로 쓸 수백 파운드의 인산비료를 애틀랜타에 있는 어떤 비료회사에 기증해달라는 요청을 해줄 것을 부탁하였다. 그러나 기대하던 비료 대신 편지 한 통이 날아왔다.

"귀교가 계획하는 실험에 원칙적으로 동의합니다. 그러나 솔직히 말씀드려서, 남부의 토질에서 이러한 과학적인 실험을 감행할 수 있는 흑인이라고는 단 한 사람, 조지 카버 박사밖에 없습니다. 그런데 불행히도 그는 지금 터스키기가 아니라 아이오와 대학교에 있기 때문에 귀교의 요청을 들어줄 수 없습니다. 죄송합니다."

이에 워싱턴 박사는 의기양양하여 답장을 보냈다.

"지금 조지 카버 박사는 바로 터스키기에 있습니다. 이 실험을 할 사람이 바로 그 사람입니다."

그러자 일주일도 안 되어 비료가 도착하였다.

카버 박사는 이때부터 하루도 거르지 않고 학생들과 함께 밖에서 살다시피 하였다. 20에이커의 농장 땅을 여러 구획으로 나눈 뒤 실험이 진행되었는데, 이때 카버 박사는 아주 사소한 것이라도 세심하게 주의를 기울여 살필 것과 모든 결과를 정확하게 측정할 것을 특별히 강조하였다. 그래서 그는 이런 말로 학생들의 주의를 환기시켰다.

"여러분은 지금 살아 있는 생명을 다루고 있네. 조심해야 하네!"

또 이런 명령은 하루도 빠지지 않았다.

"더 깊이, 더 깊이 파게나!"

얼마 뒤 앨라배마 주 의회가 터스키기 학교의 농장을 공식적으로 후원하게 되었고, 이 농장은 앨라배마 주의 농업실험 지부가 되었다. 땅에 비료를 얇게 뿌리고 나자, 학생들은 곡물을 심을 차례라고 생각했다. 그러나 조지 카버의 생각은 달랐다.

"이제 우리는 땅에다가 감자 정도 되는 영양분을 먹인 셈이야. 이제는 고기와 채소 같은 영양분을 먹일 차례지.”

이렇게 그림 그리듯 쉽게 설명하니, 땅도 양분을 골고루 공급받아야 한다는 카버 박사의 가르침을 학생들은 결코 잊을 수 없었다. 그런데 남부의 소작농들은 화학비료를 구할 형편이 못 되었다. 따라서 터스키기 학교의 농업실험이 가난한 농부들을 돕기 위한 것이라면, 어디서든 누구나 쉽게 구할 수 있는 재료만을 사용해야 했다. 카버 박사는 아주 이상적인 재료가 있다고 말했다. 그것도 바로 학교 안에 말이다.

이제 학생들은 카버 박사의 엉뚱한 말과 행동에 익숙해져서 웬만한 것에는 눈 하나 깜짝하지 않았다. 질문도 필요없었다. 그렇지만 카버 박사가 학생들을 이끌고 또다시 쓰레기 더미로 올라가자 학생들은 어리둥절하지 않을 수 없었다. 이번에는 지난번과는 다른 쪽에 있는 쓰레기 더미로, 학교의 북쪽 지역이었다. 바로 '야수의 숲'이라고 불리는 곳 뒤쪽에 위치한 쓰레기 처리장이었는데, 그곳은 주로 통조림 깡통이나 건축용 모래가 쌓인 곳이었다. 또한 잡초가 무성했고, 부엌에서 나온 쓰레기가 곳곳에 널려 있었다. 이 쓰레기 더미 한가운데로 커다란 호박 넝쿨이 뻗어나와 있었다. 호박 넝쿨은 갖가지 쓰레기를 비집고 나와 주렁주렁 매달린 탐스런 호박을 과시하는 듯 보였다. 누가 호박씨를 뿌린 것이 아니었다. 남은 음식과 함께 버려진 호박씨 하나가 떨어져 뿌리를 내리고, 또 아무도 가꾸지 않았지만 유기질이 풍부한 쓰레기 더미에서 무럭무럭 자라난 것이다. 이 결과물이 바로 카버 박사의 또 다른 교재였다. 이것이야말로 정말 살아 숨쉬는 교재가 아니던가!

"우리가 의식하지 못하고 매일매일 버리는 쓰레기보다 더 훌륭한 비료는 없다네."

카버 박사는 이렇게 말하고는, 학생들과 함께 숲속으로 들어가서 그늘진 곳에서 썩은 나뭇잎과 흙을 파다가 양동이에 담아 가지고 돌아왔다. 이것으로 즉석에서 퇴비더미를 만들어서 밭에 뿌렸다. 그 위에 모래흙을 한 층 쌓고, 또 그 위를 동물의 배설물이나 음식물 쓰레기 같은, 구할 수 있는 모든 유기물 쓰레기로 덮었다.

다른 학생들이 하품을 하는 동안, 초보 농부나 마찬가지인 카버 박사 일행은 열심히 일하였다. 거름으로 쓸 만한 것을 찾아내기라도 하면 승리의 환호성을 지르며 야채 껍질이나 고깃기름 덩어리, 또는 헛간에서 나온 쓰레기를 들통에 담아 퇴적더미로 가져와서 거름을 만들었다. 이듬해 봄이 되자 거름더미는 영양분이 가득한 시커먼 부식토가 되었고, 이것을 20에이커의 농장에 뿌렸다. 당연한 일이었겠지만 학생들은 처음부터 자기들이 열심히 일궈놓은 이 비옥한 땅에 목화를 심을 것이라고 생각했다. 그런데 카버 박사는 목화가 아니라 콩을 심겠다고 했다. 콩이라니! 아니, 이렇게 뼈 빠지게 고생해서 일궈놓은 땅에 그깟 돼지사료로나 쓸 콩을 심다니!

그런데 분명히 콩이었다. 카버 박사는 인내심을 갖고 학생들에게 설명했다. 모든 식물은 단백질을 생성하기 위해 땅속에 있는 질소화합물을 많이 빨아들이는데, 특히나 목화는 모든 식물 가운데서도 질소를 가장 많이 소비한다는 것이다. 그러나 모든 콩과에 속하는 식물은 식물 가운데 유일하게 질소를 공기 중에서 흡수하여 땅에 공급해준다는 것이다. 따라서 가격이 파운드 당 17센트밖에 안 하는 콩을 심게 되면, 또 다른 필수적인 비료 원료를 거의 공짜로 얻는 것이나 마찬가지라고 역설했다.

그래도 학생들은 카버 박사에게 전적으로 동의하지 않았다. 그들은 도대체 콩을 어디에 쓸 수 있다는 것인지 의심하며 불평했다. 드디어 첫 수확을 하게 되었고, 카버 박사는 이 콩을 어디에 쓸 수 있는지 학생들에게 직접 보여주었다.

어느 날 저녁, 늘 학생들을 깜짝깜짝 놀라게 하는 카버 박사가 농학과 학생 전체를 특별한 저녁식사에 초대했다. 카버 박사가 모든 음식을 직접 만든 그런 만찬이었다. 학생들은 팬케이크와 감자 요리와 덩어리째 조리된 맛있는 고기를 먹었다. 매일 네모난 옥수수빵과 채소만 먹다가 맛있는 만찬을 먹으니, 꿀맛이 아닐 수 없었다. 실컷 먹고 배가 부르자, 다들 카버 박사에게 잘 먹었다는 인사를 드렸다. 그때서야 카버 박사는 오늘 먹은 이 음식이 모두 콩을 갈아서 만든 것이라는 사실을 털어놓았다.

농사를 제대로 지은 첫해 연말에 결산해보니, 학교 농장에서 생산된 것을 11월까지 학교 식당에 공급하는 것을 포함하여 에이커 당 4달러의 이익을 남긴 것으로 밝혀졌다. 이듬해 봄, 카버 박사는 윤작의 효과를 강조하며, 이번에는 학생들에게 고구마를 심게 하였다. 그리고 다른 종류의 콩을 심어 실험하게 했다. 그것은 바로 메주콩이었다. 메주콩은 중국의 주요 농산물이었으나, 미국에는 아직 알려지지 않은 작물이었다. 그리고 언젠가 시골에서 본 식물인데, '땅콩'이란 열매를 맺는 작고 못생긴 덩굴식물도 심었다. 당시에 땅콩은 별 가치가 없어서, 몇 안 되는 소수의 농부들만이 재배하고 있었다. 그것도 팔기 위해서가 아니라, 자기 아이들이 볼록한 껍질을 탁 까고 그 안에 들어 있는 열매를 꺼내 먹는 것을 좋아하기 때문이었다.

농사를 짓던 두 번째 해에는 에이커 당 고구마 265포대를 거두어들였는데, 이는 평균 수확량의 6배가 넘는 것이었다. 드디어 카버 박사가 목화를 심자, 백인과 흑인을 막론하고 농부들이 죄다 실험실로 몰려와 그 완벽한 줄기와 목화솜을 넋을 놓고 바라보았다. 어떤 목화나무에는 자그마치 275송이나 되는 커다랗고 새하얀 목화송이가 달렸다. 수확량은 자그마치 에이커 당 500파운드에 달하였다. 전에는 이 지역의 땅에서 이렇게 수확량이 많은 목화 농사는 상상조차 할 수 없었다. 학생들과 농부들 모두 카버 박사의 솜씨에 경탄할 뿐이었다. 농사라고는 하나도 모르는 북부 지방 출신의 교사가, 어른이 되기까지 목화를 구경조차 못한 사람이 어떻게 평생 농사일만 한 농부들보다 더 잘 지을 수 있단 말인가? 이런 질문에 대한 카버 박사의 대답은 늘 한결같았다. 그것은 3년 동안 학생들에게 무수히 반복한 말이었다. 그러니까 어떤 식물이든 땅에서 자기가 필요로 하는 영양분을 흡수하고, 땅은 그 영양분을 식물에게 제공하는데, 식물과 땅의 영양분을 잘 조화시키는 것이 바로 농부가 해야 할 일이라는 것이다.

13명으로 시작된 농학과 학생수는 1897년에는 76명으로 늘었고, 학교에서 가장 바쁜 학과가 되었다. 농학과는 학과 스케줄 이외에도, 점점 커져가는 농장일로 날이면 날마다 할 일이 너무 많았다. 담장을 쌓거나 고치고, 가축 떼를 돌보며, 또 곡식을 심고 거두어야 했다. 그중 누구보다도 바쁜 사람은 카버 박사였다. 이때는 터스키기 학교가 급속하게 팽창하던 시기라 밀물처럼 밀려들어오는 신입생들을 수용하기 위해, 또 새롭게 제시되는 학교 발전 방안을 실현하기 위해 학교에 할 일이 더욱 많았던 것이다. 그런데 아직 학교 조직이 확립되지 않은 상태라 업무분담이 제대로 이루어지지 않았고, 그럴 때마다 허드렛일이 농학과로 넘어오는 일이 잦았다. 워싱턴 박사도 적지 않게 카버 박사에게 이런저런 부탁을 하였다.

"카버 박사님, 이 일 좀 맡아주실 수 있겠지요?"

그래서 카버 박사는 새로 짓는 농학관의 실내장식을 도맡았으며, 수질검사나 강우량을 측정하여 몽고메리에 있는 기상대에 보고하는 일도 맡아 했다.

그렇지만 카버 박사는 모든 일에 불평이 없었다. 일 하나하나가 자신이 이 세상에서 해야 할 유일한 일인 것처럼 최선을 다해 처리했다. 그런데 두 가지 행정적인 일로 점차 불만이 생기게 되었다. 그 가운데 하나가 바로 숙소 문제였는데, 비좁은 공간을 숙소 겸 연구소로 써야 하는 것이 너무 힘들었다. 또 하나는, 그가 '사무실 사람들'이라고 부르는 사람들이 자기가 하려는 일을 자꾸만 방해하고 귀찮게 하는 것이었다. 이 '사무실 사람들' 중에는 교장의 형인 존 워싱턴도 포함되어 있었다. 그들의 가치관은 편협하고 생각이 꽉 막혀 있었다. '사무실 사람들'은 조지가 처음 터스키기에 왔을 때부터 그에 대해 회의적이었다. 존 워싱턴이 동생인 부커 워싱턴에게 불평을 늘어놓았다.

"사실 우리는 과학자 같은 것은 애당초 필요없었어. 우리가 필요로 하는 사람은 목장에서 허드렛일을 하는 막일꾼이잖아."

그들은 농장 일에 대한 카버 박사의 계획이 터무니없다고 생각하여, 여러모로 방해하였다. 결국 어떤 식물을 어디에 심으라고 말하는 지경에까지 이르렀다. 카버 박사가 그들의 말을 듣지 않기라도 하면 필요한 물자를 공급해주지 않는 횡포를 부리기도 했다.

결국 이듬해 봄, 교장에게 정례보고를 할 때, 카버 박사는 하고 싶은 말을 다 써서 서면보고를 하였다.

"제 방에는 제 짐을 풀어놓을 만한 공간조차 없습니다. 그러니 넓은 방을 하나 마련해주십시오. 나 자신만을 위한 이기적인 생각으로 이런 말씀을 드리는 것이 아닙니다. 이것은 학교교육의 질과도 직접적으로 관련이 있습니다. 제 방에는 생쥐들이 들끓고, 이 쥐들이 제 짐짝을 뚫고 들어가 소중한 자료들을 망가뜨릴까봐 걱정입니다. 제가 여기 있는 동안 저를 좀 배려해주신다면, 오히려 제 능력을 충분히 활용하실 수 있지 않겠습니까? 언젠가 병든 가축을 고치기 위해 의학 잡지를 볼 일이 있었는데도, 그 잡지가 있는 책장이 자물쇠로 잠겨 있어 결국 볼 수가 없었습니다.…박사님, 행정을 맡고 있는 그 '사무실 사람들'에 대해서 한마디 드리겠습니다. 그들이 제 실험을 비웃는 것은 좋습니다. 그러나 그들이 제가 하는 실험에 참견하면서 이래라 저래라 하는 것만은 용납할 수 없습니다. 그것은 박사님 생각에도 그렇지 않습니까? 그러니 그들에게 제 일을 방해하지 못하게 말씀해주십시오."

이 두 가지 요구는 즉시 받아들여졌다. 농학관이 완성될 때까지 카버 박사가 실험실로 사용하도록 방 하나가 마련됐다. 그리고 '사무실 사람들'은 다시는 카버 박사의 일에 간섭하지 못하였다. 그 누구보다도 부커 워싱턴이 조지 카버의 공헌을 높이 평가했기에 가능한 일이었다. 사실 교장은 터스키기 학교에서 시도하는 흑인을 위한 새로운 교육의 핵심에 카버 박사가 버티고 있다고 생각했을 뿐 아니라, 카버 박사의 아이디어로 많은 경비를 절감하고, 또 다른 학과의 문제마저 많이 해결했다는 것을 잘 알고 있었다.

한번은 워싱턴이 학교에서 쓸 다량의 빈대약을 사들이는데 막대한 재정이 지출되는 것을 걱정하고 있었다. 빈대약은 갤런 당 자그마치 1달러 55센트나 하였다. 이 사실을 우연히 알게 된 카버 박사는 몇 가지 실험을 한 뒤 워싱턴에게 보고하였다.

"55센트면 빈대약을 만들 수 있습니다. 다만 기성품과의 차이점이라면, 제가 만드는 것에는 향이 없다는 것뿐입니다. 향이 비싸거든요. 그러나 빈대를 잡는 면에서 말씀드린다면, 기존의 약과 효과는 같다고 할 수 있습니다."

당연한 일이겠지만, 그가 만든 약은 매우 효과적이었다.

학교의 캠퍼스에는 나무 한 그루 보기가 힘들었다. 그야말로 썰렁하였다. 기념행사라도 있게 되면 분위기를 돋우기 위해 소나무 가지를 꺾어서 대충 땅바닥에 꽂아야 했다. 그것도 잠시, 가지들이 시들면 차라리 없는 것만 못하였다. 그래서 워싱턴은 조지 카버에게 가능하다면 학교 캠퍼스에 나무를 심도록 부탁하였다. 또한 학교 전체의 조경사업을 그에게 위임하였다. 카버 박사는 열정적으로 이 작업에 착수하여 땅을 고르고 언덕을 깎은 후에, 길가에 어린 나무와 관목을 가로수로 심고 군데군데 꽃도 심었다. 그래서 이것들이 크게 자랄 즈음, 이 황폐한 땅이 커다란 자연공원과 같은 경관과 분위기를 갖도록 하였다.

카버 박사가 추진하는 조경 계획 가운데 아무리 애써도 잘 되지 않는 부분이 있었다. 바로 길을 내는 일이었다. 아무리 신중하게 길을 만들어놓아도 교수건 학생이건 자기들이 가려는 목적지로 빨리 가기 위해 제대로 뿌리도 내리지 못한 어린 잔디를 밟고 다니기 일쑤였다. 그러니 잔디가 죽을 수밖에! 결국 카버 박사는 아무도 신경 쓰지 않는 표지판에만 의존해서는 안 된다는 것을 깨닫고는, 문제를 다른 방식으로 해결하려고 한발 물러서서 사람들을 유심히 관찰하기 시작하였다. 물론 좋은 방법이 있었다. 그 방법대로 하니 잔디가 잘 자랐다. 하루는 워싱턴 박사가 카버 박사와 잔디광장 앞에 나란히 서서 무럭무럭 자란 파란 잔디를 바라보다가 물어보았다.

"어떻게 한 것입니까?"

조지 카버가 대답하였다.

"잔디를 밟지 말라고 아무리 주의를 주어도 사람들은 듣지 않더군요. 저는 사람들이 자기가 가고 싶은 동선을 따라다닌다는 것을 알게 되었습니다. 그래서 그들이 주로 지나다니는 동선을 며칠 동안 주의 깊게 살펴보았지요. 그리고 바로 그 동선을 길로 만들어버린 것입니다."

카버 박사는 수의사 역할도 해야 했다. 그는 병든 돼지나 새끼를 밴 암소를 진찰하고 처방전을 써주었다. 어느 깊은 밤, 경비원이 실수로 덱스터라는 워싱턴 박사의 말을 총으로 쏜 일이 있었다. 말의 상태를 살펴본 카버 박사는 이런 처방을 내렸다.

"그냥 두어도 괜찮겠군요. 새 잡는 산탄이라 가죽도 멀쩡해요."

그러나 워싱턴 박사는 이 승마용 회색 말을 너무 사랑한 나머지 고민을 하다가, 카버 박사의 양해를 얻어 마을로 사람을 보내 백인 수의사를 불러왔다.

"음……."

러디 존슨이라는 백인 수의사는 말을 한참이나 유심히 살펴보았다.

"음…그냥 두어도 괜찮겠군요. 새 잡는 산탄이라 가죽도 멀쩡해요."

그의 처방은 카버 박사의 처방과 조금도 다르지 않았다. 물론 카버 박사는 이 사실을 떠벌리고 다니지 않았다. 하지만 이 광경을 지켜본 몇몇 사람들이 수군거리며, '자기네' 카버 박사의 처방이 마을에서 온 백인 수의사의 처방과 정확히 일치했다며 소문을 냈다. 이리하여 카버 박사의 명성은 높아만 갔다.

카버 박사의 뜻을 다 헤아릴 수 있는 사람은 없었다. 그는 평생을 비좁은 실험실 주위에서 지냈다. 거기서 갖가지 토양과 곰팡이와 곤충 등을 실험하고, 관찰하고, 연구하였다. 그는 현미경으로 관찰한 것이라면 그것이 무엇이든 모두 꼼꼼하게 기록하여 자료를 만들어나갔다. 한번은 카버 박사의 방을 정돈하는 일을 맡은 월터 키스라는 학생이 방을 청소하다가 진흙이 담긴 통을 버리려고 하자 카버 박사가 말렸다. 키스는 어리둥절하여 물었다.

"교수님, 이 흙은 벌써 실험하신 것이에요. 이걸 안 버리면 어떻게 하실 건가요?"

카버 박사가 키스에게 대답하였다.

"여보게, 이것 좀 보게나. 무엇 보이는 게 없나?"

"글쎄요. 진흙밖에 안 보이는데요."

키스는 이런 종류의 흙을 평생 보아왔기 때문에 이런 평범한 흙에 특별한 관심을 두는 것을 전혀 이해할 수 없었다. 카버 박사가 말을 이었다.

"자, 색깔을 유심히 보게. 어디 다른 데서 이런 찬란한 붉은 빛이라든지 노란빛을 본 일이 있는가? 저 흙에서 색소만 뽑아낼 수 있다면……."

키스는 카버 박사를 이해할 수 없다는 듯이 쳐다보았다. 그가 보기에 지금 가엾은 카버 박사는 제정신이 아니었다. 키스는 오히려 어린아이에게 말하듯이 점잖게 대답했다.

"교수님, 그것은 불가능해요. 흙에서 어떻게 색소만 빼내겠어요? 색소는 흙의 일부예요. 절대 흙과 분리될 수 없잖아요."

"글쎄, 나도 잘은 모르겠네만, 일단 하나님께 물어봐야겠네. 어쨌든 이 흙을 절대 버리지는 말게."

학생들은 생명이 있는 것이라면 무엇이든 그 비밀을 밝혀내는 카버 박사의 초인적인 능력에 경탄하였다. 물론 그들은 아직 한참이나 젊기 때문에 자기들도 언젠가는 카버 박사와 어깨를 견줄 만한 때가 올지도 모른다는 희망을 가졌을 것이다. 한번은 학생들이 장난삼아서 딱정벌레의 몸통에 거미의 다리와 왕개미의 머리를 끼어 기괴한 모습의 곤충을 만들었다. 그들은 카버 박사도 이번에는 이것이 어떤 곤충인지 모르리라고 생각했다. 카버 박사의 난처한 얼굴을 생각하니 웃음이 터져나오려고 했다. 그들은 웃음을 꾹 참으며 카버 박사에게 곤충을 보여주고는 천진난만한 표정으로 물어보았다.

"교수님, 이 요상한 벌레 좀 보세요. 헛간에서 잡았는데 무슨 벌레인지 도무지 모르겠어요. 이것이 도대체 어떤 종류의 벌레인가요?"

그렇지만 결국 웃을 수 있는 사람은 카버 박사였다. 그는 한번 흘낏 쳐다보고는 쉽게 대답했다.

"음, 그래, 이것은 우리가 흔히 '장난벌레'라고 부르는 바로 그것이군."

조지 카버는 터스키기 학교의 첫 번째 졸업식을 결코 잊지 못했다. 졸업식에는 수백 명의 학부모와 친척들이 참석했다. 더러는 마차나 말을 타고 왔고, 더러는 그냥 걸어서 왔다. 학교 캠퍼스는 사람들로 북적거렸다. 그들은 "우리 아들 찰스는 공부를 잘했나요? 그 녀석, 말은 잘 들었나요?"하고 궁금한 것을 묻고, 또 교실과 실습실과 기숙사를 구경하며 그 시설에 경탄하였다. 학교가 이렇게 성장한 것은 기적이나 다름없다고 생각했다. 이제 이 학교는 흑인들의 꿈을 이루어줄 곳으로 부족함이 없어 보였다.

졸업식에서 연설을 맡은 워싱턴 교장은 전형적인 졸업 연사와는 확연히 달랐다. 그는 한번도 성공이라는 말을 입 밖으로 내지 않았다. 그는 목에 빳빳하게 힘을 주고 스스로 자랑스러워하는 졸업생들에게 이런 말을 들려주었다.

"이제 여러분은 여러분이 왔던 그곳으로 돌아가십시오. 돈 잘 버는 일을 찾느라 시간을 허비하지 마십시오. 보수를 받을 수 없다면, 차라리 무보수로 봉사하고 섬기는 일을 한다는 자긍심을 가지십시오. 돈보다는 명예가 우선입니다."

그해 여름, 카버 박사는 워싱턴 박사의 권고에 따라 앨라배마 주에 서식하는 각종 세균에 관한 논문을 썼다. 또한 연방 농림부가 주관하여 전국적으로 식물표본을 수집하는 데 100개도 넘는 표본을 기증하였다. 7월에는 수도인 워싱턴 시로 가서 미국에서 유통되는 약초에 관해 열린 범미약학대회에 참석하였다. 식물에서 축출한 약 가운데서 효능이 임상적으로 증명되고 이미 오랫동안 실제로 사용된 약이 많이 있었지만, 이것들이 어떤 것인지 체계적으로 정리가 되지 않았는데, 이 대회에서는 이것을 분류하고 체계적인 목록을 만드는 일이 진행되었다. 물론 이미 많이 알려진 식물에 대해서도 정확한 교정이 이루어졌다. 이때 카버 박사는, 남들은 실험은커녕 한번도 들어보지도 못한 10여 개의 약초에 대해 발표했는데, 실험 결과 대다수의 약초가 치료효과가 있다는 것이 공식적으로 인정되었다.

워싱턴 시에 있는 동안 그는 자신의 은사이자 최근 매킨리 대통령 정부의 농림부 장관으로 취임한 제임스 윌슨 박사를 만나러 갔다. 다시 만난 두 사람은 몹시 기뻐하였다. 윌슨 장관은 한때 자신의 학생이던 카버 박사에게 무엇이든 해주고 싶었다. 그래서 혹시 무슨 도와줄 일이 있느냐고 묻자, 카버 박사는 이렇게 대답했다.

"선생님께서 우리가 터스키기 학교에서 하는 일이 중요하다는 것을 인정해주신다면, 학교로서는 그보다 더 큰 영광이 없을 것입니다. 우리 학교를 인정하신다는 표시로 학교를 한 번 방문해주시는 것이 가장 좋을 것 같습니다. 가을에 우리 학교 농학관 봉헌식이 있는데, 혹시 방문해주실 수 있으신지요?"

윌슨 장관은 조금도 머뭇거림 없이 흔쾌히 승낙하였다.

"내가 갈 것이라고 지금 당장 광고부터 하게나."

농학관 봉헌식은 터스키기 학교 15년 역사상 가장 고귀하고 화려한 기념식이었다. 연방정부가 이 학교의 이름을 공식적으로 언급한 것도 처음이었고, 이렇게 지위가 높은 고위공직자가 이 학교를 방문하는 것도 처음이었다. 불꽃이 하늘을 수놓았고, 악대는 흥겨운 음악을 신나게 연주하였다. 이날 행사에는 주지사도 두 명이나 참석했다. 또 인근 도시의 시장들이 10여 명이나 참석했고, 그 외에도 저명한 판사, 교수, 기자, 목사들을 포함하여 5,000명에 이르는 많은 축하객이 몰려와 윌슨 장관의 기념사에 귀를 기울였다. 새 건물에는 슬레이터 암스트롱이라는 이름이 붙여졌고, 윌슨 장관은 다음과 같이 기념사의 결론을 맺었다.

"저는 농업에 관한 연구가 터스키기 학교에서 이제 막 시작되는 새로운 학문이 아니라는 것을 잘 알고 있습니다."

윌슨 장관은 마지막에 카버 박사를 똑바로 쳐다보면서 말을 맺었다.

"그렇지만 농학 분야에 대한 놀라운 혁신이 바로 이 학교에서 이루어지리라고 확신합니다."

카버 박사는 이제 새로운 방식으로, 지친 몸을 추스르고 새로운 힘을 충전할 수 있게 되었다. 일요일 저녁마다 앨라배마홀의 영빈실로 가서 피아노 앞에 앉아 마음껏 연주할 수 있게 된 것이다. 사실 이곳은 아무나 들어올 수 있는 곳이 아니었다. 그러나 카버 박사는 여기서 피아노를 치면서 정신적인 피로를 풀곤 했다. 다음 한 주간 처리해야 할 수많은 사소한 문제들뿐만 아니라, 어쩌면 불가능해 보이는 원대한 도전에 대한 복잡한 심경을 잠시나마 털어버리고 음악에 깊이 도취되어 있다보면, 새로운 힘이 솟아났다.

또한 잠시 잊고 지내던 옛 추억, 그러니까 주변에서 자신을 지켜보며 용기를 주던 사람들의 얼굴과 목소리가 떠올랐다. 수잔의 얼굴이 떠오르자 "조지, 이제 충분히 많이 배우지 않았어?"하고 말하던 목소리가 들리는 듯하였다. 마리아 와킨스의 얼굴도 떠올랐다. 자기가 배운 학식을 동료 흑인들에게 나누어주라며 자신을 세상으로 보낸 사람이 바로 마리아였다. 아름다운 피아노 연주로 음악의 세계를 막연히 동경하게 하였을 뿐만 아니라 실제로 음악과 지식의 세계에 눈을 뜨게 한 페인 부인의 모습, 보잘것없는 가난한 자신과 자신의 허황된 꿈을 믿어주고 격려해준 밀홀랜드 부인의 모습도 눈에 선하였다.

이분들이 지금의 나를 본다면, 다들 대견해하실까? 이 지독하게 가난한 학교에서 고생하면서, 오랫동안 버려진 땅을 어떻게든 살려보려고 쟁기로 밭을 뒤엎고 가는 나의 모습을 본다면 어떻게 생각하실까? 배우지 못한 젊은이들에게 어렴풋하게나마 광명의 빛을 밝혀주려고 애쓰는 나를 본다면 뭐라고 말씀하실까? 아무것도 없이 그저 최소한의 자원과 변변치 못한 농기구를 가지고 농사를 짓는 나를 과연 자랑스러워하실까? 이런 생각을 하면서 그의 손가락은 피아노 건반 위를 춤추며 다녔다.

이내 학생들과 몇몇 교수들은 일요일 저녁마다 열리는 이 작은 '콘서트'의 열렬한 방청객이 되었다. 이들은 조용히 서서, 또는 의자도 없이 바닥에 앉아서 연주를 감상하였다. 카버 박사는 관객을 아랑곳하지 않고 마치 이 세상에 자기 혼자 남아 있는 것처럼 음악에 푹 빠져 연주하였다. 그가 "스윙 로우 스위트 체리엇" 같은 흑인영가라든지, 헨델의 작품이라든지, 또는 예전에 농장에서 흑인 노예들이 하루 일과를 마치고 부르던 가벼운 멜로디를 연주할 때면, 모두들 황홀경에 빠져들었다. 그러다가 취침 시간을 알리는 종이 울리면 부랴부랴 각자의 방으로 향했다. 급한 중에도 가끔씩 카버 박사를 격려하는 말을 전하는 사람도 많았다.

"아, 우리 아버지께서 교수님의 연주를 들으셔야 하는데… 너무 좋아하실 거예요."

"지난번에 우리 교회에 누가 와서 피아노를 치긴 했는데, 교수님의 연주만 못해요."

어느 일요일 저녁, 학교 재무부장인 워렌 로건이 카버 박사의 피아노 연주를 들은 뒤에 이렇게 말하였다.

"카버 박사님, 박사님 실력은 여기서만 연주하기에는 너무 아까워요. 각 도시를 돌아다니며 순회공연을 하는 건 어떨까요?"

카버 박사는 웃으며 대답하였다.

"고맙습니다만, 저는 선생이지 피아니스트가 아니에요."

그러자 로건은 지지 않고 말하였다.

"물론이죠. 워싱턴 박사님도 사실 학교 교장이지 대중 연설가는 아니시지요. 그렇지만 학교를 위한 기금을 조성하기 위해 전국을 돌아다니며 연설하시잖아요."

사실이 그러했다. 터스키기 학교의 발전기금을 조성하기 위해 워싱턴 교장이 보스턴이나 볼티모어, 뉴욕, 애틀랜타와 같은 대도시를 돌며 대중을 모아놓고 정열적으로 연설을 하지 않았다면, 또한 그런 호소력 있는 연설을 할 재능이 없었다면, 이 학교는 이미 오래 전에 학생들을 각자의 집으로 되돌려 보내고 문을 닫았을 것이다. 두 사람은 한참 동안 아무 말 없이 서로의 얼굴만 쳐다보았다. 카버 박사도 학교의 경제적인 형편을 잘 알고 있는 터였다. 그러면서도 농장을 12에이커나 15에이커 정도 더 넓히고 싶었으며, 가축도 조금 더 사들이고 싶었다. 아마도 농장을 새로 하나 만들고 싶었는지도 모른다.

“그래요? 그러면 이번 여름에 순회공연을 할 수 있도록 사전준비를 좀 해주실 수 있겠습니까?”

로건이 씩 웃으며 대답하였다.

“벌써 반 이상 준비된 거나 마찬가집니다.”

학교에서는 일찌감치 광고전단을 만들어 터스키기 학교의 일반 생활 및 산업 연구소장인 카버 박사가 연주회를 할 것이라는 소식을 널리 전하였다. 앨라배마, 조지아, 루이지애나, 텍사스 주 등의 크고 작은 여러 도시뿐 아니라 각 지역의 마을회관 및 흑인 교회와 백인 학교에까지도 전단을 뿌렸다. 학교에서는 어렵사리 돈을 마련하여 카버 박사가 입고 연주할 연미복을 샀다. 로건은 기대에 차서 말하였다.

“아주 기대가 큽니다.”

드디어 1899년 7월 8일 조지 카버는 순회공연을 떠났다. 그는 몽고메리, 사바나, 베턴루지 시와 같은 대도시와 수많은 작은 마을 등지에서 연주를 하였다. 연주회는 쉴 새도 없이 계속 이어졌다. 낮 시간 동안에는 기차로 이동하고, 저녁에 도착하자마자 바로 연주를 해야 할 정도였다. 공공건물에서 연주하기도 하였고, 개인 집에서 연주하기도 하였으며, 때로는 헛간에서 연주하는 경우도 있었다. 멋진 그랜드 피아노를

조지 카버는 순회 공연을 떠났다.
그는 몽고메리, 사바나, 베턴루지 시와 같은 대도시와
수많은 작은 마을 등지에서 연주를 하였다.
연주회는 쉴 새도 없이 계속 이어졌다.

치는 날도 있었고, 낡아빠진 피아노를 치기도 하였다. 한번은 풍금으로 연주한 일도 있었다. 텍사스 주 동부 지역 어느 마을에서는 그가 흑인이라는 것을 미처 알지 못한 백인들의 야유로 피아노 의자에 잠시 앉았을 뿐 건반 하나 건드리지 못하고 쫓겨나기도 하였다. 그렇지만 감동적인 일도 있었다. 조지아 주의 어느 학교에서 연주한 뒤 백인 부부가 조지를 찾아와 눈가에 눈물을 머금고는, 이런 감동적인 음악을 이전에 들어본 적이 없으며, 또한 음악에 이처럼 사람의 영혼을 사로잡을 수 있는 아름다움이 깃들어 있다는 사실을 미처 알지 못했다고 고백한 것이다.

매일 밤, 그는 낡고 허름한 호텔 방구석이나 덜거덕거리는 기차 안에서 동전과 지폐를 꼼꼼히 정리하였다. 5주 동안의 긴 순회공연을 마치고 터스키기로 돌아왔을 때 그가 모금한 액수는 350달러 가까이 되었다. 그 후로 카버 박사는 연주하면서 입었던 연미복을 두 번 다시 입지 않고 옷장 속에 고이 간직하였다. 입지도 않을 옷을 왜 그리 소중하게 간직하느냐는 질문이라도 받으면, 그는 잠시 추억에 잠기듯 살며시 미소 지으며 이렇게 대답하였다.

"아, 그거요? 제가 한때 피아노 연주자로 순회공연을 다녔다는 기념품이에요."

그해 여름, 카버 박사는 또다시 자기 동족인 흑인들의 누추한 집과 처참한 생활을 보게 되었다. 가는 곳곳마다 굶주림에 시달리는 비쩍 마른 흑인들이 있었다. 열 명도 넘는 흑인들이 비좁은 단칸짜리 판잣집에서 함께 살았다. 쓰러질 듯한 판잣집 문을 열고 나오면 바로 돼지우리였다. 그 너머로는 목화밭이 끝없이 펼쳐져 있었고, 흑인들보다 더 귀중하다는 목화솜이 온통 나부끼고 있었다. 그들의 얼굴표정을 보자 카버 박사는 손끝 하나 움직일 수조차 없었다. 그들은 아무런 희망도 없이, 아무런 저항도 없이 세상에 항복하겠다는 비굴하기 짝이 없는 표정을 짓고 있었다. '무엇을 이루려고 노력하거나 희망을 품는 것은 아무 소용없다.'는 거역할 수 없는 신의 목소리라도 들은 듯하였다. 이 땅에서 사는 자신들의 짧은 생애는 물론, 세대를 거듭하며 이어질 후손들의 운명도 불행과 고통으로 가득하리라는, 저항할 수 없는 말을 듣기라도 한 듯하였다.

그렇지만 그렇게 되어서는 안 되었다. 학교 전체가 어둠에 묻힌 뒤에도 카버 박사는 한참 동안이나 자기 방에 불을 밝히고 앉아서, 가난이라는 무서운 모순을 해결하기 위해 생각에 생각을 거듭하였다. 사실 가난이라는 문제는 땅을 개간하고 비옥하게 함으로써 더 많은 농작물을 생산하면 해결될 수 있다고 생각하였다. 궁핍과 절망과 터무니없는 낭비에 대해서도 많은 생각을 하였는데, 카버 박사는 이 모든 문제가 무지에서 시작되었기 때문에 결국 교육으로 해결될 수 있다는 결론에 도달하였다. 땅은 메마르고 기력이 다했지만, 얼마든지 다시 기름지게 할 수 있었다. 목화 제국의 폭정도 끝낼 수 있었다. 흑인들의 굶주린 배를 채워줄 훌륭한 먹을거리를 충분히 마련해줄 수도 있으며, 자신들을 스스로 존중하도록 할 수도 있었다. 또한 그 후손들에게도 삶을 풍요롭게 만들 충분한 기회를 제공할 수도 있었다. 다만 그들에게 그것이 가능하다는 인식을 심어줄 수만 있다면 말이다.

최근 새로 지은 깨끗한 농학관 건물에서 카버 박사는 농민학교를 열었다. 물론 그 시작은 미약하였다. 매달 셋째 화요일에 인근에 사는 농부들이 수줍은 듯이 어슬렁어슬렁 모여들었지만, 처음에는 몇 명 되지도 않았다. 모임은 찬송가를 부르는 것으로 시작되었다. 이어 카버 박사는 두 시간 정도, 또는 농부들이 집중하여 들을 수 있는 만큼 토지에 대하여 가르쳤다. 지금껏 목화 재배로 인해 땅이 얼마나 황폐하게 되었는지, 또 콩과 식물과 부식토와 음식물 쓰레기가 땅의 기력을 얼마나 빨리 회복시킬 수 있는지에 대하여 가르쳤다. 또한 모든 식물은 각자 필요한 양분이 다르기 때문에, 어떤 식물은 땅속 깊숙이 심어야 하고 또 어떤 식물은 얕게 심어야 한다는 것도 가르쳤다. 매년 같은 밭에 같은 종류의 작물만 계속 재배하면 땅이 기력을 회복할 시간이 없게 된다는 사실도 강조하였다.

그는 집집마다 땅 한쪽 구석을 따로 떼어 채마밭으로 가꿀 것을 권장하였다. 사실 채소를 심어서는 돈벌이가 안 되기 때문에 아무도 채소를 심으려고 하지 않던 터였다. 그렇지만 카버 박사는 싱싱한 채소를 많이 먹어야 모든 가정을 괴롭히는 만성적인 악성 피부병인 펠라그라를 극복할 수 있다고 설득하였다. 펠라그라라고 불리는 이 피부병은, 남부 사람들이 채소는 섭취하지 않고 주로 육류와 옥수수와 사탕수수만 먹기 때문에 니코틴산 결핍으로 걸리는 병이었다.

카버 박사가 잘 익은 빨간 토마토를 자르더니 입에 넣으려고 하였다. 토마토에는 독이 있다고 생각하여 사람들이 입에 대지도 않을 때였으니, 다들 눈이 휘둥그레져서 숨을 죽이고 쳐다보지 않을 수 없었다. 카버 박사는 그 토마토를 맛있게 먹어치웠고, "자, 제가 죽지 않는 것을 보셨지요?" 하고는 토마토를 많이 먹으면 괴혈병에 걸리지 않는다는 사실을 역설하였다.

이론 학습이 끝난 뒤에는 농부들을 데리고 야외 실습장으로 나갔다. 그들 눈앞에 펼쳐져 있는 것은 카버 박사가 이론적으로 설명한 모든 것에 대한 살아 숨쉬는 증거였다. 거대한 양배추와 7인치나 되는 큰 양파를, 농부들은 정말 어느 곳에서도 본 적이 없었다. 즙도 많고 향도 좋은 멜론과 수박, 또 알맹이가 실한 감자도 있었다. 밭농사로 에이커 당 수익이 자그마치 75달러에 이르렀다. 콩이 토양을 얼마나 기름지게 하는지를 실제로 보여준 것이다.

"땅에 거름을 주려면 에이커 당 25달러는 들어갑니다. 그렇지만 콩을 심으면 돈 한 푼 안 들이고 땅을 비옥하게 할 수 있습니다."

콩을 심으면 콩의 뿌리가 굳은 땅을 무르게 해서 땅속으로 물과 공기가 잘 들어오도록 한다는 것도 설명해주었다. 글을 읽을 수 있는 사람들에게는 콩으로 만들 수 있는 18가지 요리법이 실린 조리책자를 나누어주었으며, 글을 읽을 수 없는 사람들에게는 그들이 완전히 이해해서 "교수님, 알겠어요. 이제 알겠어요."라고 할 때까지 하나하나 차근차근 말로 설명해주었다.

농민학교에 나오는 농부들의 수는 날로 늘었다. 처음 시작할 때는 몇 명 안 되던 농부들이 곧 25명이 되었다. 얼마 뒤에 50명으로 늘더니 그 후로 계속 늘어만 갔다. 옆집 사는 농부가 더 큰 멜론을 키우고 더 좋은 목화를 재배하는 것을 알게 된 농부들은 그 이유가 궁금해졌다. 그래서 그 다음 셋째 화요일에는 그들도 터스키기 학교로 찾아왔다. 농부들은 각자 아내와 아이들도 데리고 와 수업이 끝나면 집으로 돌아가지 않고 학교 캠퍼스 안에서 야영하면서 학생들이 만들어준 맛있는 요리를 먹었다. 쓰라린 지난 과거를 멜로디에 담아 노래를 부르기도 하였다.

그러나 농민학교에 다니는 농부들은 전체 흑인들을 고려한다면 극히 소수에 불과했다. 저 바깥세상에는 수없이 많은 흑인 가족들이 있었다. 길이 끊긴 저 너머에도 있었고, 숲속에도 있었으며, 늪지에도 살고 있었다. 그들은 하루하루 품을 팔아 겨우 목숨을 이어나가거나, 소작인으로 남의 밭을 갈면서 겨우 입에 풀칠이나 하면서 살았다. 그들 대부분은 터스키기에 대해서는 들어보지도 못한 채 노예였던 그들의 조상과 비슷한 삶을 살고 있었다. 카버 박사는 그들의 삶을 목격하고는 어떻게 해서든 그들을 도와야겠다고 결심하였다. 그들에게는 무엇을 해야 잘살 수 있다고 '말하는' 것으로는 부족하였다. 하나하나 실제로 '보여주어야만' 했다.

카버 박사는 어디선가 마차 한 대와 노새 한 마리를 구했다. 몇 가지 농기구와 윌슨 장관이 보내준 씨앗 몇 봉지와 홍보용으로 살포된, 포장도 안 뜯은 농작물 몇 상자를 마차에 싣고, 수업을 다 마친 어느 금요일 저녁 어디론가 길을 떠났다. 가난한 흑인들을 도와주기 위하여 나선 것인데, 이것이 바로 이동학교의 첫걸음이었다. 몇 년 후에 이 평범한 마차는 특별히 제작된 특수마차로 대체되었고, 이후에 다시 동력장치가 달린 자동차로 바뀌었다. 카버 박사의 아이디어는 남부지방에 널리 퍼졌고, 순식간에 수십 개에 이르는 이동학교가 생겨나 전국을 누볐다. 이 이동학교들은 가난에 찌든 흑인들에게 누구든 잘살 수 있으며 또 보람된 삶을 살 수 있다는 놀라운 희망의 메시지를 전달하였다. 그렇지만 아무리 훌륭한 장비와 재료를 갖춘 트럭이나 트레일러 이동학교라 하더라도 1899년 어느 금요일 저녁에 가난한 산골마을을 향해 조지 카버가 몰고간 그 삐걱거리는 작은 마차만큼 의미 있는 것은 없었다.

카버 박사는 애당초 농부들에게 목화 재배를 포기하라고 설득하겠다는 환상은 갖지 않았다. 그들에게 목화는 현금이나 마찬가지였으므로 카버 박사는 그들에게 단지 목화 재배가 땅을 황폐하게 하며 결국 이들의 발목을 잡고야 말 것이라고 말할 뿐이었다. 그럴 때면 농부들은 여지없이, 그러면 도대체 어떻게 자신들의 빚을 갚을 수 있겠느냐고 물었다. 카버 박사가 밭 일부를 한 해씩 돌아가면서 쉬게 하는 방법을 일러주면, 곧 반격이 돌아왔다. 그러면 카버 박사는 이렇게 대답했다.

"여러분이 어렸을 때 목화송이가 얼마나 크고 실하였는지 기억하십니까? 지금 목화송이를 한번 보십시오. 이 농장 전체를 탁탁 털어도 여섯 포대도 안 나올 것 같군요. 왜 그런지 아시겠어요? 땅이 지친 것입니다. 마치 하루종일 허리를 구부리고 목화솜을 따는 사람이 지쳐버리는 것과 마찬가지입니다. 땅도 휴식이 필요합니다."

카버 박사의 말을 들은 농부들은 땅을 쳐다보고는, 발로 문질렀다. 먼지가 일어났다. 그때 누군가가 말했다.

"그래요, 교수님. 땅이 메말랐어요. 교수님 말씀대로 땅이 지친 게 분명해요. 오래 전부터 저도 그렇게 생각하고 있었어요. 아니, 저뿐 아니라 우리 모두 잘 알고 있었습니다. 그렇지만 땅을 놀리게 되면, 그동안 우리는 어떻게 살아갑니까? 우리 아이들에게 무엇을 먹일 수 있겠습니까?"

카버 박사는 학교 실습실에서 재배한 고구마를 하나 꺼내 그들에게 건네주면서 말하였다.

"고구마를 10에이커쯤 심으십시오. 그러면 일 년 내내 훌륭한 먹을거리를 얻게 될 것입니다. 고구마의 넝쿨과 껍질과

토요일 오후면 사람들을
장터나 길모퉁이에 모아놓고 농업 기술을 가르쳤다.
그 가운데는 그가 하는 말을 이해도 못하고 관심도 없이
그저 멍하니 쳐다보는 사람들도 있었고,
심지어는 조롱하는 이들도 있었다.

못 먹을 만한 것들은 돼지사료로도 사용할 수 있습니다."

고구마를 심으면 이모작을 할 수도 있으며, 목화만 심는 것보다 땅을 덜 메마르게 한다고 가르쳤다. 고구마를 심다가 3년 후에 다시 목화를 심으면, 수확량이 훨씬 늘어 같은 10에이커에서 5포대는 더 나올 것이라고 말해주었다.

농부들은 카버 박사의 말을 마지못해 듣기는 하였으나, 어떤 약속도 하지 않았다. 당시는 대다수의 농촌 사람들이 여전히 '기적'이라든지 주술을 곧이곧대로 믿던 시대였다. 한낱 학자라는 사람의 권고는 역사 깊은 제의나 흑인 전통에 비추어볼 때 실로 하찮아 보였다. 한번은 카버 박사가 어느 농가의 닭들이 병에 걸린 것을 보고는 그 닭들을 키우던 농부에게 "닭들이 병에 걸린 것은 햇빛이 닭장 안으로 들어오지 못했기 때문입니다. 햇빛이 들어와야 닭장 안이 건조해지고 닭들이 건강하게 자랍니다."하고 일러주었다. 그러자 농부가 대답하였다.

"선생님, 그게 아니에요. 저기 저 놈 보이시죠? 누런 놈이요. 저 놈이 말이지요, 보름달일 때 알을 깨고 나와 마법에 걸리는 바람에 다른 닭들까지 병이 든 거예요."

카버 박사는 쉬지 않고 돌아다니면서 흑인 농부들을 가르쳤다. 주말마다, 또 시간을 낼 수 있을 때마다 덜컹거리는 마차를 몰고 메이컨 카운티 지역을 돌아다녔다. 새로운 농법의 혜택을 전혀 받지 못하는 고립된 농가들을 찾아다녔고, 토요일 오후면 사람들을 장터나 길모퉁이에 모아놓고 농업 기술을 가르쳤다. 그 가운데는 그가 하는 말을 이해도 못하고 관심도 없이 그저 멍하니 쳐다보는 사람들도 있었고, 심지어는 조롱하는 이들도 있었다. '네가 나보다 똑똑하다고? 웃기고 있네! 검둥이 주제에 똑똑하긴 뭐가 똑똑해!' 하지만 그 가운데는 카버 박사의 말을 유심히 듣는 사람들도 있었고, 질문을 하는 사람도 있었다. 몇몇 사람은 카버 박사가 하는 말을 하나도 빼놓지 않고 열심히 외우기도 했는데, 이들은 카버 박사가 나눠주려고 가져온 소책자를 읽을 수 없기 때문이었다. 그는 실습실에서 가져온 커다란 양배추와 양파를 꺼내서 보여주었다.

"이것을 좀 보세요. 앨라배마 주에서 가장 척박하다는 땅에서 재배한 것입니다."

부인들에게는 콩으로 음식을 조리하는 법을 가르치기도 하였다. 이제 농부들도 카버 박사가 하는 말을 조금씩 알아듣고 그를 이해하기 시작하였다.

한번은 세상풍파에 찌든 얼굴을 한 늙은 노인이 터벅터벅 다가오더니 말을 걸어왔다.

"카버 선생님이지요? 선생님을 우리 집에 초대하고 싶은데요. 괜찮으시다면, 우리 내외에겐 더없는 영광입니다. 자, 이쪽이에요."

그래서 카버 박사는 늙은 내외가 살고 있는 판잣집에서 잠을 잤다. 평소처럼 방바닥에 요를 하나 깔고 잤다. 비록 헝겊 조각으로 누덕누덕 기운 낡은 요였지만, 깨끗하게 빨아놓은 것이었다. 그리고 밥도 맛있게 먹었다. 카버 박사는 누군가로부터 식사 초대를 받으면 어김없이 신선한 채소를 선물로 주곤 하였다. 여유가 있으면 고기를 가져가기도 했지만, 그날은 그들이 차려준 것만을 먹었다. 이 노부부는 혹시 카버 박사가 다른 지식인들처럼 고상한 척하거나 무엇이든 자기 마음대로 하려는 것은 아닌지 걱정하였는데, 알고 보니 전혀 그렇지 않았다. 오히려 매우 단순한 성격에 말도 어렵지 않게 해 이들은 쉽게 친해졌다. 노부부는 자기들의 말에 귀를 기울여주는 카버 박사가 마음에 꼭 들었다. 밤이 깊은 줄도 모르고 하염없이 이야기를 나누는 사이에, 노부부는 카버 박사의 중요한 가르침을 쉽게 받아들일 수 있었다.

간혹 예상치도 못한 방법으로 사람들을 깨우쳐주는 경우도 있었다. 한번은 카버 박사가 어느 농부의 초대를 받아 그 집에서 잠을 자고 아침에 일어나 우물가에서 이를 닦고 있었는데, 그 집에 사는 어린아이가 이것을 보고, 선생님이 입에 거품을 물고 발작을 일으킨다고 생각하여 당황하였다. 카버 박사는 입에 있는 거품을 재빨리 내뱉고, 자기는 정말 괜찮다고 하면서 아이를 진정시켰다. 아마 그러지 않았더라면, 그 아이는 고래고래 소리를 지르며 도움을 청하러 뛰어나갔을 것이다. 카버 박사는 아이에게 이를 닦아야 하는 이유를 설명해주면서 칫솔을 선물로 주었다. 그 후 두 사람이 만날 때마다 그 아이는 깨끗하고 정돈된 새하얀 치아를 카버 박사에게 보여주어 그를 기쁘게 하였다.

카버 박사의 이동학교는 계속되었다. 어느 곳에서인가 농부들이 전통적인 관습에 따라 추수를 마친 땅에 잡초와 남아 있는 풀줄기를 태우는 것을 보았다. 그는 이러한 행위가 지폐 뭉치에 불을 갖다 대서 바깥쪽에 있는 지폐를 태우는 것과 다름없다고 일러주었다.

"흙을 뒤집어 까세요. 물론 지금은 조금 더 힘들겠지요. 하지만 내년 봄이 되면 그 진가를 아시게 될 것입니다. 이것은 현금을 버는 것과 마찬가지예요."

겨울비로 표토가 씻겨나가고 자갈이나 좋지 않은 거친 흙이 쌓이는 것을 보면, 카버 박사는 땅을 보호하는 덮개와 같은 역할을 하는 식물인 땅콩을 심으라고 강조하였다.

"땅콩을 심으세요. 땅콩은 아이들의 건강에 좋을 뿐만 아니라 땅도 기름지게 만듭니다."

카버 박사는 또 농부들에게 월요일부터 토요일까지 일하는 날에는 매일매일 하루에 5센트씩 저축하도록 하였다. 그러면 일 년 후에는 15달러 65센트가 모이게 될 것이고, 그 돈이면 3에이커의 땅을 사고도 65센트나 남게 될 것이라고 하였다. 이렇게 저축하여 땅을 사는 방법 이외에는 백인 지주들의 손아귀에서 벗어날 수 있는 방법이 없었다. 그렇지만 농부들은 카버 박사의 말을 비웃으며 아랑곳하지도 않았다. 그들은 일주일 내내 고역에 시달렸기 때문에 흥겹게 놀 수 있는 토요일 밤만을 기다렸고, 그 유혹을 떨쳐버릴 수가 없었다. 천시라는 노인은 카버 박사의 충고를 고지식하게 따른다는 이유로 사람들에게 '정신 나간 천시 영감'이라는 놀림을 받았다. 그러나 일 년 뒤에 이 정신 나간 영감이 3에이커의 땅을 샀을 때, 사람들은 그를 정신 나간 천시 영감이 아니라 '천시 주인님'으로 부르게 되었다. 그러자 메이컨 카운티의 온 주민들은 매일 5센트짜리 동전을 모으기 시작하였다.

카버 박사는 천천히, 그러나 고집스럽게 남부 사람들의 식생활 개선운동을 펼쳐나갔다. 돼지가 살이 가장 많이 오를 때는 여름이지만, 저장법이 발달하지 않은 때라 첫 서리가 내리기 전에는 도살할 수 없었다. 그러나 카버 박사는 농부들에게 어떻게 하면 푹푹 찌는 한여름에도 상하지 않게 고기를 저장할 수 있는지를 가르쳐줌으로써 돼지가 가장 실한 여름철에 돼지고기를 먹을 수 있도록 하였다. 뿐만 아니라 영양실조 예방에 생과일이 좋다는 사실이 의학적으로 증명되기 훨씬 이전부터 카버 박사는 어디를 가든지 자두와 사과를 매일매일 먹으라고 강조하였다. 또한 윌슨 장관이 보내준 채소 씨앗을 나누어주었다. 그러나 농부들을 설득하여 채소를 심게 하는 것은 카버 박사가 해야 할 일의 절반에 불과했다. 나머지 절반은 조리법을 가르치는 것이었다. 농부의 아내들이 채소를 도대체 어떻게 조리해서 먹어야 할지를 모르고 있었기 때문에, 카버 박사는 두 팔을 걷어올리고는 나물과 시금치와 감자 따위를 어떻게 조리하고 또 어떻게 하면 더 맛있게 요리할 수 있지를 직접 보여주었다. 채소 저장법도 가르쳤다. 제대로 보관만 한다면 밭에서 딴 채소를 겨울 내내 싱싱하게 보관할 수 있다고 말하면서, 단지에 음식을 절여서 보관하는 방법과 통조림으로 보관하는 방법 등을 가르쳤다. 채소를 햇볕에 잘 말려서 수개월 동안 보관하는 방법도 빠뜨리지 않고 가르쳤다.

들판이나 부엌에서 만나는 최대의 적은 바로 쓰레기였다. 그래서 카버 박사는 쓰레기 처리 문제에 온 힘과 재능을 쏟아부었다. 카버 박사는 자기네 동족이 가난하고 비참하게 살면서도 충분히 쓸 만한 물자를 내버리는 것이 몹시 안타까웠다. 그들은 일 년 내내 충분히 쓰고도 남을 비누를 만들 수 있는 양만큼의 돼지기름을 내버렸다. 또 섬유질이 너무 많아 먹기 힘든 고구마는 갈아서 녹말로 만들면 되는데, 그것을 만드는 법을 모르니 어쩔 수 없이 고구마를 버리는 것이었다. 이에 카버 박사는 비누나 녹말 만드는 방법을 자세히 알려주었다. 솔잎과 목면포와 삼베를 엮어서 멍석과 이불을 만들었고, 집을 아름답게 꾸미도록 하였다. 당시만 해도 흑인들은 집을 꾸미고 단장하는 것에 대한 개념이 없었다. 카버 박사는 진달래 가지와 제비꽃 꽃씨를 나누어주면서 말하였다.

"이것을 문 앞에 심도록 하세요. 꽃은 침묵 가운데서 하나님의 음성을 들려줍니다."

그러고는 또다시 다른 곳으로 길을 떠났다.

1899년 봄, 터스키기 학교에 젊은 청년 한 사람이 들어왔다. 그는 카버 박사의 지도를 받으면서 이동학교가 궁극적인 목적을 달성하는 데 크게 기여한 사람으로, 이름은 토머스 캠벨이었는데, 주로 톰이라는 애칭으로 불렸다. 그는 조지아 주

섬유질이 너무 많아 먹기 힘든 고구마는
갈아서 녹말로 만들면 되는데, 그것을 만드는 법을 모르니
어쩔 수 없이 고구마를 버리는 것이었다.
이에 카버 박사는 비누나
녹말 만드는 방법을 자세히 알려주었다.

애틴스 시에 있는 아버지의 집에서 도망쳐 200마일이나 걸어서 터스키기 학교에 왔다. 터스키기 졸업반에 다니던 형 윌리 캠벨은 이 학교에 입학하겠다는 동생에게 지금 학교에 천연두가 유행하고 있으니 오지 말라는 경고 편지를 썼지만, 동생의 뜻을 꺾지는 못하였다. 병의 심각성을 알지 못한 토머스 캠벨은 형에게 진지하게 답장을 썼다.

"그깟 천연두쯤은 신경도 안 쓰여. 하나도 안 무서워."

톰이 학교에 도착해보니 형은 이미 천연두에 전염되어 거의 죽음 직전에 있었다. 형제는 겨우 마지막 말을 주고받을 수 있었다. 죽어가는 형이 눈을 감기 전에 동생에게 마지막 말을 남겼다.

"내가 죽거든 나를 이 학교에 묻어주렴. 그리고 너는 여기 계속 있도록 해라. 그리고 톰, 네가 무엇을 하겠다는 결심을 하면 그 누구 못지않게 열심히, 그리고 잘해야 한다."

형을 잃은 슬픔에 톰은 학교 여기저기를 정처없이 돌아다녔다. 정신을 차려보니 실습실 근처였다. 거기서 톰은 낡은 회색 스웨터에 키가 크고 슬픈 눈을 한 어떤 사람을 우연히 만나게 되었다. 두 사람은 천천히 거닐면서 이런저런 이야기를 나누었다. 하늘이 붉게 물들기 시작하더니, 어느새 해가 '야수의 숲' 뒤로 사라져버렸다. 카버 박사는 동전 한 푼 없이 두려움에 떨고 있는 이 소년을 위로하였다. 그리고 이 학교에서 공부할 수 있도록 입학을 허락하겠다는 약속과 함께 학비를 벌 수 있도록 일자리를 알아봐주겠다는 약속도 하였다. 카버 박사는 이 신입생이 무슨 공부를 하고 싶은지 물어보았다.

"무슨 공부를 할 생각이지? 농사짓는 것은 어떤가?"

"싫습니다."

톰 캠벨은 평생토록 흑인들이 등을 구부리고 목화밭에서 힘들게 일하는 것을 보아왔다. 그리고 실제로 그는 그것이 흑인들에게 어울리는 유일한 일이라고 믿어 의심치 않았다. 그런데 터스키기 학교에 와보니, 형은 이발 기술을 배우고 있었다. 또한 고개 너머에 있는 제재소에서도 흑인들이 일하는 것을 볼 수 있었다. 목공소와 대장간에도 흑인들이 보였다. 그는 목화밭이 아닌 곳에서 일하는 흑인들을 보자 한편으로는 놀랍고 다른 한편으로는 부러웠다. 그래서 자기도 그런 일을 한번 해볼 생각이었던 것이다. 그의 말을 들은 카버 박사는 깊은 생각에 잠겨 말하였다.

"음, 그렇군. 알겠네."

그렇지만 카버 박사가 이 우울한 표정을 하고 있는 청년을 완전히 포기한 것은 아니었다. 카버 박사는 이 청년이 괜히 좋았다. 더군다나 농과에는 인재가 많지 않았다. 학생들은 농학이 지금까지 해온 지긋지긋한 농사일처럼 단순하고 지루할 것이라는 생각에 본능적으로 꽁무니를 뺐다. 그런데 카버 박사는 이 학생만큼은 그렇지 않을 것이라는 생각이 들었다. 카버 박사가 불쑥 다시 물어보았다.

"농학은 어떤가? 자네가 좋아할 공부같이 들리는가?"

톰은 처음 들어보는 이 기괴한 이름을 발음하여 보았다. 몇 번씩 반복하였다.

"농학… 농학……."

무슨 공부인지 통 모르겠지만, 톰은 자신이 그 말뜻을 모른다는 사실을 숨기고 싶었다. 그래서 선뜻 대답했다.

"그래요. 그게 바로 제가 공부하고 싶었던 것입니다. 맞아요, 농학이요!"

그렇게 해서 주사위는 던져졌다. 톰 캠벨로서는 멋모르고 즉흥적으로 결정한 일이었지만, 한번도 그 결정을 후회하지 않았다. 왜냐하면 카버 박사가 가르치는 농업은 그가 이전까지 알고 있던 그런 주먹구구식 농사와 전혀 달랐기 때문이었다. 또한 카버 박사가 기대한 대로, 톰은 사물의 '무엇'과 '어떻게'만이 아니라 가장 중요한 '왜'라는 질문까지도 파악하는 직관적인 능력을 갖고 있었다. 얼마 후부터 비쩍 마른 선생과 건장한 체격의 젊은 제자는 주말만 되면 터스키기 마차를 타고 두메산골을 찾아다니며 더 많은 농부들을 도와주었다. 이동학교의 울타리를 점점 넓혀나간 것이다.

초창기에는 이동학교용으로 쓰는 마차에 쟁기 하나와 작은 연장 몇 개를 싣고 다니는 것이 전부였으나 이제는 많이 바뀌었다. 카버 박사가 특별히 고안하여 지붕이 덮인 세 칸짜리 마차를 만들었는데, 그 안에 젖소 한 마리와 크림 분리기 및 버터를 만드는 큰 들통을 싣고 다녔다. 그래서 어디서든 사람들이 모이기만 하면 젖소에서 우유 짜는 것을 보여주었고, 또 크림을 분리하고 버터를 만드는 법을 시범적으로 보여주었다. 그때까지 시골 농민들은 젖소나 크림 분리기를 가지려고 하지 않았다. 그러나 카버 박사는 앞으로는 누구나 이런 유용한 장비를 갖게 될 것이라고 확신했다. 그는 톰에게 이런 말을 하였다.

"톰, 우리가 해야 할 일은 농부들이 젖소나 크림 분리기 같은 장비를 갖고 싶도록 만드는 것이야. 그리고 농부들이 해야 할 일은 빨리 돈을 벌어서 이런 것을 구입하는 것이고."

그 사이에 카버 박사는 재래종 돼지 한 마리와 포동포동 살이 찐 우량종 순종 돼지 한 마리를 마차에 싣고 다녔다. 농부들에게 이 둘을 직접 보여줌으로써 스스로 그 차이를 확인하도록 한 것이다. 얼마 지나지 않아, 도처에서 보이던 재래종 돼지는 점점 자취를 감추게 되었다. 농부들이 우량종 돼지를 키우기 시작한 것이다.

당시 순회 교사들이 중요하게 생각하던 장소는 일요일 아침의 교회 앞마당이었는데, 주일예배가 끝날 무렵에 그곳으로 가면 자신들의 말에 관심을 갖고 들어줄 회중을 언제든지 만날 수 있었다. 그때가 바로 빈곤과 노역에 시달리는 흑인들이 예배당에서 어느 정도 위안을 받고 난 직후이기 때문이었다. 카버 박사와 톰은 먼저 흑인들과 함께 예배를 드리고, 예배가 끝나자마자 급히 달려나와 앞뜰에서 이동학교 수업을 준비하였다. 그러면 으레 예배를 마치고 나오는 군중이 마차 주위를 빼곡히 둘러쌌고, 둘은 수업을 시작하였다. 물론 어려움을 겪을 때도 있었다. 교장인 부커 워싱턴이 '시골 목회자

카버 박사와 톰은 먼저 흑인들과 함께 예배를 드리고,
예배가 끝나자마자 급히 달려나와
앞뜰에서 이동학교 수업을 준비하였다.
그러면 으레 예배를 마치고 나오는 군중이 몰려들어
마차 주위를 빼곡히 둘러쌌고,
카버 박사와 톰은 수업을 시작하였다.

들을 지키는 오늘의 십자군'이라고 부르는 사람들이 있었는데, 그들 중 상당수는 민중이 사회적으로 또 경제적으로 요구하는 것이 무엇인지, 또 민중을 위해서 현실적으로 무엇을 해야 하는지를 전혀 이해하지 못했다. 당연히 사람들이 겪는 고충에 대한 책임의식도 없었다. 그들은 주일 오후에는 '기도와 묵상'을 하면서 보내라고 말하면서 카버 박사 일행을 쫓아냈다. 한번은 어떤 목사가 다음과 같은 말로 예배를 마치기도 하였다.

"밖에 터스키기 학교에서 온 마차가 있습니다만, 영혼을 구원하는 일을 하는 저는 세상일에 마음을 둘 여유가 없다는 사실을 여러분께 말해야 할 책임감을 느낍니다."

먼 앞날을 내다볼 줄 아는 목회자들도 있었는데, 그들은 카버 박사의 이동학교를 적극적으로 지지하였다. 오웬스라는 목사는 카버 박사의 초대를 받아 며칠 동안 이동학교를 체험하고는 자기 아내에게 이런 편지를 썼다.

"아침 8시면 모두가 이미 작업복을 입고 일하고 있소. 축대를 쌓는 반도 있고, 회반죽을 만들고 칠하는 것을 배우는 반도 있소. 어떤 이들은 깔개 만드는 것을 배우고, 어떤 이들은 달걀 모양의 양초 만드는 법을 배운다오. 또 다른 사람들은 병실에서 환자들을 간호하는 것을 배우고 있었소. 다음날 나도 작업복 하나를 빌려 입고는 몇 가지를 배워보았다오."

터스키기 마차에 대한 소문이 메이컨 카운티 지역에 쫙 퍼지자, 이제 토요일 오후만 되면 꽤 많은 군중이 카버 박사와 그의 열렬한 조수인 톰을 보려고 광장이나 군청 건물 계단으로 몰려들었다. 처음에 백인들은 이러한 행사에 불안감을 느꼈다. 그래서 "건방진 검둥이 놈들, 여기서 썩 꺼지지 못해!"라고 말하면서 물리적인 방법까지 동원하여 집회 자체를 열지 못하게 하기도 했다. 그들은 흑인 농부들이 백인 농부들보다 더 많은 소득을 거두는 것을 결코 원하지 않았던 것이다.

조지 카버는 부커 워싱턴의 확신을 몸소 실천하는 사람이었다. 그 확신이란 바로 "당신이 기꺼이 도랑에 같이 빠져 있을 생각이 아니라면, 다른 사람이 도랑에 빠져 있는 것을 방치해서는 안 된다."라는 것이었다. 시간이 지나자 백인들도 차츰 방해하기를 그만두면서, 저 흑인 선생이 도대체 무슨 말을 하는지를 들으려고 주위를 기웃거리기 시작하였다. 카버 박사는 백인들이 오는 것을 반겨주었다. 남부의 백인들과 흑인들은 결국 같은 문제를 안고 있었으며, 같은 것을 필요로 하였다. 사실 카버 박사가 사람들을 가르치는 일은, 마치 '무지'라는 망망대해에 '빛'이라는 돌멩이 하나를 던지는 것과 마찬가지였다. 그 빛이란 고구마를 더 많이 생산하게 하는 것이었으며, 결국은 삶의 질을 높이는 것이었다. 어쨌든 백인이든 흑인이든 카버 박사의 가르침을 받는 사람이 많으면 많을수록 광명의 파장은 더 멀리 뻗어나갈 것이다.

카버 박사는 모든 사람에게 "당신이 서 있는 자리에서 시작하세요."라는 마법과 같은 자신의 신조를 전파하였다. 어디를 가든지 집을 아늑하게 만들라는 교훈도 반복하여 강조하였다.

“집에 아름다운 정원을 만드세요. 힘든 농장 일에 지친 당신에게 휴식과 새로운 힘을 줄 것입니다.”

또한 집을 아기자기하게 꾸미도록 설득했으며, 재산을 모으는 것을 자랑스럽게 여기도록 격려했다. 그는 오두막집을 지을 때 문 앞에 세 단짜리 계단을 놓는 것이 훨씬 더 안전하며 보기에도 좋을 뿐 아니라 만들기도 쉽다고 가르쳤다. 전통적인 통나무 원목 발판은 만들기도 어려울 뿐더러 숲속에서 만들어서 집에까지 끌고와야 하는 번거로움이 있었다. 카버 박사는 또한 남자들에게는 위생적인 화장실을 만드는 방법을, 여자들에게는 커튼이나 깔개를 만드는 방법과 훌륭한 식탁을 차리는 방법 등을 가르쳤다.

어느 날 저녁 해질 무렵, 이동학교 수업을 마치고 터스키기로 돌아오는데 카버 박사에게 낡고 허름한 판잣집을 선명하고 깨끗한 색으로 칠할 수 있겠다는 생각이 갑자기 떠올랐다. 그것도 돈 한 푼 안 들이고 말이다. 그날 카버 박사는 톰과 함께 달가닥거리는 마차를 타고 천천히 언덕길을 넘어오고 있었다. 사방이 진흙으로 덮인 언덕을 지나는데, 서산에 걸친 태양빛에 비친 진흙이 부드러운 색조를 띠고 휘황찬란하게 빛나고 있었다. 붉고 노랗고 파란 빛이었다. 카버 박사는 반쯤 혼잣말로 중얼거렸다.

“하나님께서 저런 아름다운 빛깔을 만드셨는데, 아무 쓸데없이 만들진 않으셨겠지!”

톰은 카버 박사의 말에 반사적으로 대답했다.

"그럼요."

이동학교 일로 매우 바쁜 주말을 보내고 돌아오는 길이었기에, 온몸이 지쳐버린 톰은 꾸벅꾸벅 졸면서 대답했지만, 카버 박사는 멋진 영감을 얻고 갑자기 정신이 번쩍 들었다. 순간 "내가 눈을 들어 산을 보니 내 도움이 산에서 온다."라는 성경 말씀이 생각났다. 그는 이 말씀이, 누구든지 무엇을 구할 때는 자신의 몸과 마음을 다하고 또 최선을 다하여 찾아보아야 한다는 뜻이라고 생각했다. 그래서 카버 박사는 머리를 짜내서 생각하고, 생각하고, 또 생각하였다.

그날 두 사람은 밤늦게 학교로 돌아왔다. 밤이 깊었는데도 카버 박사는 진흙을 퍼 담은 상자를 끌어내리고 연구하기 시작하였다. 진흙을 물에 푼 뒤에 한동안 천을 담그고 비벼 빨다가 손가락 끝으로 노랗게 물든 천을 꺼냈다. 그러고는 마냥 기다리는 수밖에 없었다. 하나님의 뜻이라면 염색이 잘될 것이라고 생각하였다. 새벽녘이 되자 뭔가 되는 것 같았다. 염색한 천의 빛깔이 선명해졌다. 색이 더없이 맑고 깨끗하였다. 카버 박사는 노란 진흙을 한 삽 퍼서 마대에 부어 거친 모래를 걸러내고는, 양동이로 흘러들어간 액체를 다른 양동이에 따라 부었다. 몇 분이 지나자 액체가 다시 맑아졌다. 액체의 맑은 부분을 조심스럽게 따라내니 바닥에 노란 페인트 같은 물질이 빛나는 것이 보였다.

카버 박사는 늘 하던 습관대로 동이 트기 전에 숲속으로 산책을 나갔다. 그러나 이날만큼은 특이한 식물 표본을 찾으려는 생각이 없었다. 밤샘 연구로 몸은 몹시 지쳤지만 마음만은 한없이 들떴다. 그는 지난밤 연구를 도와주신 하나님께 감사드리기 위하여 숲속으로 나온 것이다. 카버 박사는 하나님께 진심으로 감사의 기도를 드린 후에 온몸으로 따스한 아침 햇살을 받으며 혼자서 조용히 산길을 거닐었다. 그는 깊은 생각에 잠겼다. 어젯밤의 발견을 되새기며 성취의 기쁨에 빠진 것이 아니라, 이 발견을 앞으로 어떻게 해야 실생활에 잘 활용할 수 있을까 하는 고민에 빠진 것이다. 그러나 카버 박사는 이 문제를 잘 해결하였다. 그는 가는 곳마다 마을 인근의 산기슭에서 진흙을 퍼 와서 마을 주민들에게 페인트 만드는 방법이 얼마나 쉬운지를 보여주었다. 그래서 마을 주민들은 자기들이 직접 만든 페인트로 흉해진 집 건물을 안팎으로 칠하였다. 주민들은 자신들이 이루어놓은 일에 대한 성취감으로 여간 뿌듯하지 않을 수 없었다. 남부에 사는 모든 흑인의 삶의 질이 한 단계 높아지게 되었음은 말할 나위도 없었다.

남부의 판잣집들이 깨끗하게 단장된 것은 바로 이렇게 된 일이었다. 한번은 워싱턴 박사가 수년 동안 지나다니던 시골길을 가고 있었는데, 판잣집이며 오두막집이 하나같이 말쑥하고 깨끗하게 칠이 되어 있어서, 그 마을을 알아보지 못했다는 이야기도 있다. 깨끗하게 단장된 그 마을이 예전의 황폐한 그 마을이라는 사실을 알게 된 워싱턴 박사는 의기양양한 얼굴로 터스키기에 돌아와서는 카버 박사의 손을 부둥켜 잡고 그 공로를 치하하였다.

"그런데 색이 바래지 않고 오래갈까요?"

카버 박사는 운동장 너머 있는 진흙 언덕이 햇빛에 비쳐 반짝이는 것을 가리키며 말하였다.

"저기 저 언덕 좀 보세요. 천 년도 넘게 저 색을 유지하고 있잖아요. 제 생각에 적어도 30-40년은 지속되리라고 생각합니다."

이동학교는 이제 세계적으로 유명해졌다. 처음에는 노새 한 마리가 끄는 낡아빠진 마차로 시작되었지만, 1906년 6월에는 각종 장비를 완벽하게 갖춘 실습실 수준의 마차로 탈바꿈하게 되었다. 뉴욕 시에 사는 자선사업가 모리스 제섭의 기부금으로 이 마차를 구입하였으므로 이 마차의 이름을 '제섭 농학 마차'라고 부르게 되었다. 1918년에는 앨라배마 주에서 큰 트럭 한 대를 지원하였고, 톰 캠벨은 이 자동차를 몰고 더 멀리까지 순회교육을 다닐 수 있게 되었다. 당시 그는 연방정부 농림부 소속의 농촌지도자였는데, 남부에서 이처럼 높은 관직에 올라간 흑인은 이전에 없었다. 그는 최신 장비와 기구를 가지고 급속한 농업기술의 발달의 혜택을 받지 못하여 낙후된 농촌지역을 찾아다니며 이동학교를 열었다. 이때는 나중에 톰과 결혼하여 그의 아내가 된, 경험이 풍부한 간호사도 일행에 참여하였다. 톰이 남자들에게 가축 및 과실수를 관리하는 것을 가르치는 동안, 이 간호사는 여자들을 모아놓고 건전한 육아법, 깨끗한 가정위생법, 식품영양학 등을 가르쳤다.

사람들이 이 이동학교에 대하여 얼마만큼 애정을 갖고 있는지를 단적으로 보여주는 사건이 있었다. 앨라배마 주에서 사준 트럭이 오래되어 못쓰게 되었는데, 당시 주 정부는 경제적으로 어려워 새로운 차량을 구입해줄 형편이 못 되었다. 그때 메이컨 카운티의 농부들이 푼돈을 모아 5,000달러라는 거금을 마련하여 '바퀴 달린 학교'를 새로 마련해주었다. 훌륭한 장비도 고루 갖출 수 있도록 도와주었으며, 크기로 보자면 오히려 이전 것보다도 더 컸다.

그러는 동안 다른 지역에서도 이러한 이동학교를 만들려는 움직임이 활발히 일어났다. 그럴 때마다 터스키기 학교에 도움 요청이 들어왔다. 카버 박사는 지침서를 만들어 보내주었고, 또 필요하면 전시할 물품도 보내주었다. 어떨 때는 첫 순회교육에 직접 동행하기도 했다. 당연한 것이겠지만, 이러한 운동에 대한 소문은 해외로도 퍼져나갔고, 러시아, 폴란드, 중국, 일본, 인도, 아프리카 등지에서 사찰단이 학교를 방문하기도 했다. 이들은 모두 카버 박사에게 위탁교육을 받았는데, 멀대같이 비쩍 마르고 교수같아 보이지 않을 정도로 겸손하게 말하는 카버 박사의 말을 모두들 열심히 경청하였다. 카버 박사가 미국 남부 지역에서 겪은 자신의 경험담과 해외에서 그것을 어떻게 소화할 수 있는지에 대한 기술적인 문제에 대한 이런저런 제안을 내놓자 다들 경탄할 따름이었다.

카버 박사는 죽는 날까지 이동학교를 운영하는 것이 자신이 해야 할 여러 가지 일 가운데 가장 중요한 것이라고 믿었다. 시작은 미비하였지만 이 운동으로 인해 전국적인 혁명이 벌어졌다. 토지가 대대적으로 개량되었으며, 펠라그라 피부병이 뿌리째 뽑혔고, 결과적으로 수백만의 흑인들이 삶에 대한 소망을 얻게 되었다. 가난한 소작농인 어떤 흑인 노인에 대한 기억이 이 모든 것을 상징적으로 잘 드러낸다. 어둑해진 숲길을 헤치고 카버 박사에게 다가와 말을 건넨 그 흑인 노인에 대한 기억 말이다.

"카버 선생님이지요? 선생님을 우리 집에 초대하고 싶은데요. 괜찮으시다면, 우리 내외에겐 더없는 영광입니다. 자, 이쪽이에요."

하나님,
도대체 땅콩을 왜 만드셨나요

한 자루쯤 되는 땅콩이라면,
우리 애 시켜서 시장에 내다 팔게 할 수는 있지요.
예, 그래요. 그렇지만 트럭 한 대 분량의 땅콩은 어떻게 처리하지요?
_메이컨 카운티에 사는 어떤 농부

터스키기 학교의 교장인 워싱턴 박사에게 제출한 1904년 1월 20일의 보고서에서 카버 박사는 자신의 일과를 다음과 같이 기록하였다.

"오늘 제 수업은 이러합니다. 아침 8시부터 9시까지는 농화학 강의, 9시 20분에서 10시까지는 배색법에 대한 미술 강의, 10시부터 11시까지, 그리고 오후의 한 시간은 농부들을 위한 강의가 잡혀 있습니다. 그 외 교내 여기저기 흩어져 있는 공업과목 7개를 대략 봐줘야 합니다. 표본으로 모아놓은 씨앗들을 전반적으로 점검해야 하고, 또 토양실험도 해야 합니다. 토양이 저마다 다른 각 구획에서 해당 비료가 어떤 결과를 일으켰는지 평가해야 합니다. 또한 실습실에서 이루어지는 모든 작업을 직접 살펴보고 나서, 보고서를 작성하여 연구결과를 발표하고, 이런 식으로 다른 연구소들과 교류를 지속해야 합니다. 닭장도 정돈해야 하고, 얼마 전에 예방접종한 소 104마리에 대해서도 매일매일 체온을 측정하여 혹시 이상이 있으면 처방도 내려야 합니다. 물론 다른 동물들도 보살펴야 합니다."

카버 박사가 터스키기 학교에 온 지 8년째로 접어들자, 카버 박사의 봉급 인상에 대한 이야기가 흘러나왔다. 그러나 그는 이를 정중히 사양하였다. 이때만이 아니라 이후에도 줄곧 봉급 인상에 대한 이야기가 나왔지만, 그럴 때마다 그는 이를 거절하였다. 카버 박사가 세상을 떠난 해인 1943년 당시 그가 받는 월급은 125달러에 불과했다. 그것은 1896년 봄에 워싱턴 박사가 아이오와 주에 있던 카버 박사에게 보낸 그 운명적인 편지에서 제안한 액수였다. 카버 박사는 돈에 대한 욕심이 조금도 없었던 것이다. 한때 그에게 돈은 진정한 자유를 얻기 위한 열쇠였다. 학업의 길을 걸어가려면 필요한 것이 많았고, 그것을 구입하기 위해서는 당연히 돈이 필요했다. 그러나 지금 카버 박사는 공부를 할 만큼 했다. 이제 필요한 것이라고는 단순한 생필품 정도였고, 125달러의 돈이면 그 정도는 충분히 감당할 수 있었다. 학교 재무를 담당하는 로건 씨가 카버 박사에게 회계장부를 정리하기 위해 수표를 현금으로 바꾸어달라고 수시로 졸라댈 정도로 그는 늘 현금을 넉넉히 지니고 있었다. 한번은 동료 교수가 카버 박사의 봉급 인상 거부가 부당하다고 지적했는데, 이때 카버 박사는 짐짓 당황하면서도 이렇게 말했다고 한다.

"돈이 더 많은들 뭣에 쓰겠습니까? 이미 저는 온 우주를 갖고 있는 걸요."

미술 과목은 카버 박사가 직접 생각해낸 것이었다. 그는 터스키기 지방에서 나는 진흙을 사용하여 색을 뽑아내는 방법과 또 색을 배합하는 방법을 학생들에게 가르쳤고, 땅콩 껍질에서 추출한 펄프를 이용하여 화포를 만들어주었으며, 옥수수 껍데기로는 화포틀을 만들었다. 카버 박사는 직접 그림을 그리기도 하였다. 그의 그림들은 거의 손가락으로 그린 것이었는데, 어찌나 아름답던지 보는 사람들마다 욕심을 낼 만했다. 카버 박사는 누가 자기 그림에 경탄하는 기색만 보여도, 그림을 거저 주곤 했다.

터스키기에서야 비로소 그는 자기 동족인 흑인들과 한데 어울려 생활하게 되었다. 물론 예전의 학문적인 분위기를 전혀 그리워하지 않은 것은 아니었다. 그래서 북쪽 지역에 사는 옛 친구들, 그러니까 밀홀랜드 부부라든지 버드 선생이라든지 아이오와 주립대학교의 교수들과도 지속적으로 연락을 주고받았다. 그렇지만 카버 박사는 터스키기의 작은 공동체에서 헌신적으로 일하느라 후회할 마음의 여유조차 없었다.

카버 박사는 가끔씩 흑인 지역으로 가서 거리를 거닐곤 했다. 그는 길가에서 뛰노는 아이들이나 나이 든 노인들과도 서슴없이 이야기를 나누었으며, 꽃을 원하는 사람들에게는 꽃을 나누어주고 병든 꽃을 발견하면 고쳐주었다. 거리는 눈에

띄게 밝아졌다. 그는 시가지의 대로 양 옆에 가로수를 심었는데 멋진 가로수 그늘은 오늘날까지도 터스키기의 명물로 남아 있다.

백인들도 그에게 자기네들 화원에 관한 조언을 구했다. 그럴 때마다 카버 박사는 아무 조건 없이 도와주었다. 그는 꽃이란 어떤 사람의 것이 아니라 하나님의 것이라고 믿었고, 어디에 핀 꽃이든 상관없이 그 꽃의 아름다움을 한껏 드러낼 수 있도록 최선을 다해야 한다고 생각했다. 카버 박사는 누덕누덕 기운 옷과 다 해진 모자를 쓰고 다녔는데, 그래서 그랬는지 백인들 가운데서는 그를 잡부 정도로, 심지어는 거지로 오해하는 사람도 가끔씩 있었다. 한번은 어떤 백인 여자가 자기네 병든 복숭아나무를 좀 봐달라고, 카버 박사에게 사람을 보냈다. 얼마 후 초췌해 보이는 흑인 한 사람이 자기네 정원으로 들어왔다. 그 여자는 그 흑인에게 50센트 정도 벌어볼 생각이 없느냐고 물었다. 정원 잔디를 깎아야 할 때가 되었던 것이다. 그 흑인이 바로 카버 박사였다. 카버 박사는 아무 말도 하지 않고 잔디 깎는 기계가 있는 곳으로 가서 정원의 잔디를 깎았다. 앞뜰과 뒤뜰을 깨끗하게 다 정리해놓은 것이다. 그러고 나서 그 여자의 집 문을 두드리며 말했다.

"아주머니, 이제 복숭아나무 좀 볼까요? 복숭아나무에 어떤 문제가 있는지요?"

카버 박사가 아무 말 없이 잔디를 깎은 것은, 남의 말을 거절하지 못하는 타고난 착한 성품 때문이었으리라! 어쩌면 과거 어려운 때에 대한 기억 때문이었을지도 모른다. 그때만 해도 잔디를 깎으면, 한 끼를 해결할 수 있지 않았던가!

한번은 어떤 남자가 정원에서 이상하게 생긴 잡초를 뽑고 있는 카버 박사를 보고는, 아마 저 가난한 늙은이가 먹을 것이 없어서 먹을 만한 풀을 찾고 있나 보다라고 지레짐작하고, 이렇게 말했다.

"이봐요, 아저씨! 그런 풀은 뒤뜰에 더 무성해요."

그러고는 이렇게 말을 이었다.

"많이 드세요!"

카버 박사가 감사하다고 말하고 뒤뜰로 가서 한아름 풀을 뽑아갔을 때, 그 사람은 아마도 꽤나 뿌듯했을 것이다. 하여간 이런 웃지 못할 이야기도 많았다.

물론 학교에서야 이런 일은 없었다. 카버 박사는 부커 워싱턴 다음으로 사람들에게 낯익은 사람이었다. 그는 잡다하고 지저분한 일을 할 필요가 없었지만 진딧물을 확인하기 위해 나무에 직접 기어오르기도 하고, 하수도를 파기도 했다. 또 소에게 예방접종을 하고는 자기 실험실 창문 옆에 매어두었는데, 실험실에서 토양을 검사하면서 그 소의 반응을 창문 너머로 관찰하기 위해서였다. 알 만한 사람들은 다 아는 일이었음에도, 다들 경탄하지 않을 수 없었다. 카버 박사는 특히 여선생들로부터 호감을 샀다. 여선생들은 카버 박사의 옷차림이 너무 촌스럽다고 귀띔해주기도 했지만, 그렇다고 카버 박사를 싫어하는 것은 결코 아니었다. 카버 박사는 일에 몰려

식사 시간을 제대로 지키지 못하고 뒤늦게야 식당에 들어갈 때가 많았다. 그럴 때마다 여선생들은 조금도 귀찮아하지 않고 카버 박사의 밥을 미리 타두었다가 건네주곤 했다. 그러면 카버 박사는 멋지게 꽃다발을 만들어서 여선생들의 식탁에 가지고 와 수줍게 감사의 표시를 하였다. 꽃다발을 받은 여선생들은 기뻐서 어쩔 줄을 몰랐다.

카버 박사는 할 일이 너무나도 많았기 때문에, 일에 몰두하느라 사교 활동은 거의 하지도 못했다. 하루에 한 시간도 여유가 없었고 일주일에 하루 쉬는 날도 없었다. 방학이라고 쉴 수도 없었다. 강의는 일요일 저녁부터 시작되었다. 일요일 저녁에 성경공부반을 인도한 것이다. 일요일날 다른 대학으로 강의를 나가는 일도 적지 않았다. 고작 추수감사절과 크리스마스 날에, 신혼살림을 차린 제자 톰 캠벨과 그의 아내가 초대하여 함께 식사하는 것이 사교 활동의 전부였다. 그 외의 시간에 그는 언제나 연구실과 실험실에 있었다. 아무리 중요한 일이라고 해도, 연구 활동에 방해될 만한 일은 멀리했다.

캠벨 부인은 평소에는 그처럼 근엄하고 점잖은 카버 박사가 어느 해 성탄절 날 밤에 체면 차리지 않고 자기 아이들과 천진하게 놀던 일을 가끔씩 이야기한다. 아이들 가운데 한 명의 이름은 카버 박사의 이름을 따서 조지라고 지었다. 카버 박사는 그날 자기가 만든 팽이 비슷한 장난감을 가지고 와서 아이들에게 주었는데, 아이들은 그 장난감이 너무 좋아 환호성을 질렀고, 카버 박사 역시 큰 소리로 깔깔거렸다고 한다.

아이들은 팽이를 돌리고 또 돌렸다. 팽이가 쓰러지려는 것을 다시 살리려고 크리스마스 트리 밑으로 기어들어가기까지 했다고 한다. 그들은 팽이를 끊임없이 돌리며 놀았다. 카버 박사는 밤이 깊어지자 소파에 앉아서 양쪽 무릎에 아이들을 하나씩 앉히고는 옛날 이야기를 들려주며 재워주었다. 그때 들려준 이야기는 꽃과 대화하는 어린아이에 관한 이야기였다. 아이들이 완전히 잠든 다음, 톰이 부엌에서 설거지하느라 바쁠 때, 캠벨 부인이 카버 박사에게 이렇게 말하였다.

"카버 박사님, 박사님은 아이들을 참 잘 다루시네요. 박사님도 가정을 가지시면 좋겠어요."

그때 카버 박사는 다소 서글프게 미소를 지으며 이렇게 대답했다.

"거실 바닥에다가 항상 토양 표본 부스러기를 줄줄 흘리는 사람을 좋아할 여자가 어디 있겠어요? 또 매일 새벽 네 시만 되면 집을 나서야 하는 것을 아내 되는 사람에게 어떻게 변명할 수 있겠어요? 또……."

"그야 좋은 여자만 만나면 얼마든지 이해하지 않겠어요?"

"글쎄요. 내가 꽃하고 데이트해야 하기 때문에 새벽마다 집을 나서는 것을 이해해줄까요?"

두 사람은 그쯤에서 대화를 끝내고 그냥 웃어넘겼다. 그러나 캠벨 부인은 그날 밤 이야기를 끝내 잊지 못했다. 어쨌든 카버 박사는 평생을 독신으로 살았다.

그런데 잘 알려지지 않은 이야기지만, 사실 카버 박사에게

카버 박사는 멋지게 꽃다발을 만들어서
여선생들의 식탁에 가지고 와 수줍게 감사의 표시를 하였다.
꽃다발을 받은 여선생들은 기뻐서 어쩔 줄을 몰랐다.

도 한때 깊이 사랑한 여자가 있었다. 그것이 카버 박사의 일생에 대단한 문제는 아니었지만, 그래도 한때의 아름다운 로맨스였다고 말할 수는 있을 것이다. 결국 이루어지지 못한 사랑으로 끝났지만, 만약에 그때 두 사람이 결혼했다면 어땠을까? 상대는 헌트라는 아가씨로 헌트 양은 가정과 선생이었는데, 지금까지 살아 있는 헌트 양의 몇 안 되는 친구들의 말에 따르면, 그녀는 작고 세련된 사람이었다. 또한 카버 박사만큼이나 자기 일에 사명감이 강한 여자였다. 두 사람은 서로의 매력에 사로잡혔다. 카버 박사는 헌트 양의 쾌활한 성격에 매료되었고, 헌트 양은 카버 박사의 헌신적인 삶의 태도에 반했다. 두 사람은 저녁때마다 함께 식사하고 학교 캠퍼스를 산책하며, 다른 사람들을 아랑곳하지 않고 깊은 대화를 나누기도 했다. 물론 아무 말 없이 침묵 가운데 그냥 함께 있는 것 자체로도 좋았다.

그렇지만 두 사람의 관계는 오래 지속되지 못했다. 카버 박사는 여간 꼼꼼한 성격이 아니었다. 무엇이든 하나하나 따지는 깐깐한 성격에 링컨 대통령만큼이나 고뇌하는 스타일이었다. 모든 결정이 항상 좋은 결과만을 가져올 수 없는 노릇이지만, 특별히 카버 박사는 자신의 결정이 혹시라도 부분적으로나마 나쁜 결과를 낳게 될까봐 늘 노심초사했다. 충분히 미루어 짐작하건대, 이런 사람이 결혼이라는 결단의 순간 앞에서 얼마나 고뇌하였겠는가! 당시에 카버 박사는 마흔을 훌쩍 넘겼으니, 결혼을 하려면 바로 그때 했어야 했다. 그것도 헌트 양과 말이다. 그런데 카버 박사는 과연 자신이 헌트 양에게 부족함이 없는지를 고심한 것이다. 여자라면 남편에게 가정에 대한 헌신과 관심과 애착을 기대할 것이다. 물론 너무나 당연한 일이다. 그런데 카버 박사의 생각에, 자신의 최대 사명은 일이었다. 그는 돈에도 무관심하여 돈 없이 살 수도 있었지만, 가정을 꾸리기 위해서 돈은 꼭 필요한 것이었다. 더군다나 당시에 그는 무엇보다도 자기의 평생 사업인 이동 학교에 정신이 팔려 있어 도저히 자상한 남편이 되어줄 자신이 없었다. 주말마다 가족들과 즐거운 시간을 함께 보낼 자신도 없었다. 날이 밝아오고 새로운 하루가 시작되면, 세상에는 자신을 필요로 하는 사람들이 너무도 많았다. 카버 박사는 살길을 찾지 못하고 있는 자기 동족들, 즉 가난한 흑인들을 그대로 방치한 채 가정에서 아내와 둘이서 행복한 시간을 보낼 수가 없었던 것이다.

당시에 카버 박사는 며칠 동안이나 잠적을 했다. 그는 산속에 들어가 시간을 보내거나, 아니면 문을 걸어잠그고 좁은 방에 틀어박혀 있었다. 터스키기에 있는 동안 카버 박사는 아무 예고도 없이 강의를 빼먹은 일이 딱 두 번 있었는데, 이때가 처음이었다. 그만큼 고민이 심했던 것이다. 한참을 그렇게 고민하고 나서야 그는 자신이 해야 할 일이 무엇인지를 분명히 깨달았다. 그 후, 두 사람이 극적으로 재회하는 일은 없었다. 아마도 몇 차례 어색하게 만나기는 했을 것이다. 서로 작별인사를 나누었을 테고, 결국 얼마 지나지 않아 헌트 양은 터스키기를 떠났다. 그러니까 이때 카버 박사가 잠시 방황을 한 것은 결단을 위한 몸부림이었던 셈이다. 그것은 자신의 삶이 결코 완벽하진 않겠지만, 그래도 의미 있게 살겠다는 결단, 또 자신이 이 세상에 있는 동안 스스로 풍요롭게 살지는 못해도, 남들을 풍요롭게 하는 삶을 살겠다는 결단이었다.

1920년대 초반, 카버 박사는 이동학교보다 더 중요한 일에 몰두하고 있었는데, 갑자기 비보가 날아들었다. 결혼하지 않고 독신으로 지내던 헌트 양이 세상을 떠났다는 소식이었다. 이 소식을 듣고 카버 박사는 두 번째로 예고 없이 강의를 빼먹었다.

터스키기로부터 남쪽으로 90마일 가량 떨어진 앨라배마 주의 엔터프라이즈라는 작은 마을, 그곳의 중앙 광장에는 기념비가 하나 서 있다. 그것은 현대에 일어난 농업계 최대의 재앙 사건을 오래도록 되새기고 그러한 일이 다시는 일어나지 않기를 바라는 마음으로 세워진 것이다. 그 재앙은 해충의 일종인 목화씨 바구미 때문에 생긴 것으로 비문에는 이런 말이 쓰여 있다.

"목화씨 바구미의 공적을 기리며. 앨라배마 주 커피 카운티 엔터프라이즈 주민들이 번영을 널리 알리는 이 기념비를 세우다."

이 기념비는 엄청난 재난의 산물이었다. 조지 카버도 개인적으로 이 사건을 매우 안타깝게 생각했다. 목화씨 바구미란

까맣게 생긴 작은 벌레로 무엇이든 잘 먹어치운다. 목화에서 번식하며, 현미경으로나 볼 수 있을 정도의 작은 알을 수백만 개나 낳는다.

이 해충은 1892년경 멕시코에서 텍사스 주로 들어왔는데, 그 후 25년 동안 엄청난 목화밭을 황폐하게 만들어놓았다. 특히나 옛 남부연합의 영토이던 남부 지역을 휩쓸고 지나갔다. 이 지역의 당시 세금이 1억 달러나 밀렸다고 한다. 해충이 목화를 갉아먹어 농사를 완전히 망쳐놓아, 주민들이 도무지 세금을 낼 형편이 못 되었기 때문이다. 피해가 얼마나 큰지 집계조차 할 수 없었다. 이 벌레는 차츰 루이지애나, 미시시피, 앨라배마 주 등 미국의 동쪽으로 번식해나갔다. 벌레는 목화밭을 황폐화시켰을 뿐만 아니라, 농부들의 꿈을 여지없이 앗아갔다. 그렇게 파산한 농민들이 수천, 수만 명에 달하였다. 1915년에는 커피 카운티의 농민들 가운데 세금을 제대로 낼 수 있는 사람들이 10퍼센트도 안 되었다. 이 지역의 중심지인 엔터프라이즈에서는 목화 농사가 전멸 상태에 이르렀고, 상점들은 다 파산하여 주민들은 길거리에 나앉을 지경이었다. 그야말로 좌절 그 자체였다.

이때 카버 박사는 가는 곳마다 낙담한 농부들에게 이렇게 외쳤다.

"오염된 목화는 타 태워버리세요! 그리고 그 자리에 땅콩을 심으세요."

그렇지만 그의 말을 따르는 사람은 하나도 없었다.

"땅콩을 심으라고?"

카버 박사의 말에 다들 콧방귀도 뀌지 않았다. 어떤 늙은 소작인이 이렇게 투덜거렸다.

"땅콩이라구? 그것을 어디다 쓰게? 목화는 중요하지. 목화로는 옷감을 만들 수 있거든. 누구나 옷을 입잖아. 그렇지만 땅콩은 아니라고 봐! 이봐, 젊은이, 120에이커의 땅에 땅콩을 심으면 말이지, 앨라배마 사람들이 실컷 먹고도 엄청 남을 걸세."

사실이었다. 늙은 농부의 말이 옳았다. 그때까지만 해도 땅콩이라는 것은 어린아이들의 간식거리였으며, 카버 박사 자신도 땅콩으로 무엇을 할 수 있는지에 대해 별로 생각해보지 않았다. 당시에 그가 알고 있는 것이라고는, 땅콩에는 영양가가 많고, 그것을 심으면 땅의 기운이 회복된다는 것, 또 이 황폐해질 만큼 황폐해진 목화밭에서도 잘 자랄 무엇인가를 심어야 한다는 정도였다. 카버 박사는 늙은 농부의 말에 자극을 받아 땅콩의 이용법을 알아내기 위하여 전력을 기울여 연구와 실험을 거듭하였다. 시간이 촉박했다. 텍사스에서 시작된 검은 먹구름이 점점 더 커지고 있었고, 점점 가까이 다가오고 있었다.

카버 박사는 1906년에 이미 목화씨 바구미라는 해충으로 인한 피해를 막을 수 없을 것이라고 경고했다. 기껏 해볼 수 있는 방법이라고는, 특별히 저항력이 강한 목화를 되도록이면 일찍 심고 일찍 거두어서 피해를 최소화하는 것이었다. 그는 잘 시들지 않는 새로운 품종을 네 종류나 개발하고, 목화가 걸리는 병 가운데 그때까지 밝혀지지 않은 병을 몇 가지 규명하기도 했다. 그 가운데 하나는 카버 박사의 이름을 따서 명명되었다. 이러한 노력에도 불구하고, 결국 목화 이외의 다른 작물을 심는 도리밖에는 다른 방법이 없다는 생각에는 변함이 없었다. 그것만이 유일한 대책이었으므로 그는 농부들에게 콩이나 고구마와 같은 다른 작물을 심으라고 권장했다. 그러나 농부들은 그것을 심는다 해도, 기껏해야 자기들이 소비할 만큼만 심었다.

본격적으로 이 일을 완수하기 위해서 카버 박사는 메주콩을 들고 나왔다. 당시에 이 낯선 콩에 대해서 아는 사람은 거의 없었다. 아이오와 주립대학교의 연구원 몇 사람만이 들어 보았을 뿐이다. 이 콩은 자라기도 잘 자라고, 이것으로 밀가루나 쌀, 심지어 우유까지도 만들 수 있었다. 이러한 초기의 노력의 결과, 나중에는 메주콩이 남부지방의 주산물이 되기도 하였다. 하지만 아직까지는 메주콩을 심을 만한 분위기가 무르익지 않았다. 보수적인 앨라배마 주의 농부들은 목화 농사를 포기하려고 하지 않았다. 그것도 이런 이상하고 낯선 작물을 재배하려고 목화 농사를 포기하다니, 농부들로서는 받아들일 수 없는 일이었다. 그래서 할 수 없이, 카버 박사가 마지막으로 제시한 것이 바로 땅콩이었다.

땅콩은 이미 3,000년 전부터 거의 모든 아열대 지방에 널리 알려진 작물이다. 그래서인지 낙화생(落花生), 남경두(南京豆),

향우(香芋), 호콩, 피넛, 왜콩, 구버 등 그 부르는 이름도 참으로 가지가지이다. 땅콩이 미대륙으로 들어온 것은 18세기로 노예선을 타고 아프리카에서 들어왔다. 땅콩을 가리키는 명칭 가운데 '구버'라는 이름은 원래 아프리카에서 사용되던 말이다. 이때 유입된 아프리카 단어 중 아직까지 명맥을 이어오는 몇몇 가운데 하나가 바로 구버이다. 아프리카에서 땅콩이 유입된 사건은 역사의 아이러니이기도 하다. 목화 재배에 투입될 수백만 명에 달하는 흑인 노예들을 먹일 가장 값싼 먹을거리는 단연 땅콩이었다. 그런 이유로 노예상들은 신대륙으로 땅콩을 들여왔다. 말하자면, 목화 재배의 이윤을 극대화하기 위한 도구로 들여온 셈이다. 그런데 150년 후, 바로 이 작물이 목화 재배라는 경제 구조를 종식시킬 줄이야! 노예제도를 유지해야만 가능한 죽음의 사슬이 바로 땅콩으로 인해 끊긴 것이다.

피넛! 피넛이라는 이름 때문에 이 작물이 견과류가 아닌가 생각하기 쉽다. 그렇지만 이 작물은 호두나 밤 같은 견과류가 아니라 콩과에 속하며, 감자처럼 땅속에서 자란다. 그래서 땅콩이라고 부른다. 땅콩은 땅에서 아주 적은 양의 양분만을 섭취한다. 공기 중의 질소를 빨아들여서 미리미리 저장해두기 때문에, 가뭄이 오래 지속되더라도 잘 견딜 수 있다. 그렇기 때문에 한동안 가물다가 뒤늦게 비가 오더라도, 금세 싹이 트는 것이다. 수정되면 씨방 밑부분이 길게 자라서 땅속으로 들어가고 그 속에서 씨방이 자라 땅콩이 되는 것이다. 한 줄기

에 열댓 개의 꼬투리가 달려 있으며, 한 꼬투리 안에 두어 개의 땅콩이 들어 있다. 땅속에서 땅콩이 다 익으면, 그냥 위로 뽑아올려 말리기만 하면 된다. 땅콩을 재배해본 농부들은 하나같이 이렇게 말했다.

"이거 너무 잘 자라네요. 땅콩보다 더 좋은 건 없을걸요?"

카버 박사는 본격적으로 땅콩 연구에 착수했고, 농부들에게 이 작물의 또 다른 효능을 일러주었다. 그가 정기적으로 펴낸 회보 31호에 보면, 땅콩을 재료로 하는 105가지 조리법이 소개되어 있다. 또한 이 작물을 잘 재배하고 거두어들일 수 있는 유용한 기술도 실려 있다. 카버 박사는 땅콩 1파운드에는 가장 품질이 좋은 쇠고기 1파운드보다 우수한 단백질이 훨씬 더 많이 들어 있다는 점도 설명하였다. 그는 목화 재배로 재미를 보지 못한 농장주들에게 이 반가운 소식을 전했다. 물론 이것은 반가운 소식일 뿐만 아니라, 절박한 충고이기도 했다. 농부들은 바싹 말라비틀어진 목화를 태워버리고, 땅을 갈아 완전히 뒤집어엎은 뒤 물을 뿌려준 다음, 땅을 묵혀야 했다. 그렇게 한 달이 지나고 나면, 땅콩을 재배할 준비가 다 된 것이다.

땅콩 농사를 확산시키기 위해 카버 박사는 부커 워싱턴 박사를 졸라, 메이컨 카운티의 유력한 실업인 아홉 명을 점심시간에 학교로 초대하도록 했다. 졸업반 여학생들이 카버 박사가 가르쳐준 대로 요리를 준비했다. 메인 식사로는 스프와 닭고기, 크림을 얹은 야채와 빵, 샐러드가 나왔으며, 후식으로는 아이스크림과 캔디, 과자, 커피가 나왔다. 이 모든 것이 땅콩을 이용하여 만든 것으로 어느 것 하나 맛없는 것이 없었으며, 향 또한 군침을 돌게 했다. 식사 후에 카버 박사가 방금 먹은 요리는 다 땅콩으로 만든 것이라고 말하자, 다들 농담인 줄 알고 한바탕 크게 웃었다. 그러나 자신들이 먹은 요리가 땅콩을 각기 다른 아홉 가지 방식으로 요리한 것이라는 카버 박사의 설명을 재차 듣고서 그들은 다들 믿을 수 없다는 듯 어리둥절한 표정으로 서로를 쳐다보더니, 갑자기 우레와 같은 박수를 치기 시작했다.

이제 땅콩을 심는 농가가 조금씩 조금씩 늘어갔다. 한편으로는 해충의 피해가 점차 늘어갔고, 다른 한편으로는 카버 박사의 집요한 설득 끝에 땅콩을 심는 사람들이 늘어갔다. 땅콩 재배 운동은 해충이 밀고 카버 박사가 당긴 셈이다. 예전에는 별 쓸모없는 구역에 간헐적으로 땅콩을 심었지만, 이제는 밭마다 땅콩 밭으로 변해 20 또는 40에이커나 되는 넓은 밭이 온통 노란 땅콩 꽃으로 물들었다. 앨라배마 주의 몽고메리에서 플로리다 주의 경계지역까지 땅콩이 가장 중요한 농작물이 되기까지는 그리 오랜 시간이 걸리지 않았다. 이제는 땅콩 농사가 북쪽 지역으로도 확산되었다. 심지어 어떤 마을에서는 마을 전체가 한꺼번에 목화 재배를 포기하고 땅콩을 심기도 하였다.

안 그래도 걱정하던 일이 벌어졌다. 10월 초 어느 날 오후, 자신을 과부라고 소개한 나이 지긋한 어떤 여인이 카버 박사를 찾아왔다. 카버 박사의 연구실 문을 수줍게 두드리고 들어온 그 부인은 참으로 순박하고 솔직한 걱정을 털어놓았다. 부인은 카버 박사가 쓴 글을 읽고, 그의 말을 믿고 그가 시킨 대로 황폐해진 밭에 땅콩을 심었더니 농사가 대풍이 들었다는 것이다. 그런데 문제는, 자기네뿐 아니라 땅콩 농사에 고용한 일꾼들이 내년에 먹을 만큼을 제하고도 땅콩이 수백 파운드나 남아돈다는 것이었다. 부인의 질문은 간단했다.

"박사님, 이 땅콩을 어디 내다팔 데가 없을까요?"

카버 박사는 부인에게 대답할 말이 없었다. 그는 한 가지 농작물만을 심는 것이 얼마나 큰 폐해를 가져다주는지에 집착했었다. 목화 재배가 그러했다. 이제 카버 박사는 땅콩 농사를 장려하는 데 대성공을 거두었다. 아니 지나칠 정도로 성공했다고 하는 것이 옳을 것이다. 모든 농가가 땅콩만을 재배하니, 예전과 똑같은 문제가 다시 고개를 든 꼴이다. 바구미 같은 해충에 비해 전혀 손색없는 괴물을 혼자서 만들어낸 것이나 다름없었다. 넘쳐나는 땅콩 역시 잔혹하고 무자비한 현실이었다. 조금만 도심 지역을 벗어나면 온통 땅콩 밭이었다. 너무 성급하게 땅콩 농사만을 장려한 것은 아니었을까? 자기 말만 듣고 땅콩 농사를 지은 농부들이 자신을 원망의 눈초리로 쳐다보는 것 같았다. 창고나 곳간마다 땅콩이 가득 쌓여 쌓아둘 곳이 모자랄 판이었다. 물론 들판에서 썩어가는 땅콩도 널렸다. 이것들을 추수해보았자 무엇하겠는가? 맞는 말이다. 그 많은 땅콩을 처리할 방법이 없었다. 농부들이 카버 박사를 찾아와, 이것을 어떻게 해야 할지 가르쳐달라고 졸라댔다. 어떤 사람들은 그를 욕하기도 했다. 카버 박사는 죄책감에 싸여 침통한 심정으로 실험실로 돌아왔다.

사실, 땅콩을 파는 일은 카버 박사가 책임질 문제가 아니었다. 그렇지만 카버 박사는 그렇게 나 몰라라 할 사람이 아니었다. 땅콩을 공급해주고, 땅콩 농사짓는 법을 가르쳐준 것으로 자기 할 일을 다 했다고 생각할 성격이 아니었다. 땅콩을 파는 일은 다른 사람이 고민해야 할 일이라고 생각할 수도 있었지만, 그는 책임감이 무척 강한 사람이라 자신이 부주의해서 문제의 핵심을 충분히 숙지하지 못했다고 한동안 자신을 자책했다. 문제를 반밖에 해결하지 못했다고 생각한 것이다. 카버 박사는 목화만을 맹종하는 농부들을 목화 재배로부터 해방시켜야 했다. 그렇다. 결코 틀린 일이 아니었다. 또 사람들에게 좋은 먹을거리를 제공해야 했다. 그것도 재배하기 쉬운 것으로 말이다. 땅콩은 이 두 가지 문제를 말끔하게 해결해주었다. 그렇지만 무엇인가 부족했다. 사람들은 먹을거리 외에도 현금화할 수 있는 농작물이 필요했다. 옷도 사 입어야 하고, 농사에 필요한 물건도 구해야 하며, 그 외에도 인간답게 살기 위해서 돈이 필요했다. 카버 박사는 하나님께서 땅콩에 눈을 뜨게 해주셨다는 사실과 땅콩 농사를 널리 퍼뜨리기 위해 바구미라는 해충을 보내주셨다는 사실을 손톱만큼도

의심하지 않았다. 그런데 이렇게까지 해주신 하나님께서 사람들의 배고픔과 그 외의 부족한 것들을 채워주기 위한 엄청난 계획을 갖고 계시지 않으리라는 것은 절대로 믿을 수 없었다. 따라서 무엇인가 잘못되었다면, 그것은 분명 자신의 책임이었다. 하나님의 부족한 종인 조지 카버, 바로 자신에게 잘못이 있는 것이다. 그는 땅콩을 팔 시장이 없다면, 자기가 직접 그 판로를 개척해야 한다고 생각했다. 조지 카버! 바로 자신이 말이다.

훗날, 세계적으로 유명해진 카버 박사는 미네소타 주 세인트폴에 있는 매컬레스터 대학에서 강연을 했는데, 그곳에 모인 젊은 학생들에게 이 이야기를 들려주었다.

당시 카버 박사는 우리네 인생에서 벌어지는 설명할 수 없는 모순 때문에 괴로움과 비탄에 빠져 있었다. 넘쳐나는 땅콩으로 고뇌하던 그해 10월 어느 날 새벽, 그는 조금이나마 위로를 받고 싶어, 자기가 즐겨 찾는 자신만의 숲으로 가 동쪽에서 새로이 떠오르는 해를 바라보면서, 이렇게 소리 질렀다고 한다.

"아, 하나님. 창조주시여! 도대체 왜 이 세상을 만드셨습니까?"

하나님께서는 이렇게 대답하셨다.

"너는 그깟 너의 작은 소견을 가지고 너무나도 큰 것을 알려고 하는구나. 그러지 말고 네게 어울리는 것이나 물어보거라."

그래서 그는 물었다.

"그래요, 하나님. 그렇다면 왜 사람을 만드셨는지 말해주세요."

그랬더니 하나님께서 다시 대답하셨다.

"쯧쯧, 이 어리석은 놈아, 너는 아직도 네가 감당치 못할 큰 것을 묻고 있구나. 쓸데없는 것은 묻지 말고, 네가 마음속으로 진정 원하고 있는 것을 말해보려무나."

순간, 그 자리에 모인 1,000여 명에 이르는 매컬레스터 대학의 남녀 학생들은 쥐 죽은 듯이 조용해졌다. 움직이는 사람도, 기침하는 사람도 없었다. 모두들 자리에 똑바로 앉아서는, 이 야윈 늙은이를 잔뜩 주시하였다. 그의 목소리는 마치 노래하는 듯하여, 모든 청중을 빨아들이는 힘이 있었다. 사방이 어두운 가운데 한 줄기의 스포트라이트가 그를 비추고 있었다. 언제나 그러하듯, 옷깃에는 꽃이 꽂혀 있었고, 그날따라 유난히도 선명하게 보였다. 그렇지만 그보다 더 분명하게 보이는 것이 있었으니, 그것은 바로 그의 두 눈동자에 어린 하나님의 사랑이었다.

그 순간, 카버 박사는 강단에서 조금의 움직임도 없이 고개를 들고는 무엇인가를 곰곰이 생각하는 듯 보였다. 그가 드디어 입을 열었다. 그는 하나님께 마지막으로 질문을 드렸다고 한다.

"하나님, 그렇다면 땅콩은 도대체 왜 만드셨습니까?"

"그래, 옳거니. 그게 너랑 어울리는 질문이지."

카버 박사는 하나님께서 자신에게 땅콩 한 줌을 들려주시더니, 같이 연구실로 들어가 자신과 함께 연구해주셨다고 말했다.

카버 박사는 앞치마를 두르고, 땅콩 한 줌을 집어 껍질을 깠다. 그리고 땅콩을 빻아서 미세한 가루로 만들었다. 그것을 데운 뒤에 또다시 한 줌 집어서 작은 압착기에 넣고 짰더니 기름이 제법 흘러나왔다. 그렇게 해서 기름을 한 컵 정도 받았다. 그는 이 기름을 오래도록 열심히 연구했다. 데워도 보고, 끓여도 보는 등 열처리 실험을 하였다. 카버 박사는 연구 결과에 매우 고무되었다. 동물 지방의 분자와는 달리, 땅콩 기름의 분자는 젤라틴 같은 점막 안에 갇혀 있었고, 그래서 다른 물질과 쉽게 혼합될 수 있다는 것을 발견했기 때문이었다. 화학적으로 분해되기도 쉬워, 마가린이나 비누, 과자, 마사지용 기름으로 사용하기에 적당하였다. 물론 화장품에도 적합하였다!

신이 난 카버 박사는 땅콩 가루 한 줌을 가져다가, 여기에 물을 붓고, 열을 가하한 뒤, 저어주었다. 맛을 봐가며 설탕이나 소금을 조금 넣었다. 그것을 식히니까 걸쭉한 우윳빛 액체가 되었다. 카버 박사는 그것을 한번에 들이켰다.

"이야, 이거 정말 우유하고 똑같네!"

그는 너무나도 기뻐 큰 소리로 외쳤다. 유리잔에 비친 자신의 모습을 보며 씩 웃음을 던졌다. 그것은 정말 우유였다. 물론 소에서 짜낸 우유는 아니었지만 그것에 조금도 모자랄 것이 없었다. 한 줌의 땅콩으로 우유 한 잔을 만들 수 있다니!

밤낮을 가리지 않고 실험실에서 일하다 보니, 시간이 후딱 지나갔다. 말 그대로 그는 땅콩을 갈기갈기 분해했다. 그는 땅콩에서 지방과 점성고무와 수지와 당분과 전분 등을 분리해냈고, 그것을 다시 분해하여 오탄당과 펜토산과 레구민과 리신과 아미도와 아미노산 등을 뽑아냈다. 이 모든 성분은 땅콩이라고 하는 하찮아 보이는 것에서 화학적으로 추출한 것이었다.

카버 박사는 끊임없이 실험에 몰두하였다. 열과 압력 등 각기 다른 조건에서 다양한 배합을 실험했다. 연구의 성과는 놀라웠다. 땅콩으로 사탕도 만들고, 땅콩버터와 밀가루를 대신할 수 있는 분말가루도 만들었다. 잉크와 물감과 구두약과 크레오소트라는 방부제도 만들었다. 연고와 크림도 만들었다. 땅콩의 붉은 껍질로는 아마포보다 더 고운 종이를 만들었다. 누런 껍데기로는 토질 개량제와 단열재와 연탄을 만들었다. 그 단열재를 아교로 붙이고 압착시킨 후 광택을 내주면, 가볍고 훌륭한 대리석이 되었다. 정말 놀라운 발명품들이었다.

그는 밤낮을 가리지 않고 연구했다. 쉬는 날도 없었다. 그가 어두침침한 실험실에서 등불 하나 켜놓고 연구에만 몰두하자 그의 건강을 염려하는 학생들이 실험실로 찾아왔다.

"선생님, 건강은 좀 어떠세요? 너무 무리하시는 거 아니에요?"

그럴 때면, 카버 박사는 짤막하게 대답하였다.

"그래, 그래, 난 괜찮네. 일 좀 하게 내버려두겠나?"

연구를 위해 땅콩을 실험실로 가져와야 할 때에만, 카버 박사는 연구실 문을 열고 밖으로 나갔다. 배가 고프기라도 하면, 손이 자연스럽게 땅콩으로 갔다. 땅콩을 집어먹으면서 허기를 채운 것이다. 사실, 그때 카버 박사가 그렇게도 열심히 연구에 몰두할 수 있었던 힘은 그의 내면으로부터 나왔다. 그는 자신이 전능하신 하나님의 도구라고 생각했으며, 따라서 자기 혼자서는 할 수 없겠지만, 하나님께서 자신을 들어 쓰시기 때문에 무엇이든 할 수 있을 것이라고 확신했다. 훗날 이 일을 두고 그는 이렇게 말하였다.

"전능하신 창조주 하나님께서는 우리에게 동물의 왕국과 식물의 왕국과 광물의 왕국이라는 세 가지 세계를 만들어주셨습니다. 그런데 이제는 제4의 왕국을 허락하셨지요. 바로 합성의 왕국입니다. 위의 세 가지를 잘 합성하면 또 다른 놀라운 것을 얻게 됩니다."

그로부터 수년이 흐른 뒤, 토양과 공기와 태양 등의 유기 원료를 이용하여 식품 이외의 물건을 생산하는 방법을 연구하는 '농산화학'이라는 새로운 학문분야가 생기게 되었다. 사람들은 농산화학이라는 학문분야가 정착되기 이전, 아니 그런 말이 생기기도 전에 카버 박사는 이미 농산화학자였다고 말한다. 포드자동차 회사를 설립한 헨리 포드는 나중에 다음과 같이 말했다.

"저는 새로운 시대를 예견하고 있습니다. 그 시대가 이르

카버 박사는 끊임없이 실험에 몰두하였다.

열과 압력 등 각기 다른 조건에서 다양한 배합을 실험했다.

연구의 성과는 놀라웠다.

면, 사람들은 더 이상 숲을 파헤치지 않을 것이며, 밭에서 생산되는 농산물에서 자원을 얻게 될 것입니다."

헨리 포드가 미래의 일로 생각하던 것을 카버 박사는 이미 실천하고 있었던 것이다. 카버 박사의 선구적인 활동에 대하여 크리스티 보스는 이렇게 증언했다.

"카버 박사는 쓰레기를 가지고 보물을 만들었습니다. 아무 쓸데없어 보이는 남부 지방의 소나무로 종이를 만들었고, 25년 뒤에는 이것이 새로운 주요 산업이 되었습니다. 땅콩 껍질과 폐기된 목재를 합성하여 합성 대리석도 만들었습니다. 그의 노력의 결과, 식물을 원료로 하여 인간 생활에 필요한 모든 종류의 물건을 만들 수 있는 길이 열린 것이지요. 이제 우리는 섬유소로 강철까지 만들게 되었습니다. 자동차 회사에서 차 한 대를 생산하는 데 농산물을 350파운드나 사용하기에 이른 것입니다."

그렇다. 카버 박사가 직접 만들어낸 물건들도 훌륭했지만 그보다 더 중요한 것은, 그가 다음 세대를 위해 미래의 문을 활짝 열어놓았다는 사실이다. 이것은 참으로 대단한 일이었다. 이제 사람들은 식물 안에 놀라운 화학적인 마법이 숨어 있다는 사실을 깨달았으며, 이것을 사용하여 음식물뿐만 아니라 온갖 종류의 생필품들을 만들어낼 수 있게 되었다. 훗날, 오빌 프리먼 농림부 장관은 카버 박사를 극찬하였다. 그는 훌륭한 선각자일 뿐만 아니라, 자신이 내다본 일을 몸소 실현시킨 사람이라는 것이다.

"카버 박사의 비전이 새로운 기회를 창출했으며, 새로운 산업을 탄생시켰습니다. 그것도 흙에서 시작하여 말입니다. 그는 후학들에게 영감을 불어넣었고, 그들로 하여금 농장의 흙 속에 숨겨진 보화를 찾도록 하였습니다."

오늘날, 4개의 주요 실험실과 10개의 실습장에서 1,000명이 넘는 과학자들이 카버 박사가 농업 분야에서 개척한 일을 그대로 계승하고 있다. 카버 박사는 누구의 도움도 없이 혼자서 그 일을 했다. 오늘날 과학자들은 카버 박사의 뒤를 이어 농산물을 화학적으로 분해하고, 변형시키고, 그래서 새로운 작물을 만들어내는 연구에 전념한다. 그 결과, 지난 수십 년 동안 미국에서 생산되는 농작물 가운데 상당한 양이 공산품으로 가공되었다.

카버 박사는 미국 남부 지역의 농장들을 거대한 보고로 만드는 그날을 기대했었다. 프리먼 농림부 장관은 이렇게 덧붙였다.

"카버 박사의 꿈! 오늘날 그의 꿈은 실현되었습니다. 그가 내다본 것보다 더 방대하게 그의 꿈이 이루어졌습니다."

1915년 10월의 어느 날 밤, 피로에 지쳐 축 늘어진 채 작업장에 앉아 있던 조지 카버는 오늘날 이러한 발전이 오리란 걸 꿈도 꾸지 못했다. 당시에 그가 알던 것이라고는, 하나님의 인도하심으로 땅콩을 재배하는 데 성공했으며, 사람들로 하여금 수확한 땅콩을 하나도 버리지 않고 잘 활용할 수 있도록 해주었다는 사실뿐이었다. 땅콩 수확이 두 배, 아니 세 배가 늘더라도 문제가 없도록 말이다! 이것은 4년 동안 노력한 결과였다. 땅콩 농사를 지은 농부들은 이제 어디서든 땅콩을 내다팔 수 있게 되었다. 그는 몹시 지쳐 있었다. 두 발로 서 있기조차 힘들었지만, 싸늘한 새벽녘에 밖으로 나가 떠오르는 태양을 바라보며, 하나님께 진심으로 감사를 드렸다.

그 뒤에도 그의 연구는 계속되어 땅콩으로 만들 수 있는 제품들을 끊임없이 개발했다. 그가 세상을 뜰 무렵에는 땅콩으로 만들 수 있는 제품이 300가지가 넘었으며, 땅콩을 원료로 제품을 가공하는 공장이 수십 개나 세워졌다. 땅콩으로 만들어진 제품의 다양함에 놀라지 않을 수 없다. 당시만 해도 땅콩으로 마요네즈와 인스턴트 커피, 치즈, 칠리소스와 샴푸, 표백제, 공업용 기름과 바닥재, 금속 광택제와 목재 착색제, 접착제, 합성수지와 벽판 등을 만들 수 있었다. 카버 박사는, 땅콩으로 만들 수 없는 생필품은 없다는 사실을 여실히 보여 준 것이다.

1919년에 이르자, 한때 가난하기만 하던 커피 카운티는 전례없이 번성하였고, 결국 앨라배마 주에서 가장 부유한 지역이 되었다. 그래서 이 지방 사람들은 3,000달러나 되는 큰 돈을 모금하여, 자신들을 좌절로 몰아넣은 그 벌레를 영원히 기념하기 위한 탑을 세웠다. 도대체 왜 그랬을까? 왜 그런 벌레 따위를 기념하는 것일까? 그것은 바로 목화 대왕의 압제에서 자신들을 해방시켜 준 것이 결국 바구미 벌레였기 때문이었다. 다시 말하자면, 목화 재배의 사슬에서 풀려난 기쁨과 바구미 벌레를 정복하게 된 기쁨, 아울러 카버 박사의 위대한 공적을 기리기 위해 이 기념탑을 세운 것이다.

그 당시에 엔터프라이즈 지방에서는 2만 5,000달러 어치의 땅콩이 생산되었다. 몇 년이 지나지 않아 인근 지역에서도 땅콩 농사를 크게 짓게 되었다. 전례가 없을 정도의 대규모 농사였다. 그곳에서 땅콩 농사가 성공을 거두었다면, 다른 지역이라고 못할 게 없었다. 땅콩 농사는 조지아 주의 올버니와 노스캐롤라이나 주의 엘리자베스시티, 버지니아 주의 서퍽까지 퍼져나갔고 나중에는 남부 지역 전체로 확산되었다. 한때 천대받던 땅콩이 이제 땅을 기름지게 해줄 뿐만 아니라, 거의 파산에 이르렀던 농부들의 주머니도 두둑하게 해주었던 것이다.

땅콩 수확은 점점 늘어났지만 오늘날과 비교해보면, 20세기 초에는 땅콩 생산량이 그리 많지 않았던 것으로 보인다. 적은 양이 수확되었기 때문에 전국적으로 생산된 땅콩의 가격이 총 몇 달러였는지조차 기록으로 남아 있지 않다. 하지만 오늘날에는 땅콩이 미국의 여섯 번째 주요 농산물이며, 600만 에이커의 땅에서 수십 억 파운드가 생산된다. 농부들이 땅콩으로 벌어들이는 수입만 해도 연간 3억 달러 가까이 되며, 상인들과 가공업자들은 연간 2억 달러를 벌어들인다. 땅콩은 이제 아이스크림이나 핫도그처럼 미국을 대표하는 명물이 되었고, 아프리카와 아시아와 남아메리카에서는 주요 식량이 되었다. 앞으로도 그 상업적 가치와 과학적 가치는 무궁한 가능성을 지닐 것이다. 한때 폐출혈은 마땅한 치료법이 없었는데, 의학 분야의 연구원들은 폐출혈을 막을 수 있을 것으로 기대되는 물질을 땅콩에서 추출하였다. 땅콩 실험은 계속되었다. 우주비행사들은 우주선에서 땅콩을 길렀다. 땅콩은 넓은 재배 공간을 필요로 하지도 않고, 더군다나 우주선에 꼭 필요한 산소를 많이 공급해주기 때문이다. 또한 땅콩 네 줌이면, 사람이 하루에 필요한 칼로리를 충분히 얻을 수 있기 때문이기도 하다.

이 모든 성과는 한 사람에게서 비롯되었다. 하나님께서 사소한 땅콩에 관심을 가지도록 하신 것에는 분명한 목적이 있다고 굳게 믿었던 조지 카버 박사, 바로 그로부터 시작된 것이다.

카버 박사의 명성은 날로 높아만 갔다. 이제는 터스키기만의 유명인사가 아니었다. 그의 명성은 앨라배마 주에만 국한된 것도 아니었다. 그는 여기저기서 초청을 받고 이 '농업 혁명'에 대해 연설을 했다. 물론 반대의 목소리도 있었다. 지역 신문에서 카버 박사의 강연을 신랄하게 악평했기 때문에 이미 계획된 강연이 취소되는 일도 있었다. 그 신문의 요지는 어떤 과목, 어떤 주제라 하더라도 검둥이 주제에 백인 학생들을 가르치는 일은 있을 수 없다는 것이었다. 그렇지만 흑인이든 백인이든, 대다수의 사람들에게 카버 박사의 피부색은 문제가 되지 않았다. 그들에게 중요한 것은, 카버 박사가 자신들이 당면한 거의 모든 문제를 해결해줄 수 있다는 사실이었다. 그는 누구에게나 개방적이었고 자신을 보고 싶어하는 사람이 있으면, 그 누구라도 기꺼이 만나주었다. 직접 찾아오지 못하는 사람들은 편지를 보냈는데, 카버 박사는 답장하는 데만도 하루에 몇 시간을 보냈다. 그의 앞으로 배달되는 편지가 홍수처럼 밀려들었으며, 그 가운데 많은 편지들은 주소도 없이 그냥 '땅콩 박사님' 앞으로 되어 있었다. 우편물이 너무 많아져서 터스키기 우체국은 학교 안에 따로 출장소를 마련해야 할 정도였다.

어떤 사람은 이런 편지를 보냈다.

"선생님, 우리 밭에 무슨 문제가 있는지 좀 가르쳐주세요. 무엇을 심어도 잘 자라지 않거든요. 흙 샘플을 같이 보냅니다."

카버 박사는 이 사람이 보낸 흙이 가득 담긴 봉투를 털고는 그 안에서 나온 흙을 성실히 분석하였다. 그러고는 어떤 비료를 뿌려야 할지를 상세히 설명하는 답장을 보냈다.

또 다른 사람은 이런 편지를 보내왔다.

"선생님, 옥수수 농사를 망쳤습니다. 그래서 돈이 한 푼도 없는데, 집에 페인트칠을 하지 않으면 아내가 애들을 데리고 친정으로 간다고 합니다. 이 일을 어쩌면 좋겠습니까? 좋은 생각이 없으신지요?"

카버 박사는 이렇게 답장을 보냈다.

"한 해 동안 그 땅에서 농사를 짓지 않는 것이 가장 좋습니다. 만약에 그것이 불가능하다면 잡종 종자를 심으세요. 그러면 상태가 호전될 것입니다. 또 부인 말씀인데요, 선생님 동네에 있는 진흙을 물에 풀어 벽에 칠해보십시오. 그렇게 몇 시간만 조금 고생하면, 부인이 떠나는 일은 없을 것입니다."

궁금한 것들을 써 보내면서 봉투에 돈을 넣어 보내는 사람들도 많았는데, 그럴 때마다 카버 박사는 답장을 보내면서 돈도 같이 돌려보냈다. 한번은 플로리다 주의 부유한 땅콩 농장주 모임에서 100달러짜리 수표 한 장과 함께 심한 병에 걸린 땅콩 한 박스를 배달한 일이 있었다. 카버 박사가 병의 원인과 치료법을 알려줄 수 있다면, 매월 그만한 돈으로 사례하겠다고 했다. 카버 박사는 병의 원인이 석회질 결핍임을 금세 알아차렸고, 치료법을 적은 답장을 보냈다. 그리고 편지의 마지막 부분에서 이렇게 썼다고 한다. 물론 수표도 같이 돌려보내면서 말이다.

"여러분의 땅콩을 키워주시는 선하신 하나님께서는 여러분에게 아무것도 청구하시지 않습니다. 그런데 어찌 제가 그깟 병의 원인을 발견했다고 해서 보수를 받을 수 있겠습니까?"

카버 박사의 삶에서 하나님은 언제나 중요한 역할을 차지했다. 그는 모든 공로를 하나님께 돌렸으며, 하나님이야말로 그에게 힘을 주시는 분이라고 여겼다. 한번은 북부에서 어떤 젊은이가 찾아왔는데, 박사의 책상 위에 편지가 산더미처럼 쌓인 것을 보더니, "교수님, 교수님께서는 교수님의 동족인 흑인들을 위해 엄청난 일을 하시는군요. 이보다 더 큰 공헌이 또 어디 있겠습니까?"하고 말했다. 그는 좋은 의도로 말했지만, 카버 박사는 이렇게 대답했다.

"여보게, 젊은이. 나는 그저 하나님을 돕는 그분의 종에 지나지 않네. 하나님께서는 어떤 한 종족, 한 인종만을 생각하시는 분이 아니지. 나는 하나님께서 모든 사람의 필요를 채워 주시는 분이란 걸 확신한다네."

땅콩을 이용한 새로운 사업이 우후죽순으로 생겨났다. 조지아 주 콜럼버스에서는 톰 휴스턴이라는 사람이 땅콩을 볶아서 팔았다. 상표는 '톰 아저씨 볶은 땅콩'이었는데, 시작한 지 얼마 되지 않아 사업은 크게 성공을 거두었고 이 공장에서 가공한 땅콩이 남부 전역으로 팔려나갔다. 사업이 얼마나 잘 되었는지, 그 많은 땅콩이 부족할 지경이었다. 그래서 그 회사는 언제든, 누구의 땅콩이든, 다 사들이고자 했다.

"서명만 하시면, 즉시 돈을 드리지요. 저울 앞에서 말입니다."

이 회사는 반경 100마일 안에 있는 모든 땅콩 농부의 명단도 확보하고 있었다. 휴스턴 사장은 사업을 확장하려고 땅콩버터를 만들었다. 그런데 문제가 생겼다. 기름이 반죽에 잘 스며들지 않아, 땅콩버터에서 고약한 냄새가 나는 것이었다. 휴스턴 사장은 그 회사에서 화학 분야를 책임지고 있는 웨이드 모스라는 연구원을 터스키기로 보냈다.

카버 박사는 이 문제를 곰곰이 생각해보았다. 그러고는 이내 버터 반죽이 땅콩기름을 잘 흡수하도록 하는 간단한 첨가제를 발견하였다. 그 후 얼마 되지 않아, 카버 박사는 땅콩에 초콜릿을 입히는 기술을 개발하여 휴스턴 사장에게 알려주었고, 이 상품은 이 회사에서 생산하는 주요 제품이 되었다. 카버 박사는 우연히 휴스턴 회사가 매주 수백 파운드에 달하는 땅콩 껍질을 그대로 버린다는 소식을 듣고는 깜짝 놀라, 쓰레기로 취급되는 땅콩 껍질로 비료를 만드는 방법도 가르쳐주었다.

톰 휴스턴 사장이 카버 박사를 직접 만나려고 터스키기를 처음 방문했을 때의 일이다. 그때 휴스턴 사장은 카버 박사에게 고마움을 표시하기 위해 바다표범 가죽으로 만든 고급 담요를 선물했다. 카버 박사는 이 선물을 받기는 했지만, 장롱 가장 안쪽에 넣어두고는, 두 번 다시 그것을 꺼내지 않았다고 한다. 남부의 대표적인 기업가와 흑인 선생, 이 두 사람은 몇 시간 동안이나 허심탄회하게 이야기를 나누었다. 언제나 그렇듯이, 카버 박사의 머릿속은 땅콩을 사용하는 것에 관한 참신한 아이디어로 가득했다. 그래서 노동력과 생산비를 줄일 수 있는 여러 가지 방법들을 제안하였다. 휴스턴 사장은 카버 박사에게 감탄을 금치 못하였고, 결국 이러한 제안을 하게 되었다.

"카버 박사님, 대단하십니다. 박사님! 부탁이 있습니다. 부디 우리 회사에 오셔서 저를 좀 도와주십시오."

카버 박사는 부드럽게 미소를 지으며 말하였다.

"휴스턴 사장님. 하나님은 사장님만의 하나님이 아니십니다. 어찌 하나님을 독점하여 사장님 회사 일만 돌봐달라고 말할 수 있겠습니까? 그러니 하나님의 한 도구인 저 역시 사장님의 회사만을 위하여 일할 수는 없습니다. 물론 제가 할 수 있는 한, 앞으로도 얼마든지 도와드리겠습니다. 그렇지만 제 자리는 여기인 것 같습니다."

카버 박사는 그 후로도 휴스턴 사장의 적극적인 후원자가 되어, 15년 동안이나 계속하여 그를 도와주었다. 휴스턴 사장도 거의 매달 카버 박사를 찾아왔으며, 올 때마다 그에게 값진 선물을 안겨주려고 하였다. 그러나 박사는 도무지 그것을 받으려고 하지 않았다. 그래서 한번은 답답한 마음에 휴스턴 사장이 카버 박사에게 단도직입적으로 물었다.

"도대체 무엇을 드리면 받으시겠습니까? 저한테 가장 바라시는 것이 무엇인지요? 말씀만 하세요!"

카버 박사는 이마에 주름살이 잡힐 정도로 고심하더니, 아무 말도 덧붙이지 않고 이렇게 대답했다.

"음, 그럼, 다이아몬드를 하나 주십시오."

"물론이죠. 드리지요."

휴스턴 사장은 그 자리에서 큰소리쳤다. 일주일도 지나지 않아 값진 백금 반지에 세팅된 다이아몬드가 학교로 배달되었다. 휴스턴 사장은 다음에 카버 박사를 방문했을 때, 그 선물이 마음에 들었는지 물어보았다. 그로서는 당연한 물음이었다. 물론 마음에 들었다. 카버 박사는 그 선물이 참 마음에 들었다고, 정말 훌륭한 다이아몬드라고 대답해주었다.

"음…그런데 그것을 왜 끼고 계시지 않는지요?"

"그것을 끼다니요?"

카버 박사는 혹 어느 한쪽에서 오해나 한 듯한 기색을 지으며 말하였다.

"아, 그랬군요. 선생님께서 저를 오해하셨군요. 저는 처음부터 다이아몬드를 반지로 낄 생각은 없었습니다."

카버 박사는 휴스턴 사장을 광물 표본실로 안내하여 어느 표본 상자의 뚜껑을 열어 보여주었다. 그 상자 안에는 휴스턴 사장이 선물한 다이아몬드가 놓여 있었다. 두 사람은 카버 박사가 수집한 희귀 광물들을 한 바퀴 둘러보고는 표본실을 빠져나왔다.

그 후 1931년에 이르러 휴스턴 사장은 카버 박사에게 간청하여, 청동으로 카버 박사의 흉상을 제작할 것을 주문하였고, 터스키기 학교 졸업식 행사 때 이를 기증하였다. 그러나 카버 박사로서는 썩 기분 좋은 일은 아니었다. 교직원들의 강요에 마지못해 가운도 입고 정모도 쓰고 행사에 참석해야 했기 때문이었다. 지금도 그 동상은 터스키기에 있는 카버 기념관 한가운데에 전시되어 있다.

제1차 세계대전이 끝날 무렵, 땅콩 산업은 아직 초기였음에도 불구하고 그 시장 규모는 자그마치 8,000만 달러에 달했다. 또한 미래도 밝았기 때문에 땅콩 산업은 확장일로에 있었다. 예상치도 못한 땅콩이라는 풍부한 자원을 잘 활용하고, 이 산업을 발전시키고 확장시키려는 목적으로, 남부의 대농장주들은 1919년에 '전미땅콩협회'라는 조직을 구성하였다. 그들의 목적은 두 가지였다. 첫째는 생산된 제품을 광고하고, 그러한 선전을 통해서 소비를 촉진하고자 하는 것이었다. 둘째는 외국 특히 아시아 지역에서 수입되는 땅콩을 막음으로써 자신들의 권익을 보호하려는 것이었다. 당시 사업 수완이 좋은 중국의 농장주들과 일본의 가공업자들은 해마다 3,000만 말이나 되는 엄청난 양의 땅콩을 미국이라는 새로 개척된 시장에 수출하고 있었다. 이는 연간 땅콩 소비량의 절반을 차지하는 양이었다. 값싼 노동력과 파운드 당 1페니도 안 하는 관세 덕택으로 극동의 땅콩 생산업자들은 이제 막 땅콩 시장에 뛰어든 미국 농부들의 목을 조르고 있었다.

미국의 농장주들은 1920년 9월 13일에 앨라배마 주의 몽고메리에서 첫 회합을 갖기로 하고, 카버 박사를 초청하여 땅콩에 관한 그의 경험담을 듣기로 합의했다. 물론 감정적인 이유로 반대하는 목소리도 있었다.

"검둥이 녀석한테 사업을 배우겠다고? 기가 막혀 말도 안 나오는군. 차라리 사업을 때려치우겠소."

한때 가난한 육체 노동자였다가 땅콩 덕에 겨우 가난을 면한 백인 한 사람이 이렇게 소리쳤지만, 그의 주장은 이미 대세가 아니었다. 보다 더 진보적인 견해가 주류를 이루었다. 대다수의 사람들은 자신들의 사업을 실질적으로 가능하도록 길을 열어준 사람이 조지 카버였다는 사실을 강조하였다. 땅콩과 땅콩의 무한한 잠재력에 대해서 카버 박사보다 더 많이 아는 사람은 없었다. 그들은 카버 박사를 연사로 초대한다는 내용의 초청장을 터스키기에 보냈다. 1920년 9월 14일, 카버 박사는 몽고메리 역에 내려서 익스체인지 호텔로 가는 길을 물었다. 그 건물은 그때로부터 약 60년 전에 남북전쟁을 결의한 역사적인 장소였다. 즉 남부연방 의회가 부르가드 장군에게 섬터 요새(사우스캐롤라이나 주에 위치해 있으며 1861년 남부군이 북부군의 요새였던 이 곳을 공격함으로 미국의 남북전쟁이 시작되었다—옮긴이 주)를 공격하도록 결의한 장소였던 것이다.

찌는 듯이 더운 날이었다. 카버 박사가 제퍼슨 데이비스 거리를 따라 걷는데, 뜨거운 태양이 사정없이 머리 위로 내리쬐었다. 어깨가 축 처졌다. 갖가지 실험기구가 들어 있는 두 개의 커다란 여행 가방은 꽤나 무거웠다. 가방의 무게로 팔도 축 처졌다. 겨우 호텔에 도착했는데, 호텔에선 땅콩협회 사람들이 시청으로 갔다고 했다. 그는 시내 쪽으로 발길을 돌려, 아까 온 길을 따라 다시 걸었다. 땀으로 옷이 흠뻑 젖었다. 시청에 도착한 카버 박사는 땅콩협회에서 나온 사람들이 어디 있는지를 물어보았다. 그러나 제대로 가르쳐주는 사람이 없었다. 우여곡절 끝에 카버 박사는 회의 장소에 도착했으나 너무 늦었다. 다들 호텔로 돌아간 것이다. 그는 다시 무거운 가방을 들고 땡볕으로 나갔다. 벌써 정오가 되었다. 겨우 호텔에 도착해 안으로 들어가려고 하자 이번에는 호텔 수위가 그를 막는 것이 아닌가!

"이봐요, 아저씨! 흑인들은 여기에 출입할 수 없습니다."

그나마 그 수위는 친절하게 말을 해주었다. 카버 박사는 할 수 없이 길가에 가방을 내려놓았다. 피로와 좌절에 휩싸여 몸이 바들바들 떨렸다. 그는 수위와 말다툼을 해봤자 소용없다는 것을 잘 알고 있었다. 자기를 무시하는 사람을 증오하는 것이 아무 소용없다는 자신만의 격언이 뇌리에 스쳤다. 그렇지만 한없이 기다릴 수만은 없어, 카버 박사는 다시 한 번 호텔 수위에게 가서 입을 열었다.

"나는 카버라고 하는 사람입니다. 전미땅콩협회 직원들이 제가 오기를 기다리고 있을 것입니다. 미안하지만, 들어가서 내가 여기 와 있다고 좀 전해주시겠습니까?"

호텔 수위와 호텔 보이는 피로에 지쳐 볼품없는 늙은이와 다 해진 그의 가방을 쳐다보면서 그의 말을 믿을 수 없다는 듯이 키득거렸다. 그러다 둘이 뭔가를 귓속말로 주고받더니, 결국은 호텔 보이가 안으로 들어갔다. 어느 정도 시간이 흘렀을까, 건물에서 나온 호텔 보이가 카버 박사를 뒤편에 있는 종업원용 엘리베이터 쪽으로 안내했다. 회의장에 들어서려는 카버 박사는 회의장 입구에서 다시 한 번 저지를 당했다. 지금 회의에 참석한 사람들이 점심식사를 하고 있으니, 밖에서 기다려달라는 것이었다.

훗날, 카버 박사는 당시의 상황을 떠올리면서 그때 사실은 가방을 집어 들고 바로 그 자리를 뜨고 싶었다고 고백했다.

"저 역시 사람이기에, 본능적으로 그런 생각을 하지 않을 수 없었지요. 복도에 서 있는데, 사람들이 저를 밀치고 지나다녔습니다. 제가 사람처럼 안 보였나 보더군요. 하지만 하나님께서 저를 멀리 몽고메리까지 보내신 것은, 저 개인적으로 만족감이나 얻으라고 보내신 것이 아님을 하나님께서 친히 깨우쳐주셨습니다. 또한 제가 그곳에 간 것은 회의에 참석한 부유한 실업가들이나 대농장주들이 돈을 더 많이 벌 수 있도록 하기 위함도 아니었습니다. 제가 그 자리까지 간 이유는, 메마른 땅을 경작하느라 애쓰는 농부들을 돕기 위한 것이었습니다. 제가 설득하여 땅콩 농사를 짓도록 한 그 수많은 가난한 사람들 말입니다. 그 협회 역시 농부들을 위한 기구 아니겠습니까?"

오후 2시가 되어서야 카버 박사는 회중 앞에 소개되었다. 다들 굳은 표정에 말 한 마디 없었다. 그러나 카버 박사의 행동에서는 원망이나 분노의 기색을 전혀 찾아볼 수 없었다. 이미 오래 전부터 백인 청중들의 냉담함에 적응되어 있지 않았던가! 카버 박사는 강의를 준비하느라 가방을 열면서, 어색한 분위기를 풀기 위해 입을 열었다. 농담조의 가벼운 인사말이었다.

"이곳 몽고메리, 정말 고약할 정도로 덥군요. 그렇지만 너무 상심하거나 불평하지는 마십시오. 땅콩을 재배하기에는 제격입니다.”

그러자 뻣뻣하기만 하던 회중 가운데 몇 사람의 눈가에 잔잔한 미소가 감돌았다. 카버 박사는 즉시 본론으로 들어갔다. 이내 모든 사람이 자신의 말을 경청한다는 것을 느낄 수 있었다. 카버 박사의 연설이 흑인에 대한 백인들의 선천적인 편견이나 선입견 따위를 완전히 압도한 것이다.

얼마나 멋진 연설이었던가! 카버 박사의 연설은 단지 더 많은 부가가치를 창출할 수 있는 방법을 제시하는 수준을 뛰어넘는 실질적인 연설이었다. 그는 먼저 병을 몇 개 높이 들어 보였는데, 그 안에는 땅콩으로 만든 색소가 들어 있었다. 가죽용으로 사용할 수 있는 황갈색 색소와, 목재용으로 사용할 수 있는 흑색과 녹색과 청색의 색소가 있었다. 카버 박사는 땅콩으로 만든 비누, 면도용 로션, 화장용 분, 사탕과 조미료 등도 보여주었다. 또 아이스크림에서 치즈에 이르기까지 갖가지 유제품도 소개하였는데, 이 모든 것이 다 땅콩으로 만든 것이었다. 젖소에서 짜낸 우유 100파운드로 치즈를 만들면 겨우 10파운드 정도를 만들 수 있는 반면에, 땅콩우유로는 그 두 배가 넘는 양의 치즈를 만들 수 있다는 사실도 가르쳐주었다. 카버 박사는 우스꽝스러워 보이는 이 조그만 땅콩으로 만들 수 있는 제

품은 끝이 없으며, 그러기에 땅콩 시장도 그 한계가 없다고 말해주었다.

이쯤 되자 그 자리에 모인 농장주들은 눈이 휘둥그레질 수밖에 없었다. 다들 귀를 쫑긋 세우고 카버 박사의 말에 귀를 기울였다. 땅콩은 온 인류에게 복을 가져다 줄 것이며, 땅콩 산업의 미래는 여러분의 상상력과 노력에 달려 있다는 말로 연설을 마치자, 박수갈채가 터져나왔다. 연설이 끝난 뒤에 사람들은 밀치락달치락 앞으로 나와, 웅성거리며 진열품들을 자세히 살펴보았다.

"이야! 대단하군. 믿을 수 없는 일이야. 이 모든 게 다 땅콩으로 만든 것이라니!"

어떤 사람들은 카버 박사의 연설에 진심으로 경의를 표하였다. 장내가 어느 정도 진정되자, 앨라배마 주 하원의원인 헨리 스티걸이 발언대에 섰다.

"방금 나와서 연설하신 조지 카버 박사께 감사드립니다. 카버 박사 다음으로 연설하지 않아도 되는 게 얼마나 다행인지 모르겠군요. 감히 땅콩에 대해서 누군가를 가르치려다가 망신만 당할 뻔했습니다. 오늘 연설을 들은 사람 가운데 어느 누구도 땅콩 산업의 중요성을 감히 부정하지는 못할 것이라고 확신합니다. 우리나라 구석구석까지 사람들이 필요로 하는 모든 것을 채워줄 수 있는 것이 바로 땅콩 산업입니다. 그런데 땅콩 산업은 아직 초기 단계이기 때문에 우리는 이 산업을 보호하는 법적·제도적 장치를 마련해야 합니다. 연방의회에서 이 문제를 본격적으로 논의하게 되면, 카버 박사를 의회로 초정할 것을 제안하는 바입니다. 오늘 이 자리에서 말씀해주신 것과 같이 연방의회에서도 땅콩에 대해서 연설해주시기를 기대합니다."

그러자 아까보다도 더 큰, 우레와 같은 박수갈채가 터졌다. 사람들은 "찬성, 찬성이요!"라고 외쳐댔다. 농장주들은 격려하는 차원에서 서로의 등을 두들겨주면서, 정부가 새로운 관세법안을 승인하도록 투쟁하리라고 결심한 듯 격앙된 목소리로 웅성거렸다. 이와 같은 북새통 속에서 카버 박사는 주섬주섬 물건을 챙겨 밖으로 빠져나왔다. 그러나 이를 눈치챈 사람은 거의 없었다. 날은 숨도 쉬기 어려울 정도로 뜨거웠다. 그의 손에는 여전히 해지고 무거운 가방이 들려 있었다. 발걸음을 재촉한 덕분에 그는 오후 4시에 되돌아가는 기차를 잡아탈 수 있었다.

이듬해 1월 초순, 카버 박사를 잊지 않은 협회 사람들이 급하게 전보를 쳤다. "20일 오전 워싱턴으로 오기 바람. 미 하원 세입위원회에서 땅콩에 대해 연설 바람."이라는 내용의 전보였다. 카버 박사는 초청에 응하겠다는 답신을 보내고는, 다시 일상생활로 돌아왔다.

이 일이 알려지자, 학교에선 난리가 났다. 마주치는 사람들마다 그에게 축하의 말을 전하느라 식당이 조용할 날이 없었다. 다들 이것은 단지 카버 박사의 개인적인 영광만이 아니라, 학교의 영광이라고 생각했다. 상상만 해도 신나는 일이었다.

자기네 학교 교수가 의회 의원들 앞에서 연설을 하다니, 믿을 수 없는 일이었다. 뭐였더라? 그래, 바로 관세입법에 관해서 입장을 발표한다고 했지! 꿈만 같은 일이었다. 그때부터 여선생들은 카버 박사에게 바가지를 긁기 시작했다. 카버 박사가 연설할 때 입을 양복에 대해 걱정하면서, 새 양복을 하나 맞추라고 난리였다. 카버 박사에게 그나마 쓸 만한 양복이라고는, 28년 전 아이오와 대학교에 다닐 때 친구들이 선물해준 것이었다. 또한 그가 가장 즐겨하는 넥타이는 물을 들인 옥수수 껍질을 엮어서 만든 것이었는데, 영 볼품이 없었다. 그래서 여선생들은 그에게 여러 차례에 걸쳐 성가시도록 말하였다. '워싱턴 가실 때, 설마 저거 입으실 건 아니죠?' '이번에는 정말로 새 양복 하나 맞추셔야겠네요?' 여선생들의 성화와 관심에 카버 박사는 어찌할 줄을 몰랐다. 드디어 카버 박사가 입을 열었다.

"선생님들, 한번 생각해보세요. 그 사람들이 보고 싶어하는 것이 새 양복이라면, 소포로 하나 보내드릴 수도 있습니다. 그렇지만 그들이 진정으로 보고 싶어하는 것이 나라면, 내가 어떻게 입든지 상관없지 않겠어요?"

씩 웃으면서 이렇게 말하는데, 여선생들인들 어찌하겠는가? 다소 실망스러웠지만 여선생들은 더는 아무 말도 할 수 없었다.

1월 20일 목요일, 조지 카버는 워싱턴에 도착하자마자 곧바로 공청회가 열리는 하원의사당으로 갔다. 땅콩협회에서 나온 직원들은 일찌감치 도착해서 초조하게 그를 기다리고 있었는데, 그가 오는 것을 보고서야 안도의 한숨을 내쉬었다. 카버 박사가 의사당으로 들어갔을 때는 호두와 대추야자와 가금류에 대한 세금을 늘려야 한다고 주장하는 사람들이 자기들의 입장을 표명하고 있었다. 회의실에는 고성과 비난이 오갔고, 의회의원들은 지쳐 있었다. 증인들의 말을 귀담아 들을 수 있는 분위기가 아니었다. 땅콩 문제는 아직 제기되지도 않은 상태였다. 카버 박사는 한참 동안 그 자리에서 오가는 이야기를 들었다. 농장주들의 신경이 날카로워졌다. 카버 박사는 더는 그런 자리에 있고 싶지 않았다. 그래서 자기 가방을 협회 직원들에게 맡기고는, 나중에 다시 오겠노라며 밖으로 나갔다.

밖으로 나온 카버 박사는 택시를 잡아타고 무작정 국립식물원으로 가자고 하였다. 택시는 코네티컷 거리를 따라서 달렸다. 창밖으로 기념비들과 기념탑들이 보였으나 그의 눈은 나무 한 그루, 풀 한 포기에 고정되어 있었다. 식물원에서 그는 생명의 신비함에 푹 빠져서는, 혼자서 록크리크라는 개울을 따라 천천히 거닐었다. 처음 보는 관목이라도 있으면, 혼잣말을 속삭이면서 손가락으로 만지작거리기도 하였다. 자연의 경이로움이란! 너무나도 즐겁고 행복한 시간이었다. 그 순간만큼은 관세에 관한 생각도 싹 가시고 없었다. 그러다가 우연히 이상하게 생긴 측백나무를 보게 되었는데, 생기가 없는 적갈색으로 변한 잎사귀를 보니, 병에 걸린 것이 틀림없었다. 때는 겨울이고, 땅은 물기를 머금은 채 딱딱하게 얼었지만, 이런 악조건이 걸림돌이 될 수는 없었다. 카버 박사는 무릎을 꿇고 측백나무의 아랫부분을 한참 뒤지더니, 결국 찾던 것을 발견하였다. 그는 식물원 관리자를 불러서 이 나무에 기생충이 자라고 있다고 일러주면서, 이 병을 치료하는 방법도 가르쳐주었다. 이 나무를 빨리 치료하지 않으면, 곧 병이 다른 나무로도 번지게 될 것이라는 경고도 잊지 않았다.

"잘 알겠습니다. 말씀하신 대로 보고하도록 하겠습니다."

관리인의 약속을 받은 카버 박사는 다시 코네티컷 거리에 있는 공청회 장소로 발길을 돌렸다.

그날 땅콩 문제는 세입위원회에서 거론조차 되지 않았다. 다음날 오전도 마찬가지였다. 지루하기 짝이 없었으며, 다들 매우 예민해졌다. 세입위원회의 위원들은 쌀과 육류가공을 지켜야 한다는 요지의 주장을 듣고 있었다. 공청회가 열린 회의실은 꽤 큰 방이었지만, 담배 연기가 자욱하여 숨이 막힐 것만 같았다. 마라톤 회의에 다들 지쳐버렸다. 끝도 없이 많은 단체들이 나와서 논쟁하였으며, 어떻게 해서든 위원들의 동의를 얻어내려고 목소리를 높였다. 시간은 흘러만 갔다. 어느덧 1월 21일 금요일 오후 시간도 거의 다 지나가고 있었다. 땅콩협회에서 나온 사람들의 얼굴에는 불안한 기색이 나타났다. 신경이 날카로워지고 표정도 굳었다. 어떤 사람이 불평을 토로했다.

"잘해봤자 30분밖에 시간이 없잖아. 큰일 났군. 우린 망했다, 망했어!"

스티걸 의원은 제시하길, "차라리 카버 박사에게 어떤 말을 하라고 지시하는 게 낫겠군요."하고 말했다.

"그게 무슨 소용이겠소? 이미 늦어버렸잖소."

땅콩에 관한 심의에 들어갔을 때는 이미 오후 4시가 지난 시각이었다. 협회 대변인이 호명되었고, 앞으로 나가 발언하였다. 위원회의 폐회 시간은 오후 5시로 이미 정해진 상태였다. 버지니아 주와 캐롤라이나 주 땅콩협동조합 대표가 나와 발언하였다.

"신사 여러분, 짧게 요지만 말씀드리겠습니다."

그러자 피로에 지쳐 녹초가 된 텍사스 주의 하원의원인 존 가너가 말을 받았다.

"하도록 하시오!"

"남부의 소작인들이 몰락하는 것을 막을 수 있는 유일한 길은 보호관세밖에 없습니다. 특혜를 요구하는 것이 아니라, 우리는 단지 수입관세를 요구할 뿐입니다. 해외에서는 엄청나게 싼 노동력을 동원하여 땅콩을 생산하는 반면에, 우리는 자유노동자들이 생산에 참여하기 때문에 땅콩 값이 상대적으로 비쌀 수밖에 없습니다. 수입관세를 적용하여 이 차이를 해소해줘야 한다고 생각합니다."

그러자 위원회 의장인 조셉 포드니가 비꼬듯이 말하였다.

"음, 그건 누구나 원하는 거요!"

긴장감이 팽팽하였음에도 불구하고, 곳곳에서는 웃음소리

가 터져나왔다. 그러자 땅콩협동조합 대표는 절규하듯이 말을 이었다.

"최소한 파운드당 4센트 정도의 수입관세가 있어야 합니다!"

"아마 그럴 거요. 좀더 생각해봅시다."

그러나 상황은 절망적이었다. 그때 회의 진행 서기가 조지 카버의 이름을 불렀다. 모든 사람이 고개를 돌려, 카버 박사를 쳐다보았다. 색이 바랜 낡은 옷을 입은 백발의 흑인 노인이라니! 옷깃에는 측백나무 가지 하나가 꽂혀 있었다. 전날 식물원에서 가져온 것이리라. 그는 꽤 무거워 보이는 가방 몇 개를 연사석으로 질질 끌고 나갔다. 갑자기 조용해진 장내에서 어디선가 키득키득 웃음소리가 들렸다.

"아니, 저 검둥이는 또 누구야? 저 녀석한테 땅콩이나 두둑이 집어주고 수박 하나 덤으로 주면 좋다구나 하고 줄행랑칠걸? 내 장담하지!"

카버 박사도 이 말을 똑똑히 들었다. 그렇지만 눈 한번 깜박이지 않았다. 이전에 그보다 훨씬 더 심한 모욕을 얼마나 많이 들었던가! 그가 단상에 올라가 가방을 푸는데, 포드니 위원장이 입을 열었다.

"카버 박사님, 시간이 얼마 남지 않았습니다. 10분 이상 시간을 줄 수 없을 것 같군요."

카버 박사는 막막했다. 이틀을 꼬박, 딱딱하고 무미건조한 숫자를 가지고 싸우고 열변을 토하느라 지칠 대로 지쳐버린

그는 무슨 말로 연설을 시작해야 할지 궁리하면서,
가방에서 병들을 꺼내어 테이블 위에 늘어놓았다.

사람들의 주의를 환기시켜서 자신에게 주의를 기울이도록 하는 데만도 족히 10분은 걸릴 것 같았기 때문이다. 그는 무슨 말로 연설을 시작해야 할지 궁리하면서, 가방에서 병들을 꺼내어 테이블 위에 늘어놓았다. 이때 가너 의원이 큰 소리로 말했다.

"그래, 당신은 관세법에 관해서 얼마나 알고 있소?"

"글쎄요. 관세법에 관해서는 조금도 아는 것이 없습니다."

무엇이 재미있는지 뒤에서는 키득키득 웃는 소리가 들렸다. 그렇지만 카버 박사에게 관심을 보이는 의원들도 있었다. 카버 박사는 숨을 고르더니, 드디어 입을 열었다.

"저는 땅콩 재배와 땅콩 산업의 가능성에 대해 말해달라는 부탁을 받고 왔습니다. 그런데 좀 서둘러야겠군요. 10분이 지나면 여러분은 제 입을 막을 것이 아닙니까?"

그러자 이번에는 곳곳에서 웃음소리가 터져나왔다. 사람들이 떠들어대기 시작하였다. 의원들은 서로에 대고 고성을 질러댔고, 급기야 장내는 아수라장이 되어버렸다. 카버 박사는 아무 말도 하지 않고 한참을 그렇게 가만히 서 있었다. 10분 가운데 3분이 그렇게 지나갔다.

"음, 여러분이 벌써 3분을 써 버렸습니다. 잃어버린 3분은 다시 돌려주시리라 생각합니다."

그러자 장내의 소란이 어느 정도 가라앉았다. 의원들은 카버 박사를 주시했고, 카버 박사는 초콜릿을 입힌 땅콩을 한 줌 들어 보이며, 특유의 낭랑하고 높은 목소리로 말했다.

"이게 얼마나 맛있는지 여러분은 잘 모르실 겁니다. 제가 여러분을 대신하여 맛을 보지요."

그러고는 그것을 입에 쏙 넣었다. 그러자 다들 배꼽을 잡고 웃은 후, 그의 말에 귀를 기울이기 시작했다. 그렇게 하여 그 자리에 있던 모든 사람이 카버 박사의 말을 경청하게 되었다. 이제 이들의 관심을 끌었으니, 이야기를 시작하면 되었다. 그렇지만 시간이 부족하였다. 시간이 조금만 더 있었더라도…….

이후 일이 어떻게 진행되었는지는 회의록에 잘 기록되어 있다. 다음은 1921년 1월 21일 농산물과 식량에 대한 하원 세입위원회 공청회의 회의록이다.

카버 박사 저는 농학을 연구하는 사람으로서 그동안 특별한 관심을 가지고 땅콩을 연구했습니다. 제가 여러분께 말씀드릴 수 있는 것은, 땅콩이 땅에서 나는 소산물 가운데 매우 훌륭한 것이라는 사실입니다. 땅콩은 영양이 풍부하여 음식물로도 훌륭할 뿐만 아니라, 화학적 성분도 풍부하기 때문에 이것을 이용하여 매우 다양한 제품들을 생산해낼 수 있습니다. 이 물건들을 내려놓게 여기 자리 좀 비워주시겠습니까?…고맙습니다. 자 여기를 보십시오. 10분이 지나면 여러분이 제 말을 막을 테니, 그냥 몇 가지만 간단히 보여드리겠습니다. 지금 여러분이 보시는 것은 땅콩으로 만든 물건들 가운데 일부에 지나지 않습니다. 이것은 땅콩과 고구마로 만든 것인데, 아침식사로 적당합니다. 영양도 만점이고, 소화도 잘되지요. 물론 맛도 좋습니다. 사실 땅콩과 고구마는 쌍둥이나 마찬가지입니다. 다른 모든 식품이 다 없어진다 하더라도, 땅콩과 고구마만 있으면 사람은 얼마든지 먹고살 수 있습니다. 이 두 음식물에는 사람이 필요로 하는 모든 영양분이 거의 다 들어 있기 때문입니다.

위원장 거기 놓인 다른 것들은 무엇입니까?

카버 박사 이것은 아이스크림의 원료가 되는 가루인데, 역시 땅콩으로 만들었습니다. 여기에다가 물만 좀 부으면 맛있고 훌륭한 아이스크림이 되는데, 진짜 크림으로 만든 아이스크림과 구별하기도 힘들 것입니다. 여기 이 몇 개의 병에 담긴 것은 땅콩 껍질에서 뽑아낸 염료입니다. 저는 지금까지 30여 가지 색의 염료를 개발했습니다. 실험실에서 실험해본 결과 색이 퇴색하지도 않고, 또 사람의 피부에 해롭지도 않다는 것이 증명되었습니다. 그리고 여기 이것은 해열제의 일종인 키니네의 대용으로 쓸 수 있는 약품입니다. 땅콩에는 의약품으로 사용할 만한 물질이 풍부하게 들어 있습니다. 땅콩에는 여러 가지 유용한 성분들이 다양하게 함유되어 있는데, 가축을 먹일 사료를 만드는 데도 사용할 수 있습니다. 이 사료를 먹이면 가축이 잘 자라며, 또 이것을 먹은 젖소는 더 많은 우유를 생산한다는 보고도 있습니다. 이 밖에도 스무 가지가 넘는 물건을 가지고 나왔는데, 안타깝게도 시간이 다 되어가는군요. 마지막으로 덧붙이고 싶은 말은, 남부의 기후와 토질이 땅콩 재배에 매우 적합하다는 사실과 시장만 개척되면 훨씬 더 많은 양의 땅콩을 생산할 수 있다는 사실입니다. 우리가 이 작물을 생산하지 않고, 외국에서 생산되는 질 나쁜 땅콩을 수입하려고 한다면, 유감이 아닐 수 없습니다. 감사합니다.

가너 의원 위원장님! 카버 박사의 연설이 매우 흥미롭습니다. 카버 박사에게 시간을 좀더 주는 것이 어떨까요?

위원장 좋습니다. 여러분, 가너 의원의 말에 모두 찬성입니까?

위원들 찬성이요. 찬성합니다.

위원장 카버 박사님, 계속해 주시겠습니까?

카버 박사 좋습니다. 계속하겠습니다, 위원장님.

레이니 의원 땅콩을 다양하게 활용하는 것, 잘 보았습니다. 앞으로 더 다양한 제품들을 만들 수 있으리라 전망하십니까?

카버 박사 물론입니다. 땅콩을 이용한 제품 개발은 이제 겨우 시작 단계입니다.

레이니 의원 그렇다면 땅콩을 많이 생산할수록 더 유리하겠군요.

카버 박사 글쎄요. 지금 상태로는 확실히 말씀드릴 수 없습니다. 그것은 우리의 사정에 따라 달라질 것입니다. 말하자면, 여러분들이 어떤 정책을 세우느냐에 달려 있는 셈이지요.

버클리 의원 땅콩이 주요한 식량이고 또 이용 가치가 높다고 해서 땅콩 생산에만 주력할 경우, 쓸 데도 없을 만큼 지나치게 많이 생산될 위험은 없겠습니까?

카버 박사 글쎄요. 그러한 문제가 생기지 않도록 어떤 대책을 세워야겠지요. 무엇보다도 다른 나라의 땅콩이 우리나라에 들어오지 못하도록 제재해야 할 것입니다.

가너 의원 카버 박사께서는 관세법에 관해서는 아무것도 모른다고 하지 않았습니까?

카버 박사 잘 모릅니다. 관세법이라는 것이 외국 사람들이 우리의 일거리를 방해하지 못하도록 하는 것이라는 정도만 압니다. (웃음) 제가 이 자리에서 진심으로 말하고 싶은 것은, 제가 아는 한, 세계의 다른 어떤 나라보다도 미국에서 가장 질 좋은 땅콩을 생산하고 있다는 사실입니다.

레이니 의원 그렇다면 품질이 떨어지는 외국산 땅콩의 유입을 전혀 걱정할 필요가 없겠군요. 우리나라 땅콩이 외국산 땅콩보다 품질이 훨씬 뛰어나니까, 외국산 땅콩은 들어와 봤자 경쟁력이 없을 테니까요.

카버 박사 글쎄요. 여러분도 잘 아시겠지만, 모든 게 다 마찬가지라고 생각합니다. 어떤 사람들은 버터나 마가린을 굳이 구분하려 들지 않습니다. 어떤 것이든 괜찮다고 생각하지요. 우수한 우리 땅콩과, 품질이 떨어지는 외국산 땅콩도 마찬가지입니다. 그러니까 경우에 따라서는 좋은 제품을 보호해야 할 필요도 있다는 것이지요.

올드필드 의원 맞습니다. 낙농업자들은 버터에 세금을 부과해달라고 하는 법이 없습니다. 마가린에만 세금을 부과하게 하였지요.

가너 의원 세금 제도를 이용하여, 마가린 제조로부터 낙농업을 보호하려는 것입니다.

카버 박사 아, 맞습니다. 맞아요. 바로 그것입니다. 그게 바로 관세법이란 것이겠지요. 세금을 부과하여 외국의 경쟁자들을 우리 시장에서 몰아내는 것이지요? (웃음) 아마도 그런 게 아닐까 생각해보았습니다. 이제 말을 마쳐야 할 것 같군요.

위원장 카버 박사님, 계속하십시오. 박사님의 발언에는 시간 제한을 두지 않겠습니다.

카버 박사 네, 그럼 계속하지요. 여기 있는 이것은 우유입니다. 역시 땅콩으로 만들었지요.

올드필드 의원 그래요? 그럼 땅콩우유에 세금을 부과시켜서 낙농업을 보호해야겠군요. 그렇지요? (웃음)

카버 박사 아니요, 그렇지 않습니다. 땅콩우유는 낙농업에 절대로 악영향을 끼치지 않을 것입니다. 왜냐하면 땅콩우유는 일반 우유와는 완전히 다르거든요. 나름의 독특한 가치가 있습니다.

버클리 의원 왜 땅콩우유가 일반 우유에 위협이 되지 않으리라고 생각하십니까?

카버 박사 우유와 버터가 부족하지 않습니까? 우리가 필요로 하는 만큼의 충분한 양을 생산하고 있지 못하기 때문입니다.

버클리 의원 그렇다면 그것으로 펀치 음료도 만들 수 있나요? (웃음)

카버 박사 펀치요? 제가 펀치 세례를 날려드리지요. (웃음)

위원들 좋아, 좋아요! 멋진 응수군! (웃음)

카버 박사 자, 이것은 오렌지 음료, 이것은 레몬 음료, 이것은 체리 음료입니다. 이 정도 펀치면 될까요? 이것은 인스턴트 커피인데, 따로 설탕이나 크림을 넣을 필요가 없습니다. 이미 다 들어 있거든요. 이것은 일반 커피를 만드는 재료이고, 이것은 버터우유, 이것은 우스터소스, 이것은 피클입니다. 이 모든 것을 다 땅콩으로 만들었습니다.

위원장 이 모든 것을 혼자서 만드셨습니까?

카버 박사 예, 위원장님. 그렇습니다. 다 실험실에서 만든 것들이지요. 실험실에서 하는 일이 다 그런 것입니다. 고구마를 사용하여 만든 것만도 그 수가 107가지나 됩니다.

가너 의원 잠깐만요, 마지막 말을 잘 듣지 못했습니다. 다시 한 번 말씀해주시겠어요?

카버 박사 물론이지요. 고구마로 만든 것만도 그 수가 107가지라고 말했습니다. 예를 들면, 잉크라든지 조미료, 머릿기름, 고무풀 같은 것들입니다. 물론 이것은 일부만 예로 든 것이지요. 오늘은 아쉽지만 땅콩 이야기만 해야 할 것 같군요. (웃음) 사실 고구마보다는 땅콩이 훨씬 더 유용합니다. 땅콩에 대한 연구는 이제 겨우 시작했을 뿐입니다. 이것은 굴입니다. 진짜 같지요? 그렇지만 가짜입니다. 땅콩으로 만든 것이지요. 아마 많은 분들이 속으셨을 것입니다. 땅콩으로 고기도 만들었습니다. 그 고기를 이용한 요리도 여럿 개발했지요. 맛도 참 좋습니다. 과학이 발전함에 따라 더 많은 자연 식품이 개발되면, 고기를 덜 먹게 될 것입니다.

레이니 의원 앗, 그러면 박사님이 축산업을 망하게 하시겠군요. (웃음)

카버 박사 아, 아닙니다. 고기를 먹지 못하는 사람이라도 땅콩으로 만든 고기는 먹을 수 있지요. 땅콩은 정말 완벽한 식품이라고 할 수 있습니다. 부작용이 전혀 없는, 마음 놓고 먹을 수 있는 안전한 식품입니다.

버클리 의원 이런 것을 만드는 법은 어디에서 배우셨습니까?

카버 박사 책에서 배웠습니다.

버클리 의원 어떤 책이요?

카버 박사 성경책입니다. 성경에 보면, 하나님께서 우리에게 만물을 주셨습니다. 그것들을 잘 사용하라고 말입니다. 하나님께서는 하나님의 땅에서 자라는 열매에 대하여 제게 몇 가지 신비로운 것들을 보여주셨습니다. 창세기 1장을 보면, "내가 온 지면의 씨 맺는 모든 채소와 씨 가진 열매 맺는 모든 나무를 너희에게 주노니 너희의 먹을거리가 되리라."고 기록되어 있습니다. 이것이 바로 하나님께서 말씀하신 먹을거리입니다. 세상에는 우리의 몸을 튼튼하게 해줄 모든 것이 다 있습니다. 우리에게 양분을 공급하고 우리 몸을 건강하게 지켜주는 것들이 이 세상에 널려 있습니다.

커류 의원 카버 박사께서는 어디서 학교를 다니셨습니까?

카버 박사 최종학교는 아이오와 농과대학입니다. 여러분은 분명히 여기서 각료로 오래 활동하신 윌슨 선생님을 알고 계실 것입니다. 제임스 윌슨 농림부 장관 말입니다. 바로 그분이 저를 6년 동안 지도해주신 은사이십니다.

위원장 박사님은 지금 어떤 연구소에서 일하고 계십니까?

카버 박사 터스키기 연구소입니다. 앨라배마 주의 터스키기에 있습니다.

위원장 어서 계속 말씀해주십시오.

카버 박사는 계속했다. 그의 연설은 거의 두 시간 동안이나 이어졌는데, 그 시간 동안 의원들은 카버 박사가 보여주는 땅콩 제품에 푹 빠져 있었다. 그가 보여준 것들은 이런 것들이었다. 배니싱크림, 마사지 오일, 물감, 색소, 또 우유에 타먹을 수 있는 플레이크……. 카버 박사는 재치있는 유머를 곁들여가면서 강연을 하였다. 카버 박사의 이야기가 끝나자 커류 의원이 말했다.

"박사님의 말씀이 우리 위원회에 큰 도움이 되었습니다. 감사합니다."

가너 의원의 제의로 모든 의원이 기립박수를 보냈다. 또 누군가는 "또 오세요. 다음에는 다른 물건들도 좀 가져오시고요."라고 소리를 쳤다. 회의록에 따르면, 포드니 위원장은 카버 박사가 발표하는 도중에 자꾸만 찬사를 보냈다고 한다.

카버 박사가 공청회가 열린 회의실을 떠나려고 하는 순간, 켄터키 주의 앨번 버클리 하원의원이 그를 붙잡고 혹시 그날 증언한 내용을 요약하여 써줄 수 있는지를 물어보았다.

"증언 요약문은 오늘 저녁에 인쇄소로 보내집니다. 만약에 박사님이 직접 써주실 수 있다면, 원고가 다 될 때까지 최대한 인쇄를 보류시키겠습니다. 사실 박사님이 직접 써주시면 좋겠습니다."

카버 박사는 버클리 의원의 요청을 승낙했다. 그는 터스키기로 돌아가는 기차 안에서 부탁받은 요약문을 작성하였다. 그리고 마지막에 이런 말을 덧붙였다.

"제게는 팔 물건이 하나도 없습니다. 저는 상품을 제조하는 일을 하는 사람도 아닙니다. 제가 하고 싶은 특별한 제안이라는 것은 없습니다. 다만 여러분께서 이권의 문제로 야기할 수 있는 해로운 경쟁이 발생하지 않도록 적절한 조치를 취해주시리라고 확신합니다."

카버 박사가 그날 공청회에 참석하여 발표한 것이 다른 모든 것보다, 땅콩협회가 내세운 그 어떤 인물이나 탄원보다도 훨씬 더 설득력이 있었다. 그래서 이듬해 포드니-맥컴버 관세법이 통과되었고, 미국 내에서 생산되는 땅콩이 보호를 받게 되었다. 해외에서 들여오는 땅콩에는 관세가 붙여졌는데, 껍질을 벗기지 않은 땅콩은 파운드 당 3센트, 껍질을 벗긴 땅콩은 파운드 당 4센트의 세금이 부과되었다. 그 후 오랫동안, 스티걸 의원은 카버 박사의 증언을 떠올리면서, 언제나 이런 말로 끝을 맺곤 하였다.

"사실, 난 그때 카버 박사에게 어떤 말을 하라고 지시하는 게 낫겠다고 생각했었지요."

카버 박사는 그 후로도 줄곧 땅콩을 가지고 갖가지 유용한 것들을 만드는 연구에 몰두하였다. 그가 한 줌의 땅콩으로 만들었던 물건의 목록을 보면, 정말 대단하다는 말밖에는 아무 말도 나오지 않는다. 그 가운데 하나가 밀가루 대용식품인 땅콩가루였는데, 땅콩가루는 밀가루에 비해 단백질은 4배, 지방분은 8배 많았다. 여기에 들어 있는 탄수화물 또한 당뇨병 환자에게 매우 좋은 것이었다. 카버 박사는 땅콩 껍질을 빻은 후 이를 포장하여 농부들에게 공급하기도 했다. 그동안 농부들은 비싼 외국산 비료에 의존해왔는데, 이때부터는 땅콩 껍질을 사용했다. 결과는 대만족이었다. 땅콩 껍질을 갈아서 흙에 섞었더니 땅에 수분이 많아졌고, 질소와 인산염과 칼륨도 풍부해졌다.

워싱턴의 연방의회 일로 힘들고 긴장된 출장을 다녀온 후에, 카버 박사는 호된 감기에 걸리고 말았다. 머리가 아플 정도로 심하게 기침이 나왔고, 몸이 완전히 축났다. 가끔 아프긴 했지만, 이번에는 유독 심했다. 카버 박사는 실험실에 틀어박혀 한참 동안 무엇인가를 하였다. 몇 시간이 흐른 뒤 실험실 문을 열고 나왔을 때, 그의 손에는 새로운 종류의 치료제가 들려 있었다. 크레오소트라는 물질로 감기약을 만든 것이다. 크레오소트가 호흡기 질환에 특별한 효능이 있다는 사실은 이미 잘 알려져 있었지만, 맛이 너무 고약해서 중환자를 제외하고는 아무도 이 약을 먹으려 하지 않았다. 그런데 카버 박사가 이 크레오소트를 땅콩기름으로 잘 개서 고약한 맛을 없애고 먹기 좋은 약으로 만든 것이다. 카버 박사 자신도 이 약을 먹고 감기에서 나았다.

그 뒤 얼마 되지 않아 '샤프 앤드 돔'이라는 연구소에서 이 사실을 알고는, 페놀이라는 이름으로 이 제품을 상품화하자고 제안해왔다. 카버 박사는 흔쾌히 승낙했다. 새로운 물건을 발명하면서 무엇 하나 특허권을 가진 적이 없었기 때문에, 이번에도 반대할 이유가 없었다. 카버 박사는 그것을 상품화하기까지 기꺼이 지원을 아끼지 않겠다고 약속했지만, 자기의 이름을 내세워 신제품을 판매하는 데는 극구 반대하였다. 세계 대공황이 일어나자, 이 제품은 더는 시장에서 판매되지 않았고, 터스키기 연구소에서만 구할 수 있게 되었다. 감기에 걸리거나 기침이 나오는 사람은 누구든지 카버 박사를 찾아가기만 하면 되었다. 카버 박사는 누구든 필요한 사람에게 땅콩기름과 크레오소트 합성물이 담긴 작은 병을 건네주었다. 물론 병이 빨리 낫기를 바란다는 인사말도

잊지 않았다.

카버 박사가 동네 여자들에게 얼굴에 바르는 크림을 준 일이 있었는데, 이 제품이 호평을 받았다. 땅콩으로 만든 크림을 바르면 피부가 촉촉해졌다. 이 크림에 들어 있는 땅콩 성분이 온갖 종류의 피부 트러블에 좋은 효능을 발휘했다. 그런데 한 가지 문제가 있었다. 땅콩크림을 바르니까 얼굴이 붓고 탱탱해진다는 것이었다. 카버 박사는 이 점을 개선하기 위해 한동안 고심하다 색다른 결론에 도달하였다. 만약에 얼굴 근육을 보강하는 효능이 있다면, 온몸의 근육도 마찬가지일 것이 아닌가. 그렇다면 이 땅콩기름이 미네랄이나 목화씨 기름보다 마사지 크림을 만드는 데 더 효과적이지 않을까? 사고나 병으로 약해지고 외소해진 환자들의 근육을 다시 살려내는 데 도움이 될 것이 아니겠는가? 그래, 로니 존스톤을 도울 수 있을 게다.

로니 존스톤은 터스키기 학교에서 잘 알려진 아이였다. 그는 밝고 명랑한 14살짜리 소년이었는데, 로니의 아버지가 학교 농장에서 동물들을 돌보는 일을 했기 때문에, 로니도 학교에서 살았다. 로니는 몇 년 전에 사고로 인대가 끊어졌다. 말이 갑자기 놀라면서 뒷발질을 했는데, 그때 로니의 무릎이 차여 그만 인대가 끊어지고 만 것이다. 치료를 받아 겨우 인대가 붙기는 했지만, 오른쪽 다리의 힘줄이 조여든 채로 다리가 굳어져, 평생 다리를 절며 살아갈 수밖에 없는 처지에 놓였다. 카버 박사는 로니의 부모에게 로니를 치료해보자고 했다. 어느 토요일 오후, 로니는 카버 박사의 연구실로 찾아왔다. 바지를 걷어올리고 테이블 위에 다리를 올려놓았다. 떨리기도 했지만, 로니는 철썩같이 카버 박사를 믿었다. 이런 로니에게 카버 박사가 조용히 말했다.

"얘야, 내가 지금 네 다리를 완전히 고칠 수 있다고 장담할 수는 없구나. 그렇지만 확신하건대, 이 약이 네게 조금이라도 해롭지는 않을 게다. 이제 하나님께서 도와주시기만을 빌어 보자."

그는 땅콩기름으로 만든 마사지 크림을 손에 붓고는, 두 손으로 로니의 야윈 다리에 골고루 잘 발라주었다. 그리고 20분 동안 마사지를 해주면서 재미있는 이야기보따리를 풀었다. 재미있는 이야기에 푹 빠져 있던 로니는 치료가 끝나자 섭섭해하는 기색이 역력했다.

"좀 어때? 기분 괜찮아?"

카버 박사가 묻자 로니가 대답했다.

"네, 좀 시원한 것 같아요."

"그래? 좋아. 그러면 이제부터는 매일 학교 끝나자마자 이리로 오너라. 우리 세 사람이 힘을 합쳐서 네 다리가 낫도록 해야지. 다시 정상적으로 움직일 수 있도록 말이다."

"셋이라고요?"

"그래 셋이지. 너하고 나하고, 그리고 우리 하나님하고 말이다."

땅콩기름으로 마사지를 하는 치료는 반년 동안 계속되었

땅콩기름으로 마사지를 하는 치료는 반년 동안 계속되었다.

두 달 남짓 지났을 때, 로니는 절뚝거리지 않고 걸을 수 있게 되었고,

곧 야구선수로 뛸 수 있을 정도로까지 상태가 호전되었다.

다. 두 달 남짓 지났을 때, 로니는 절뚝거리지 않고 걸을 수 있게 되었고, 곧 야구선수로 뛸 수 있을 정도로까지 상태가 호전되었다. 고등학교를 졸업할 즈음에는 세 종류의 스포츠에서 학교 대표선수가 되었다.

그러는 사이에 카버 박사는 또 한 아이를 치료했는데 그 아이는 흔히들 소아마비라고 하는 척수염에 걸려 있었다. 결과는 이번에도 성공적이었다. 새로 출범한 국립농산화학회가 미시건 주의 디어번에서 개최됐을 때, 카버 박사는 아이의 다리 사진을 발표하였다. 처음에는 목발을 짚고 다니던 아이가 지팡이를 짚고 걷더니, 결국은 아무런 보조기구 없이 걸을 수 있게 되었다. 이러한 사실이 신문사에 알려지자, 신문사들은 앞다투어 카버 박사를 취재하고는, 땅콩박사가 기적적인 소아마비 치료제를 발명했다고 대서특필하였다. 이렇게 하여 카버 박사는 전국적인 유명세를 타기 시작했다.

카버 박사는, 자기의 치료법은 사실 병을 근본적으로 고치는 게 아니라 상처를 치유하는 수준일 뿐이라고 애써 둘러댔다. 그는 마사지나 연고가 질병의 근본적인 치료제가 될 수 없음을 분명히 하였으며, 아마도 이러한 치료법은 기껏해야 지독한 후유증을 경감시킬 뿐이라고 말했다. 자기는 그저 마비되거나 사용할 수 없게 된 팔다리를 땅콩기름으로 마사지해서 부드럽게 풀어주었을 따름이라는 것이다. 그러나 그것은 마치 말 한마디로 산사태를 막으려는 꼴이었다. 그 누구도 날로 퍼져나가는 카버 박사의 소문을 막을 수는 없었으며, 카버 박사의 항변은 불타오르는 희망의 아우성에 묻혀버리고 말았다. 어느 누구도 카버 박사에 대한 사람들의 희망을 꺾을 수는 없었다. 그러던 중, 1932년 여름에 악성 소아마비가 온 미국을 휩쓸었다. 그러자 소아마비에 걸린 아이를 둔 부모들이 아이들을 데리고 터스키기로 몰려와, 터스키기는 아수라장을 방불케 했다. 하나같이 카버 박사에게 도움을 청하는 그들의 눈빛은 그 어떤 말로 표현할 수 없을 정도로 간절했다. 미국의 남부 온 지역에서 사람들이 몰려왔고, 멀리 뉴욕과 캘리포니아에서 온 사람들도 있었다. 이들이 몰고온 차들은 카버 박사 연구실 앞에서 하루종일 진을 치고 있었다. 그는 자신이 할 수 있는 만큼 최대한 그 아이들을 돌보아주었으며, 학교의 다른 불빛이 모두 꺼져도 카버 박사의 연구실만큼은 환히 불을 밝히고 있었다. 토요일이나 일요일에도 아침 일찍부터 밤늦게까지, 그러니까 밤 10시나 11시까지 치료는 계속 이어졌다.

어느새 카버 박사에게 오는 편지도 한 달에 1,500여 통까지 불어났다. 전보나 장거리 전화도 폭주하였다. 다들 그 기적의 특효약을 한 병만 보내달라는 내용이었는데, 개중에는 어마어마한 돈을 치르겠다는 사람들도 있었다. 그렇지만 카버 박사의 연구실 규모로는 그 많은 수요를 충당할 수 없었다. 그렇다고 불쌍한 사람들에게 연구실 시설을 확장할 금품을 요구할 수도 없었다. 그가 할 수 있는 일이라고는, 자신의 치료법은 별 것 아니라 그저 땅콩기름을 바르고 마사지하는 것이 전부라고 설명해주는 것뿐이었다. 그는 구멍가게에 가서 85센트만 내면 땅콩기름을 반 갤런이나 살 수 있을 것이라고 답장을 써 보냈다.

그러다가 한번은 어떤 부인에게 오해를 사기도 했다. 아니 어쩌면 오해가 아니라, 씁쓸한 경험이었는지도 모른다. 카버 박사가 어떤 부인과 이야기를 나누고 있었는데, 그 부인이 엉뚱한 질문을 던졌다. 카버 박사가 환자들을 땅콩기름으로 문지르며 기도를 많이 하는데, 땅콩기름이 더 중요한지, 아니면 기도가 더 중요한지를 물어본 것이다. 이에 카버 박사는 무엇보다도 기도가 중요하다고 대답했다. 그러자 그 부인은, 그렇다면 기도만 하면 됐지, 왜 기름 따위를 바르느냐고 반문했다. 그러면서 다른 환자들에게도 모든 약품이나 기름 등을 사용하지 말고, 오로지 기도하면서 하나님께 전적으로 매달리라고 해야 하는 것 아니냐고 따졌다. 카버 박사는 이렇게 대답했다.

"부인, 우리 가운데 누가 감히 우리를 둘러싼 환경을 완전히 부정할 수 있겠습니까? 물론 우리의 삶에 더없이 소중하고 귀한 것은 하나님의 손길입니다. 맞습니다. 그런데 하나님께서 약초와 기름을 만드시고, 이것들을 이 땅 위에 사는 우리에게 주신 이유가 무엇이겠습니까? 우리더러 이것들을 사용하라고 하신 것이 아니겠습니까?"

어느 일요일이었다. 어떤 남자가 사람들을 밀어제치고는 황급하게 카버 박사의 연구실로 뛰어들어왔다. 다른 사람들은 다들 연구실 앞에서 줄을 서서 기다리는데, 그 남자는 막무가내였다. 카버 박사가 어린아이의 다리를 보고 있는 중이었지만, 그 남자는 아랑곳하지도 않고 "이봐! 내가 다리가 아파. 내 다리 좀 고쳐봐!"하고 소리를 질렀다. 카버 박사는 그럴 수 없다고 대답하고는, 돌보던 아이 쪽으로 몸을 돌렸다. 그러자 그 남자는 붉으락푸르락 험상궂은 얼굴을 하더니, 비쩍 마른 카버 박사의 팔을 홱 낚아채 완력으로 카버 박사를 자기 쪽으로 돌려세웠다.

"이 검둥이 놈! 감히 내 앞에서 돌아서? 이쪽으로 오지 못하겠어? 이 놈의 검둥이! 나는 지금 차를 몰고 100마일을 달려왔어. 내 다리를 고치려고 말이야. 그런데 네 놈이 감히 못하겠다고? 어째서 못하겠는지 변명이라도 한번 해봐!"

카버 박사는 이러한 상황에 부딪히는 것을 무척이나 싫어했다. 만약에 연구실이 아닌 다른 곳이었다면, 그냥 다른 곳으로 발길을 돌리면 될 일이었다. 그렇지만 지금은 그럴 수도 없었다. 카버 박사는 솟아오르는 감정에 떨리는 몸을 스스로 진정시키면서, 단호하게 말했다.

"내 기도의 효력이나 이 약의 효력이 아무리 크다 하더라도, 당신의 그 불손한 마음을 뚫고 들어가지는 못하겠군요. 그러니 당신을 도울 수 없겠습니다. 당신은 나의 도움을 받으려는 마음은 없고, 나를 미워하는 마음만으로 가득하잖아요. 내 말 알아들으셨나요?"

그 남자는 아무 말도 하지 못했다. 그는 한참 동안이나 카버 박사를 노려보았다. 긴장감이 감돌았다. 그러더니, 아무 말도 하지 않은 채 돌아서서 밖으로 나가버렸다.

카버 박사는 땅콩기름의 효능에 대해 말할 때, 매우 조심하였다. 아직까지 명확한 효능을 규명하지 못했기 때문에 섣불리 말하지 않았던 것이다. 그렇지만 그 결과만큼은 대단했다. 그가 치료한 환자들 가운데 250명에 대한 기록이 남아 있는데, 이들 중 효력을 보지 못한 사람은 단 한 사람도 없었다. 많은 환자들이 완치되었다. 그러다 보니, 의료계도 카버 박사의 업적에 깊은 관심을 보이기 시작했고, 1939년에는 국립소아마비재단이 터스키기 학교에 소아마비 치료 및 연구 센터 설립을 허가해주었다. 이것은 매우 뜻깊은 일이었다. 왜냐하면 그때까지 소아마비에 걸린 흑인 아이들은 갈 곳이 없었기 때문이다. 조지아 주의 웜스프링스에 국립 소아마비 전문 병원이 있긴 했지만, 그 병원에서는 흑인 아이들을 일절 받아주지 않았다. 록펠러 재단에서도 새로운 병원을 세우는 데 기금을 보태주었다. 후에 카버 박사가 나이가 들어 이 병원의 원장으로서의 일을 다 감당하기가 힘들어지자, 저명한 정형외과 의사인 존 체널트 박사가 터스키기 소아마비 센터의 원장으로 임명되었다. 그렇지만 카버 박사가 개발해낸 방법이 이 병원의 기본적인 치료법이라는 사실에는 변함이 없었다.

그렇다면 땅콩기름에는 정말 소아마비를 치료하는 효능을 가진 물질이 포함되어 있을까? 카버 박사도 그것을 확실히 밝히진 못했다. 물론 인간의 피부가 그 어떤 다른 기름보다도 땅콩기름을 더 잘 흡수한다는 사실은 어렴풋이 짐작하였다. 그리고 옛날에 에임즈에서, 또 아이오와에서 운동선수들에게 안마를 해주느라 스포츠 마사지를 배운 게 크게 도움이 된 듯했다. 하여간 다른 그 무엇보다도 마사지에 대한 카버 박사의 타고난 재능이 효력을 나타냈을 것이다. 이와 관련하여 체널트 박사가 한 말을 한번 들어보자.

"카버 박사님은 손상된 근육을 치료하는 데 천재적인 재능을 가지고 계셨습니다. 그뿐만 아니라 해부학에 대한 지식도 풍부하기 이를 데 없었지요. 다친 다리를 맨손으로 만지면서, '그래, 여기서부터 뭔가 잘못되었군.'하고 말할 정도였습니다. 마비된 부분을 콕 집어내는 것 같았지요. 아무리 훈련을 많이 받은 전문 물리치료사라도 카버 박사만큼 솜씨가 좋지는 못할 것입니다. 제가 평생 보아온 사람들 가운데서 가장 능력 있는 치료사였습니다."

땅콩의 효능으로 지위고하를 막론하고 많은 사람들이 다양한 효과를 본 것에 대해 카버 박사가 만족스러워했으리라는 것은 두말할 필요도 없다. 그는 헤아릴 수도 없이 다양한 방식으로 정말 오랫동안 사람들에게 실질적인 도움을 가져다주었다. 이 가운데서 매우 감명 깊은 사연이 하나 있는데, 그것은 카버 박사가 세상을 떠나고 약 일주일 뒤에 도착한 편지를 통해 알려졌다. 생전에 이러한 편지를 받았다면, 카버 박사 자신도 무척이나 뿌듯해했을 것이다. 그 편지는 카버 박사의 조교인 오스틴 커티스 주니어가 벨기에령 콩고에서 활동하는 선교사에게서 받은 것이었다.

"카버 박사님께서 별세하셨다니, 마음이 너무나도 아픕니다. 25년 전에 땅콩으로 우유를 만드는 법을 카버 박사님께 배웠는데, 얼마나 큰 도움이 되었는지 모릅니다. 그래서 우리는 늘 카버 박사님께 감사했지요. 선생님께서도 잘 아시겠지만, 아프리카 내륙지방에 사는 저희로서는 가축을 기른다는 것이 여간 어렵지 않습니다. 힘들게 키워보았자 맹수에 물려 죽거나, 독성이 강한 파리에 물려 병들어 죽으니까요. 그래서 산모에게 모유가 많이 돌지 않으면, 아이는 굶어죽게 마련이었습니다. 1918년에 이러한 저희의 사정을 카버 박사님께 아뢰었더니, 땅콩을 재배하는 방법과 땅콩으로 우유를 만드는 방법을 자세히 가르쳐주셨습니다. 그래서 수백 명의 어린아이들이 목숨을 부지할 수 있었지요. 카버 박사님의 은혜에 어찌 보답할 수 있겠습니까? 그저 감사할 따름입니다. 오늘 이 순간, 카버 박사님을 잃은 슬픔에 잠겨 있지만, 그분의 은혜를 입은 모든 사람을 대표하여 카버 박사님과 여러분께 감사 인사를 드리는 바입니다. 우리는 참으로 위대한 성인을 잃었습니다만, 그분은 분명히 하늘나라에 가셨을 테니, 오히려 기쁘게 생각합니다."

하루하루 흐르는 세월

남들과 똑같은 30분이라는 짧은 시간 동안
카버 박사님은 헨리 포드에게 답장을 쓰고는,
곧바로 어떻게 하면 베이컨이 돌돌 말리지 않게 튀길 수 있는지를
요리사에게 가르쳐주었으며, 또 와그너 부인의 뜨개질을 도와주었습니다.
그리고는 발행일자가 한참 지난 수표 한 장을 제게 건네주시면서,
"이것을 가지고 어서 가보게. 기회는 사람을 기다려주지 않는 법이니까.
기차는 다섯 시에 출발이라네."하고 말하였습니다.

_L. A. 록클레어

1908년 7월 초에

카버 박사는 미주리 주에 다녀오기 위해서 길을 떠났다. 먼저 형 짐의 무덤을 찾아 한 시간 가량 추억에 잠겨 있다가, 마리아 와킨스의 집에서 그날 밤을 보냈다. 마리아는 여전히 옛날 그 자리, 학교 옆 오두막집에서 살고 있었다. 그가 이번 여행에서 특별히 만나보고 싶은 사람은 모세스 아저씨였다. 카버 박사의 기억 속에 있는 모세스 아저씨는 분명 우람한 몸집의 건장한 농부였건만, 눈앞에서 보이는 모세스의 모습은 96세의 백발노인이었다. 혼자가 된 지 오래된 모세스는 쇠약하기 짝이 없었고, 오래 전에 세상을 떠난 수잔 아줌마를 다시 만

날 날만을 기다리는 것 같았다. 모세스는 카버 박사의 뜻밖의 방문에 들떠, 얼마 동안 생기 있게 말을 주고받았으나, 이내 기력이 빠져버려 이야기도 제대로 나누지 못했다. 카버 박사는 안타까웠지만, 자리에서 일어나야만 했다. 카버 박사가 막 일어서려는데, 모세스가 갑자기 입을 열었다.

"그날, 자네가 이 문을 나서던 날 말이야. 너무나도 야윈 어린아이였던 자네가 저 길을 따라 걷는데, 수잔은 자네가 날이 어둡기 전에 집으로 돌아올 것이라고 말했지."

"네, 저도 거의 그럴 뻔했어요."

카버 박사는 그날을 떠올리며, 빙그레 웃음을 지었다.

"아니, 아니. 수잔은 단지 우리의 바람을 이야기한 거라네. 나는 자네가 가야 할 길이 멀다고 그랬지. 다시 돌아올 아이가 아니라고 했어."

그는 거칠고 깊은 숨을 내쉬더니, 말을 이었다.

"어쨌든 자네가 가고자 한 목적지에 도착한 거 같아, 자네가 더없이 자랑스럽다네."

이 말을 듣자, 카버 박사는 옛 기억에 가슴이 저려왔다. 아무 말도 입 밖으로 나오지 않았다.

"어서 자네 어머니가 살던 오두막집에 올라가보게. 거기 가보면, 자네 어머니가 쓰던 물레가 있어. 자네가 가지고 가게."

그것이 모세스와의 마지막 인사였다. 더는 옛날에 함께 살던 가족을 만날 수 없었다. 사실 만날 사람도 없었다. 그렇지만 한 가지 곁에 남은 것이 있었으니, 바로 어머니의 물레였다. 카버 박사는 물레를 가져다가 비좁은 연구실 한쪽에 옮겨놓았다. 물레 곁을 스칠 때마다 그는 반들반들 윤이 날 정도로 닳아버린 물레를 손으로 만지작거리면서 옛 추억을 떠올리곤 했다. 어린 시절에 알고 지내던 사람들, 어릴 때 살던 고향 땅!

이 일이 있기 몇 해 전, 카버 박사는 남자 기숙사로 쓰는 록펠러홀이라는 새로운 건물로 방을 옮겼다. 전에 쓰던 방보다 족히 두 배는 넓었지만, 새로운 방 역시 전과 다름없이 물건들로 꽉 차서 비좁기 이를 데 없었다. 전시물들을 보관하는 상자들은 광석이나 곤충이나 화석 따위로 가득했으며, 벽 쪽으로는 책들이 빼곡했다. 과학 분야 전문 잡지들은 툭 치면 무너질 듯이 책상과 바닥에 높이 쌓여 있었다. 그가 직접 뜨개질한 것이 유리 테이블 위에 널려 있었으며, 그가 그린 그림들이 구석마다 되는대로 놓여 있었다. 벽에 걸려 있는 그림은 거의 없었다. 방안 곳곳에는 엄청나게 많은 화분이 놓여 있었는데, 처음 들어오는 사람은 마치 온실에 들어온 듯한 착각을 일으킬 정도였다.

각계각층의 사람들이 이 방을 찾아왔다. 신분이나 나이를 뛰어넘은 다양한 친구들뿐만 아니라, 전혀 알지 못하는 사람들도 방문하였다. 작물의 종자나 비료에 대해서 물어보려고 찾아오거나, 어떻게 하면 우물을 깨끗하게 정화할 수 있는지를 물어보려고 찾아오는 농부들도 있었다. 도심에 사는 사람들은 자기네 집 정원에 심을 화초에 대해 문의하러 오기도 했다. 기숙사에 사는 학생들이 공부하다가 모르는 것이 생겨 찾아오면, 카버 박사는 실험하던 것을 멈추고 이들과 머리를 맞대고 수학 문제나 가축 관리 문제를 풀기 위해 고심하였다. 교직원 자녀들의 행렬도 멈출 줄 몰랐다. 아이들은 이상하게 생긴 돌이나 죽은 새나 병든 강아지를 가지고 카버 박사를 찾아오곤 했다. 이들 생각에, 카버 박사는 모르는 게 없는 사람이었던 것이다. 언젠가 워싱턴 박사의 아들인 어니스트는 기르던 애완용 거위가 갑자기 병이 들어 죽자, 거위를 상자에 담아 록펠러홀로 건너가려고 하였다.

"얘야, 너무 늦었단다. 거위는 이미 죽었잖아."

워싱턴 박사가 어린 아들에게 말하자, 그 아이는 확신에 차서 이렇게 대답했다.

"그건 상관없어요. 카버 박사님이 어떻게 해서든 낫게 해주실 거예요."

부커 워싱턴 박사도 카버 박사를 자주 찾아왔다. 한밤중에 찾아오는 일도 있었다. 여러 가지 일로 스트레스를 받거나 마음이 뒤숭숭한데 마음을 어떻게 할 줄 모르겠으면, 카버 박사를 찾아와 미안해하면서 이렇게 말하곤 했다.

"잠깐 함께 걷기라도 할까 해서……."

그러면 카버 박사는 재빨리 옷을 갈아입고 나와서 워싱턴 박사와 함께 산책을 하였다. 카버 박사는 워싱턴 교장이 혼자 짊어져야 하는 걱정과 고민의 무게가 얼마나 무거운지 잘 알고 있었다. 물론 산책을 하면서 당면한 문제에 대해 토의를 하는 것은 아니었다. 가벼운 이야기를 나누거나, 혹은 아무 말도 하지 않고 그냥 한 시간 또는 두세 시간 밤길을 걸었다. 그러면 워싱턴 박사도 어느 정도 마음의 안정을 찾고, 또 몸도 피곤해져서 쉽게 잠을 청할 수 있었다. 워싱턴 박사는 카버 박사에게 고맙다는 말과 함께 잘 자라는 인사를 하고 집으로 들어가곤 했다.

한번은 어떤 사람이 카버 박사에게 새벽 한두 시에 일어나는 것이 귀찮지도 않느냐, 왜 그런 무례한 부탁을 자꾸만 받아주느냐고 물었다.

"아니요. 전혀 귀찮지 않습니다. 오히려 제겐 큰 영광이지요. 워싱턴 박사님이 필요로 하신다면, 언제든 대기해야지요."

이 두 사람만큼 서로 다른 개성을 지닌 사람들을 또 찾아볼 수 있을까? 워싱턴 박사는 당시 세계적으로 유명한 인사였다. 성격도 외향적이었으며, 아주 정열적으로 연설하고 행동했다. 그는 흑인 사회의 대변자로 추앙받고 있었다. 한번은 시어도어 루스벨트 대통령과 백악관에서 함께 식사를 한 적이 있는데, 이 사건이 남부의 반대 세력을 자극하여 목숨을 위협받기까지 하였다. 하여간 그는 흑인들의 지위와 인권을 향상시키는 개혁운동에 도움을 줄 만한 사람들은 모두 만나고 다녔다.

반면 카버 박사는 성격상 혼자 있는 것을 좋아하였다. 그는 조용한 실험실에서 연구하거나 즐겨 다니는 숲속의 그루터기에 앉아 동녘이 밝아오기를 기다리는 것을 좋아했다. 얼핏 흑인들의 인권 문제에는 무관심한 것처럼 보이기도 했지만, 사실 그는 '최악의 상황에 처한 이들'의 필요를 채워주었고, 바로 그들에게 도움의 손길을 뻗쳤다. 정부의 관리들이나 백인 사업가들을 찾아가 후원을 받아내는 일도 중요하지만, 다만 자신은 그런 일에 소질이 없다고 생각했다. 워싱턴 박사가 세상을 뜨고 자기가 흑인 사회의 지도자가 되어야만 했을 때, 그는 이 일을 걱정스러워했지, 결코 억지로 하지는 않았다.

그러나 워싱턴 박사와 카버 박사에게는 공통점도 많았다. 이들은 둘 다 노예로 태어났으며, 근본적으로 똑같은 신념을 가졌고, 평생 같은 목적을 향해 열심히 전진하였다. 두 사람 모두 땅에 대해 상당한 애착과 신비로운 감정을 가지고 있었으며, 아무리 더러운 흙이라도 만지기를 주저하지 않았다. 이 두 사람 모두 평생을 땅과 씨름하지 않았던가! 또한 둘 다 교육에 대한 신념이 대단했다. 교육이야말로 흑인들의 지위를 향상시킬 수 있는 궁극적인 힘이었다. 워싱턴 박사는 자신의 쓰라린 인생담을 담은 『흑인 이야기』라는 책을 펴냈는데, 여기서 그는 흑인 문제에 대한 두 사람의 공통된 견해를 다음과 같이 밝혔다.

"일반적으로 백인에게 저주의 말과 욕설을 잘 내던지는 흑인은 대단한 용기를 가진 사람이라는 찬사를 받게 마련이다. 그렇지만 이러한 흑인이라 하더라도, 사실 그들이 하는 일은 일 년에 한 번, 그것도 30분, 길어야 1시간 정도 흑인을 옹호하는 연설을 할 뿐이다. 그럼에도 이러한 흑인들이 대단히 용감한 사람들이라는 명예를 차지한다. 그런데 평생 흑인을 위해 흑인 학교에서 묵묵히 일하는 사람들도 있다. 이들은 흑인의 삶의 질을 향상시키기 위해, 자기 자신은 스스로 편안하고 안락한 삶을 포기한다. 그런데 소위 '영웅'이라는 자들은, 이런 사람들은 겁쟁이라고 비난한다. 이들이 백인을 저주하지 않고, 묵묵히 자기 일을 하기 때문이다."

1915년 10월 중순쯤, 부커 워싱턴은 연설을 하기 위해서 북부로 떠났다. 그날 아침, 카버 박사와 워싱턴 교장은 주에서 주관하는 박람회에 대해 이야기를 나누었다. 농학과에서 출품할 작품에 대해 논의하는데 워싱턴 박사의 얼굴이 갑자기 창백해졌다. 피로가 너무나도 많이 쌓였던 것이다. 작별인사를 하며 손을 흔드는 워싱턴 박사의 두 어깨는 축 처져 있었다. 그는 뒤돌아서 계단을 내려갔고, 그것이 카버 박사가 워싱턴 박사를 본 마지막 순간이었다.

10월 25일 저녁, 워싱턴 박사는 뉴헤이븐에서 "모든 인종에 대한 관용 정책"이라는 주제로 연설을 하였고, 연설이 끝나자마자 앓아누웠다. 그는 뉴욕으로 이동해 계획된 연설을 강행하겠다고 고집을 피웠지만, 이 용감한 순례자는 더 이상 연설을 할 수 없게 되었다. 며칠 후, 실신한 채 병원에 실려갔는데, 의사들은 그가 앞으로 얼마 살지 못할 것이라는 진단을 내렸다. 워싱턴 박사는 숨을 헐떡거리며 친구인 로버트 루사

모튼에게 말했다.

"여보게, 나를 집으로 데려가 주게. 나는 남부에서 태어나, 거기에서 자라고, 거기서 평생을 일하지 않았는가? 그러니 눈을 감는 것 역시 남부에서 하고 싶네. 죽어서도 내 뼈를 남부에 묻고 싶어."

사람들이 그를 기차에 실어주었다. 그에 대한 슬픈 소식은 그가 도착하기 전부터 이미 파다하게 퍼졌다. 학교 전체와 온 기숙사가 다 숙연해졌다. 같은 해 11월 14일 이른 아침, 그는 눈을 감았고 학교 캠퍼스 안 작은 언덕 위에 묻혔다.

워싱턴 박사를 떠나보낸 상실감으로 미국 전체가 슬픔과 비통함에 빠졌다. 수백만 명의 흑인들이 워싱턴 박사를 보고 용기를 얻었고, 또 조그마한 희망이나마 가질 수 있지 않았던가! 그들은 위대한 영웅 워싱턴 박사가 없는 세상을 상상조차 할 수 없었다. 그를 기념하는 조형물을 세우는 데 뜻을 같이하여 10만 명 가까이 되는 사람들이 모금에 동참하였다. 장례식을 치를 때에는, 시어도어 루스벨트 전 대통령도 참석하였다.

그러나 그 누구보다도 충격을 받은 사람은 다름 아닌 카버 박사였다. 물론 두 사람 사이에는 의견 충돌도 있었다. 그들은 한밤중에 산책을 하면서도, 여전히 "워싱턴 박사님"과 "카버 박사님"이라는 좀 거리감 있는 호칭을 사용했다. 그렇지만 두 사람은 서로를 너무나도 잘 이해했으며, 진정한 친구였다. 이제 워싱턴 박사가 세상을 떠났으니, 카버 박사 자신이

워싱턴 박사를 떠나보낸 상실감으로 미국 전체가 슬픔과 비통함에 빠졌다.
수백만 명의 흑인들이 워싱턴 박사를 보고 용기를 얻었고,
또 조그마한 희망이나마 가질 수 있지 않았던가!
워싱턴 박사를 기념하는 조형물은 이듬해 완성되어
학교 출입문 반대쪽에 세워졌다.

흑인들의 지도자로서 그 빈자리를 채워야 했다. 그러나 아직 마음의 준비가 되지 않았다. 워싱턴의 장례식이 끝나고, 카버 박사가 공허감에 잠겨 침통해 있는데, 시어도어 루스벨트 전 대통령이 그를 한쪽으로 데리고 가서는 이렇게 말하는 것이었다.

"지금 당신이 하고 있는 일보다 더 중요한 일은 없습니다."

이 말에 그는 큰 위로와 격려를 받았다.

워싱턴 박사를 기념하는 조형물은 이듬해 완성되어 학교 출입문 반대쪽에 세워졌다. 그 모양은 이러했다. 위풍당당한 모습의 부커 워싱턴 교장이 한 소년이 뒤집어쓰고 있는 베일을 벗겨주고 있는데, 그 베일은 여기서 무지를 상징한다. 소년은 다소 두려운 눈빛을 띠면서도 열정적으로 무엇인가를 갈망하는 모습이며, 워싱턴 교장은 그 소년으로 하여금 새로운 미래를 향해 나아가도록 도닥여주고 있다. 그렇지만 터스키기 학교 자체보다 부커 워싱턴을 더 잘 기념하는 것은 없을 것이다. 그는 34년 전에 6명의 학생을 데리고 다 쓰러져가는 오두막집에서 이 학교의 문을 열었는데, 이제는 1,500명에 이르는 남녀 학생들이 38개 학과에서 공부를 하고 있다. 여기서 공부한 후학들은 워싱턴 박사의 분신이 되어, 미국 각지에서 활발한 활동을 벌이며 그의 정신을 되살리리라!

학교 교직원들 가운데는 카버 박사를 이상한 눈빛으로 쳐다보는 사람들도 있었다. 카버 박사는 언제나 낡아빠진 양복을 입고 있었다. 그런데 옥수수 껍질로 만든 넥타이는 낡은 양복과는 대조적으로 화려했다. 그가 실험하는 염료의 색이 그의 넥타이 색이 되었기 때문이다. 학교 캠퍼스에서 누구를 만나 잠시 얘기를 나누는 동안에도, 카버 박사는 늘 몸을 숙여 돌이나 풀을 주워서는, 마치 연구하듯이 자세히 들여다보았다. 서두르는 법도 없었지만, 그렇다고 느려터지는 법도 없었다. 가끔씩 카버 박사는 일반적으로 잘 알려지지 않은 꽃을 양복 깃에 꽂고 다니곤 했는데, 누군가 그 꽃에 관심을 가지고 물어오면, 신이 나서 짧은 강의를 하듯 열심히 설명하였다. 형태론부터 시작하여, 그 꽃의 참된 가치가 사실은 파묻혀 있다고 이야기해 주었다. 나중에 사람들이 기억하는 카버 박사의 모습은 대개 이런 것이었고, 오랜 제자들이나 동료 교수들은 누구든지 카버 박사의 모습을 쉽게 흉내 낼 수 있었다. 창창 울리는 목소리로 "이 꽃 안에 어떤 신비한 물질이 들어 있는지 아세요?"라고 하면 되었다.

사람들이 카버 박사를 이상하게 생각하는 단 한 가지 이유를 꼽으라면, 그가 사람들과 잘 어울리지 않았다는 것이다. 그의 삶의 태도나 관심이나 포부는 일반인과는 사뭇 달랐다. 하나님을 빼고는 그 누구와도 그렇게 가까이 지내지 않았으며, 자기 일을 빼고는 어떤 일에도 그렇게 매달리지 않았다. 그는 천재적인 자질을 타고났고, 열정 또한 대단하여 어떤 일을 맡겨도 그 일을 완벽하게 해내는 사람이었으나 자기가 지금 중요하다고 생각하는 일 이외의 다른 모든 것에는 관심조차 없었다. 그것들을 너무나도 하찮게 여겼기 때문이다. 사람이라면 누구나 조금 더 멋진 옷을 입고 싶어하고, 조금이라도 돈을 더 벌고 싶어하고, 다른 사람들과 어울려 놀기를 좋아하지만, 카버 박사는 그런 데에 전혀 관심이 없었던 것이다. 그는 유머 감각이 있었기 때문에, 입담 좋은 사람으로 인기를 얻을 수도 있었을 것이나, 학교에서 열린 파티에 카버 박사가 참석한 것을 기억하는 사람은 아무도 없다. 한번은 어느 동료 교수가 특별히 그를 초대했는데, 카버 박사는 그 집까지 직접 가서 초대해줘서 고맙다는 짧은 인사말만 하고는 집으로 돌아가려고 하였다. 카버 박사를 초대한 교수는 당황하지 않을 수 없었다.

"저기, 카버 박사님…그냥 가시려고요? 잠깐이라도 들어오시지요."

"아니, 죄송합니다. 돌아가서 연구해야 할 일이 많아서요. 초대해주셔서 고맙다는 인사만 드리려고 왔습니다."

터스키기 학교에서는 교직원들에게 월급을 지급보증수표로 주었기 때문에, 다들 정기적으로 수표를 현금으로 바꾸러 왔다. 그런데 유독 카버 박사만은, 학교의 재무를 담당하는 로건 씨가 아무리 기다려도, 제때 나타나지 않았다. 카버 박사는 월급으로 받은 수표를 잘 쓰지 않는 옷장이나 책갈피 사이 같은 곳에 끼워놓기 일쑤였고, 그 사실을 곧잘 잊어버렸다. 그가 이것들을 다시 찾을 때는, 대개 어디에 기부를 해야 할 때였다. 한번은 교수회관을 지으려고 교수들이 모금을 했는데, 카버 박사에게도 기금을 좀 기부해달라고 찾아왔다. 카버 박사는 주머니를 싹싹 뒤졌지만 겨우 1달러밖에 나오지 않자 겸연쩍은 얼굴로 말했다.

"이상하네. 왜 이거밖에 없지?"

그러고는 어딘가에 수표를 놔둔 것이 기억나서, 옷장을 뒤졌더니 1년이나 지난 월급수표가 나왔다.

"아! 이게 여기 있었군요. 얼마 안 되지만, 도움이 되길 바랍니다."

그러다가 또 하나 찾아내고, 이어서 또 찾아냈다.

"여기도 있군요. 아, 저기도……."

여기저기서 수표가 마구 쏟아져 나왔다. 그렇게 해서 찾아낸 돈이 자그마치 625달러나 되었다. 그는 그 많은 돈을 다 기부하였다.

터스키기에서 장의사로 제법 성공한 록클레어는 학창시절 카버 박사의 조교로서 색소 실험을 위해 진흙을 파와서 빻는 일을 했다. 만든 색소를 양동이에 담아 체허 간이역으로 옮기는 일도 그가 도맡아 했다. 만든 색소를 기차에 실어 앨라배마 주의 제법 큰 도시인 버밍햄으로 보내면, 거기서는 이 색소로 화차들을 칠했다. 어느 여름, 학생들에게 돈을 벌 수 있는 기회가 생겼다. 코네티컷 주의 하트포드 인근에 있는 담배농장에서 방학 동안 일할 만한 학생들을 보내달라고 연락이 온 것이다. 다른 학생들과 마찬가지로 록클레어도 농장에 일을 하러 가고 싶었다. 생활비를 벌어야 했기 때문인데, 문제는 그곳까지 갈 차비 40달러가 없었다. 그때 그를 도와준 사람이 카버 박사였다. 카버 박사는 록클레어에게 오래된 수표 한 장을 건네주었다. 록클레어는 그때 일을 회상하며 이렇게 말했다.

"9월에 돈을 갚으면 된다고 하시면서 수표를 건네주셨어요. 그렇지만 박사님은 돈을 한 푼도 되돌려 받지 않으셨습니다. 제게 돈을 빌려준 사실이 전혀 기억나지 않는다면서 고집을 부리시더라고요."

백인 학생이든 흑인 학생이든, 카버 박사에게서 경제적인 도움을 받은 학생은 이루 헤아릴 수 없이 많았다. 학생들이 궁할 때마다 카버 박사는 기꺼이 그들을 도와주었다. 그를 아는 모든 사람은 적어도, 분주하게 서랍이나 옷장을 뒤져 수표를 찾아내 휙 서명하고는 학생들의 손에 쥐여주는 카버 박사의 모습을 생생하게 기억하고 있다. 도움을 받은 학생들이 감사의 표시로 작은 보답이라도 하려고 하면, 그는 퉁명스럽게 거절해버리곤 했다. 세상 사람들은 기를 쓰면서 돈을 모으고 돈 때문에 마음고생 하는데, 카버 박사는 결코 돈에 연연해하지 않았다. 땅을 다 소유한 것이나 마찬가지인데, 그깟 돈이 무슨 소용이 있겠는가! 돈은 그저 다른 사람들을 도와주기 위해 필요할 뿐이었다. 학생들의 미래를 열어주기 위해서 말이다.

한번은 카버 박사가 어떤 학생에게 1달러를 주며, "어디 보자. 자네가 이 돈을 가지고 무엇을 할 수 있겠나? 한번 두고 보도록 하지."하고 말하였다. 그 학생은 그 돈으로 암탉 한 마리와 알자리와 모이 한 포대를 샀다. 몇 달 후 그 학생은 현금이 50달러로 늘었고, 닭도 몇 마리로 불어났다는 얘기를 들려주었다. 카버 박사는 그 학생을 기특하게 여기며 매우 기뻐하였다.

카버 박사에게 사람들이 흔히들 불행이나 비운이라는 말로 설명하는, 웃지 못할 일이 일어났다. 카버 박사가 지급보증수표를 현금으로 바꾸지 않는 바람에 회계감사원들이 로건 씨를 견책하자, 로건 씨는 카버 박사를 설득하여 월급으로 받는 수표를 곧바로 은행에 저금하도록 하였다. 그래서 은행에는 카버 박사의 돈이 꽤나 많이 쌓이게 되었다. 그런데 1933년 2월, 전국적인 불경기 때문에 그 은행이 그만 문을 닫게 된 것이다. 이 사실을 알게 된 로건 씨가 허겁지겁 달려왔을 때, 카버 박사는 록펠러홀에서 피아노를 치고 있었다. 로건 씨가 이 소식을 전하자 카버 박사는 대수롭지 않다는 듯이 "부정축재를 하니까 그런 일이 생겼나봅니다."라고 말하고는 계속 피아노를 치는 것이었다. 로건 씨는 어이가 없었다.

"이런 맙소사! 아니, 교수님께서는 교수님의 전 재산이 날아가 버렸다는 사실을 모르시는 겁니까?"

카버 박사는 어깨를 으쓱거리며 말을 받았다.

"글쎄요. 그 돈이 어디로 가든지, 제가 쓰는 것보다 유용하게 쓰일 수 있다면 다행 아니겠어요?"

그러나 로건 씨는 자신의 제안 때문에 카버 박사가 평생 모은 재산이 사라지게 되었다는 일종의 책임감을 느꼈는지, 은행에 찾아가서 반이라도 갚아달라고 애걸복걸 사정하였다. 그래서 그렇게 하기로 은행 측과 합의한 후 이 소식을 카버 박사에게 전하자, 카버 박사는 이를 정중히 거절하였다.

"그래요? 참 고마운 일이군요. 내가 고마워한다고 전해주세요. 그렇지만 저는 1달러를 100센트로 계산해서 저금했다고 은행에 전해주세요. 1달러에 50센트라면, 받지 않겠어요."

카버 박사의 말에 실망한 로건 씨는 다시 은행을 찾아가 현금 대신에 목화라도 달라고 하였다. 시세가 오를 때까지 그것을 보관하고 있으면, 어느 정도 돈이 될 것 같았던 것이다. 그렇게 하기로 은행 측과 합의하고 나서, 이 사실을 카버 박사에게 전했는데, 카버 박사의 대답은 이전과 마찬가지였다.

"제가 저축한 것은 분명히 목화가 아니었습니다!"

결국 로건 씨는 학교에서 그리 멀지 않은 곳에 있는 땅을 받기로 은행과 합의를 하게 되었고, 그 땅을 팔아서 카버 박사에게 최소한이나마 돈을 마련해주었다.

학교에서 벌어지는 다양한 과외활동 가운데 가장 잘 되는 것은 카버 박사가 인도하는 성경공부 모임이었다. 이 모임은 참으로 우연한 기회에 시작되었는데, 일요일 오후가 되면, 학생들이 삼삼오오 짝을 지어 카버 박사를 찾아왔다. 그럴 때면, 그는 학생들에게 성경과 과학이 어떤 관계에 있는지를 이야기해 주었다. 그는 몸짓발짓을 총동원해서 성경에 나오는 사람들을 흉내 냈으며, 이스라엘 백성이 광야에서 만나를 먹은 이야기를 하면서는, 이 만나라는 것이 참으로 다양한 모습으로 나타날 수 있다는 것을 가르쳤다. 물론 카버 박사가 직접 만들어낸 '만나'를 보여주기도 하였다. 조금 더 재미있게 성경을 가르치기 위해서 그는 소년 시절 미국 중서부 지역에 있을 때 구입한 동물 뼈나 화석 따위를 보여주기도 했다. 죄악 때문에 불로 멸망한 두 도시 소돔과 고모라에 대한 이야기를 할 때에는, 간단한 화학약품을 사용하여 갑자기 불꽃과 연기가 나타나도록 하였고, 이에 학생들은 깜짝 놀라 펄쩍 뛰기도 하였다. 그들에게 종교라는 것이 이토록 가깝고 실질적이고 중요하게 보인 적은 없었다.

한번은 어떤 학생이 하나님을 어떻게 알 수 있으며, 또 눈으로 볼 수 있느냐고 물어보았다. 카버 박사는 그 학생에게 반문하였다.

"자네는 무슨 공부를 하지?"

"전기요."

"그럼, 자네는 전기를 본 일이 있나?"

"아니요. …하지만 그게……."

"그래, 바로 그거야. 전선을 제대로 연결만 하고, 전원을 공급해주면 전구에 불을 밝힐 수 있는 것이라네. 전기라는 것은 언제나 있기 때문이지."

"네, 맞습니다."

그 학생은 카버 박사의 말에 수긍이 되었다.

"전기가 보이지 않는다고 해서 없다고 할 수 없는 것처럼, 하나님도 보이지는 않지만 늘 우리 주위에 계시지. 하나님께서는 자네가 하나님을 찾기를 기다리시면서 늘 우리 곁에 머물러 계신다네. 우리가 주위에서 흔히 보는 아주 작은 것 속에도 하나님은 계시지만, 우리는 잘 보지 못하는 것이지."

카버 박사가 옷깃에 꽂았던 꽃을 뽑아들자, 방 안에 있던 학생들이 다들 물끄러미 그 꽃을 바라보았다.

"그래. 하나님은 바로 여기 계시네. 이 꽃을 피어나게 한 씨앗은 수백만 년 전에 창조되었고, 가뭄과 눈보라와 사람들의 자연 훼손 등 온갖 어려움을 다 물리치고 지금까지 생존해 있는 거라네. 또 이 꽃 속에도 씨앗이 있지. 우리 모두는 죽어 없어지겠지만, 이 꽃 속에 들어 있는 씨앗은 앞으로도 수백만 년의 생명을 이어갈 것이라네."

카버 박사는 다시 의자에 앉았다. 학생들은 숨을 죽이고 카버 박사의 말에 귀를 기울였다. 그들은 신비로운 마음에 카버 박사에게서 눈을 떼지 못하였다. 카버 박사는 의미심장한 목소리로 말을 이었다.

"이 꽃 안에 깃들어 있는 이 신비로움이 단지 우연이겠나?"

성경공부 모임에 참석하는 학생들은 점점 더 불어났다. 카버 박사의 좁은 방에서는 도저히 더 진행할 수가 없어서, 장소를 학생 휴게실로 옮겼다. 그때까지만 해도 일요일 저녁 성경공부 모임은 비공식적이었는데, 학교에서 이를 공식적으로 광고하자, 록펠러홀마저 비좁게 되었다. 이제 카버 박사의 성경공부 모임은 강당에서 정기적으로 열리게 되었으며, 300석이나 되는 자리는 비는 날이 거의 없었다.

성경공부 모임에 대한 카버 박사의 열성은 대단하였다. 혹시 강연 때문에 다른 지방에 출장을 가더라도, 일요일 저녁 전까지는 반드시 터스키기로 돌아올 수 있도록 여정을 짰다. 카버 박사는 일찌감치 모임 장소에 도착해서, 손에 시계를 든 채로 기다리고 있다가, 시계 바늘이 정각 6시를 가리키는 순간 어김없이 성경공부를 시작했다. 그는 자연현상에서 발견되는 영원한 조화의 법칙에 대한 이야기를 꺼냈으며, 밤하늘에 빛나는 별들의 신비로운 행로에 대해서도 이야기했다. 곧이어, 자연의 법칙이나 성경공부와는 상관없어 보이는 이야기도 했다. 불쌍하고 늙은 목수에 대한 이야기였다. 그 목수가 살던 당시, 한참 동안이나 비가 오지 않은 때가 있었다. 심각할 정도의 가뭄이었다. 카버 박사의 말에 따르면, 그 목수는 언젠가 큰 비가 올 것이며, 자연법칙에 따라, 한동안 비가 내리지 않으면, 그 다음에는 큰 비가 올 수밖에 없다고 믿었다. 그런데 왜 비가 한참이나 오지 않았던 것일까? 목수는 해답을 얻으려고 하나님 아버지께 기도를 드렸고, 응답을 받았다. 이후 다른 사람들은 일상생활에만 빠져 있거나 매일 계속되는 좋은 날씨에 놀러갈 생각만 했는데, 이 목수만큼은 큰 배를 만들기 시작했다. 그는 밤낮으로 쉬지도 않고 일했고, 주의 사람들은 그를 조롱했다. 그곳은 바다에서도 멀리 떨어진 곳이 아니었던가! 그렇지만 그들의 비웃음은 오래가

성경공부 모임에 대한 카버 박사의 열성은 대단하였다.

… 그는 자연현상에서 발견되는 영원한 조화의 법칙에 대한 이야기를 꺼냈으며, 밤하늘에 빛나는 별들의 신비로운 행로에 대해서도 이야기했다.

지 않았다. 비가 쏟아지기 시작한 것이다. 그 비는 40일 간 밤낮으로 내려 온 땅에 큰 홍수가 났다. 하나님을 경멸하던 사람들에 대한 하나님의 심판이었다. 이들은 최후의 심판 가운데 물에 휩쓸려갔지만, 방주를 만든 목수, 즉 노아와 노아의 가족, 또 온갖 동물들은 방주 안에서 안전하였다. 노아만이 하나님을 전적으로 신뢰했기 때문이다.

카버 박사는 또한 가끔씩 자기의 경험을 이야기해줌으로써 신앙의 본질을 전하기도 하였다.

"신비라는 것은 우리가 이해할 수 있는 것이 아니라네. 우리는 그런 신비를 어떻게 받아들여야 하는지를 배우지 못했거든. 하지만 창조주 하나님에 대한 참된 신앙을 발견하면, 모든 신비로운 것들 가운데서도 가장 위대한 신비를 해결하게 되는 것이지."

이미 오래 전의 일이지만, 음악에 대한 카버 박사의 열정을 잘 알고 있던 어떤 부자가 카버 박사를 자기 집으로 초대하였다. 그런데 그 부자가 잠시 다른 곳에서 처리할 일이 있어서, 카버 박사는 라디오를 들으며 기다려야 했다.

"나는 한 시간이나 조용히 앉아 있었지. 음악이 흘러나오고 있었지만 나는 그 음악을 이해할 수 없었네. 그 음악을 어떻게 받아들여야 하는지를 알지 못했기 때문이지."

카버 박사는 남들을 위해서 자신이 어떤 일을 해야 할 것인가에 대해서도 깊이 고민하라고 학생들에게 일러주었다.

"어떤 사람이 자기 경제권을 다른 사람과 나누겠다고 말하는 것을 들었네. 그러나 그 다른 사람은 이것이 재산을 나누어주겠다는 말인 줄은 꿈에도 모르고, 부채를 넘겨주겠다는 것으로 오해하여, '고맙습니다만 사양하겠습니다. 저는 제 부채만으로도 힘들어요.'라고 말하였다네."

카버 박사의 농담에 학생들이 한참을 크게 웃었다. 카버 박사도 자기 농담에 학생들 못지않게 깔깔 웃었다. 어느 정도 웃음소리가 멎자, 카버 박사는 학생들에게 돈이 인생의 전부가 아니라고 가르쳤다. 카버 박사는 베드로가 불쌍한 장애인에게 줄 돈이 없었기 때문에, 대신 용기와 희망을 주었다고 설명하면서 학생들 역시 자기가 줄 수 있는 것이 무엇인지를 찾아내야 한다고 가르쳤다. 자신이 가진 재능을 남을 위해 베풀 수도 있을 것이고, 우정을 선물할 수도 있을 것이다. 따뜻한 격려의 말 한마디도 훌륭한 도움이 된다고 일깨워주었다. 예수로부터 시작하여 워싱턴 박사에 이르기까지 역사의 모든 위인은 남들에게 베풀 줄 아는 사람들이었다는 사실도 놓치지 않고 일러주었다.

그의 성경공부 수업은 언제나 생생하였고, 때로는 경이롭기까지 하였다. 카버 박사는, 무지에는 솔직한 무지와 완고한 무지와 고집불통 무지가 있는데 이 가운데 마지막 것이 가장 나쁘다고 했다. 그것은 하나님께서 당신이 창조하신 모든 사람을 사랑하신다는 것을 알지 못하는 무지이기 때문이다. 카버 박사는 또 이런 이야기도 들려주었다. 그는 어린 시절 풀밭에서 소들에게 풀을 먹이곤 했는데, 한번은 어린 송아지가 울타리 밖으로 나가서는, 황소를 좇아가다가 그만 길을 잃었다. 한참을 그 송아지를 찾아 헤매다가, 그는 한순간 찾기를 그만두고는 이렇게 말했다고 한다.

"이 녀석! 다시는 내가 너를 찾나봐라. 저녁 먹을 때만 되어봐. 네 놈이 지금 누구를 좇아가는지를 똑똑히 알게 될 테니까."

학생들은 총총한 눈망울로 카버 박사의 입에서 무슨 말이 나올까 하고 기다렸다. 학생들 모두 이 이야기의 도덕적 교훈을 놓치지 않았다. 카버 박사가 항상 터스키기라고 부르던, 부커 워싱턴이 세운 학교에서는, 평생 봉사하고 그에 걸맞은 보상을 받을 기회가 학생들에게 항상 열려 있는데, 학생들이 열심히 일하고 공부하면 그에 상응하는 결과를 얻게 되지만, 동네 '건달'들과 어울리느라 시간을 헛되이 써버리면 '저녁 먹을 때가 되어서야' 자기들이 지금 누구를 좇아가고 있는지 스스로 깨닫게 되리라는 것이었다.

카버 박사가 날카롭고 재치 있는 말을 가장 많이 한 것은 성경공부 시간에서였다. 그가 한 말들이 카버 박사의 어록이 되어 터스키기 졸업생들 사이에 구전되었는데, 이런 것들이 대표적이다.

- 담배 피는 것에 대하여: 하나님께서 사람의 코를 굴뚝으로 사용하도록 하셨다면, 콧구멍이 위로 향하게 하셨을 것이다.
- 청결에 대하여: 여러분의 몸은 하나님께서 거하시는 집이다.

여러분 가운데 어느 누구도 선한 주인을 너저분한 집에 모시고 싶은 사람은 없을 것이다.

- **일을 완수하는 것에 대하여**: 내 작업실 뒤뜰에는 몇 그루 나무가 심겨 있다. 그 가운데 한 그루가 베어져 멋진 그루터기가 만들어졌는데, 나는 매일 새벽 4시면, 그루터기에 걸터앉아 선하신 하나님께, 오늘 내가 무슨 일을 해야 하는지를 묻는다. 그러고는 일어나서 그 일을 한다.
- **기회에 대하여**: 세상에 필요한 일에 준비된 사람들에게는 언제나 충분한 기회가 생긴다.
- **인생을 준비하는 것에 대하여**: 인생의 성공으로 가는 지름길이 있으리라는 잘못된 생각을 버려야 한다. 철저하게 준비하고 꾸준하게 나아가는 길밖에 다른 길은 없다. 겉만 번드르르한 것은 아무 소용이 없다.
- **주위에 널려 있는 것들의 가치에 대하여**: 여러분 주위를 한번 둘러보라. 주위에 널려 있는 평범한 것들을 자세히 살펴보라. 그리고 그것들에게 말을 걸어보라. 그러면 그것들이 여러분에게 하는 말을 들을 수 있을 것입니다.
- **자연에 대하여**: 자연은 마치 하나님의 방송국과도 같다. 우리가 주파수만 잘 맞추면, 자연을 통해서 시시각각 말씀하시는 하나님의 목소리를 들을 수 있을 것이다.
- **죽음에 대하여**: 내가 언제 죽게 될 것인가에 대한 생각이 아니라, 내가 살아 있는 동안 얼마나 많은 일을 할 수 있는가에 대한 생각이 내 인생에 커다란 도움이 되었다.

로스코 콩클링 시먼스 교수를 비롯한 많은 교수들은 카버 박사가 학교의 영성을 이끌어간다고 극찬했지만, 일부 교수들은 카버 박사의 성경관이 위험하며 정통 교리에서 벗어난다고 생각하였다. 그들은 교목실로 달려가 불만을 토로했다. 카버 박사가 가르치는 내용이 분명히 성경 말씀에 어긋난다고 말이다. 성품 좋은 교목은 이 문제에 대해 잠시 생각하다가, 문제를 제기한 교수들에게 물었다.

"성경공부 모임에 참석하는 학생들이 많습니까?"

"그럼요! 학생들뿐만 아니라 교수들도 꽤 참석합니다."

이들은 나름의 종교적인 열성으로 인해 크게 분개하며 그렇게 말하였다.

"그렇지요? 그리고 그 성경공부 모임은 이미 오래 지속되었지요?"

"음, 몇 년은 되었지요."

"그 과목은 선택과목이지요?"

"맞습니다. 그런데 학생들이 자꾸만 몰려듭니다. 교실이 넘쳐날 정도예요."

그러자 교목은 목을 한번 가다듬더니, 양팔을 낀 채 단호하게 말했다.

"그렇다면요, 교수님들께 충고 한마디 드리지요. 앞으로는 카버 교수님의 성경과목에 대해서 왈가왈부하지 마십시오. 조금이라도 방해하지도 마시고요. 우리 학교에서 그만큼 성황을 이룬 과목은 역사상 처음입니다. 필수과목 가운데서도 그런 과목이 없지 않았습니까!"

학생들은 카버 박사를 깊이 신뢰하고 존경했기 때문에, 차별과 편견으로 말미암아 쓰라린 상처를 받으면 카버 박사를 찾아왔다. 미국이 제1차 세계대전에 참전을 선언한 뒤로, 많은 학생들이 특별 군사훈련을 받기 위해 수도인 워싱턴 시에 있는 하워드 대학교로 갔다. 학생들은 기차를 타고 갔는데, 흑인 학생들은 강제로 1등석 요금을 내고도 더러운 흑인 전용 칸에 타야 했다. 그래서 흑인 학생들은 만원 열차 속에서 고생하며 가야만 했다. 훈련을 받으면서도 온갖 치욕과 학대를 감수해야 했다. 그것은 사람이 같은 사람에게는 도저히 할 수 없는 지독한 고문이나 마찬가지였다. 이들은 마음에 큰 상처를 받고 돌아와서는 카버 박사에게 넋두리를 늘어놓았다.

"정말 이럴 수는 없습니다. 우리는 미연방합중국을 위해 싸우러 간 것입니다. 그런데 이런 꼴을 당하다니요. 그것도 미연방합중국의 수도 한복판에서 말입니다."

카버 박사는 그들의 말을 끝까지 들어주면서, 따뜻한 말로 위로해주었다.

"어느 도시에나 남들을 무시하는 사람들과 혐오하는 사람들이 있게 마련이지. 남부에도 그런 멍청한 사람들이 있지 않은가. 북부도 마찬가지라네. 이곳 앨라배마 주 버밍햄 시에 얼마나 많은 바리새파 사람들이 있는가. 워싱턴 시에도 마찬가지라네."

그는 그렇게 말한 뒤 학생들의 어깨를 감싸고는, 마치 아버지처럼 그들을 꼭 안아주기도 하였다.

"이런 못난 사람들 때문에 자네가 해야 할 일을 저버리지는 말게나. 때가 이르면, 우리를 미워하는 자들이 자신들의 강퍅한 마음 때문에 벌을 받게 될 걸세. 또 우리를 무시한 자들은 진실을 깨닫게 될 거야. 그때가 되면, 우리도 자유롭게 거리를 활보할 수 있겠지. 우리가 그럴 준비만 되어 있다면 말이야."

흑인들 가운데는 스스로를 비하하는 사람들도 많았다. 스스로 최선을 다하지도 않으면서, 흑인들은 어쩔 수 없다는 백인들의 편협한 생각에 기대어 열심히 일하지 않는 자신을 정당화하는 것이었다.

"에라, 검둥이 주제에 아무리 노력하면 뭐하냐? 검둥이는 어차피 못……."

그럴 때마다 카버 박사는 가만히 있지 않고, 큰 소리로 이렇게 말했다.

"어차피 못한다고요? 뭘 못한다는 건가요? 흑인들도 무엇이든 할 수 있습니다!"

사람들이 모인 곳에서 이런 말을 한 적도 있다.

"요전에 유력한 사업가 한 사람이 기름을 찾아내는 기술을 가진 사람을 구한다고 하더군요. 그는 자신이 찾는 사람이 백인이어야 한다든지, 흑인이어야 한다든지, 아니면 황인종이어야 한다는 말은 하지도 않았습니다. 분명히 그냥 사람이었습니다! 특별한 기술만 가지고 있으면 된다고 했습니다. 여러분도 세상이 필요로 하는 기술을 연마하십시오."

졸업반에 있는 학생들에게도 이와 비슷한 말을 하였다.

"아마도 여러분은 여러분을 환영하는 그런 곳으로 가야 자신의 능력을 발휘할 수 있다고 생각할 것입니다. 그렇지만 여러분 가운데 어떤 사람들은 여러분과 여러분의 노력에 적대적인 곳으로 가야 할지도 모릅니다. '우리는 당신을 원하지 않소!'라는 말로 배척당하는 일도 있을 것입니다. 하지만 예전에도 이런 일이 있었다는 사실을 기억하십시오. 예수라는 사람이 갈릴리에 나타났을 때 이와 똑같은 일이 일어났습니다. 오늘날 모든 사람이 우리 구세주 예수를 경배하지 않습니까? 여러분은 갈릴리만을 기억하십시오. 그곳이 바로 예수님의 사역지였습니다."

물론 카버 박사도 인종차별에서 예외는 아니었다. 그가 세계 방방곡곡에 명성을 떨치게 된 후에도, 여전히 백인들 가운데 일부 고집불통들이 그에게 마음의 상처를 주었다. 터스키기에 처음 왔을 때, 그는 남부에서는 흑인이 백인과 이야기할 때에는 반드시 모자를 벗어야 하며, 길을 걸을 때에는 길 가장자리로 가야 한다고 주의를 받았다. 그래야 백인이 지나갈 수 있기 때문이었다. 흑인은 백인이 이용하는 식당이나 호텔에는 들어갈 수도 없었으며, 그나마 들어갈 수 있는 곳도 흑인이 드나들 수 있는 구역이 따로 정해져 있었다. 버스를 탈 때도 마찬가지였고, 극장에도 마음대로 가지 못하였다. 흑인이 백인의 수도꼭지에서 물을 마시기라도 하면, 이가 부러질 정도로 맞는 것은 예사였다. 또 해가 진 다음에 백인의 주택가에서 서성거리다가는, 어디론가 끌려가 두들겨 맞기 일쑤였다. 흑인들은 백인들 앞에서 서로를 부를 때 미스터라든지 미세스 같은 호칭을 사용할 수도 없었다. 이러한 호칭은 존경과 경의를 표하는 것이기 때문에 백인들만의 전유물로 여겨진 것이다.

남부의 흑인들은 끊임없이 학대를 받았다. 어떤 흑인이 잘못을 저지르기라도 하면, 사람들은 "그러면 그렇지. 검둥이가 별 수 있겠어?"라고 말했고, 잘한 일이라도 있으면, "저 놈 피에 백인의 피가 섞여 있는 거 아니야?"라고 말했다. 오늘날까지도 학자들 가운데는, 카버 박사의 천재적인 재능이 그를 키워준 '백인 아버지'에게서 온 것이라고 주장하는 사람들이 있다.

1896년에도 그러하였으며, 그로부터 40년이 지난 뒤에도 변한 것은 하나도 없었다. 기차를 타고 멀리 출장을 갈 때면, 카버 박사는 낡고 비좁은 흑인 전용 칸을 이용해야 했다. 일반적으로 흑인 칸은 기관차 바로 뒤에 달려 있어서 언제나 검은 연기와 검댕으로 가득하였다. 카버 박사가 유명해진 뒤에는 더러 특별 독실 기차표를 살 수 있었으나, 그것은 공공연한 것이 아니라, 눈짓을 하거나 손가락을 입술에 대면서 아무에게도 말하지 말라는 다짐을 한 뒤에나 가능했다. 그러니 사나흘씩 기차여행이 계속된다고 해도 자기 방에서 나와 돌아다니는 것은 생각도 못하였다. 기차가 서행을 할 때면 반드시 창문의 커튼을 내려야 한다는 것도 알게 되었다. 그렇지 않았다가는 밖에서 돌이 날아 들어올 것이 뻔하였다. 또 오찬 모임에서 강연을 할 때에도 미리 점심을 먹고 가야 한다는 것을 알게 되었다. 그러지 않았다가는 쫄쫄 굶게 마련이었다. 다른 사람들은 다들 점심을 먹어도, 흑인 강사의 테이블에는 물 한 잔 제대로 올라오지 않았던 것이다. 때로는 호텔 방을 하나 얻기 위하여 피로한 몸을 이끌고 낯선 도시에서 몇 시간이나 거리를 헤매야만 했다. 호텔 문을 열고 들어가 방이 있느냐고 물으면, 백인들이, 그것도 새파랗게 젊은 백인들이 "이 검둥이놈! 감히 우리 호텔에 들어오다니…썩 꺼져! 이 마을에서 너 같은 검둥이가 잘 곳은 없어!"하고 호통치면서 쫓아내는 것이 보통이었다. 카버 박사의 말년에 그를 수행하던 해리 아보트는 이런 말을 하였다.

"카버 박사님이 터스키기를 출발해서 낯선 곳으로 가야 할 때, 가방을 싸는 그 순간부터 얼마나 많은 용기가 필요했는지 아무도 알지 못할 것입니다. 개인적으로 조금 불편해지거나 위협을 느끼기 때문은 아닙니다. 온갖 종류의 증오나 혐오에 신물이 나셨던 것이지요. 카버 박사님은 학교의 테두리를 벗어나자마자 이러한 적대적인 행위에 노출되리라는 것을 잘 알고 계셨습니다."

그렇지만 카버 박사는 여행을 할 수 있는 여건이 되는 한 한번도 강의를 거절한 일이 없었다. 어두운 곳에 밝은 빛을 비추기 위해서 온갖 멸시와 천대를 달게 받았던 것이다.

카버 박사의 순회강연은 주로 YMCA에서 후원하였고, 그가 맡은 강연 주제는 농학 분야였다. 그는 인종문제에 대해서는 전혀 말하지 않았다. 그러나 그의 순회강연은 당시 남부에서 개최한 인종화합을 위한 행사 가운데 최대의 성과를 끌어냈으며, 그 결과 양심의 각성과 서로에 대한 이해를 불러일으켰다. 어떤 학교에서는 카버 박사의 강연에 참석하지 못하도록 학생들을 막았다가, 나중에 학교 신문을 통해서 카버 박사에 대한 공식적인 사과문을 발표한 일도 있었다.

"인종에 대한 편견 문제가 남부에서는 과거의 일이기를 바라지만, 현실은 그렇지 못합니다. 더군다나 카버 박사에 대한 반대 항의가 있는 것을 보면, 인종차별 철폐는 우리가 앞으로 계속 실현해나가야 할 문제임을 새삼 느낍니다. 우리 가운데 몇 사람들은 창피함에 머리를 숙이고 싶습니다. 그러나 얼굴을 붉히고 주저앉기보다는 이 일을 이루기 위해 발 벗고 나서야 할 것입니다."

사실, 학교라고 해서 백인들의 편견으로 인한 미묘한 공격을 완전히 차단해주지는 못하였다. 심각할 때도 있었다. 제1차 세계대전이 일어나고 얼마 되지 않아 고요하던 학교에 복면을 한 폭도들이 난입하였다. 그들의 목표는 흑인들에게 폭력을 행사하는 것이었다. 이 학교에 흑인 퇴역군인이나 상이병을 치료할 수 있는 병원을 세우고자 한 것이 문제였다. 당시 남부의 병원에서는 흑인을 받아주지 않았기 때문에 흑인들을 위한 병원이 필요했는데, 이에 터스키기 학교가 뜻을 같이하여 병원을 지을 단지를 기증한 것이다. 흑인 의사들과 간호사들이 이 병원에서 일하게 될 것이라고 발표하기 전까지만 해도, 모든 일이 순조롭게 진행되었다. 그런데 이것이 흑인을 배척하는 테러 단체인 케이케이케이(KKK)의 비위를 건드렸다. 그들은 의사나 간호사라면 사회적으로도 상당한 지위인데, 그것을 흑인들에게 내주는 것은 흑인을 지나치게 우대하는 것이라고 생각했다. 그래서 그들은 학교를 습격한 것이다. 폭도들이 마을에 운집하던 날 밤, 유난히도 달이 밝았다. 자동차 퍼레이드가 학교 쪽을 향해 진행되었고, 그들이 뒤집어 쓴 하얀 수의가 밤바람에 펄럭거렸다. 그들이 학교에 거의 도달했을 때, 달빛이 밝아 그들의 숫자까지도 분명하게 셀 수 있을 정도였다.

한편 학교 쪽에는 학생들이 운집해 있는 것이 똑똑히 보였다. 개중에는 민주주의를 지키기 위해 전쟁터에서 방금 돌아온 학생들도 있었다. 그들은 지금 학교를 지키겠다고 늠름하게 서 있는 것이다. 폭도들이 타고 있던 자동차 행렬이 속도를 줄였다. 아무래도 상황이 심상치 않았던지, 우두머리들이 상황을 다시 파악하고 있었다. 학생들의 위상에 눌린 폭도들은 차를 뒤로 빼고는 올드몽고메리 고속도로를 향해 내뺐다. 그렇게 하여 이 전투는 피 한 방울 흘리지 않고 끝이 났다.

한번은 북부에서 한 합창단이 터스키기로 왔다. 터스키기의 학생들은 합창단원들이 편히 지낼 수 있도록 이들을 극진하게 접대하였다. 하지만 합창단원들은 주말 내내 거드름을 피워대며 자기네가 흑인 학교에 온 것이 대단한 적선인 것처럼 우쭐거렸다. 일요일 예배 후에 합창단이 공연을 마치자, 터스키기 학생들로 구성된 작은 합창단이 답례로 노래를 하려고 단상으로 올라갔다. 그런데 이 흑인 학생들이 노래를 시작하기도 전에, 백인 합창단원들은 일제히 일어나 음악당을 빠져나가 버렸다.

또 한번은 이런 일도 있었다. 여러 사람들이 갑자기 카버 박사의 연구실로 몰려와서는, 마치 박물관에라도 온 것처럼 카버 박사에게는 말 한마디 하지 않고 이것저것 두루 살펴보았다. 그 가운데 한 사람이 카버에게 다가왔다. 모자를 벗어 예의를 표하거나 인사말을 건네지도 않고, 대뜸 이렇게 말을 던지는 것이었다.

"이곳을 지나다가 당신이 보고 싶어 들어와봤소. 아, 소개를 안 했군. 우리는 조지아 주에서 왔소. 하지만 오해는 마시오. 우리는 흑인에 대한 편견을 가지고 있지는 않으니 말이오."

"다른 분들께서 너무 시끄럽게 떠들어서, 선생님 말을 도무지 알아들을 수 없군요."

카버 박사는 이렇게 말하고는 밖으로 나와버렸다. 나중에 조교 한 명이 왜 손님들을 그렇게 무뚝뚝하게 대했냐고 묻자, 카버 박사는 이렇게 대답하였다.

"그 사람들은 너무나도 무례했다네. 진심도 보이지 않고 말이야. 나는 그런 사람들의 구경거리가 아니라네."

그렇지만 이런 일이 있어도 카버 박사는 벌컥 화를 내지는 않았다. 아무리 심하게 모욕당해도 꾹 참았다. 이런 일이 생길 때마다 그가 하는 말 가운데 가장 심한 말이라면, "내 얼굴에 물을 끼얹는다고 해서, 비가 온다고 생각하고 말 수는 없는 법이지." 하는 정도였다.

다른 사람들이 아무리 화가 나게 한다고 해도, 카버 박사는 도통 화를 내지 않았다. 화를 낼 줄 모르는 사람 같았다. 인종차별적인 문제에도 개의치 않았다. 오스틴 커티스의 말을 빌리자면, 그는 마치 장난꾸러기 어린아이의 부모와도 같았다. 좋은 일에 감사하고, 나쁜 일이 벌어져도 기꺼이 받아들였다. 나쁜 일이라 하더라도, 그 일을 저지른 사람이 몰라서 그렇게 한 것이려니 생각한 것이다. 부커 워싱턴과 마찬가지로 그는 인종차별주의자의 맹목적인 잔인함을 오히려 불쌍히 여겨야 한다고 진심으로 믿었다. 그래서 워싱턴이 여러 번 말한 것 같이, 카버 박사도 이런 말을 하였다.

"아무도 내가 그 사람을 미워할 만큼 나를 밑바닥으로 끌어내릴 수는 없다."

오늘날과 마찬가지로 당시에도 인종차별 철폐를 위해 투쟁하는 투사들이 있었다. 그러나 카버 박사는 그런 유형의 사람은 아니었다. 싸우고 투쟁하는 데 재능이 있는 것도 아니었다. 그는 이렇게 말하곤 했다.

"만일 내게 잘못한 사람들과 일일이 맞서 싸운다면, 그것으로 지쳐버려서 내가 정말 해야 할 일에는 손도 댈 수 없을 것입니다."

연구는 그의 삶 자체였다. 분노에 차서 연구를 등한시한 채 인종차별적인 편견과 무시에 대항하는 일에 몰두할 수는 없었다. 카버 박사는 오히려 연구에 매진함으로써 그만의 독특하고 새로운 방식으로 인종차별 해소에 결정적인 공헌을 하였다. 그는 남부를 가난으로부터 구해냈다. 어쩌면 가난이라는 적이야말로 흑인차별법을 능가하는 가장 무서운 적이었을 것이다. 하여간 가난을 물리칠 수 있는 길을 열어줌으로써 그는 흑인들뿐만 아니라 수많은 백인들에게서도 칭송을 받았다. 그의 가르침을 받으면서 터스키기 학교에 다닌 많은 학생들과 학교 교과서에서 그에 대한 이야기를 접하는 요즘 세대 흑인들에게 그는 상징적인 인물이 되었다. 하나님께서 주신 능력과 재능으로 사람이 어떤 일을 할 수 있는지를 단적으로 보여주는 멋진 사람의 모범이 된 것이다.

1910년, 터스키기 학교 이사회에서는 농업연구원을 창설하고, 카버 박사를 그 책임자로 선정하였다. 이때부터 카버 박사는 강의도 최소한으로 맡는 등 되도록이면 다른 일은 피하고 이 연구원 일에 전력을 기울였다. 카버 박사의 말에 따르면, 이 연구원에서 하는 일은 그야말로 창의적인 연구였다. 농경제학이나 영양학, 화학, 유전학, 세균학, 식물병리학 등 놀랄 만큼 다방면에 걸친 연구가 지속되었지만, 그의 관심은 점점 농산물과 그 밖의 산업에서 나오는 폐기물을 활용하는 연구 쪽으로 옮겨졌다. 1935년 터스키기 학교의 교장이 된 프레더릭 패터슨 박사가 하루는 화학 법칙을 이해하는 카버 박사의 직관적인 능력에 감복했다고 말하자, 박사는 별것 아니라고 겸손해 하면서 이렇게 말하였다.

"제가 화학을 대하는 방식은 마치 가정주부가 조리용 스토브를 대하는 것과 똑같습니다. 그저 어떤 일을 이루기 위한 도구에 불과하지요."

카버 박사는 모든 과학적 학문을 어떤 목적을 이루는 데 사용해야 할 수단이나 방법쯤으로 여겼다. 그가 궁극적으로 이루고자 한 일은 인간에게 필요한 유용한 물건들을 만듦으로써 가난과 결핍을 해소하는 것이었다.

그는 인류의 문명에 세 단계가 있다고 말하였다. 첫 번째, 인류가 천연자원을 찾아낸 단계이다. 가령, 음식물이 될 만한 동물이나 식물을 찾아낸 것이라든지, 목재나 광석을 이용하여 집을 지을 줄 알게 된 것이다. 두 번째, 인류가 이 재료들을 이용하여 다른 물건들을 만들어낸 단계로 이 자원들을 한데 엮어서 더 가치 있는 물건들을 만들어낸 것이다. 가령 강철을 만들거나 섬유를 만든 것이 여기에 해당한다. 이제 인류는 세 번째 단계에 와 있는데, 이 단계는 완전히 새로운 물건을 만들어내는 단계이다. 이미 예전부터 있던 자원들을 화학적으로 변화시켜 새로운 것들을 창조하는 단계인 셈이다.

"창조주 하나님께서 이 땅에 광석이나 석유를 주신 것은 우리에게 숨쉴 틈을 주시기 위한 것입니다. 이제 우리는 이 자원을 소비하면서, 다시 농장으로 돌아갈 준비를 해야 합니다. 하나님께서 주신 진짜 창고입니다. 농장이라는 이 창고는 결코 다 소모되지도 않을 것이고, 여기서 생산되는 농작물을 이용하면 우리가 필요로 하는 어떤 물건이든 다 만들 수 있습니다."

이 포괄적인 생각이 카버 박사의 가장 큰 공헌이라고 생각하는 사람들도 있다. 물론 완전히 현실화되지는 않았지만, 이것이야말로 카버 박사가 인류에게 준 가장 큰 선물이라는 것이다. 이전까지만 해도 사람들은 농산물을 가지고 음식과 옷을 만들 뿐이었지, 그 외의 다른 제품을 만든다는 것은 꿈도 꾸지 못했다. 이전까지만 해도 사람들은 주변에 흔히 널려 있는 농장이 산업을 위한 천연자원 공급지가 될 수 있다는 사실을 생각지도 못했다. 카버 박사가 제시하는 미래 사회에서는, 농부들이 농작물의 판로를 걱정할 필요가 없으며, 공장주들은 원료 부족을 걱정할 필요가 없었다. 카버 박사는 평생에 걸쳐 다방면에서 사람들이 불가능하다고 여기던 것들을 실현시켰다.

사람들도 카버 박사가 마음속에 그리는 그런 밝은 세상이 실현될 수 있다는 것을 믿기 시작했다. 끝없는 문명화의 과정! 수천 년에 걸쳐 사람들은 자연에 감추어진 자원을 발견하고

그것을 활용하는 법을 배웠다. 산업혁명을 거치면서는 그 자원들을 더 효과적으로 사용하는 법을 배웠다. 그리고 이제 현대 사회에 사는 우리는 몇 십 년이 채 지나기도 전에 우리의 삶을 윤택하게 해줄 새로운 물건들을 창조해내게 될 것이다. 바로 이러한 미래의 시작이 카버라는 흑인 한 사람에게서 시작되었다. 그것도 앨라배마 주의 조그만 시골 학교에서 말이다.

이 모든 일이 땅콩에서 시작되었음은 두말할 나위도 없다. 그는 사람들이 별로 대단치 않게 여기던 땅콩을 가지고 105가지나 되는 아주 맛좋은 음식물과 200가지가 넘는 완전히 새로운 제품을 만들어냈다. 그리고 고구마를 가지고도 수많은 제품을 개발하였다. 예를 들면, 전시 식량으로 사용할 만한 대용밀가루나 접착 물질을 만들어냈다. 이 접착제는 값이 쌀 뿐만 아니라, 습기가 닿지 않으면 끈적거리지도 않아 우표 뒷면에 사용하기에 적합하였다. 이런 일을 하기 전에 카버 박사가 처음으로 하는 작업은 농부들에게 확신을 주는 일이었다. 그는 토지를 제대로 관리하면, 같은 크기의 토지에서 고구마 수확량을 크게 늘릴 수 있다고 가르쳤고, 이 새로운 토지관리법과 이모작을 통해서 고구마 수확량은 에이커 당 74말에서 532말로 증대되었다. 그리고 나서 카버 박사는 이 증대된 농산물을 이용하여 고구마로 직접 해먹을 수 있는 요리, 밀가루, 당밀 대용 제품 등을 개발한 것이다. 그는 3년 사이에 고구마 경작법과 활용법에 관한 책을 3권이나 썼다.

그런데 고구마가 잘 썩기 때문에 오래 보관하기가 힘든 것이 문제였다. 카버 박사는 고구마를 좀더 오래 보존할 수 있는 방법을 가르쳐주었다. 그것은 스토브로 말린 후에 보관하거나, 뜨거운 태양열에 말려 보관하는 것이었는데, 이로 인해 카버 박사는 새로운 산업을 위한 토대를 놓았다고 할 수 있다. 제1차 세계대전 중 카버 박사는 식품건조법에 대한 획기적인 연구 결과를 내놓았다. 그는 이것을 그저 말린 음식이라고만 불렀다. 하여간 100파운드나 되는 고구마를 가루로 만들어서 조그마한 상자에 넣었는데, 이것은 오래 보관할 수 있으며, 또 물만 부으면 언제든지 다시 훌륭한 식량이 되었다.

카버 박사는 다른 일에도 무척이나 바빴다. 전쟁으로 인해 밀가루와 고기 등 식량이 턱없이 부족하여 다들 힘들어 할 때 고구마 가루를 만들어내기 시작했고, 터스키기 학교에서만 밀가루 소비를 하루에 200파운드 줄일 수 있었다. 전쟁 중에 독일이 연합군 국가들을 상대로 아닐린 염료 수출을 중단했는데, 이때 카버 박사는 갖가지 식물의 뿌리와 줄기와 열매에서 추출한 500여 가지의 식물성 염료를 만들어냈다. 어느 커다란 염료회사에서 이 소식을 듣고는, 카버 박사가 원하는 대로 연구소를 세우고 지원을 아끼지 않을 테니 자기네 회사에서 일해달라고 요구하였다. 카버 박사가 그 제안을 받아들이기만 하면 마음대로 액수를 써넣을 수 있는 백지수표도 보냈다. 그러나 그는 감사하다는 말과 함께 그 제의를 정중히 거절하며, 그때까지 자신이 발명한 536가지 염료 제조법을 동봉해서 수표와 같이 돌려 보냈다.

1918년 1월, 군 당국에서 그를 워싱턴으로 초청하여, 고구마 이용법을 가르쳐달라고 하였다. 전문 기술자들은 밀가루 대용으로 쓸 제품을 개발하려고 만방으로 노력하고 있었다. 그들은 보리나 쌀, 밤으로 많은 연구를 하였으나, 별 성과를 거두지 못하자, 대용밀가루를 만드는 것에 대해 회의적인 견해를 갖게 되었다. 하지만 그들 역시 카버 박사가 고구마 가루로 빵을 굽는 동안 잔뜩 기대에 차서 상기된 얼굴로 기다렸다. 늘 겸손하게 말하는 카버 박사의 말을 빌리자면, 결과는 이러했다.

"그들이 만족하더군요. 조금 더 얘기하자면서 관심을 보였습니다."

곧 전국적으로 각 부대에 고구마 가루가 지급되었다. 또한 해외에 파병된 부대에도 건조식품을 보급한다는 계획이 수립되었다. 그러나 이 두 번째 계획은 실현되지 않았다. 아직 해외 보급 준비가 되지 않은 상태에서 전쟁이 끝났기 때문이다. 전쟁이 그치자, 건조식품에 대한 열기도 함께 식어버렸다. 하지만 관심이 완전히 사라진 것은 아니었다. 20여 년 뒤에 제2차 세계대전이 일어나기 전까지만 잠시 그랬을 뿐 제2차 세계대전이 발발하자 식품건조법은 다시 각광을 받기 시작했다. 갑자기 신문들은 앞다투어 이 놀라운 음식물에 대한 이야기를 전하기 시작했다. 마치 새로운 발명품이 나온 듯이 말이다. 식품건조법! 이미 카버 박사가 오래 전에 발명한 것이지만, 이때 카버 박사는 조명을 받지 못했다. 그가 눈을 시퍼렇게 뜨고 살아 있었지만, 마치 그가 존재조차 하지 않는 것처럼 사람들은 그를 외면했다. 어쨌든 신문 등 언론에서는 다양한 종류의 음식물을 선적하여 해외에 파병되어 있는 우리 군인들에게 보낼 수 있다면서 대대적으로 선전하였다. 부피를 아주 작게 만들 수 있을 뿐만 아니라, 오래 보관해도 전혀 상하지 않는다고 호들갑을 떨었다. 어떤 회사에서는 고구마를 건조하는 데 성공했다고 난리였다! 카버 박사의 성품을 생각하면 당연한 얘기겠지만, 그는 조금도 동요하지 않았다. 그는 이 사건에 대해, 실험실에서의 연구와 새로운 아이디어를 실용화하는 단계 사이에 놓여 있는 냉대와 경멸로 얼룩진 20년의 간극을 이야기할 뿐이었다. 이 발명으로 생긴 이득을 누가 차지하든지 간에, 건조식품의 개발이 전쟁에 참전중인 국가에 커다란 도움이 될 정도로 발전하였다는 데에 감사할 따름이라고 말하였다.

물론 이것은 시작에 불과했다. 오늘날 건조식품 시장은 수십 억 달러 규모에 달한다. 냉동식품도 다 여기서 시작된 것이다. 카버 박사가 시작한 이 분야의 연구는 지금도 지속되고 있으며, 앞으로도 계속 발전할 것이다. 1963년, 식품건조법과 냉동법을 사용한 새로운 식료품 제조법이 상용화되었고, 불과 1년 뒤에 그 시장 규모는 1,500만 달러에 이르렀다.

카버 박사는 평생 동안, 중요한 연구 프로젝트에 빠져 정신없이 바쁜 와중에도, 자기 도움을 구하는 사람들을 모르는 척하지 않았다. 매일 아침 150여 통에 이르는 편지가 그의 책상에 쌓여 있었는데, 그는 이 편지들에 일일이 답장을 써서 보냈다. 농부들이 도움을 청하거나 궁금한 것을 물어보는 편지도 많았다.

"예전에 선생님께서 우리 집에 옥외 화장실 짓는 일을 도와주셨는데 지금 꽉 찼어요. 언제 오셔서 이것 좀 손봐주실 수 있으신가요?"

또 터스키기 학교 졸업생들의 안부 편지와 연설 초청 편지들도 있었다. 개인적인 신상정보를 물어오는 편지도 있었고, 카버 박사에게 동업하자는 사업주들의 구구절절 간절한 청원 편지들도 있었다. 일반적으로 카버 박사에게 상담을 받는 비용은 당시의 우표값인 3센트였다고 보면 된다. 예외적인 경우도 있었지만 말이다. 플로리다에 있던 한 회사가 그런 경우인데, 이 회사는 카버 박사가 발명한 대리석, 즉 땅콩껍질로 만든 합성 대리석으로 야외용 가구를 생산하고 있었다. 그런데 카버 박사의 도움 없이는 더 이상 제품을 생산할 수 없을 것만 같았다. 그래서 거액의 연봉을 줄 테니, 자기네 회사에 와서 도와달라고 애걸하였다. 카버 박사가 이 청탁을 정중히 거절하자, 그 회사는 아예 카버 박사가 있는 곳으로 공장을 이전시켰다. 모든 공장 설비와 기계를 터스키기로 옮겨버린 것이다. 그로써 이 회사는 돈 한 푼 들이지 않고 언제든지 카버 박사의 조언을 받을 수 있게 됐으며, 때로는 관리 감독까지 받는 특혜를 누렸다.

1930년, 구소련연방으로부터도 공식적인 초청장이 날아왔다. 지금 막 농업 발전 5개년 계획을 시작했는데, 이것이 아직 정착되지 않았으니, 와서 좀 도와달라는 것이었다. 그러나 그는 늘 그래온 것처럼, 이 제안을 정중히 거절하였다. 나중에 그의 조교 가운데 한 사람이 이 제안을 받아들였다. 그 즈음에 카버 박사는 44편의 글을 발표하였다. "소액으로 돼지 키우는 방법"에서부터 "남부의 새로운 경제 상황에 대처하는 방법"에 이르기까지 다양한 주제의 글을 썼다. 그러나 이 글들을 쓴 목적은 딱 하나, 바로 가난한 농부들이 빈곤에서 벗어날 수 있도록 도와주려는 것이었다. 사실 이 모든 글은 터스키기의 가정학과에서 나와야 하는 것들이었지만 당시 가정학과에는 어느 누구도 카버 박사만큼 방대한 지식을 가지고 있지 않았으며, 이러한 글을 쓸 만큼 능숙한 글솜씨를 가진 사람도 없었다. 그는 이러한 실질적인 도움을 주는 글을 쓰는 일이 결코 남의 책임이 아니라고 생각하며 기꺼이 글을 썼다. 전쟁이 한창이던 1942년 카버 박사는 『승리와 평화를 위한 자연 정원』이라는 소책자를 냈는데, 이것이 베스트셀러가 되었다. 이때까지도 카버 박사는 많은 사람들이 관심을 가지고 있는 주제들에 대한 짧은 글들을 계속 발표하였다. 그러다가 나중에는 독자층이 꽤 두터운 신문에 "카버 교수의 어드바이스"라는 칼럼을 쓰기 시작하였다. 이 난에서 그는 사람들이 자주 물어오는 질문에 대해 공개적으로 답변을 하였다.

얼마 전 오스틴 커티스가 이런 말을 하였다.

"카버 박사님이 하시지 않은 유일한 일은, 목화씨 바구미라는 해충을 완전히 퇴치하지 않았다는 것입니다. 제 생각에 카버 박사님은 그럴 생각도 없으셨던 것 같아요."

목화씨 바구미의 엄청난 피해로 한 가지 작물만을 농사짓는 것이 얼마나 안 좋은가를 극명하게 깨달은 이후, 그리고 새로운 작물 재배로 땅의 기운이 어느 정도 회복된 이후 카버 박사는 남부의 목화밭을 개간하고자 오랫동안 열심을 다하였다. 그는 짧은 줄기에서 더 실한 목화가 생기기는 하지만, 비가 조금만 많이 내려도 목화가 상하는 것을 알게 되었다. 빗물을 머금은 목화가 밑으로 축 처지면서, 흙탕물이 목화에 튀는 것이었다. 그는 품종개량 실험을 통해 짧은 줄기에서 나던 실한 목화를 긴 줄기에서도 나도록 하였다. 키가 큰 줄기에서 실한 목화솜이 생기니, 비가 많이 내려도 목화솜은 끄떡없었다. 농림부에서는 이 종자에 공식적으로 카버 박사의 이름을 붙였다. 카버 하이브리드!

그러나 다른 나라에서도 목화를 엄청나게 많이 생산하게 되고, 화학자들이 레이온 등 많은 인조실을 만들게 되면서, 목화를 생산하는 족족 시장에 내다팔 수 있던 남부의 번영기는 완전히 지나가버렸다. 이제 카버 박사는 수천 개의 창고에서 썩고 있는 목화를 다른 용도로 사용할 방법을 찾고 있었다. 추수 뒤에 남은 벌거벗은 목화 줄기를 이용하여 깔개, 밧줄, 종이 등을 만들거나 품질이 다소 떨어지는 목화솜으로 매우 가볍고 강한 판자를 만드는 것은 이미 오래 전에 발명한 것이다. 카버 박사는 이제 남들이 이해하지 못할 너무나도 이상한 생각까지 하게 되었다. 즉 목화를 도로건설에 사용하는 것이었다. 그것은 타르와 자갈로 된 지층 사이에 목화실로 짠 직물을 끼워넣는 것인데, 사우스캐롤라이나 주의 시범공사에서 이렇게 해보니, 도로의 내구성과 경제성이 향상되었다.

그러나 카버 박사의 연구는 여기서 끝나지 않았다. 이런 식으로 도로 1마일을 공사하는 데 목화솜으로 짠 직물은 겨우 여섯 내지 일곱 꾸러미밖에 들어가지 않았다. 목화솜을 그대로 사용한다면 직물을 짜는 비용을 아낄 수 있지 않을까? 그래서 카버 박사는 씨앗만 뺀 목화솜을 가지고 포장 블록을 만들게 되었다. 철골을 이용하여 시멘트를 강하게 하는 것과 같은 원리로 목화솜을 이용하여 아스팔트를 튼튼하게 만든 것이다. 다시, 고속도로 포장 기술자가 목화솜 40꾸러미를 사용하여 시범적으로 도로를 1마일 정도 포장해보았다. 모든 것이 표준 조건을 충족시켰다. 아스팔트 표면의 내구성이 꽤나 높아졌다. 남부에 있는 이면도로 가운데 상당한 길이가 이런 식으로 포장되었다. 이리하여 쓸모없던 목화를 효과적으로 사용할 수 있게 되었으며, 농부들은 적어도 또다시 새로운 과정이 개발될 때까지는 이 예상치 못한 혜택을 누릴 수 있게 되었다. 플라스틱과 자동차 타이어, 판지, 비료, 목화씨 기름을 만드는 데에도 목화를 사용하게 되면서 목화시장은 다시 활기를 띠게 되었다. 이런 모든 제품이 다 카버 박사에게서 시작된 것들이다.

카버 박사는 또한 유성 페인트와 수성물감에 대한 연구를 거듭한 끝에 썩은 고구마에서 푸른색 물감을 추출할 수 있게 되었다. 썩은 고구마가 진흙 물감과 잘 혼합되었고, 여기서 27가지 색소를 만들어내었다. 그는 진흙 찌꺼기를 이용하여 은을 닦는 데 적합한 파우더가루를 만들었으며, 감자 잎을 갉아먹으면서 병들게 하는 해충을 퇴치하는 데 효과적인 약을 만들기도 하였다. 한번은 어떤 농부가 낡은 오두막에 수성페인트를 잔뜩 칠했는데, 미늘 판자가 염료를 자꾸만 빨아들여서, 다섯 번이나 칠해야 했다고 불평하였다. 카버 박사는 이 문제를 곰곰이 생각했다. 아무래도 유성페인트를 만들어야 할 것 같았다. 그렇다면 진흙에서 뽑아낸 색소를 어떻게 하면 기름과 섞을 수 있을까? 카버 박사는 불과 30분 만에 자신이 찾던 것을 찾아냈다. 차고에 내려갔다가 다시 실험실로 올라오는 시간만큼 걸린 것이다. 오래된 내연기관의 크랭크실에 있던 기름을 색소와 섞었더니 훌륭한 전색제가 되었다. 이것으로 매우 저렴한 페인트를 만들었다. 사람의 노동력 외에는 전혀 비용이 들지 않았으니 이보다 더 쌀 수는 없었다. 이렇게 만든 페인트는 오래갔고, 색도 진하고 두터웠다. 카버 박사는 늘 말하기를, 좋은 생각이란 금방 떠오르든가, 아니면 전혀 떠오르지 않는다고 했다. 왜냐하면 훌륭한 아이디어는 매우 간단해야 하기 때문이다. 바로 그가 금방 만든 페인트처럼 말이다. 테네시 강 유역 개발공사 팀은 터스키기 학교에 연구비를 지원하였고, 이 연구 결과로 얻게 된 페인트를 사용하여 본보기로 14군데의 개발공사 구역을 칠하였다. 비용이 거의 들지 않았음은 말할 필요도 없었다.

오늘날에는 콩기름을 으레 자동차용 스프레이 페인트에 사용하는데, 이것 역시 카버 박사의 연구의 업적이다. 한편, 제2차 세계대전 당시 미국 버지니아 주의 포트마이어 육군 기지에서는 위장전술 프로그램이 한참 개발되고 있었는데, 카버 박사의 위장 페인트가 이 프로젝트와 맞물려 많은 발전을 이루었다. 그는 붉은 진흙을 여러 단계의 산화된 상태로 처리하다가, 매우 희귀한 현상을 발견했다. 이미 수천 년 전에 잃어버린 것으로 알려진 선명한 색조를 찾아냈는데, 오늘날 우리가 감청색이라고 부르는 색이다. 이 색이 역사상 마지막으로 사용된 것은 고대 이집트 사람들이 파라오의 무덤을 칠할 때였다. 이집트 고대 문명이 막을 내리면서 인류가 잃어버린 색이었다. 카버 박사가 이 색을 발견했을 때, 이 색은 당시의 가장 짙은 청색보다도 70배나 더 진했다. 바로 이 색조가 몽고메리에서 그리 멀지 않은 점토지대에 숨어 있었던 것이다.

나중에 페인트 제조업자들이 이 사실을 알고는, 이 제품을 상용화하자고 카버 박사에게 쉴 새 없이 편지와 전보를 보내며 난리였다. 어떤 회사에서는 사람을 보내기도 하였다. 다른 회사의 대표는 카버 박사의 성격도 모르고, "교수님, 이 제품에 교수님의 이름을 붙이겠습니다. 그렇게 되면, 교수님은 엄청나게 유명해질 것입니다."하고 말하였다. 카버 박사는 두말할 나위도 없이 그 제안을 거절하였다. 그가 다른 사람의 수익을 위해서 카버라는 이름을 빌려주는 일은 평생에 한 번도 없었다. 아니, 자기 자신의 이익을 위해서도 이름을 파는 일은 없었다. 카버 박사는 개인의 욕심을 채우기 위해 자기가 개발한 페인트를 상업적으로 개발하는 데 결코 동의하지 않았다. 그렇게 되면, 페인트 가격이 오를 테고, 결국 가난한 농부들만 피해를 보게 될 것이다. 돈 없는 사람들은 페인트를 구입하지 못할 것이 아닌가. 나중에 결국, 어떤 회사가 자기네가 '개량한' 푸른색 페인트를 '신제품'으로 개발했다고 선언하고는, 이것을 판매하기 시작하였다. 카버 박사가 발견한 색과 너무나도 비슷했지만, 카버 박사는 그 제품의 판매를 막지는 않았다.

가축 떼에 문제라도 생기면, 다들 카버 박사를 찾아가 무엇이 문제인지, 이 문제를 어떻게 해결할 수 있는지를 물어보았다. 물론 젊은 수의사들은 이게 불만이었다.

"아니, 카버 박사님이 소에 대해 뭘 아신다고 그러시나!"

그런데 어느 해는 불평을 늘어놓던 이들이 직접 카버 박사에게 도움을 청하는 일이 생겼다. 한바탕 더위가 기승을 부릴 때 젖소 여섯 마리가 이유도 없이 죽어나갔다. 벨보아 박사와 브라운 박사는 죽은 소들의 위장을 분석해보고, 헨리 박사는 축사와 목초지를 조사해보았다. 그렇지만 병의 원인이 될 만한 별다른 이상을 찾아내지 못하였다. 그들이 밝혀낸 것이라고는, 이러다가 가축 떼가 전멸할지도 모른다는 사실뿐이었다. 내키지는 않았지만, 어쩔 수 없이 카버 박사를 찾아갔다.

"음……."

카버 박사는 고개를 뒤로 젖히고 잠시 생각에 잠겼다.

"음…몇 년 전에도 이러한 일이 있었던 것 같네. 그때도 이렇게 무덥고 가뭄이 심했지."

젊은 학자들 가운데 한 사람이 참을성 없이 끼어들었다.

"교수님, 우리는 지금 날씨 때문에 여기 온 게 아닙니다. 우리 관심은요…소들이……."

"그래, 물론 그렇겠지."

그렇게 대답은 했지만, 카버 박사는 그들이 자신의 방에 와 있다는 사실을 잊은 듯했다. 그는 어디선가 배낭을 찾아 꺼내더니, 그들의 곁을 지나 문밖으로 나갔다. 그들이 영문도 모른 채 아무 말 없이 멍하니 서 있는 동안, 카버 박사는 어느새 사라지고 없었다.

그들은 화가 나서 씩씩거리며 축사로 돌아왔다. 돌아오는 길에 카버 박사를 원망하며 흥분을 조금 가라앉혔다. 날씨가 더워서 소들이 죽었다고? 글쎄, 그것은 잘 모르겠지만, 뜨거운 날씨 때문에 카버 박사가 조금 이상해진 것은 틀림없다고들 생각하였다. 그런데 한 시간이 채 지나지 않아서 카버 박사가 젖소를 키우는 축사로 들어왔다. 목초지까지 걸어갔다 와서 그런지 피로한 기색이 보이기는 했지만, 그 밖에 이상해보이는 점은 없었다. 극히 정상적인 사람처럼 보였다. 카버 박사는 배낭을 열고, 그 안에 들어 있던 것을 젊은 수의사들 앞에 쏟아부었다.

"내 생각에 이것이 문제인 것 같네."

그들이 이상하게 생긴 풀을 한참 들여다보고 있는데, 누군가 입을 열었다.

"이게 뭔데요?"

카버 박사의 대답은 간단명료하였다.

"이곳 사람들이 활나물이라고 부르는 풀이지. 학명은 크로탈라리아라네. 이 풀은 대개 울타리를 따라 자라는데, 풀밭이 온통 녹색일 때는 눈에 잘 띄지 않지. 소들이 이 풀을 한두 입쯤 먹어서는 아무 탈도 없다네. 그런데 요즘같이 날씨가 더울 때는, 먹을 만한 풀이 다 시들어버려 소들이 이것만 먹게 된다네. 이 풀에는 수분도 많이 들어 있고 맛도 좋지만, 이것만 먹으면 소들에게는 치명적인 독이 되는 것이야."

"아, 그래요? 그렇다면 이제 어떻게 해야 하나요?"

"소들이 더 죽기를 바라지 않는다면, 지금 당장 학생들을 시켜서 이 풀을 다 뽑아버려야 할 걸세."

카버 박사는 이들에게 감사할 틈도 주지 않고 연구실이 있는 록펠러홀로 돌아와서는, 곧바로 활나물의 위험을 알리는 글을 쓰기 시작하였다. 그 후로는 "카버 박사님이 소에 대해 뭘 아신다고 그러시나!" 같은 말이 꼬리를 감추었다.

어디를 가나 사람들은 카버 박사를 '식물의 의사'라고 불렀는데, 이 별명은 어릴 때부터 평생토록, 터스키기 학교에 있는 동안에도 계속 카버 박사에게 붙었던 별명이다. 그도 이 별명이 싫지 않았다. 사람들이 그를 식물의 의사라고 부르는 데는 충분히 그럴 만한 이유가 있었다. 사람들은 그가 못을 심어서도 꽃을 피게 할 수 있을 것이라고 말하였다. 카버 박사는 모르는 식물이 없어, 어떤 풀이나 꽃이나 나무라도 그 이름을 알고 있으며, 또한 어려운 학명까지도 다 알고 있다고 생각하였다. 물론 사람들은 그가 모든 식물을 제대로 분류할 수 있다고도 생각했다. 실제로 그는 기차를 타고 먼 길을 가면서도, 창밖으로 내다보이는 각종 식물을 관찰하였다. 의사가 환자를 살펴보듯이, 그렇게 살펴본 것이다. 그러면서 "이 땅에는 칼륨이 더 필요하군."이라든지 "이 땅은 배수가 잘 안 돼서, 담배농사가 엉망이군."과 같은 말을 하였다.

나무나 풀이 무슨 병에 걸렸나 알아맞히고, 또 그에 따른 적절한 처방을 내리는 그의 능력은 '전설'이 되어버렸다. 앨라배마 주에 호두나무 마름병이 유행했을 때, 카버 박사는 원인을 밝혀냈을 뿐만 아니라 치료법까지 개발했다고 한다. 또 어떤 사람이 병든 복숭아나무 가지를 그에게 가져다주었더니, 카버 박사가 그것을 가루로 만들어버리고는, 이 나무가 병든 원인이 배깍지진디라는 해충 때문이라는 것을 알아맞추었다는 이야기도 전해진다. 물론 그 병충해를 예방할 수 있

그들이 밝혀낸 것이라고는,

이러다가 가축 떼가 전멸할지도 모른다는 사실뿐이었다.

내키지는 않았지만, 어쩔 수 없이 카버 박사를 찾아갔다.

는 스프레이를 만들었다는 전설도 함께 전해진다. 또한 환절기 때마다 학교 캠퍼스를 둘러보면서 나무를 관찰했다는 소문도 있다. 이 나무들은 거의 다 카버 박사가 오래 전에 심은 것들이 아니던가! 그가 나이가 들어 나무에 오를 수 없게 되었을 때, 그는 아무나 지나가는 학생들을 붙잡고는, 톱을 건네주면서 이렇게 말하였다.

"자네, 이 나무에 기어올라가 저기 위에 있는 가지 좀 잘라다 주겠나? 저기 나뭇잎이 시든 저 가지가 좋겠네."

그래서 오늘날 터스키기 대학교의 캠퍼스는 나무가 우거진 조용한 숲 같다. 바로 카버 박사의 솜씨이다. 그는 나무마다 이름표를 붙였는데, 그 이름표에는 우리가 일반적으로 부르는 이름과 학명이 쓰여 있다. 그런데 이러한 그의 습관은 오늘날까지도 지속되고 있다.

카버 박사는 잡초를 필요없는 풀이라고 생각하지 않았다. 잡초란 자기 자리가 아닌 곳에서 자라는 풀일 따름이다. 그는 어떤 풀이라도 쓸 데가 있으며, 다만 사람들이 무지해서 그것을 알지 못할 뿐이라고 생각하였다. 오크라라는 식물이 옥수수 밭에서 자랄 때는 잡초일 뿐이지만, 이것을 제대로 재배하기만 하면 훌륭한 식물이 된다는 것이었다. 이걸로 만든 수프는 또 얼마나 영양가가 많은가! 대개 농부들은 엉겅퀴 때문에 골치를 앓고 있지만 이 식물에는 약효가 뛰어난 물질이 풍부하게 들어 있다. 이런 식으로 그가 사용처를 개발한 잡초는 250여 종에 달하였다.

한번은 그의 조교인 커티스와 함께 시내를 걷고 있는데, 어떤 불쌍한 거지가 다가와서는 뭘 좀 사먹게 한 푼만 달라고 하였다. 카버 박사는 그 거지에게 돈을 조금 쥐어주었다. 이 딱한 거지가 어디론가 사라지자, 카버 박사는 커티스 조교에게 이렇게 말했다.

"참 딱한 일이군. 자네 혹시 그거 아나? 여기서부터 저기 끝까지 이 울타리를 따라서 구석구석 먹을 것이 온통 널렸다는 사실 말이야. 저 친구 멀리까지 먹을 것을 사러 가는 모양인데, 거기 가기 전에도 먹을 것은 얼마든지 있거든."

카버 박사는 길가의 나무에 달려 있는 야생 열매들을 가리키며 말을 이었다.

"저것 좀 보게나. 저게 얼마나 건강에 좋은데, 그 친구는 이 사실도 모르고 저 멀리 다른 것을 사러 가지 않았나!"

가을만 되면 수억, 아니 셀 수도 없을 만큼 많은 씨앗들이 바람에 날아다니는데, 대개는 다 죽고 정말 튼튼한 것들만 살아남는다는 사실을 카버 박사는 자주 강조했다. 다시 말해 어떤 나무가 아무도 돌보지 않는데도 잘 자란다면, 그 나무는 자연의 법칙을 통달했다는 것이다. 카버 박사는 이런 야생 식물이 가정용 채마밭에서 자란 식물보다 생명력도 훨씬 강하고 영양소도 훨씬 많다고 주장했다. 그는 민들레와 다닥냉이와 양갓냉이와 치커리와 별꽃 등을 학교식당에 소개하고, 이것들로 식단을 짜게 함으로써 자기의 주장을 증명하였다. 카버 박사가 조리법을 직접 지시하고 맛을 내서 샐러드를 만들었는데, 학생들은 이 샐러드가 무엇으로 만든 것인지 몰랐기에, 그저 카버 샐러드라고 불렀다. 물론 학생들이 카버 샐러드가 정말 좋고 맛있다고 생각할 때까지, 이것의 원료는 학생들에게 비밀이었다. 결국 다들 카버 샐러드를 좋아하게 되었고, 이것의 원료가 밝혀졌지만 말이다.

전부터 늘 그러했지만, 전쟁 전까지 카버의 의견을 듣는 사람들은 곁에 있는 가까운 사람들뿐이었다. 제2차 세계대전이 발발하기 전까지, 그러니까 카버 박사가 『승리와 평화를 위한 자연 정원』이라는 소책자를 발간하기 전까지, 사람들은 카버 박사가 이미 오래 전부터 추천한 100가지의 나물과 식용야생화에 별다른 주의를 기울이지 않았다. 이것들이 얼마나 맛이 있고, 또 경제적으로도 가치가 있는지를 일반 대중은 몰랐던 것이다. 이 100가지 식물에는 치커리로 만든 차와 참소리쟁이풀로 만든 '장군풀 파이'와 자리공풀로 만든 '아스파라거스 파이' 등이 속하였다.

1927년, 카버 박사는 오클라호마 주의 북동쪽에 있는 털사라는 도시에서 연설을 한 일이 있었다. 연설의 주제는 잠언 29:18 말씀인 "계시가 없으면 백성은 방자해진다"였다. 그가 좋아하는 성경구절이었다. 그는 잡초 같은 풀 한 줌을 들어올리고서 이렇게 말하였다.

"이 풀은 제가 스탠드파이프힐이라는 곳에서 뽑아온 것입니다. 이 풀을 뽑고 나서 저는 시내로 가서 약국에 들어가

특허권이 있는 약품 일곱 개를 샀습니다. 이 일곱 개의 약품 모두에는 이 풀에 들어 있는 성분이 포함되어 있습니다. 그런데 이 약품들은 다 뉴욕에서 생산됩니다. 이것을 뉴욕이 아니라 스탠드파이프힐에서 직접 만들면 더 좋지 않겠습니까?"

그의 관심 분야나 활동 분야에는 한계가 없어 보였다. 학교에서 길을 포장할 때, 지금까지는 늘 자갈을 사용했는데, 어떤 종류의 진흙이 비싼 자갈을 대신할 수 있다는 사실을 발견하였다. 또 미국 남부에서 자라는 뽕나무의 일종인 오세이지 오렌지 나무는 그저 울타리를 만드는 데 사용되는 게 고작이었지만 카버 박사가 이 나무의 열매에서 즙을 추출하여, 질기고 딱딱한 음식물을 부드럽게 하는 용액을 만들었다. 이것으로 고기를 절이면 고기가 한결 연해졌다. 말하자면 최초의 육류 연화제를 만들어낸 셈이다. 당뇨병 환자들에게 좋은 곡물가루도 만들었는데, 그것은 달콤하면서도 당분이 없고 소화도 잘 되었다. 감나무의 일종인 그린페르시몬 열매에서는 원액을 추출하여 잇몸 염증 치료제를 만들었다. 이것을 바르면, 염증이 가라앉고 종종 완치가 되기도 하였다.

그러나 그의 가장 원대한 아이디어는 곧바로 실현되지 않고, 수십 년 후에야 이루어졌다. 미래에 대한 비전을 가지고 있던 카버 박사는 당시 사람들의 근시안적인 조급증에 마음이 아팠다. 그는 1899년에 이미, 산이 깎이는 것도 막고 또 후세대에 푸른 산림을 물려줄 수 있는 삼림 녹화 프로그램을 주장하였다. 그런데 1932년이 되어서야 비로소 이 프로그램은 공식적으로 고려되기 시작했다. 대공황으로 인해 남부의 농촌지역이 초토화가 돼버리자, 주 정부가 비로소 카버 박사의 말에 귀를 기울인 것이다. 농부들을 살리려면 이렇게 해야 한다고 카버 박사가 이미 수십 년 전에 한 말이었다. 어쨌든 새로운 출발이 시작되었다. 사람들은 산업화와 함께 환경보호에 눈을 뜨게 되었다. 그러나 무엇보다도 중요한 것은, 실질적인 농업 기술에 대한 정보가 농부들에게 보급되었다는 점이다. 카버 박사는 평생을 재활용품 연구에 전념했다. 또한 끊임없이 합성화학 산업의 육성을 힘주어 주장하였다. 어느 나라건 천연자원을 마구 써대면 망할 수밖에 없다는 사실을 미국이 깨닫기까지는 두 차례에 걸친 세계대전이라는 대가를 치러야만 했다.

카버 박사의 예상이 적중하자, 또 그의 발명품들과 새로운 발견들이 한 사람 한 사람뿐만 아니라 인류 사회 전체에 큰 공헌을 하자, 그의 선견지명과 천재성을 칭송하는 목소리가 높아졌다. 그러나 카버 박사는 사람들의 이러한 반응을 달갑게 여기지 않았다. 그는 재능이 있는 사람이 그렇지 못한 사람들의 몫까지 책임져야 한다고 생각했다.

"내가 태어나지 않았더라면, 하나님께서는 다른 사람을 들어 하나님의 일을 시키셨을 겁니다. 하나님이 저를 선택하신 것은 제가 자랑할 만한 것이 못됩니다."

그러나 오스틴 커티스가 훗날에 전한 말은 달랐다.

"그럴지도 모르지요. 카버 박사님의 자랑거리가 아닐 수도 있겠지요. 하지만 분명히 하나님께는 커다란 자랑거리가 될 겁니다. 카버 박사님을 들어 사용하신 것, 그것은 하나님의 무한한 지혜를 잘 드러내는 부분입니다."

결실의 계절

"겸손하게 하나님의 인도하심을 따르는 과학자에게 이 메달을 수여합니다. 그는 흑인뿐 아니라 백인을 해방시킨 사람입니다."

_시어도어 루스벨트가 수여한 공로표창 메달에 새겨진 말

1938년

어느 강연회에서 사회자는 카버 박사를 이렇게 소개하였다.

"소크라테스! 자신이 아무것도 모르고 있다는 사실을 알았다고 하여 우리는 그를 역사상 가장 현명한 사람이라고 말합니다. 그런데 오늘날 이 표현에 가장 잘 들어맞는 사람이 있으니, 바로 조지 워싱턴 카버 박사님입니다. 이분 역시 자신은 아무것도 모르고 있다는 것을 잘 알고 있습니다. 이분은 부모님의 이름은 말할 것도 없고 자신의 진짜 이름도 알지 못합니다. 자신이 언제 세상에 태어났는지, 그 날짜도 모릅니다. 그러나 이분이 알고 있는 것이 한 가지 있습니다. 이분이 세상에 전해준 엄청난 지식! 그 지식이 바로 전능하신 하나님께로부터 왔다는 사실 말입니다."

카버는 열렬히 환영하는 박수갈채에 답례한 뒤에, 장난기 가득한 눈동자를 반짝거리며 천진난만하게 말하였다.

"이거 오늘도 대단히 실망입니다. 누군가 저를 소개할 때면, 저는 언제나 바싹 긴장하고는 귀를 기울이지요. 제가 어떤 사람인지 좀 알아보려고요. 제 자신에 대해 제가 미처 모르고 있던 것을 좀 배워보려고 했더니, 오늘도 실망입니다."

항상 그러하듯이, 이러한 가벼운 말 한마디가 청중의 주의를 끄는 데는 아주 효과적이었다. 카버 박사는 자기의 출신 배경이 좋지 않다는 것을 조금도 부끄럽게 생각하지 않았다. 노예제도로 인해 흑인들은 개성과 인격을 상실하고 이름 없이 살아왔지만, 카버 박사는 그 모든 열악한 조건을 다 이기고 엄청난 승리를 구현한 인물이었다. 아마도 그는 자기 조상에 대해서는 영영 모를지도 모른다. 지금 그가 사용하는 이름도 사실은 자기 이름이 아니었을 것이다. 하지만 앞으로 다가오는 미래는 과거의 어두운 그림자를 충분히 보상해줄 것이다. 이제 그는 인류 역사의 한가운데에 자기 이름을 단단히 심어놓았다. 터스키기에서 왔다는 사람만 있으면, 다들 먼저 이렇게 묻곤 하였다.

"저기 혹시요, 카버 박사님을 아세요?"

여러 나라의 국왕들과 황태자들이 멀리서 그를 만나러 왔다. 이미 오랫동안 간디와도 친분을 나누었다. 일전에, 인도의 지도자인 간디의 몸이 약해 보여서 채식으로 된 영양가 있는 특별식단을 만들어 보내준 것이 인연이 되었다. 이후로 두 사람은 줄곧 편지를 주고받았는데, 카버 박사는 편지에서, 기아에 허덕이는 인도 국민들이 잘 키울 만한 채소들을 소개하면서, 그것들의 영양가를 일목요연하게 설명해주었다. 카버 박사는 또한 시어도어 루스벨트, 캘빈 쿨리지, 프랭클린 루스벨트 등 세 명의 대통령과도 가까이 지냈다. 1940년, 프랭클린 루스벨트가 터스키기 캠퍼스를 방문했을 때, 그 역시 다른 사람들과 마찬가지로 카버 박사를 찾았다. 이제 머리도 희어지고 등도 구부정해진 늙은 카버 박사에게 그는 이렇게 말하였다.

"교수님은 자랑스러운 미국인입니다. 교수님께서 실험실에서 하신 작업이 우리나라를 이렇게 강대국으로 만들었습니다."

카버 박사는 전설적인 흑인 지도자인 프레더릭 더글라스와 부커 워싱턴의 뒤를 이은 흑인 지도자였다. 이들 흑인 지도자들의 임무라고 한다면, 흑인들의 권익을 찾아주고, 이들이 차별받지 않도록 하는 것이었다. 그런데 소수의 과격한 급진주의자들은 선임 두 사람과 마찬가지로 카버 박사에게도 '엉클 톰'이라고 부르며 비난하였다. 이 호칭은 백인들에게 아첨하고 흑인들의 권익을 무시하는 사람을 비하하여 부르는 말로 그들은 카버 박사가 백인들의 냉대와 모욕을 묵묵히 받아들인다고 했다. 또한 카버 박사가 백인들에게 아첨하여 그 대가로 터스키기 학교에 대한 지원을 받으며, 터스키기 학교는 대중들의 그저 그런 평범한 욕구를 채워주기 위해서 천재적인 재능을 가진 소수의 흑인들의 포부를 희생시킨다고 비난하였다.

카버 박사는 이 모든 비난을 묵묵히 받아들였다. 그들의 비난은 사실이기도 했다. 그렇지만 흑인들이 주장하는 권익이 하나하나 실현되는 것 역시 사실이었다. 카버 박사 생각에, 모든 일에는 순서가 있었다. 그는 중요한 일을 먼저 해야 한다고 생각했다.

"저는 소수의 몇 사람이 빵 덩어리를 다 차지하고 나머지는 쫄쫄 굶는 그런 세상이 아니라, 모두가 빵을 조금씩 나누어 먹을 수 있는 세상에서 살고 싶습니다."

최근에 오스틴 커티스는 다음과 같은 날카로운 질문을 던졌다.

"워싱턴 박사라든가 카버 박사의 희생적인 헌신이 없었더라면, 과연 오늘날 우리 세대의 흑인 지도자들이 있을 수 있었겠습니까?"

카버 박사의 지도력은 남들에게 모범을 보여줌으로써 그들에게 감동을 주고, 그래서 그들도 그렇게 하도록 격려하는 차원의 지도력이었다. 이것은 그의 과묵한 성격 탓이리라. 카버 박사는 자신의 강의실에 앉아 있던 학생들, 또 초라한 실험실에서 함께 연구하던 조교들과 동료들, 바로 이런 사람들에게만 직접적으로 영향을 끼쳤다. 물론 그들의 수는 수천 명에 달하였다. 그들에게 끼친 카버 박사의 영향은 그들을 통해서 다음 세대로, 또 그 다음 세대로 이어졌다. 지금까지 그 빛의 잔잔한 물결은 여전히 퍼지고 있다. 그는 눈을 감는 그날까지 세계 각지에 퍼져 있는 제자들과 계속 연락을 주고받았다. 그는 제자들의 생일을 잊지 않고 챙겨주었으며, 크리스마스 때면 카드에 손수 그림을 그려 보내주었다. 물론 이 재능 있는 화가의 값진 그림을 받은 사람들은 이것을 대단한 가보로 여겼다.

한번은 그의 제자이던 한 학생이 검은 피부 때문에 캘리포니아 주에 있는 의과대학에 들어가는 데 문제가 생기자, 카버 박사는 이렇게 편지를 써보냈다.

"물론 가장 쉬운 길은 의과대학에 들어가는 것을 지금 당장 포기해버리는 것이라네. 그러나 5년쯤 뒤를 생각해보게. 지금 포기해버린다면, 5년 후에 자넨 정말 후회하게 될 거야. 그 후회스러움이 평생토록 자네를 괴롭힐 것이라네."

또 한번은 어떤 학생이 취직자리를 놓고 고민하다 두 직장 가운데 어느 쪽을 선택할 것인지, 카버 박사에게 조언을 구하였다.

"두 직장의 장점을 비교할 때, 자네에게 제시된 연봉을 가장 마지막으로 고려하고, 개인적인 이득을 마지막에서 두 번째로 고려한다면, 자네 선택은 틀리지 않을 걸세."

졸업생 가운데 누구라도 그에게 강연을 요청하면 거절하는 법이 없었다. 어떤 졸업생이 미시시피 주 어느 시골 구석에 학교를 세우는 데 카버 박사의 보증이 필요하다고 요청하면, 그는 지체 없이 보증서를 써 보냈다. 얼마나 많은 졸업생들이 카버 박사의 편지를 받았는지 이루 헤아릴 수도 없다. 또 얼마나 많은 졸업생들이 카버 박사의 친서가 함께 들어 있는 돈

봉투를 받았는지도 모른다. 물론 언제까지 갚을 것인지, 또 어떻게 갚을 것인지에 대한 이야기는 없었다. 아무 조건 없이 능력껏 경제적으로 지원을 해준 것이다. 이렇게 도움을 받은 많은 졸업생들이 지금은 교육자가 되었고, 과학자나 작가가 되었다. 또 물리학자나 미연방의원이 된 학생들도 있다. 이들은 한 명도 예외없이 인생의 결정적인 갈림길에서 카버 박사의 조언을 구했고, 지금까지도 카버 박사에게서 받은 편지를 소중히 간직하고 있다.

랄프 번치. 후에 노벨 평화상 수상자가 된 랄프 번치가 젊어서 하워드 대학교의 전임강사로 있을 때의 일이다. 문안인사차 카버 박사를 찾아간 그는 카버 박사가 미국의 은인이지만, '역사상 가장 겸손한 위인'이라고 생각했다. 카버 박사는 하던 일을 멈추고 자신을 방문한 그에게 이런저런 말을 해주었는데, 그때 랄프 번치는 잊을 수 없는 가르침을 받았다고 한다.

"그 자리를 뜨면서 저는 카버 박사님에 대해서, 또 세상이 왜 카버 박사님을 존경하는지에 대해서 곰곰이 생각했습니다. 흑인과 백인이 다 존경하고, 남부 사람들이나 북부 사람들이 다 존경하는 이유가 무엇일까 궁금했습니다. 그때 저는 이 사실을 처음으로 깨달은 것 같습니다. 그러니까 미국에서의 인종차별 문제는 영원히 극복할 수 없는 장벽이 아니라는 사실 말입니다."

랄프 번치는 팔레스타인 휴전협정을 성사시킨 공로를 인

정받아 1950년에 노벨 평화상을 수상했다. 1956년 그는 카버 박사를 기념하는 과학관 기념 봉헌식에 참석하느라 심프슨 대학을 방문하여 이런 연설을 하였다.

"1890년에 심프슨 대학이 조지 카버 박사를 받아준 것이 얼마나 중요한 일인지 모릅니다. 초라한 흑인 학생 한 명을 받아준 것이 시발점이 되어, 사회적인 연쇄반응이 일어난 결과 우리 사회에 엄청나게 큰 공헌을 한 셈이지요."

수많은 사람들이 끊임없이 카버 박사를 찾아왔는데, 개중에는 유명인사들도 많았다. 그 가운데 한 사람은 웨일스의 왕자였다. 그는 카버 박사의 실험실에서 몇 시간을 보내면서, 보는 것마다 너무나도 황홀하여 어찌할 바를 몰랐다. 스웨덴의 왕세자는 농업폐기물을 재활용하여 산업자원으로 사용하는 기술 정보를 수집하려고 카버 박사를 찾아와 그와 함께 석 주간을 연구하기도 했다. 독일 정부 관료 한 사람도 일찌감치 카버 박사를 찾아와서는 공부를 하였는데, 졸업을 한 뒤에도 떠날 생각을 하지 않았다. 그는 결국 카버 박사 밑에서 학위를 세 개나 받고 돌아갔다. 그는 오랜 기간 동안 카버 박사의 기술을 습득하여, 서아프리카 이주민들에게 경작법과 토지 관리법을 가르쳤다.

어느 일요일 낮에, 윌 로저스라는 사람이 카버 박사를 찾아왔다. 두 사람은 오후 내내 진솔한 대화를 나누었다. 그날 저녁 예배 시간에 로저스는 학생들에게 자기가 지금까지 겪어온 인생이 얼마나 감동적이었는지, 자기가 지금 가지고 있는 것들이 얼마나 소중한지를 이야기하였다.

"여러분, 그렇지만 제가 가지고 있는 것 가운데 가장 소중한 것은 바로 이 자리에 있습니다."

그는 카버 박사를 손가락으로 가리키며 이렇게 말하였다. 그러고는 매우 높은 고음으로 카버 박사를 능숙하게 흉내 내면서 이렇게 말을 이었다.

"저는 이분만큼 훌륭한 테너를 아직껏 한번도 보지 못했습니다."

다들 큰 소리로 웃었지만, 카버의 웃음소리가 가장 컸다.

물론 카버 박사를 가장 즐겨 찾아온 유명인사는 헨리 포드였다. 그들은 1937년에 처음 만났는데, 처음 만난 그 순간부터 가까운 친구사이가 되었다. 두 사람 사이에는 공통점이 있었는데, 둘 다 지금껏 아무도 발견하지 못한 것을 찾아내려는 열정이 대단했다는 것이다. 누구도 하지 못한 새로운 일을 해내겠다는 그들의 욕구는 아무도 말릴 수 없었다. 두 사람은 외모도 비슷해 둘 다 마르고 인상이 날카로웠다. 두 사람은 무릎을 맞대고 앉아 한참 동안이나 이야기를 나누곤 했는데, 바쁜 일이나 주위의 소란스러움이 전혀 문제되지 않았다. 한번은 두 사람이 공동으로 기자회견을 가졌는데, 이 자리에서 헨리 포드가 이렇게 "저한테 질문이 있으면, 카바 박사님께 하십시오. 카버 박사님이 모든 질문에 대답하실 수 있을 것입니다. 박사님이 생각하시는 것과 제 생각은 똑같습니다."하고 말할 정도였다. 한번은 헨리 포드가 카버 박사가 주문한

한번은 두 사람이 공동으로 기자회견을 가졌는데,
이 자리에서 헨리 포드가 이렇게 말하였다.
"저한테 질문이 있으면, 카바 박사님께 하십시오.
카버 박사님이 모든 질문에 대답하실 수 있을 것입니다.
박사님이 생각하시는 것과 제 생각은 똑같습니다."

야채 샌드위치를 너무나도 맛있게 먹었다. 그래서 그 뒤로 그는 매일 샌드위치를 싸가지고 다녔다고 한다.

두 사람이 처음 만난 그날, 그들은 적어도 일 년에 한 번씩은 꼭 만나자고 약속하였다. 초창기에는 카버 박사가 미시건 주 디어번에 있는 포드의 집이나 조지아 주 웨이스에 있는 농장으로 포드를 찾아갔다. 그곳에는 카버 박사가 언제든 이용할 수 있도록 따로 방이 마련되어 있었다. 훗날, 카버 박사의 건강이 악화되어 멀리 기차 여행을 할 수 없게 되자, 포드가 정기적으로 카버 박사를 만나러 터스키기로 왔다. 포드의 특별열차편이 체허 역에 미끄러져 들어오면, 온 동네가 시끌벅적하였다. '포드 사장님, 새로 지은 비행장 한번 보러 가지 않으시겠어요?' '퇴역군인 병원을 증축하였습니다. 보러 가시겠어요?' 처음에는 지역 유지들의 이런 제안에 마지못해 이곳저곳으로 끌려다녔는데, 사람들이 하도 귀찮게 굴자 급기야는 이렇게 말하였다.

"카버 박사님을 만나러 가게 저 좀 가만히 놔주시겠어요? 부탁합니다!"

사실, 포드가 터스키기를 방문한 그 자체만으로도 이 마을에는 엄청난 변화가 일어났다. 포드가 방문하지 않았더라면 터스키기 학교를 거들떠보지도 않았을 많은 백인들이 이 학교를 찾아왔다. 그럴 때마다 터스키기 학교는 이들을 진심으로 환영하였고, 이들도 크게 감명을 받고 돌아갔다. 적어도 학교의 설립 목적과 취지에 대해서 좋은 인상을 받았고, 이에 공감하였던 것이다. 큰 액수의 기부금을 내고 가는 사람들도 많았다. 한번은 포드가 카버 박사에게 뜻밖의 제안을 하였다. 자기 공장에서 터스키기 학교 학생들을 대상으로 여름방학 현장연수 프로그램을 실시하겠다는 것이었다. 그로부터 얼마 지나지 않아, 정말로 포드 밑에서 일하는 최고위층 인사 두 명이 직접 학교에 와서 후보자들을 모집하였다. 포드 자동차 회사에서 흑인들을 고용한다는 소문이 돌자, 이때부터 수많은 남부의 흑인들이 디트로이트로 이주하여 갔다.

포드는 대기업을 소유한 억만장자였고 카버 박사는 일주일에 겨우 29달러를 받는 과학자였다. 그러니 두 사람이 친하게 지내는 것은 온 나라의 화제가 아닐 수 없었다. 남들이 보기에 두 사람은 너무 어울려 보이지 않았기 때문이다. 기자들도 두 사람의 관계에 대해서 많이 보도하였다. 하지만 재력을 떠나서, 두 사람에게는 공통점이 정말로 많았다. 두 사람에게 돈이 많고 적고는 전혀 문제가 되지 않았다. 포드는 물질적으로 부유하였지만 돈 자체에 큰 가치를 두지 않았으며, 카버 박사는 물질적으로는 가난하였지만 자신이 소중하게 여기는 것에 대해서만큼은 누구 못지않은 마음의 부자였기 때문이다. 두 사람의 공통점이란 또 생산적인 노동에 대한 열정이었다. 두 사람 모두 인간의 능력에 대한 확고한 믿음을 가지고 있었고, 하나님으로부터 받은 인간의 능력을 최대한 활용하여 훨씬 더 좋은 사회를 만들 수 있다는 신념을 가지고 있었다. 포드는 카버가 당대의 천재들의 뒤를 잇는 훌륭한 인물이라고 생각했다. 살아생전 포드와 교분을 맺은 에디슨이나 파이어스톤이나 루터 버뱅크나 존 버로즈 같은 사람들 말이다. 그래서 포드는 이런 말을 남기기도 하였다.

"제 생각에는, 현존하는 과학자들 가운데서 에디슨의 뒤를 이을 최고의 과학자는 카버 박사입니다."

처음에는 잘 몰랐겠지만, 점점 카버 박사의 사람됨을 알게 되면서 포드는 크게 기뻐하였다. 돈에만 관심이 있는 다른 많은 사람들과는 달리, 카버 박사는 자기에게 경제적으로 아무것도 바라지 않았기 때문이다. 포드는 카버와의 우정의 표시로, 자기가 사는 미시건 주의 디어번에다 흑인 어린이들을 위해 조지 워싱턴 카버라는 이름으로 학교를 세웠다.

한편, 카버 박사는 이 위대한 사업가에게서 원대한 포부를 가진 사람의 진면모를 보았다. 물론 그 꿈을 이루기에 충분할 정도의 재능도 발견하였다. 포드 연구소는 수천 에이커의 땅에 콩을 심었다. 이 연구소의 연구원들은 강철이나 유리를 만드는 데 농산물을 어떻게 활용할 수 있는지를 실험하고 있었던 것이다. 카버 박사도 이 일을 적극 지원하였다. 이런 연구를 시작한 지 얼마 지나지도 않아, 미국산 자동차를 생산하는 데 5파운드의 콩으로 25파운드의 철물을 대신할 수 있게 되었다.

하지만 뭐니 뭐니 해도 카버 박사가 포드와 협력하여 한 일 가운데 가장 중요한 것은 인공합성고무의 발명이었다. 조지아 주의 들판에는 골든로드라는 식물이 널려 있었다. 누구도 생각지 못했지만, 카버 박사는 잡초와도 같은 이 식물을 연구하여 여기에서 우윳빛 액체를 추출하였고, 이것을 합성해서는 분명히 고무의 성질을 지니고 있는 물질을 만들어냈다. 물론 자연산 고무만큼 내구성이 강하지는 못했다. 또 이 식물을 대량생산해야 할 만큼 실용화 단계에 이르지도 못했다. 그러나 카버 박사는 고무를 합성할 수 있다는 새로운 가능성을 보여주었고, 이때부터 본격적인 연구가 시작될 수 있도록 새로운 길을 열어놓았다. 카버 박사의 촉발로 시작된 합성고무 연구 결과, 결국은 값싼 공업용 합성고무가 생산되었고, 이에 따라 외국의 공급에만 의존하던 미국의 고무산업이 자립할 수 있게 되었다.

전쟁 때문에 고무의 수요는 전례없이 증가했다. 포드는 카버 박사를 책임자로 앉히기 위해서 디어번 연구소를 정비하고, 그린필드빌리지 근처에 카버 박사가 사택으로 쓸 커다란 통나무집을 지었다. 그린필드빌리지는 포드가 설립한 민속촌과 같은 마을로, 미국 서부 개척시대를 재현한 마을이다. 하지만 카버 박사는 이미 80세 가까이 되었고, 더 이상 연구에 쏟아부을 힘이 남아 있지 않았다. 포드가 카버 박사를 위해 지은 집은 외관상 그 옛날 다이아몬드 그로브에서 카버 박사의 어머니가 살던 낡은 오두막집과 똑같았다. 카버 박사는 이 멋진 집을 처음으로 방문하고 감격의 눈물을 흘렸지만, 또 다시 그곳을 찾아올 운명은 아니었다. 예전에는 한번도 보지 못한 멋진 시설과 최신 장비를 갖춘 연구소도 결국은 보지 못하고 눈을 감았다. 그러나 카버 박사가 시작한 일은 후배 연구자들의 지속적인 노력으로 결실을 맺었다. 그들은 자신들이 조만간 합성고무를 만들어낼 수 있을 것이라고 확신하였다. 물론 그들은 실제로 합성고무를 만들어내는 쾌거를 올렸다. 카버 박사가 세상을 뜰 즈음에도 이미 인공합성고무는 생산이 되어 전쟁 승리에 일조하였고, 오늘날에 전 세계에서 소비되는 고무의 3분의 1은 합성고무이다.

1940년대에 터스키기 학교는 건물만 83개에 달했고, 학생 2,000명에 교직원이 200명이나 될 정도로 발전하였다. 그렇지만 카버 박사는 19세기 말 노예제도가 폐지된 직후 대통령에 취임한 그로우버 클리블랜드 대통령 재임 당시에 입던 외투를 여전히 입고 있었다. 40여 년 전 겨울, 해리 아보트는 자기 여비를 아껴 카버 박사가 입을 만한 외투를 하나 샀다. 물론 누구나 예상하겠지만, 카버 박사는 이것을 받으려고 하지 않았다. 그러자 아보트는 작전을 바꾸어서, 애걸을 하기보다는 충격요법을 쓰기로 하였다. 그래서 카버 박사에게 엄숙히 말하였다.

"박사님, 이 외투 말인데요, 제가 125달러 주고 샀거든요. 이 외투를 그냥 버릴까요? 설마 125달러라는 큰 돈을 쓰레기통으로 들어가게 하지는 않으시겠지요?"

카버 박사는 아연실색하였다. 아마 평생에 걸쳐 옷값으로 들인 돈이 125달러가 되지 않을 텐데, 외투 하나에 125달러라니! 깜짝 놀란 그는 그 비싼 것을 쓰레기통으로 버리겠다는 말에 어쩔 수 없이 외투를 받아주었다.

하지만 카버 박사가 이런 식으로 양보하는 일은 매우 드물었다. 물론 그러한 사건이 두 번 다시는 없었다. 그는 여전히 새벽 동이 트기 전에 일어나서 밤이 깊어 깜깜해질 때까지 일하였다. 그가 사용하는 실험기구들도 소박하기 짝이 없는 것들이었다. 실험실에는 함석으로 된 깡통 몇 개와 조그마한 석탄난로가 있었다. 이 실험용 난로로 카버 박사는 자신이 좋아하는 족발을 해먹기도 했다. 그의 실험일지는 그야말로 꼬깃꼬깃한 낡은 종잇조각들이었다. 어떤 종이쪽지든 손에 잡히는 대로 메모를 해두었기 때문인데, 학교 캠퍼스를 걷다가도 종잇조각이 보이면 주웠다. 카버 박사는 잔디를 밟고 걷는 법은 없었지만, 종이를 줍기 위해서는 잠깐 잔디를 밟기도 하였다. 그는 시간이 아무리 많이 들어도 자기에게 도움을 청하는 사람들의 손길을 거절하는 법이 없었다. 사실 그에게 도움을 청하는 사람들의 행렬은 그칠 줄을 몰랐다. 여름방학이면 터스키기 학교에 백인들이 득실거렸다. 당시 앨라배마 주의 법은 백인 학생들이 흑인 학생들과 함께 학교에 다니는 것을 금지했기 때문에, 학기 중에는 백인 학생들이 카버 박사의 강의를 들을 수가 없었다. 그래서 이들은 방학을 이용하여 비공식적으로 카버 박사의 가르침을 받으려고 각지에서 터스키기에 있는 카버 박사의 연구실로 몰려들었던 것이다.

한번은 아프리카 지역 10개국 선교사 대표단이 카버 박사를 찾아왔다. 그들은 도로시홀 2층 라운지에 앉아 차와 샐러드가 들어간 샌드위치를 먹으면서, 카버 박사가 개발한 농법을 아프리카의 각 나라에서 어떻게 활용할 수 있을지, 또 어떤 작물이 각 나라의 토양에 맞을지 등에 대해서 이야기를 나누었다. 그들은 아프리카 원주민들이 땅콩을 잘 경작할 수 있을지, 다른 종류의 콩도 잘 키울 수 있을지 등을 물어보았다. 카버 박사는 그러지 못할 이유가 하나도 없다고 대답하였다. 그러더니 미리 준비되지도 않은 상태에서 각 지역에서 잘 자라는 토착식물의 명단을 순식간에 작성하여 주었다. 물론 각 식물의 영양가와 재배 방법도 함께 일러주었다.

카버 박사가 유명해지면서, 사람들이 그에게 점점 더 많은 관심을 갖게 되는 것은 어쩔 수 없었다. 호기심 많은 사람들과 무엇이든 참견하기 좋아하는 사람들이 그의 숙소에까지 찾아왔다. 사람들이 찾아와서 엉뚱한 질문을 해대거나 이상한 눈빛으로 쳐다봐도 카버 박사는 초연하려고 애썼다. 그런데 가끔씩은 실험실을 몽땅 포기하고 침실로 피해야 할 때도 있었다. 그러면 이 초대받지 않은 불량배들은 실험실을 어슬렁어슬렁 돌아다니면서 재료를 혼합할 때 쓰는 토기그릇이나 비커로 쓰려고 윗부분을 도려낸 우유병 등을 보이는 대로 집어갔다. 순진한 카버 박사는 정말 이해할 수 없었다. 그는 이 불량배들이 혼합용 그릇과 비커가 필요해서 그것들을 가져가는 줄만 알았다.

"내 것을 훔쳐가느니, 차라리 직접 만들어 쓰는 게 훨씬 쉬울 텐데, 도대체 왜 사서 고생을 한담?"

그는 이렇게 씁쓸히 말하면서, 없어진 것들을 대신할 그릇과 비커를 갖다놓았다. 사람들은 끊임없이 실험도구들을 훔쳐갔다. 오늘날도 여전히 그런 경향이 있는 것 같은데, 일부 사람들은 조지 워싱턴 카버의 연구실에 있던 진품 실험기구를 절묘하게 빼돌려서 갖게 된 것이 마치 자랑스러운 일이라도 되는 양 착각을 하는 것이다. 물론 카버 박사의 연구에 정말 관심을 갖고, 이에 대한 정보를 수집하는 것은 다른 문제이다.

한번은 터스키기의 동료 교수가 미안해서 어쩔 줄을 몰라 하며 늙으신 어머니를 모시고 와서는 학교에서 가장 유명한 사람인 카버 박사를 만나게 해주었다. 그는 카버 박사가 자기 어머니의 손을 잡아주면서 반갑게 맞아주어 얼마나 고마웠는지 모른다고 했다. 실험실 안으로 들어가면서 교수의 어머니는 벽에 걸려 있는 마른 약초 수집품에 시선을 고정한 채 그 자리에서 그 약초들이 어떤 것인지를 하나하나 알아맞혔다. 그것들은 이미 오래 전부터 민간요법으로 사용하던 약초들이었는데, 교수의 어머니는 노예로 살던 까마득한 옛날에 이것들을 배운 것이다. 카버 박사는 하던 일을 멈추고, 교수의 어머니에게 의자를 내주었다. 교수에게는 나가서 일을 보라고 이야기하고는, 두 사람만 남아서 약초의 효능에 대해 몇 시간이나 진지하게 이야기를 나누었다. 카버 박사는 지난 수년 간 약초에 대해서 많은 사람들과 이야기해보았지만, 교수의 어머니가 특정 약초에 대해서는 그 누구보다 그 의학적 효능을 많이 알고 있었다고 고백했다. 그 교수의 어머니 역시 자기 아들에게 약초에 대한 카버 박사의 지식이 대단하더라고 혀를 내둘렀다.

어떤 사람들은 카버 박사를 평범하고 순종적인 모습으로 조명하려고 했다. 물론 악의야 없었겠지만, 그들은 카버 박사의 삶을 아주 특이한 사례로 여겼다. 어떤 흑인 하나가 어쩌다가 운이 좋아서, 또는 어쩌면 요상한 마법을 터득하여 유명한 과학자가 되었다고 평가한 것이다. 이런 평가는 그 의도야 어찌되었든, 속 좁은 마음에서 나온 평가임이 분명하며, 카버 박사도 말년까지 이러한 평가에 결코 동의하지 않았다. 이런 말이 나오기라도 하면, 카버 박사는 대개 관심 없다는 듯이 점잖게 슬쩍 웃어버리고 말았다. 그게 아니면, 표정이 딱딱하게 굳어져서, 겉으로 버럭 화를 내지 않는다 해도, 그가 언짢아하고 있음을 누구든지 알 수 있었다. 한번은 카버 박사가 기차를 타고 어디론가 가고 있는데, 기차표를 어디에 두었는지 도무지 찾을 수가 없었다. 차장이 카버 박사의 객실을 열고 들어올 때까지도 기차표를 찾지 못하였다. 상황을 눈치챈 차장이 "걱정하지 마세요."라고 말하였다. 그의 앞에 있는 승객이 카버 박사임을 한눈에 알아본 것이다. 그러더니 의미심장한 미소를 띠우면서 카버 박사를 비꼬았다.

“아이고, 우리 얼빠진 박사님. 교수라는 분들이 얼마나 정신이 없는지는 제가 잘 알지요. 나중에 터스키기에 도착하면 그때 차표를 보여주시지요.”

“배려해주시니 고맙군요. 그런데 선생님께서 보시는 바와 같이 제가 하도 정신이 없어서, 지금 어디로 가고 있는지조차 헛갈립니다.”

카버 박사는 그렇게 대답하고는 끝까지 가방을 뒤져 결국 차표를 찾아냈다.

또 한번은 어떤 사업가가 카버 박사 앞에서 자기 자신을 자랑한 적이 있었다. 자기가 세계적으로 얼마나 유명하고, 또 얼마나 발이 넓은지를 말하는데, 족히 30분 이상은 떠들어댔다. 그는 어느 대도시에 가더라도 자기를 모르는 사람이 없고, 자기가 행사하는 영향력이 대단하다고 자랑했다. 그가 “카버 박사님, 박사님은 이곳을 떠나 먼 곳에 가보지는 못하셨지요?”라는 말로 이야기를 맺자, 카버 박사는 이렇게 대답하였다.

“그럼요. 저는 뉴욕밖에 못 가봤거든요. 지금 거기 이발사가 누구더라?”

또 『타임』 지 기자가 카버 박사와 짧게 인터뷰를 한 다음에 그에 대해서 이빨도 없는 꾀죄죄한 늙은 영감이라고 쓰자, 카버 박사는 매우 화가 난 시늉을 하였다.

“그 기자가 모든 이야기를 꾸며냈구먼. 아니, 나한테 물어봤으면, 내가 이빨이 없지 않다는 것을 확실히 보여줬을 텐데 말이야. 나는 이빨을 늘 호주머니에 넣어가지고 다니는데 말이지."

학교와 학생들에 대한 그의 관심은 수그러들 줄을 몰랐다. 농학 분야에서 세계 최고의 과학자라는 영광스러운 찬사를 받은 지 이미 오래였지만, 그는 여전히 기쁜 마음으로 몇몇 학생들 앞에서 사소해보이는 강연을 마다하지 않았다. 그는 빵과 과자를 굽는 데 필요한 화학 강의를 해달라고 종종 부탁을 받았는데, 그때마다 주저하지 않고 강의를 맡아주었다. 비록 그의 강의를 들으러 오는 대다수의 학생들은 '어떻게' 빵을 굽는가에 대해서만 관심을 가졌지만, 강의를 들은 뒤에는 모두 '왜'라는 한 차원 높은 문제를 이해하고 돌아갔다. 카버 박사는 청중의 시선을 사로잡는 법을 알고 있었다. 그는 결코 어렵지 않게 강의하였으며, 강의를 듣는 사람들은 그가 하는 말을 쉽게 알아듣고 강의에 푹 빠졌다. 강의실에 있는 모든 사람이 자기에게 주목하지 않는 것 같을 때는, 노래라도 불러 사람들의 주의를 환기시켰다. 빵을 굽는 것을 한 단계 한 단계 가르치다가는 이렇게 말하기도 하였다.

"음, 안타깝겠지만 마지막 단계에서 이 빵이 별로 맛이 없을 겁니다. 제가 한 가지를 빼먹었기 때문입니다. 그게 무엇인지 아시겠어요?"

학생들은 설탕이 빠졌다거나 쇼트닝이 빠졌다는 등 가능한 모든 것을 이것저것 대보았지만 정답을 맞히는 사람은 없었다. 학생들이 더 이상 아무 말도 하지 못할 때, 카버 박사는 이렇게 말하였다.

"오븐을 켜지 않았거든요."

카버 박사는 자기 봉급을 올리는 것을 끝까지 사절하였다. 이제 막 연구소에 들어온 풋내기 조교들마저 카버 박사보다 봉급이 더 많았지만 말이다. 카버 박사가 새로운 물건을 발명하고도 그에 마땅한 대가를 밝히지 않는 것을 의아하게 생각하는 사람들이 많았다. 그럴 때마다 카버 박사는 하나님께서 주신 선물에 대해서 개인적인 보상을 바란다는 것 자체가 더 이상하다고 받아쳤다. 수많은 기업체에서 상상도 못할 대우를 약속하며 카버 박사를 데려가려고 했지만, 그는 번번이 거절했다. 사람들은 이런 카버 박사를 이해할 수 없었다.

"박사님, 박사님께서 돈을 많이 버신다면, 동족인 흑인을 위해서 더 큰 일을 하실 수 있을 텐데요. 도대체 왜 그러십니까?"

그럴 때마다 카버 박사의 대답은 한결같았다.

"제가 그 많은 돈을 다 갖게 된다면, 아마도 어려운 형편에 처해 있는 우리 동족을 잊게 될지도 모르지요."

사실 어려움에 처하여 버림받은 세계 각지의 사람들에게 카버 박사가 자신의 천재적인 재능으로 메마른 땅을 기름지게 하고, 새로운 먹을거리를 개발하고, 새로운 산업으로 새로운 일터를 창출하고, 카버 자신의 위대하고 고상한 정신의 본을 보여주는 등의 일보다 더 큰 공헌은 없었을 것이다.

뒷날 은퇴할 때, 카버 박사는 예전에 뉴저지 멘로파크에 있는 에디슨 연구소에서 온 제의에 대해 털어놓았다. 한번은 토머스 에디슨 박사가 카버 박사에게 책임연구원을 보내서 자기네 연구소로 와달라고 청빙하였다. 적어도 연봉 10만 달러 이상을 줄 것이고, 또 자세한 사항을 논하기 위해 에디슨 박사가 직접 터스키기로 오겠다고 하였다. 하지만 카버 박사는 이를 정중히 거절하였다.

"이에 대해서는 별로 할 얘기가 없군요. 에디슨 박사님께 제가 직접 편지를 쓰지요. 고맙기는 하지만 받아들일 수는 없습니다."

카버 박사의 이러한 반응에 그를 찾아온 사람은 할 말을 잃었다. 카버 박사를 이해할 수 없었다. 에디슨 박사라면 세계적으로 명성을 떨치고 있는 사람이 아닌가! 그는 지금껏 대단한 업적을 이룩하였으며, 야심적인 계획들을 세우고 있었다. 그래서 과학자라면 누구라도 그의 연구소에서 일하고 싶어하던 터였다. 수백 명이나 되는 과학자들이 무보수라도 좋으니 에디슨 박사와 함께 일만 할 수 있게 해달라고 얼마나 졸라대는가! 그런데 여기 보잘것없는 조그마한 학교의 늙은 교수는 이 모든 것을 한마디로 잘라 거절하였다. 10만 달러나 되는 큰 돈에도 꿈쩍 하지 않았다.

실망과 허탈에 찬 그는 허름한 카버 박사의 연구실을 둘러보면서 무엇인가 말을 하려고 하였다. 물론 카버 박사는 이 사람이 어떤 생각을 하고 있는지 분명하게 알고 있었다.

"잘 아시겠지만, 부커 워싱턴 박사께서 저를 이곳으로 불러주셨습니다. 이제 고인이 된 마당에 제가 어찌 그분의 뜻을 저버리고 이곳을 떠날 수 있겠습니까?"

그래도 그 사람이 잘 이해하지 못하는 것처럼 보이자, 카버 박사는 말을 이었다.

"저는 평생을 늘 혼자서 연구해왔습니다. 에디슨 연구소처럼 큰 연구소로 간다면, 적응하기 힘들 것 같습니다. 더군다나 여기서도 아직 할 일이 많이 있어서……."

결국 에디슨 박사가 보낸 사람은 카버 박사의 뜻을 깨닫게 되었다. 물론 에디슨 박사도 이 사실을 전해 들었을 때 카버 박사를 이해하였다. 그는 카버 박사의 충성심에 감탄하여 자기가 친필로 사인한 사진을 보내주었다. 이후로 두 사람은 친구가 되었다.

카버 박사는 46년 동안 터스키기 학교에 재직하였다. 그 사이에 세 명의 교장이 있었는데, 그 어느 누구도 카버 박사의 봉급을 인상시키지 못하였다. 카버 박사의 재직 기간 중 마지막 교장이던 프레더릭 패터슨 박사는 점점 나이가 들어가는 카버 박사에게 조교가 필요하다고 확신했지만, 시간은 흘러만 갔다. 카버 박사 혼자서 모든 실험을 감당하지 못할 때가 이제 곧 올 것이다. 그러니 지금, 아직 기회가 남아 있을 때 젊은 사람들 가운데 누군가가 훈련을 받아서 그의 실험 방법과 연구를 이어받아야만 했다.

그래서 1930년대 초반부터 앞날이 창창한 청년들이 줄줄

이 카버 박사의 연구실 문을 두드렸다. 그들은 처음에는 대단히 환영을 받았지만, 이내 본의 아니게 무시를 당하였다. 카버 박사가 오랜 세월 동안 혼자서 연구했기 때문에 공동 연구에 익숙하지 않았던 것이다. 더 이상 혼자가 아니지만, 그 사실을 자꾸만 잊어버렸고, 그 사실을 깨달았을 때는 이미 새로 들어온 조교가 기겁해서 도망가버린 뒤였다. 역사상 아무도 시도해보지 않은 실험을 하려니까 기가 막히고 막막했던 것이다.

그러다가 1935년 9월, 또 다른 한 명의 지원자가 록펠러홀에 나타났다. 그의 이름은 오스틴 커티스 주니어였다. 그는 코넬 대학에서 화학을 전공하고 갓 졸업한 젊은이였는데, 그의 아버지는 웨스트버지니아 주립대학 농과대학의 학장이었다. 그의 할아버지는 남북전쟁 이후 이 대학에 넓은 부지를 기부하기도 하였다. 카버 박사가 곧 깨닫게 되겠지만, 커티스는 이전의 조교들과는 질적으로 완전히 다른 사람이었다.

그의 운명도 처음에는 이전의 다른 조교들과 별반 다를 게 없었다. 처음 만나서 두 사람은 악수를 나누었다. 카버 박사는 그에게 앉으라는 말도 없이, 문간에 서 있는 상태에서 이렇게 물었다.

"언제 도착한 건가?"

"지금 막 도착했습니다. 도착하자마자 교수님께로 온 것입니다."

커티스는 성의껏 대답하였다. 그렇지만 카버 박사의 응답은 싸늘하기만 하였다.

"그래? 그러면 캠퍼스를 한 바퀴 둘러보는 것이 더 낫겠군. 천천히 시간을 두고 적응하도록 하게."

그러고는 다시 자기 연구에 몰두하였다.

커티스는 정말로 그로부터 6주간을 카버 박사가 말한 대로 '둘러보기만 하였다.' 하지만 매일 아침 빠지지 않고 카버 박사의 실험실을 들러 얼굴을 내밀었다. 그러면 카버 박사는 말도 않고, 고개만 끄덕일 뿐이었다. 커티스는 나중에 이렇게 말했다.

"다른 사람들이 카버 박사님 곁을 떠나간 것, 그거 충분히 이해가 됩니다. 제가 연구에 별로 가치가 없다는 생각이 들거든요. 내가 마치 사용하고 버린 리트머스 용지 같다는 생각이 절로 듭니다."

하지만 커티스는 떠나지 않았다. 그는 자기가 카버 박사의 연구에 별 도움이 안 된다면, 차라리 독자적으로 연구해야겠다고 결단하였다. 연구실 한 귀퉁이에 자리를 차지한 그는 호박껍질로 인조가죽을 합성하여 생산하는 실험을 하였다. 그 다음에는 목련꽃을 가지고 실험을 했는데, 이 꽃의 씨앗에는 기름기가 워낙 많아서 비누에 들어가는 야자 기름을 대신할 수 있을 것 같았다. 또 그 열매에서는 물감의 원료가 되는 색소 같은 물질도 추출할 수 있을 것 같았다. 하루는 카버 박사가 그의 자리가 있는 곳으로 와서는, 옆에 서서 살펴보더니, 드디어 말문을 열었다.

"음…지금 무슨 실험을 하는 건가?"

커티스는 자기가 하는 실험에 대해서 열심히 설명했고, 카버 박사는 또다시 몇 가지 질문을 하더니, 다시 자기 자리로 돌아갔다. 하지만 자기 자리로 돌아가면서 어깨 너머로 이렇게 말하는 것이었다.

"도움이 필요하면 언제든 말하게나."

그 후로부터 커티스는 연구 중 문제가 생기면 카버 박사에게 달려갔다. 물론 카버 박사라고 해서 쉽게 해답을 찾지는 못하였다. 자기가 하던 방식대로 연구를 한 것이 아니었기 때문이다. 대신에 카버 박사는 커티스가 문제를 다른 각도에서 살펴볼 수 있도록 질문을 하였다. 날카로운 질문으로 인해 커티스는 연구에 더욱 전념하였고, 전에는 미처 생각해보지도 못한 새로운 방법으로 문제를 해결하곤 하였다.

"제군, 연구를 한다면 정말로 연구를 해야지, 대충 고민한다고 해서 문제가 해결되는 것은 아니라네. 자네가 만드는 비누에서 글리세린이 너무 많이 나온다면, 기숙사나 길거리에서 문제를 해결할 수야 없지 않겠는가? 해답은 바로 화학공식 안에 있다네. 대체 가성소다는 얼마나 넣었는가?"

커티스가 어느 결정적인 순간에 명확한 답을 찾아낼 때까지 이러한 대화는 계속되었다.

커티스가 카버 박사의 연구실로 들어온 지 두어 달 정도 지난 때였다. 온실에서 번식하던 해충이 있었는데, 이것이 유출되어 학교 캠퍼스의 나무들이 전염되기 시작했다. 카버 박사가 그렇게도 아끼던 수선화까지 병에 걸렸다. 며칠 되지도 않아서 커티스는 이 전염병에 효과가 우수한 살충제를 발명하였다. 먼저 실험실에 있는 식물에 발명한 살충제를 뿌려 살려놓고는, 이 약을 분무기에 넣고 밖으로 나가 하루종일 약을 뿌리다가 깜깜해진 다음에야 돌아왔다. 그 사건 이후, 카버 박사는 커티스에게 오후에 우체국에 가서 우편물을 찾아오는 심부름을 시켰다. 우체국 직원은 아주 뜻밖의 일이라는 듯이 놀라면서 말하였다.

"학생이야말로 끝까지 버틸 수 있을 모양이군요. 굉장한 신임을 얻으셨어요! 카버 박사님의 우편물을 대신 찾으러 온 사람은 학생이 처음이거든요."

그러자 커티스는 크게 웃으며 말하였다.

"감사합니다. 하지만 앞으로 갈 길이 멉니다."

그는 우편물을 가지고 연구실로 돌아왔다. 연구에 푹 빠진 카버 박사는 고개조차 돌리지 않고 하던 일을 계속 하고 있었다. 그런데 그 순간, 커티스는 저쪽 구석에 있던 자기 실험기구들이 카버 박사의 옆 자리로 옮겨져 있음을 발견했다. 말 한마디 듣지 못했지만, 이제 수습기간이 끝났음을 직관적으로 알 수 있었다. 그로부터 얼마 뒤에 커티스는 카버 박사가 자기 부모님에게 이런 편지를 써 보낸 것을 알았다.

"아무도 될 수 없을 것이라고 생각했는데, 오스틴 군이 바로 그런 사람이 되었습니다. 제 삶과 연구에 아주 중요한 사람이 되었어요. 아드님은 아주 똑똑하고, 창의적이고, 창조

그는 우편물을 가지고 연구실로 돌아왔다.

연구에 푹 빠진 카버 박사는 고개조차 돌리지 않고

하던 일을 계속 하고 있었다.

그런데 그 순간, 커티스는 저쪽 구석에 있던 자기 실험기구들이

카버 박사의 옆 자리로 옮겨져 있음을 발견했다.

적인 능력을 지녔습니다. 제가 수년 간 찾던 그런 청년입니다. 이 청년이 저와 함께 있다는 사실이 얼마나 기쁜지 이루 말할 수 없습니다.”

카버 박사는 추신에 덧붙이길, 그러나 지금은 이 사실에 대해서 커티스에게 아무 말도 하지 말아달라고 부탁했다.

이 새로운 조교는 카버 박사가 세상을 뜨는 마지막 날까지 그의 곁에 있었다. 카버 박사도 오스틴 커티스를 만나게 돼서 실제로 자신의 삶이 길어진 것 같다고 고백했다. 커티스는 그에게 유일한 아들이나 마찬가지였으니, 말년의 이 몇 년이 카버 박사에게도 가장 행복한 순간이었음이 틀림없다. 늙어서 의지할 만한 사람을 얻는다는 것, 자신이 추구하는 목적과 의도를 정확히 이해하고, 다른 것은 바라지도 않고 그저 가르쳐 달라고 조르며, 학구적인 도움만을 바라는 사람을 얻었으니, 이것이야말로 꿈도 꾸지 못한 선물이었다. 카버 박사는 여느 아버지 못지않게 커티스의 업적을 무척이나 자랑스러워하였다. 카버 박사가 가는 곳에는 언제나 커티스도 함께 갔다. 디어본에 있는 포드의 자동차 공장에 가든지, 털사로 강연을 가든지, 웨스트버지니아 주지사가 참석하는 회의에 참석하든지 언제나 동행하였다. 또 카버 박사는 가는 곳마다 커티스를 사람들에게 소개시켰다. 카버 박사는 세련된 예술가인 커티스의 부인도 아끼게 되었다.

이제 커티스는 카버 박사를 속속들이 다 알게 되었고, 필요한 것들을 하나하나 챙겨주었다. 그래서 어떤 교수들은 카버 박사를 '베이비 카버'라고 불렀는데, 카버 박사도 이 별명을 마다하지 않았다. 두 사람은 하루종일 애정이 듬뿍 담긴 농담을 주고받았는데, 그들의 농담은 정말로 친한 사람들 사이에서만 할 수 있는 그런 것들이었다. 한번은 커티스가 카버 박사 대신 강의를 하게 되어, 강의록을 미리 카버 박사 앞에서 읽게 되었다. 카버 박사가 조용히 듣고 있다가 입을 열었다.

"음, 훌륭한 강의야. 하지만 이 강의 내용을 이해할 사람은 자네밖에 없을 것 같군. 가축들에게 사료를 줄 때도, 와서 먹을 수 있는 곳에 사료를 놓아주게나."

언젠가 커티스의 부인이 외출을 하고 돌아왔는데 커티스가 가장으로서의 자기 권위를 세우려고 부인에게 무슨 말인가를 살짝 하였다. 이것을 본 카버 박사는 씩 웃음을 짓더니, 이렇게 말하였다.

"자기 집에서 왕 노릇 하려는 남자는 도통 믿음이 안 가. 무슨 일을 하든지 게을러 빠졌거든."

물론 커티스도 가만히 있지만은 않았다. 카버 박사의 건강을 생각해서 이것저것 해드리는데, 이에 불평을 하기라도 하면, 품위 있게 한마디 하는 데 익숙해졌다. 카버 박사가 반찬 투정이라도 하면, 커티스는 이렇게 받아쳤다.

"선생님, 너무 오랫동안 돼지비계와 땅콩만 드시더니, 좋은 음식이 도대체 어떤 맛인지 잊으신 거 아닌가요?"

몹시 추운 어느 겨울날, 카버 박사가 외투도 걸치지 않고 식당으로 가려고 하자, 커티스가 어린아이 꾸짖듯이 한마디

하였다. 그러자 카버 박사는 짐짓 놀라는 척하면서 말하였다.

"자네도 잘 알겠지만, 자네 없이 내가 그 긴 시간을 어떻게 죽지 않고 살아남았는지 몰라!"

"정말 운이 좋으셨지요!"

커티스가 그렇게 응수하자 카버 박사는 크게 웃으며 말을 이었다.

"여보게, 자네 점점 해충이 되어가는 거 같아. 그렇지 않나?"

커티스도 지지 않았다.

"물론입니다, 선생님. 다들 제가 하루하루 선생님을 닮아 간다고들 하더라고요."

사실 카버 박사는 언론사들과 원만한 관계를 유지하지 못했다. 사람들은 카버 박사를 괴팍한 사람으로 여기고 있었다. 일부 사람들은 카버 박사를 현실에서 한발자국 물러나 앉아서는 거만하게 내려다보면서 과학적인 혁명이 일어나기를 기다리는 신비주의자 정도로 생각했는데, 카버 박사에 대한 언론사들의 이러한 오해를 커티스가 풀어주었다. 카버 박사가 기자들과 껄끄러웠던 이유는 오래 전의 좋지 않은 기억 때문인데, 이때부터 카버 박사는 언론과의 관계를 완전히 끊어버렸다. 자기에 대한 기사가 아무리 크게 나더라도 조금도 관심을 갖지 않았다. 사정은 이러하다.

카버 박사가 뉴욕에 있는 마블 대학교회의 초청을 받아 연설을 한 적이 있었는데, 당시 그의 연설 주제는 하나님께서 인간에게 모든 지식을 주셨다는 내용이었다. 또한 하나님께서 주신 지식은 다른 사람들을 섬기는 데 사용해야 한다는 것이었다. 그러다가 어느 순간에 다음과 같이 말해버렸다.

"저는 실험실에 책을 한 권도 들고 들어가지 않습니다. 제가 해야 할 일이라든지 제가 그 일을 할 수 있는 방법은 하나님께로부터 옵니다. 제가 새로운 무엇인가를 창조하는 그 순간 방법을 계시받는 것이지요."

며칠 안에, 미국의 모든 신문뿐만 아니라 인도부터 영국까지 전 세계의 신문이 이것을 소개하였다. 카버 박사의 섬세한 의도를 외면한 채, 대문짝만한 머릿기사를 선정적으로 써놓은 것이다. 신문에는 "하늘의 도움을 받는 흑인, 하나님의 종"이라든지 "흑인에게 하나님의 비밀이 계시되다. 그의 교재는 바로 하나님!"이라는 등의 표제가 나돌았다. 『뉴욕타임즈』는 연설 전체를 설명하지 않은 채 카버 박사의 그러한 표현을 못마땅하게 여기고 이런 논평을 내보냈다.

"카버 박사가 과학적인 정신이 완전히 결여된 언어를 사용한다니, 참으로 유감이다. 진정한 과학자라면 책을 멸시하지 않는 법이다. 성공하는 과학자들은 결코 자신의 성공을 '영감'으로 돌리지 않는다."

이러한 비난 섞인 야유에 카버 박사는 크게 마음의 상처를 받았다. 자신의 말을 그렇게 악의적으로 오해하다니, 믿을 수 없었다. 그는 지식과 영감이 서로 양립할 수 없다고 말한 적이 없었다. 책에서 도움을 받는 것과 하나님의 도움을 받는 것도 서로 모순되는 것이라고 말한 적도 없었다. 그가 실험실로 책을 가지고 들어가지 않는 이유는, 자기가 지금 하려는 일이 만약에 다른 사람이 이미 해놓은 것이라면, 그 일은 전혀 의미가 없기 때문이었다. 그는 전인미답의 분야를 개척하려는 창조적인 과학자였다. 한번도 열리지 않은 문을 열어젖히려는 과학자였다. 그가 설정한 목표나 그 목표를 달성하기 위한 방법이 어느 과학책에도 설명되어 있지 않아야 했다. 그는 이런 업적을 이루기 위해 평생 철저한 연구에 헌신하였다. 그래서 그가 이루어놓은 업적은 무엇이든지 연구와 실험의 결과였던 것이다. 이런 것들 없이는 하나님의 본질적인 인도하심에 대한 영감을 받지 못했을 것이다.

그렇지만 이 모든 것은 소리 없는 생각이었다. 그는 자신을 변명하느라 이런 것을 직접 말한 적도 없었고, 다른 사람이 대신 말해준 적도 없었다. 그래서 그 뒤로 편협한 생각을 가진 사람들은 그를 미국의 전설적인 인물인 조니 애플시드(본명: 조니 채프먼. 각지에 사과씨를 뿌리고 다녔다는 미국 개척시대의 전설적 인물—옮긴이 주)로 여겼다. 땅콩을 널리 퍼뜨리는 데만 관심이 있다는 냉소적인 뜻으로 그렇게 부른 것이다. 물론 그들은 카버 박사의 신비한 힘을 인정하였다. 그러나 그 힘이 아프리카 원주민들의 주술을 유업으로 받은 것이지, 과학적인 기초와 연구의 결과라고 인정하려 들지는 않았다.

카버 박사는 자신에 대한 이러한 기괴한 평판을 무마하려고 나선 적이 없다. 오히려 예전의 표현법을 고집스럽게 고수하였다. 대단히 회화적인 방법 말이다. '비전'이라는 말을 '아이디어'라는 말과 거의 같은 뜻으로 사용하였으며, 자기 마음을 '하나님의 작업실'이라고 불렀다. 또 자기가 발명한 것을 '하나님의 계시'로 돌렸다. 그러나 그것은 보통 사람이 "내게 그런 생각이 떠올랐다."는 의미였다. 그래서 그 이후로도 신문들은 터스키기의 기이한 명사에 대하여 조롱하는 투의 폄하 기사를 계속 써댔다. 그의 전문적인 능력에 의심의 눈초리를 던지던 사람들은 자신들의 의혹에 대하여 확신을 갖게 되었다.

그러나 커티스로 인해 모든 것이 극적으로 바뀌었다. 카버 박사가 기자들을 피해 달아나면, 전에는 기자들이 나름으로 상상하여 기사를 써야만 했다. 대개 편협한 선입견에 맞도록 짜 맞추었던 것이다. 그러나 이제는 커티스가 대변인 역할을 하였다. 기자들이 잘 이해할 수 있도록 그들의 언어로 차근차근 설명해준 것이다.

"카버 박사님께서 대학을 졸업하셨다는 사실을 기사로 쓴 기억이 있습니까? 마지막으로 그런 기사를 쓴 게 도대체 언제인지요?"

그러면 기자들은 아무 말도 못하고, 머리만 긁적였다.

"카버 박사님이 농림부 산하의 세균학 및 식물병조사단의 공동책임자인 것은 혹시 보도하셨나요? 또 저명한 학술잡지마다 논문을 기고하셨다는 사실은요?"

커티스의 말은 틀린 것이 하나도 없었다. 질릴 정도로 정확하였다. 그는 이 사실을 그들에게 단단히 주입시켰다. 또 한 번은, 고대 그리스의 수학자 아르키메데스가 목욕을 하다가 순간적으로 물질 부력의 법칙이라는 영감을 받아 기쁜 나머지 목욕통에서 뛰쳐나온 일화에 대해서 아무도 이상하게 생각하지 않는다는 사실을 기자들에게 일러주었다. 그러고는 기자들에게 물어보았다.

"여기서 영감은 무엇을 뜻합니까? 아마도 여러분은 영감이 어떤 우주적인 대단한 사건이라고 생각할지 모르겠습니다만 카버 박사님은 단지 영감을 하나님의 음성이라고 생각하시는 것입니다. 카버 박사님의 이론도 그 누구의 이론 못지않게 깊이 숙고할 가치가 있습니다."

커티스는 그들에게, 카버 박사의 과학적인 연구 방법에는 결함이 없으며, 실험 준비 과정도 철저하다는 것을 잘 일러주었다. 사람들의 고정관념 때문에 이러한 사실을 간과한다면, 그것은 과학에나 종교 모두에 도움이 되지 않는다고 역설하였다.

천천히, 어쩌면 억지로, 언론기관에 비친 카버 박사에 대한 이미지가 변하기 시작하였다. 이 모든 것이 가능했던 것은, 커티스가 기자들의 공정한 보도에 호소를 했기 때문이다. 또 한 가지 요인을 들자면, 카버 박사의 명성이 말년에 날로 높아갔고, 그에 걸맞게 상도 많이 받았기 때문이다. 과학계에 대한 현저한 공헌으로 1939년에 시어도어 루스벨트 메달을 받았을 때, 『뉴욕타임즈』가 그에 대해서 또 한번 논평 기사를 냈는데, 마지막 문장만을 봐도 이 논평이 어떠하였는지를 알 수 있다.

"오늘날 이 사람만큼이나 농업과 남부사회에 기여한 사람이 있겠는가?"

카버 박사가 터스키기에 온 지 40년째 되는 해에 그를 기리기 위한 동상이 세워진다는 계획이 외부에 알려지자, 각계각층에서 성금이 모아졌다. 물론 카버 박사는 이런 말을 하면서 이를 달가워하지 않았지만 말이다.

"이것들 보세요. 저는 아직 동상이 될 준비가 안 되었단 말입니다!"

하지만 전국에 퍼져 있는 수많은 가난한 사람들은 자신들을 절망에서 구해준 카버 박사에 대한 감사의 표로 이 사업에 조금이나마 보탬이 되기를 원하였다. 2,000달러가 모금되자, 저명한 조각가인 스테판 토머스에게 동상을 만들도록 위탁하였다. 그리하여 1937년 6월 2일, 카버 박사의 동상 제막식이 거행되었다. 흰 천을 벗기자 위대한 영혼의 소유자인 카버 박사의 숭고한 동상이 모습을 드러냈다. 동상의 눈은 끝없는 미래를 향하고 있었다. 카버 박사는 바로 옆에 서 있었는데, 구부정하고 많이 늙은 모습이었다. 사람들이 온 인류에 대한 그의 공헌을 치하할 때는 어찌할 바를 몰라 편치 않은 기색이었다. 그는 40년 전 에임즈에 있을 때 그의 동급생들이 억지로 사서 입혀주던 양복을 입고 있었으며, 옷깃에는 싱싱한 흰 꽃 한 송이가 꽂혀 있었다. 카버 박사는 이 모든 일을 대수롭지 않은 것으로 넘기려 했지만, 그의 눈가에는 어느덧 감회의 눈물이 맺혔다.

오스틴 커티스는 제막식에 맞춰 카버 박사와 관련된 물품들을 전시해야겠다고 생각했다. 이미 지방이나 주에서 주최하는 박람회 등에 여러 번 출품되기는 했지만, 일반인들에게 거의 공개되지 않은 물품들을 전시하면 좋겠다는 생각이 들었던 것이다. 그래서 새로 지은 도서관에 카버 박사의 업적과 관련된 기록들을 수집하였다. 땅콩과 고구마로 만든 제품들, 또 잡초나 쓰레기를 재활용하여 만든 제품 수천 종을 전시하였다. 이 물품들에 대해서는 커티스가 직접 손님들에게 설명해주었다. 이에 대한 관객들의 호응이 대단하자, 패터슨 교장은 이 전시품들을 영구 전시할 기념관을 마련하자는 안건을 이사회에 상정하였다. 카버 박사의 반대라도 있을까봐, 이사회는 장소를 비밀리에 물색하는 등 재빠르게 일을 추진했다. 이렇게 하여 마련된 장소는 학교 세탁소로 사용하던 단아한 벽돌 건물이다. 바로 이 자리에 조지 워싱턴 카버 박물관이 들어설 것이다. 카버 박사는 미소를 지으며 만족스러움을 표현하였다.

"음, 좋네요. 세탁소가 마치 우리 집처럼 편안하군요."

그러고는 새로운 기념관 건립에 적극적으로 협조하였다.

드디어 1941년 3월, 헨리 포드 부부가 기념관 건물을 봉헌하였다. 기념관에는 카버 박사가 평생 수집한 광물이 전시되어 있었고, 실험실에서 재배한 채소들이 항아리에 담겨 전시되었는데, 그 채소들이 어찌나 크고 싱싱한지 이루 말할 수 없었다. 카버 박사가 직접 발명한 페인트와 색소와 물감, 또 인조벽판도 전시되어 있었다. 한쪽에는 그가 그린 미술 작품과 뜨개질 작품이 100여 점 가까이 전시되어 있었다. 안타깝게도 1947년에 기념관에 불이 나서 대다수의 귀중한 작품들이 소실되었지만 말이다. 기념관에는 카버 박사의 사무실과 실험실도 있었다. 말하자면, 이 기념관은 지나간 과거의 기록일 뿐만 아니라, 앞으로 계속 이어질 창조적 활동의 원천이었던 셈이다.

그 사이에 카버 박사의 명성과 그에 대한 존경은 날이 갈수록 퍼져나갔다. 그는 이미 오래 전에 미국 사람으로서는 몇 안 되는 대영제국의 가장 권위 있는 학술단체인 왕립인문학협회의 회원으로 선출되었다. 몇 년 뒤에는 농업 분야에서의 탁월한 공로를 인정받아 스프링간 훈장을 받았다. 1928년에는 모교인 심프슨 대학에서 명예박사학위를 수여받았다. 이 자리에서 존 힐먼 학장은 카버 박사를 이 대학이 배출한 가장 위대한 인물이라고 칭송했으며, 흥분된 목소리로 이렇게 말하였다.

"카버 박사가 그 옛날 이 대학의 문을 두드렸을 때, 그를 받아들인 것이 얼마나 다행인지요!"

1941년에는 뉴욕의 로체스터 대학교에서 터스키기에 대표단을 파견하여 카버 박사에게 두 번째 명예박사학위를 수여하였다. 아서 레로이 베인스파더라는 화가가 갈색과 은색 톤으로 그린 '카버 스터디'라는 작품은 남부를 주제로 한 가장 사랑스러운 그림이라는 상을 받았다. 심사위원들은 그 작품이 외면적인 모습보다 내면적인 아름다움을 뛰어나게 표현했다고 평가하였다. 또 카버 박사가 직접 그린 정물화 '네 개의 복숭아'는 룩셈부르크 갤러리라는 파리의 유명한 미술관에 전시되었으며, 오늘날 미국 전역의 18개 학교가 그의 이름을 따서 학교 이름을 지었다. 학교는 신성한 장소라는 확신을 평생 잃지 않았던 카버 박사는 참으로 명예로운 일과 찬사를 받는 일이 많았지만, 그 무엇보다도 자기 이름을 따서 학교 이름이 붙는 것을 뿌듯하게 여겼다.

그런데 참 이상한 일도 있었다. 앨라배마 주의 주지사는 '땅콩 주간'을 선포하고, 카버 박사가 오토바이를 탄 경찰대의 호위를 받으면서 퍼레이드에 참가하도록 했다. 그러나 카버 박사가 사망한 지 얼마 되지 않아 발표된 '미주리 주가 배출한 10대 위인'의 명단에는 그의 이름이 포함되어 있지 않았다. 또 카버 박사가 노벨상을 받지 못한 유일한 이유는 그가 흑인이기 때문이라고 주장하는 사람들도 있다.

1940년 초에 카버 박사는 지독하게 검소하게 살면서 저축한 3만 3,000달러라는 큰 돈을 학교에 내놓았다. 이 기부금이 어떻게 사용되는지 자신이 직접 관여할 수 있는 시기에 기부한 것이다. 이 기금으로 조지 워싱턴 카버 재단을 설립하자는 제의가 있었고, 카버 박사도 이를 긍정적으로 받아들였다. 그래서 그해 2월 10일 재단 설립이 결정되었다. 설립 목적은 젊은 흑인 과학도들의 연구를 촉진할 수 있도록 시설을 마련하고 어느 정도의 장학금을 지원하는 것으로 하였다. 물론 3만 3,000달러로는 부족하였다. 그래서 헨리 포드라든지 영화배우 에드워드 로빈슨과 같은 다양한 계층의 사람들이 적극적으로 기금 모금 운동을 펼쳤으며, 그 결과 일단 카버 기념관에서 사업을 시작할 수 있을 정도의 기금이 조성되었다. 카버 재단의 초기의 사업 가운데 하나는 설탕정제회사와 계약을 체결하여 여러 가지 섬유의 사용법에 대한 연구를 하기로 한 것이다.

카버 박사가 세상을 뜬 뒤에는 그의 나머지 재산도 재단으로 들어왔다. 그래서 그가 기부한 금액만도 6만 달러에 이르렀다. 카버 박사와 생각을 같이하는 사람들과 상업적인 연구 프로젝트를 추진하는 사람들은 끊임없이 기금을 기부하여 결국은 200만 달러짜리 건물을 지을 수 있게 되었다. 이 건물에는 식물학과, 화학과, 세균학과, 식물유전학과, 농경제학과 등의 고등학문을 위한 시설과 설비가 마련되었다. 이 재단은 카버 박사가 말년에 공헌한 것 가운데 가장 의미 있는 것이라고 할 수 있다. 오늘날 카버 박사를 알지도 못하는 수백 명의 수재들이 이곳에서 연구 활동에 매진하고 있는데, 아마 카버 박사가 아니었다면 이들은 자신들의 능력을 발견하지도 못하고 다 썩혔을지도 모를 일이다.

오늘날 이 재단은 클래런스 메이슨 박사의 지휘 감독 아래 카버 박사가 행하던 연구를 지속하고 있다. 카버 박사가 새로운 작물로 남부지역을 잘살게 한 연구, 그리고 그것들을 실생활에 활용할 수 있는 방법을 개발하는 등의 연구를 하고 있는 것이다. 어떤 연구원들은 전에는 미국에서 자라지 않았던 차를 재배할 수 있는 방법을 실험하고 있으며, 어떤 연구원들은 음식물로 활용할 만한 식물이 영양분을 흡수하는 작용을 연구하고 있다. 아마도 오늘날, 또 미래에도 마찬가지겠지만, 놀랄 만한 천재가 조지 워싱턴 카버 재단에 들어올 것이다. 예전에 터스키기에 온 조지 카버가 가지고 있던 지식수준을 훨씬 뛰어넘는 지식으로 미개척 분야를 개척할 결단을 한 젊은이들이 카버 박사가 세운 실험실로 올 것이다. 그리고 그들은 새로운 출발을 가능하게 한 이 실험실에서 세상을 바꾸는 일을 지속적으로 이끌어 갈 것이다.

카버 박사는 숨이 붙어 있는 내내 학생들의 복지에 관심을 가졌다. 여전히 많은 학생들이 성경공부 모임에 참석하고 있었으며, 개별적으로 상담을 원해 찾아오는 학생들이 끊이지 않았다. 그는 털사에 강연을 갔다가 돌아와서는 학생들에게 이런 말을 하였다.

"그곳에 가보니 길거리에서 춤이나 추고 다니는 경솔한 젊은이들이 있더군. 그들을 보면서 내가 어떤 생각을 했는지 아나? '세상이 어찌 이들을 믿고 의지할 수 있겠는가?'라는 생각이 들었네."

그러고는 그 자리에 앉아 있는 학생들을 유심히 살펴보면서 말을 이었다.

"세상을 실망시키지 말게나. 그러면 세상도 여러분을 실망시키지 않을 걸세."

그런데 학생들은 오히려 선생님이 걱정되었다. 카버 박사를 존경하면서도, 그의 건강이 언제나 걱정이었던 것이다. 오스틴 커티스가 새로 설립된 재단 일로 긴 출장을 가자, 학생들은 카버 박사의 실험실 앞을 지나가면서 문을 열고 안을 살짝 들여다보곤 하였다. 카버 박사가 괜찮은지 살펴보는 것이었다. 그런데 카버 박사는 이것이 못마땅하였다. 그래서 하루종일 자기를 방해할 사람이 있어야 한다면, 차라리 결혼을 했겠다며 불평을 털어놓았다. 그래서 학생들은 다른 방법을 생각해냈다. 연구실 문에 작은 창문을 만들어서, 학생들이 카버 박사를 방해하지 않고 안을 들여다볼 수 있도록 한 것이다. 이에 대해서 카버 박사는 쓸데없는 짓 하지 말라고 꾸짖었다. 하지만 결국 학생들은 자기들 계획대로 작은 창유리를 설치하였다.

너무나도 당연한 말이겠지만, 나이가 들어가면서 카버 박사는 점점 쇠약해져갔다. 1937년에는 악성빈혈로 병원에 입원하기도 하였다. 그를 잘 알고 있던 주위 사람들은 카버 박사가 두 가지 일, 즉 카버 기념관과 카버 재단에 심취하여 그나마 예전과 같은 힘을 얻는다는 사실을 알고 있었다. 은퇴한 뒤에도 카버 박사는 도로시홀에 방 하나를 얻어서, 언제든 기념관에 갈 수 있었다. 헨리 포드가 그를 보러 왔다가 그가 계단 때문에 힘들어한다는 사실을 알자, 카버 박사의 방 앞으로 기념관과 바로 연결되는 엘리베이터를 만들어주었다.

호흡곤란 증세는 계속되었으며, 이미 쇠약해진 심장은 야위고 수척해진 카버 박사의 몸에 끝까지 생명을 펌프질하느라 점점 더 쇠약해지고 있었다. 음식 냄새만 맡으면 구역질을 했고, 혼자 식당까지 걸어가기도 힘들어, 누군가가 그의 방으로 식사를 배달해주어야만 하였다. 하지만 장난기 있는 그의 유머는 여전하였다. 어느 날 저녁, 새로 온 영양사가 식사를 가지고 왔다. 영양사는 뚜껑을 열면서 사무적인 말투로 말하였다.

"오늘 저녁은 무엇을 먹는 게 좋을까요?"

"글쎄요, 젊은 아가씨. 난 아가씨가 무엇을 좋아하는지 전혀 모르겠군요. 하지만 내 장담하는데, 내가 무엇을 좋아하는지는 금방 알게 될 거예요."

요리를 가르치는 자니타 존스 부인이 가끔씩 카버 박사의 식사를 직접 챙겨주기도 했는데, 존스 부인은 그가 특별히 좋아하는 음식을 만들었다. 또 접시를 형형색색의 꽃으로 장식하는 등 보기에도 먹음직하게 음식을 차렸다. 그러면 카버 박사는 어떤 음식이든 맛있게 먹었다. 한번은 카버 박사가 저녁 식사가 입맛에 맞지 않는다며 투정을 부렸다. 그때 존스 부인은 카버 박사가 투정을 그만 부리겠다고 약속만 해준다면, 다음날 아침에는 원하는 것은 무엇이든 만들어주겠다고 하였다. 그러자 카버 박사는 팬케이크를 만들어달라고 하였다.

"작게 만들어요. 그리고 맛있어야 하는 거 알죠? 자, 그럼 부탁합니다!"

다음 날 존스 부인은 새벽부터 일어나서 첫 번째 강의가 시작되기 전에 카버 박사의 입맛에 딱 맞게 손바닥만한 팬케이크를 세 장 만들어서 갖다주었다. 그녀는 카버 박사가 한마디 군말도 없이 맛있게 먹어치우는 모습에 기분이 좋았다. 카버 박사가 이런 말을 하였을 때는 너무나도 기뻐 어찌할 바를 몰랐다.

"음, 맛은 좋군요. 그런데 양이 너무 적어요!"

존스 부인은 재빨리 부엌으로 내려가 몇 장 더 만들어왔다.

1942년이 저물어 갈 즈음, 그는 다시 병석에 눕게 되었다. 그런데 한사코 의사의 진찰을 거부하였다.

"의사가 와도 소용없어요. 의사가 온들 무엇을 할 수 있겠어요? 차가운 청진기가 제 가슴에 닿는 것도 싫어요."

사실 그는 현실을 제대로 보고 말하는 것이었다. 하지만 이번에도 존스 부인이 사태를 해결하였다. 얼굴 표정 하나 변하지 않고 살짝 거짓말을 한 것이다.

"헨리 포드 사장님의 호의를 거절하지는 않으시겠지요? 그분께서 주치의를 멀리 디트로이트에서 직접 보내셨어요. 그냥 돌려보낼까요?"

"아니, 뭐라고요? 어쩔 수 없군요. 알았어요."

카버 박사가 어쩔 수 없이 허락하자, 존스 부인은 재빨리 옆방으로 가서 병원에 전화를 걸었다. 그래서 어떤 젊은 의사가 카버 박사가 몸져 누워 있는 방으로 들어올 수 있었다. 존스 부인은 그 의사에게 사태의 앞뒤를 설명하였고, 청진기를 미리 살짝 데워놓으라고 일러주기도 하였다.

물론 늘 그러하였듯이, 이번에도 카버 박사의 말이 맞았다. 의사가 온들 아무 소용이 없었다. 카버 박사는 이미 팔순을 넘긴 고령이었고, 위대한 정신과 영혼이 깃들어 있는 그 육체는 점점 쇠약해져만 갔다. 크리스마스가 지난 지 며칠 안 되어 그는 사람을 보내서 패터슨 박사를 모셔오도록 하였다. 그러고는 그에게 미합중국의 국채를 한 다발 건네주었다.

"이것을 재단에 좀 넣어주세요. 한 사람이 자기 나라를 사랑하는 데 피부색은 아무런 걸림돌이 되지 않는다는 것을 보여주기 위해서 이 국채를 산 것인데, 세상 사람들이 제 마음을 알아주면 좋겠군요."

카버 박사는 끝까지 평정을 잃지 않았으며, 숨질 때를 대비하여 차근차근 주변을 정리했다.

세상을 떠나야 할 시간이 되어

어떤 사람의 생일을 알지 못해 그가 세상을 떠난 날을
기억하고 추모한다는 사실은 의미심장한 일이다.
사람들은 성인들이 세상을 떠난 날에 그들을 추모한다.
이날은 바로 그들이 하나님 앞에서 새로 태어나는 날이기 때문이다.

__클레어 부드 루스

카버 박사는

죽음에 대하여 어떤 말도 하지 않았다. 죽음이란 것은 삶의 자연스러운 현상이다. 가을이 지난 뒤 겨울이 찾아오는 것처럼 말이다. 하지만 시간이 흐르면 만물이 다시 소생하는 봄이 찾아오게 마련이다. 생명은 이렇게 끝없이 끝없이 이어지는 것이다.

그는 목숨이 다하는 마지막 순간까지 차분한 나날을 보냈다. 오래 전 옛날 와킨스 아주머니가 주신 낡은 가죽 성경을 읽으며, 또 그를 찾아오는 모든 사람에게 최근의 학교 소식을 물으며 지냈다.

1943년 1월 5일 오후 5시쯤, 존스 부인이 저녁식사를 가지고 왔다. 그런데 카버 박사는 우유만 몇 모금 마실 뿐 아무것도 먹지 못하고는, 바로 자리에 드러누웠다. 그런 카버 박사를 존스 부인도 꾸짖지 못하였다. 그의 모습이 너무나도 힘들고 지쳐 보였기 때문이다.

"음, 잠이 오는군. 잠 좀 자야겠어요."

존스 부인에게 이렇게 말하는 카버 박사의 눈은 이미 감겨 있었다. 존스 부인은 조용히 상을 치우고는, 살며시 방을 빠져나왔다.

그 후 두 시간쯤 지났을 때, 이 영웅의 심장은 그만 뛰기를 멈추었다. 아무 고통이나 통증도 없이 그의 불멸의 영혼이 그의 지쳐버린 몸 밖으로 빠져나온 것이다.

그날 저녁, 이 슬픈 소식이 먼저 학생들에게, 그리고 곧 온 세상에 퍼졌다. 이 소식에 터스키기의 교수들과 학생들과 온 시민들이 충격과 슬픔에 빠져 삼삼오오 모였으나, 아무 말도 하지 않았다. 다들 이 사실을 믿을 수가 없었다. 카버 박사는 터스키기라는 도시가 처음 세워질 때부터 이 도시의 대표적인 인물이었기 때문이다.

미국 농림부에서 일하던 루벤 먼디는 그날의 일을 생생하게 기억하였다. 그는 이 소식을 아내에게 전하려고 서둘러 집으로 가고 있었다. 사실 두 사람은 곧 아기를 낳게 될 예정이었는데, 그 아기에게 카버 박사의 축복기도를 받게 하고 싶었다. 먼디가 집 앞에 도착했을 때 그는 아내가 이미 소식을 들었다는 사실을 알 수 있었다. 아내는 카버 박사가 오래 전에 심어준 동백나무 옆에 혼자 서 있었다. 당시에는 허약했던 묘목이 지금은 꽤나 큰 나무가 되어 있었다. 그 아래에서 아내는 울고 있었다.

자니타 존스 부인은 터벅터벅 집으로 걸어가고 있었다. 카버 박사의 저녁상을 차린 접시에 장식으로 놓았던 꽃 몇 송이가 자기 손에 들려 있다는 사실 외에는 아무 생각도 없었다. 연구실에서는 오스틴 커티스가 멍하니 아마릴리스 꽃을 바라다보고 있었다. 이것은 카버 박사의 마지막 연구 업적이었다. 화려한 붉은 줄무늬를 더 많이 갖도록 하기 위해 종자들을 교배시킨 것이다. 그는 요즘도 가끔씩 이 꽃을 살며시 어루만진다고 한다.

곧 온 세계의 거물급 인사들로부터 조문 전보가 날아들기 시작하였다. 프랭클린 루스벨트 대통령은 자기가 카버 박사와 친분을 가질 수 있었던 것은 자신이 누린 매우 커다란 특권이었다고 말하였다. 월리스 부통령은 거의 반세기 전 아이오와 대학의 교수이던 카버 박사가, 당시 어린아이였던 자신의 손을 잡고 자신에게 신비로운 자연의 비밀을 일러준 것을 회상하면서 이렇게 말하였다.

"미합중국은 가장 숭고한 그리스도인을 잃었습니다."

남녀노소를 불문하고 세상의 모든 사람이 슬피 울었다. 길이 없는 산골짝에서도, 또 언덕이나 늪지에서 땅을 일구는 모든 사람이 자신들의 슬픔을 어떻게 표현해야 할지 몰라, 아무 말도 않고 그저 울기만 하였다.

그로부터 얼마 지나지 않아, 미주리 주의 해리 트루먼 상원의원이 다이아몬드 그로브 근처에 있는 모세스 카버의 농장

자리에 조지 워싱턴 카버 국립 기념관을 짓기 위한 구상을 하였고, 그 법안을 제79대 국회에 제출하였다. 기념관을 지어서 여기에 카버 박사와 관련된 각종 기록과 유물뿐만 아니라 다른 자료들을 보관하고, 또 이 지역을 국립공원으로 지정하자는 것이었다.

미국무성이 이 제안을 승인하자, 국무차관 아돌프 벌 주니어는 공유지위원회에 다음과 같이 편지를 써 보냈다.

"카버 박사는 평생을 바쳐 우리의 번영을 위해 일했습니다. 그러니 이제는 당연히 우리가 그를 추모해야 합니다. 무엇보다도 그가 조용히 자기 이웃을 섬긴 사실은, 미움으로 얼룩진 오늘의 세계에 밝은 등불이 될 것입니다. 그가 성취해놓은 업적에 비한다면, 우리가 지금 세우려는 기념관은 보잘것없는 것입니다."

별 문제 없이 법안은 통과되었다. 기념관이 완공되어 헌당식이 거행되었을 때, 『뉴욕 헤럴드 트리뷴』 지는 다음과 같은 기사를 내보냈다.

"카버 박사는 모두가 다 알다시피 흑인이었다. 그러나 그는 모든 어려움을 다 극복하고 승리를 거두었다. 그는 다른 인종의 사람들을 어떻게 이해해야 할지에 대한 좋은 모범을 몸소 보여주었다. 그의 위대함은 영원히 빛날 것이다. 카버 박사가 한 일은 땅콩과 고구마에 숨겨진 유용한 가치를 발견한 것 이상이다. 그는 미국의 기상을 한층 끌어올리는 데 크게 공헌하였다."

그가 눈을 감고 세상을 떠난 순간,
그의 곁에는 한 명의 친척도 없었다.
하지만 그가 영적 길에 순례자의 동반자를 찾은 채
고요하고 평온하게 예배당에 누워있는 내내
조문 행렬이 끊이지 않았다.

그가 눈을 감고 세상을 뜨는 순간, 그의 곁에는 한 명의 친척도 없었다. 하지만 그가 양복 깃에 순백색의 동백꽃을 꽂은 채 고요하고 평온하게 예배당에 누워 있는 내내 조문 행렬이 끊이지 않았다. 카버 박사에게 마지막 인사를 하기 위해서 어떤 사람들은 걸어서 왔고, 어떤 사람들은 버스나 차를 타고 왔다. 가까운 곳에서 온 사람들도 있었고, 멀리서 온 사람들도 있었다. 터스키기 학교의 리처드슨 교목은 카버 박사의 친구였던 모든 조문객을 정성껏 맞아주었으며, 카버 박사에 대해 이렇게 말하였다.

"카버 박사님은 하나님을 잘 섬겼습니다. 그가 하나님을 섬긴 방법은 자라나는 식물에서 인류에 이바지할 수 있는 유용한 것들을 뽑아내는 것이었습니다."

카버 박사가 눈을 감은 지 사흘째 되던 날, 그들은 27년 전부터 부커 워싱턴 박사가 묻혀 있던 언덕으로 카버 박사의 시신을 옮겨서, 그 곁에 묻어주었다. 비문에는 이런 말을 새겨 놓았다.

"그는 명성에 재물까지 얻을 수 있었으나, 이런 것에는 관심도 없었다. 오직 세상 사람들을 위하여 봉사하는 데에서 행복을 찾았기에 그는 세상 사람들의 존경을 얻었다."

슬픔에 잠긴 사람들의 행렬이 산을 내려오기 시작하였다. 그에 대한 사람들의 기억이 너무나도 생생해서, 그가 없는 세상은 상상조차 할 수 없었다. 온통 침묵만이 흘렀고, 밤은 깊어만 갔다. 추운 겨울밤이었다. 하지만 보이지 않는 곳에서

싹은 움트기 시작하였다. 그날 밤 위로를 찾던 사람들은 위로를 받을 수 있었다.

또다시 봄이 오고 있기 때문이었다.

| 조지 워싱턴 카버 박사 연대기(1864-1943) |

1864년 7월 12일, 미주리 주 다이아몬드 그로브에서 출생.

1890년 피아노와 미술 전공으로 심프슨 대학에 입학.

1891년 아이오와 주 에임즈에 있는 주립농과대학에 편입.

1893년 시카고에서 열린 세계박람회에 그림 출품 후 입상.

1894년 에임즈에서 학사학위(농학사)를 받음.
아이오와 주립대학 교원으로 채용.

1896년 아이오와 주립대학에서 석사학위(농학석사)를 받음.
10월 8일, 터스키기 대학에 농학과장으로 부임.

1897년 앨라배마 주 의회가 공식 후원하는 터스키기 대학의 농업실험소장으로 임명.

1906년 5월 24일, 토머스 캠벨과 함께 "제섭-웨건"이라는 이동학교 시작.

1916년 런던왕립예술학회(RSA) 회원 자격 취득.

1921년 미국 하원 세입위원회에서 땅콩 관세에 대하여 연설.

1923년 과학 분야에 끼친 혁혁한 공로로 스핀간 메달 수상.

1928년 심프슨 대학에서 명예박사학위(과학박사)를 받음.

1935년 미국 농림부 산하 세균학 및 식물병조사단의 공동책임자로 임명.

1937년 카버 박사의 창조적 연구 40년을 기념, 전국적인 기금 조성으로 학내에 카버 박사의 청동흉상 제막식이 열림.

1938년 피트 스미스 스페셜티 영화사에서 "조지 워싱턴 카버의 생애"라는 할리우드 영화를 제작.

터스키기 연구소 이사회가 조지 워싱턴 카버 박물관을 세우기로 결의.

1939년 남부의 농업 분야에서 세운 공로를 인정받아 루스벨트 메달 수상.

미국발명가협회의 명예회원이 됨.

톰 휴스턴 땅콩회사의 지원으로 조지아 주 콜럼버스에 있는 스펜서 고등학교에 카버 박사의 청동상이 세워짐.

1941년 3월 11일, 헨리 포드가 터스키기 연구소에 조지 워싱턴 카버 박사 박물관 봉헌.

터스키기 연구소에서 조지 워싱턴 카버의 특별미술전시회가 열림.

로체스터 대학교에서 명예학위를 받음.

미국 버라이어티 클럽 공로상 수상.

1942년 앨라배마 주의 셀마 대학교에서 명예박사학위(과학박사)를 받음.

헨리 포드가 서부개척시대를 재현한 마을인 미주리 주의 그린필드 빌리지에 카버 박사를 기념하는 조지 워싱턴 카버관을 세움.

미주리 주지사의 권한으로 다이아몬드 그로브에 있는 조지 워싱턴 카버 박사의 생가에 공식적인 표지가 세워짐.

1943년 1월 5일, 터스키기 연구소에서 임종.

당시 6만 달러가 넘는 그의 전 재산이 조지 워싱턴 카버 재단에 기증됨.

윌리엄 쇼트 하원의원과 헨리 트루먼 상원의원이 78대 국회에 카버 박사의 생가에 국립기념관을 짓자는 법안을 제출.

1946년 1월 5일, 79대 국회에서 상하 양원의 공동결의로 이 법안이 승인됨.

트루먼 대통령령으로 조지 워싱턴 카버 기념일 지정됨.

조지 워싱턴 카버를 기념하는 우표 발행.

1947년 조지 워싱턴 카버를 기념하는 3센트짜리 기념우표가 시중에 유통되기 시작.

1951년 조지 워싱턴 카버와 부커 워싱턴의 초상이 새겨진 50센트짜리 동전 발행.

1952년 「파퓰러 메카닉스」 지가 뽑은 역사상 가장 위대한 미국인 50인에 선정.

조지 워싱턴 카버 박사의 이름을 딴 폴라리스 잠수함(조지 워싱턴 카버) 발진.

1956년 심프슨 대학에 조지 워싱턴 카버 과학관 봉헌.

1998년 카버 박사를 기념하는 두 번째 우표가 32센트짜리로 발행됨.

1999년 조지 워싱턴 카버의 이름을 딴 터스키기 대학교의 연례대회가 시작되었으며, 이때 조지 워싱턴 카버 최고영예상이 수여됨.

메릴랜드 주 벨츠빌에 미국 농무부 연방청사에 조지 워싱턴 카버 센터 봉헌.

2005년 미국화학학회에서 조지 워싱턴 카버 박사의 작업을 화학계의 역사적 기념물로 지정.

출처

B. D. Mayberry, *The History of the Carver Research Foundation of Tuskegee University, 1940-1990* (Tuskegee Institute: Tuskegee University, 2003)

| 옮긴이 글 |

'황무지에서 꽃이 피다.' 조지 워싱턴 카버 박사의 삶을 묘사하는 데 이보다 더 적절한 표현이 또 있을까? 그의 삶은 그야말로 거친 땅을 뚫고 올라와 활짝 핀 한 송이 꽃이었다. 도저히 이루어질 것 같지 않은 일들이 현실이 되는 "기적"을 일구어낸 삶이었다. 하지만 그것은 결코 "기적"이 아니었다. 한평생 마음속에 소중히 간직해온 하나님에 대한 사랑과 인간에 대한 사랑, 그리고 자연에 대한 사랑이 한 송이 꽃으로 피어난 것이다. 물론 그 꽃은 아름다움과 향기만을 자랑하는 고고함이 아니었다. 꿀과 기름을 내주었으며, 시들어서는 씨앗들이 자라날 수 있도록 하는 거름이 되어주었다. 먼 옛날 메마른 땅에서 홀로 수줍은듯 고개를 내민 이 꽃은 어느덧 넓은 꽃밭이 되어 오늘날 다시 살아났다.

로렌스 엘리엇이 쓴 이 책은 조지 워싱턴 박사의 일생을 그리고 있다. 세상의 관심을 받지 못한, 아니 인종차별이라는 냉대와 멸시의 장벽에 갇혀 있던 초라한 한 흑인 노예가 인류를 살리는 희망으로 우뚝 서기까지의 과정을 감동적으로 묘사하고 있다. 또한 우리와 똑같은 한 "사람"으로서 그가 느꼈던 슬픔과 기쁨, 괴로움과 즐거움, 좌절과 희망, 사랑과 이별, 그리고 그의 소망과 열정과 신앙이 고스란히 담겨 있다. 그러기에 우리는 이 책에서 인류의 비극을 이겨낸 강인한 의지를 발견하게 되며, 투박한 신앙이 빚어낸 이웃 섬김을 깨닫게 된다. 카버 박사의 이야기는 인류가 나아가야 할 아름다운 미래를 꿈꾸는 젊은이들에게 값진 교훈과 지침이 될 것이며, 그러한 꿈을 이루어가는 사람들에게는 진한 감동과 흥분을 불러일으킬 것이다.

이 귀한 책을 번역하게 된 것은 옮긴이에게 큰 기쁨이며 영광이다. 일찍이 곽안전(Allen D. Clark) 선교사가 1970년에 200여 쪽 분량으로 번역한 것을 이번 기회에 완역하여 내놓는다. 지난 수십 년 동안 많은 독자들의 사랑을 받았던 곽안전 번역본에 혹시 누가 되지는 않을지 걱정이 앞선다. 아무쪼록 이번에 출판되는 완역본이 '뒷이야기'를 궁금해 하는 독자들의 호기심을 조금이나마 채워줄 수 있기를 기대한다. 이 책의 완역출판을 결정한 대한기독교서회 정지강 사장과 서진한 출판국장에게 감사하며, 원고를 꼼꼼하게 교정하고 편집한 권오인 과장과 이혜자 선생에게 감사한다. 올바르지 못한 우리말 표현이나 잘못된 번역이 있다면, 그것은 순전히 옮긴이의 책임이다.

2008년 1월
삼성동 작은 책상에서
민경식

곽안전 Allen D. Clark

1902년 미국 북장로교에서 파송돼 40년 동안 한국교회의 부흥을 위해 헌신한 곽안련(Charles A. Clark) 선교사의 아들로 1908년 11월 6일 서울에서 태어났다. 미국 미네소타대학과 프린스턴신학교를 졸업(1933)하고, 1933년 8월 2일 부인 유지니아와 함께 한국으로 돌아왔다. 1936년부터 1940년까지 충북 청주에서 농촌 선교에 몰두했다. 일제 말기에 강제 추방되었다가 1953년 11월에 다시 내한하여 1973년까지 청주에서 한국교회 재건을 위하여 노력했다. 장로회신학대학교 교수(1954-1965)와 피어선성경학교 교장, 대한성서공회 번역위원 등으로 헌신했으며, 1990년 미국에서 별세했다.

옮긴 책으로는 *A History of the Church in Korea*(1973)가 있다.

민경식

연세대학교와 같은 대학원을 졸업하고, 독일 뮌스터대학교에서 신약성서본문비평과 신약성서사본학으로 박사학위를 받았다. 뮌스터 신약성서본문연구소(INTF)에서 연구 활동을 하였으며, 이후 성서사본에 대한 연구와 발표를 계속하고 있다. 현재 연세대학교 학부대학 교수이자 세계성서공회연합회 아시아-태평양 지역 명예번역자문, 세계신약학회(SNTS) 회원으로 활동하고 있다. 지은 책으로는 『신약성서, 우리에게 오기까지-신약사본과 인쇄본 이야기』, *Die früheste Überlieferung des Matthäusevangeliums*가 있으며, 옮긴 책으로는 『성경 왜곡의 역사』, 『기독교의 탄생』(공역), 『중·소형교회 성공 리더십』(공역), 『쉽게 풀어 재미있게 읽는 성경 누가복음』 등이 있다.